젊은 대한민국사
: 위기

젊은 대한민국사
: 위기

김 원 지음

김일성 남침 전쟁과 대한민국의 위기

1950년 6월 25일 김일성 괴뢰 집단의 불법적인 기습 남침으로 시작된 '김일성 남침 전쟁'은 한반도뿐만 아니라 세계사의 흐름을 바꾸어 놓은 결정적인 사건이었다. 참전국의 숫자로 보면 제 1차 세계대전의 규모에 크게 뒤지지 않는, 실질적인 제3차 세계대전이나 다름없었다. 그러나 이 전쟁은 세계사에서 언제나 무시되어 왔다. 미국에서는 김일성 남침 전쟁을 '잊혀진 전쟁(forgotten war)'라고 부를 정도다. 패배했던 베트남전보다 무승부였던 한반도에서의 전쟁이 더 치욕스러운 과거라는 듯.

미국의 사정이야 그렇다 치자. 하지만 우리 국민들이 이 전쟁을 바라보는 시각도 혼란스럽긴 마찬가지인 것 같다. 일단 민족상잔의 비극이란 이유로 '전쟁'이라는 말을 쓰지 않으려는 경향이 있다. 그렇게 생각하는 사람들은 이 전쟁을 '6.25 동란'이라든가 '6.25 사변'이라고 부른다. 하지만 전쟁의 당사자인 북한은 초지일관 '조국 해방 전쟁'이라고 불러왔다. 또 전쟁에 끼어들었던 중공(현재 중국)은 '항미 원조 전쟁', 즉 '미국에 맞서 북조선을 도운 전쟁'이라고 불러왔다. 둘 다 자신들의 명분을 강조하는 명칭이다. 그럼에도 불구하고 우리는 그저 미국이 명명한 대로 '한국 전쟁'이라고 하거나 '6.25 전쟁'이라고만 부른다. 누가 왜 전쟁을 일으켰고 또 누가 왜 그에 맞서 싸웠는지는 전혀 중요하지 않다는 듯.

이 책에서는 1950년 6월 25일 일어난 전쟁의 정확한 명칭을 '6.25 남침 전쟁' 또는 '김일성 남침 전쟁'이라고 명명하고자 한다. 다른 식으로 부른다면, '1950년 국가 수호 전쟁'이라고 불러도 좋다고 생각한다. 김일성이 한반도 공산화를 위해 일으킨 전쟁이며, 그에 맞서서 신생 대한민국을 지키기 위해 싸운 전쟁이기 때문이다. 물론 우리 국민 모두가 이와 같은 생각을 공유하게 된다면 그때 가서는 간단하게 '1950년 한국 전쟁'이라고 불러도 무방하다. 하지만 아직은 그때가 아니다.

김일성 남침 전쟁이 우리에게 무엇이었는지, 갓 태어난 대한민국의 입장에서 그 시기의 역사를 생각해 보고 싶었다. 그 과정에서 수많은 비극과 참상을 마주해야 했지만, 그럼에도 불구하고 그 전쟁은 나라를 지켜낸 전쟁이었다는 본질을 잊지 않으려고 애썼다. 그래야 전쟁에서 희생된 무수한 인명이 무의미한 죽음이 되지 않을 것이기 때문이다. 그리고 그 전쟁이 어떻게 새로운 나라를 만들 수 있는 기반이 되었는지도 같이 생각해 보려 했다.

흔히 김일성 남침 전쟁의 시기를 다룬 여타의 책들과는 달리 이 책은 1948년 건국 이후부터 1961년 봄까지 10여 년의 시기를 한데 묶어서 다루었다. 신생 대한민국의 위기라는 관점에서 이 10여 년을 연속된 '위기의 시기'로 보았기 때문이다. 독립 정부를 세우기는 했지만, 국민들이 원하는 나라를 만드는 건 쉽지 않았다. 안팎으로 도전과 위기가 계속 되었다. 이승만 정부는 김일성 남침 전쟁에서 나라를 지켜내는 데에는 성공했지만 나라를 발전시키는 것에는 실패했다. 그에 대한 반작용이 바로 1960년 4월 국민들의 뜨거운 개혁 열망이 터져나온 4.19였다. 하지만 4.19를 거치며 이승만 정부를 대신한 장면의 민주당 정부 역시 역량이 부족했기에 위기는 이후로도 지속될 수밖에 없었다.

이렇게 거시적으로 이 시기를 바라보면 한 가지가 분명해진다. 건국이 정부 수립만으로 완성되는 것은 아니라는 점이다. 나라를 세우고 지켜내는 것만으로는 부족했다. 국민들의 기대와 열망에 맞추어 역량이 성장하는 '발전하는 국가'를 만들어야 했다. 물론 1950년대는 그 목표를 충분히 성취하지 못했고, 그 과제는 다음 세대의 몫이 되었다. 그 분투의 역사를 위기의 10년으로 통합해서 보고자 했다. 위기를 이겨낼 때 미래에 대한 희망이 생긴다. 이 시대는 암울했다. 그러나 새로운 희망을 기다리는 새벽이기도 했다.

차 례

제1장

건국은 했지만 : 1945년 8월 15일 이후 남북한의 상황

- 1948년 8월 15일 : 대한민국 정부 수립
- 1948년 9월 9일 : 조선민주주의인민공화국 출범
- 1948년 10월 : 여순 반란
- 1948년 12월 12일 : 유엔총회, 대한민국 정부를 한반도의 유일한 합법 정부로 승인

대한민국 정부, 국제 사회의 인정을 받다

1945년 8월 15일 마침내 대한민국 정부가 수립되었다. 초대 대통령 이승만은 정부 각료들을 임명하고 필요한 법안들을 세우며 정부의 모양을 갖추어 나갔다. 그런데 새 정부가 그렇게 바쁜 시간을 보내는 가운데 특별히 관심을 갖고 노력을 기울인 일이 있었다. 바로 대한민국이 주권 국가로서 국제 사회, 특히 유엔의 승인을 받는 일이었다. 유엔 본부는 뉴욕에 있었지만 1948년의 3차 총회는 12월에 파리에서 열릴 예정이었다. 대한민국 정부는 유엔 감시 하에서 선거를 치르고 그 결과 만들어진 새 정부였던 만큼, 유엔 총회의 의결을 통해 국제사회에서 정식으로 인정받기를 원했다.

이미 실질적인 주권 국가가 수립되었으니 각각의 나라들과 외교 관계를 맺으며 개별적으로 인정을 받을 수도 있었다. 하지만 유엔으로부터 주권 국가의 성립을 승인 받는 것에는 여러 의미가 있었다. 그 당시에는 이

신생 대한민국이 국제 사회로부터 승인받을 수 있도록 함께 뛰어다녔던 장면과 조병옥(왼쪽)은 10년 뒤 이승만에게 도전하는 민주당의 대표 정치 주자가 되어 다시 손을 잡게 된다.

미 대한민국의 정부가 수립되었음에도 불구하고 여전히 나라 안팎에서 대한민국의 정통성에 이의를 제기하는 세력이 있었다. 남로당만이 아니었다. 김구처럼 단독 정부를 반대한다는 명분으로 대한민국 정부를 인정하지 않으려는 세력도 있었다. 또한 정통성이라는 명분을 둘러싼 투쟁 외에도 실질적인 위협 역시 존재했다. 38선 이북의 북한 정권과 그 배후의 소련은 언제든 대한민국의 존립을 위태롭게 할 수 있었다. 이런 상황에서 UN을 통해 세계 각국의 승인을 받는다는 것은 정통성을 재확인 받는 절차이기도 했지만, 그와 동시에 국제 사회의 지지를 통해 외부의 침략 세력을 견제하는 수단이기도 했다.

이승만은 이미 정부 수립 발표 직전인 8월 5일, 조병옥을 특사로 미국에 파견해놓고 있었다. 그리고 9월 9일에는 장면을 수석대표로 하는 유엔 대표단을 파리로 파견했다. 이들은 모두 외교에 유용한 배경과 인맥을 갖고 있던 사람들이었다. 미국 컬럼비아 대학 출신으로 교육 운동에 종사했던 조병옥은 미 군정기 때 그의 반공 성향과 유학 경력을 높이 평가한 미군정에 의해 경무국장으로 발탁되었다. 이후 그는 미군정기 내내 남로당 세력과의 대결에 힘쓰는 한편, 미군정과 국내 우익세력(이승만과 임정, 한독당)을 중개하는 역할도 맡았다. 그러다 대한민국 정부가 출범하면서 조병옥은 장관직을 제의받았다. 하지만 조병옥은 남침 위협에 대비한 군사원조의 필요성을 언급하며 미국 특사를 자청했다. 미군정시절 경무국장으로 일하며 쌓은 친분을 활용하겠다는 생각에서였다.

한편 유엔 대표단의 수석대표를 맡은 장면도 조병옥처럼 미국 유학 후 귀국하여 교육 운동에 힘썼던 인물이었다. 그의 정치적 배경은 천주교단이었다. 해방 이후 자신들을 대표할 인물을 필요로 했던 천주교단은 장면을 정계에 입문시켰던 것이다. 그런데 유엔에는 천주교회의 영향력이 강한 나라들이 많았다. 장면의 배경이 역시 큰 도움이 될 수 있을 터였다.

하지만 그 당시 유엔의 정식 승인 전망이 밝지만은 않았다. 상황이 만만찮았다. 대한민국에 가장 우호적이었던 미국조차도 8월 13일 외교관 존 무초를 대사가 아닌 특사로 파견했다. 대사를 임명해서 보낸다는 것은 상대방 국가를 정식으로 승인했다는 의미다. 그렇게 외교관계를 맺은 국가에 한해서 대사가 파견된다. 따라서 미국이 특사를 파견했다는 것은 대한민국 정부의 승인을 일단 두고 보겠다는 뜻이었다. 미국이 이렇게 유보적인 태도를 보이는 상황에서 소련을 중심으로 한 공산주의 국가들은 대한민국 승인을 대놓고 반대하고 있었다. 더군다나 영국을 중심으로 하는 영연방 국가들조차 비협조적이었다. 애초 미·영·중·소 4개국의 신탁통치를 전제로 한 미소 공동위원회가 결렬된 이후 영국은 한반도 문제가 미소 간의 문제라며 방관하는 자세를 보였던 것이다. 또 아랍권 국가들도 문제였다. 당시 아랍권 국가들은 이스라엘의 독립문제로 인해 이스라엘을 지지하는 미국에 대한 반감이 컸다. 그들이 보기에 대한민국은 미국이 후원하는 국가였다. 그랬기에 아랍권 국가들에게도 대한민국은 탐탁치 않은 존재였다. 그야말로 사면초가였다.

게다가 국내에서는 김구와 김규식 등 단독정부를 반대해 온 '중도파'들이 유엔의 대한민국 승인을 반대하고 있었다. 분단을 더 영구화시킬 것이라는 이유에서였다. 이들의 주장은 남북한 정부를 공식적으로 승인하는 대신 임시정부를 승인하고 미소 양군을 철수시키라는 것이었다. 결과적으로 미소 양군의 철수 및 연합 임시정부를 세우자는 북한의 주장과 크게 다르지 않았다. 이미 정부가 출범한 이후에도 사실상 대한민국 정부의 존재를 부정하고 있었던 것이다.

김구는 김규식을 대표로 하여 유엔 승인을 반대하는 사절단을 파리로 보내려 하고 있었다. 그런데 선발대까지 파견해놓은 상황에서 김규식이 파리행을 반대하며 물러섰다. 김규식은 분단을 반대하긴 했지만 대한민국 정부 자체를 부정하는 일은 내키지 않았던 것이다. 김규식은 이를 계기로 정치에서 물러나 방관자의 자리에 남게 되었다. 더 이상 자신에게 주어진 역사적 역할이 없다고 판단했기 때문일 것이다.

당시 김구가 선발대로 파견한 사람은 서영해라는 인물이었다. 그는 일찍이 파리 유학을 떠나 임시정부의 파리주재원 신분으로 유럽에서 외교를 통해 독립운동을 했었는데, 문제는 그가 해방 직후 북한의 지령을 받아 김구를 포섭하는 공작원으로 활동했던 인물이라는 점이었다. 정부 수립 이전부터 김구에게 남한 단독선거를 반대하도록 부추겼던 그는 김규식이 파리행을 반대하며 물러난 이후 행방이 묘연해져버렸다. 그렇게 유엔승인 반대 사절단을 구성하려는 시도는 흐지부지 실패로 끝나고 말았다. 하

교황사절 패트릭 번 주교. 그는 평양교구장 출신으로 주한 교황사절이 되어 한국의 천주교 발전에 큰 공을 세웠다. 6.25 남침전쟁이 벌어졌을 때도 피란을 가지 않았던 그는 인민군에 의해 피랍되어 전쟁 중 사망한 '한국의 순교자'였다.

지만 이런 상황은 국제사회에 대한민국 내부의 분열상이 심각하다는 인상을 줄 수 있었다.

문제는 그뿐만이 아니었다. 장면 등은 긴 여행 끝에 11월 유럽에 도착했지만 외교활동을 할 수가 없었다. 유엔 총회에서 한국 사절단 초청안을 정식으로 가결하기 전까지는 참관인(옵저버) 자격으로 방청석에 앉아 있어야만 했기 때문이었다. 그리고 제주 4.3 반란 사건, 여수·순천 반란 사건으로 인해 대한민국 내부의 사정이 매우 좋지 않다는 것 역시 국제사회에 알려져 있었다. 이런 국내 사정은 소련 등 공산권 국가들이 대한민국 승인 논의 자체를 거부하고 연기하게 만들 좋은 핑계가 되었다. 게다가 회기 최종 마감일이 크리스마스를 앞둔 12월 11일이었기 때문에 각국 대표단은 빨리 업무를 마감하고 귀국해 크리스마스 휴가를 즐기고 싶어 했다. 결국 공산권 국가들의 방해로 회기 마감 5일 전인 12월 6일에야 분과위원회에서 대한민국 승인 문제에 대한 논의가 시작됐고 그 다음날인 7일에야 정식으로 대표단 초청안이 가결될 수 있었다.

그렇다고 대표단이 손놓고 있었던 것만은 아니었다. 그들은 필사적이었다. 조금이라도 시간이 나면 각국 대표단을 만나 대한민국 정부의 UN 승인 문제를 호소했다. 각국 대표들이 회의가 끝나고 준비된 차량으로 이동하는 그 짧은 시간에라도 대화를 나누려고 새벽부터 몇 시간이고 회의장 밖에서 기다리기도 했다.

이런 어려움 속에서 큰 도움을 주었던 건 천주교회의 본산 바티칸이었다. 일찍이 바티칸은 건국 이전인 1947년, 전 평양교구장 출신이자 장면의 은사이기도 한 패트릭 번 주교를 교황사절로 한국에 파견한 바 있었다. 로마 교황청이 한국을 하나의 국가로 승인한다는 의미였다. 로마 교황청이 이렇게 한국에 대해 우호적이었기 때문에 이승만은 장면에게 유엔 사절단의 수석대표라는 자격과 더불어 바티칸 특사의 자격도 함께 부여했었던 것인데, 다행히도 이승만의 기대대로 바티칸의 영향력은 긍정적으로 작동했다.

장면은 일단 패트릭 번 주교의 소개장을 받아 들고 각 나라 대표단을 찾아 돌아다녔다. 하늘이 도운 것이라고 해야 할까, 장면은 어느 날 기도를 하기 위해 파리 근처 성지를 찾았다가 거기서 뜻하지 않게 호주의 부주교를 만나게 됐다. 장면은 저간의 사정을 상세히 설명했고 그의 도움으로 호주 대표단의 한국 담당자를 소개받았다. 장면은 이런 인연으로 당시 유엔 총회 의장국이었던 호주의 대표단을 설득해서 지원을 약속 받을 수 있었다.

다행히 이 모든 노력들은 결실을 맺었다. 마침내 1948년 12월 12일에 열린 제 3차 유엔총회는 결의안 제 195호를 통해 대한민국이 한반도의 유일한 합법적인 정부임을 승인했다.

"임시위원단의 감시와 협의가 가능하였으며 또 한국 국민의 대다수가 거주하고 있는 한국의 지역에 대해 실효적 지배권과 관할권을 가진 합법정부가 수립되었다는 것과, 동 정부는 한국의 동 지역의 유권자의 자유의사의 정당한 표현이자 임시위원단에 의해 감시된 선거에 기초를 두었다는 것과, 또한 동 정부가 한국내의 유일한 정부라는 것을 선언한다." (결의안 제195호 제2항)

비로소 시작된 나라 만들기의 과제

정부가 수립되고 국제사회의 공인을 받았다고 해서 온전한 나라가 곧바로 세워지는 것은 아니었다. 흔히 국가의 3요소를 영토, 주권, 국민이라고 한다. 이 세 가지만 생각해 보더라도 나라를 세운다는 과제가 만만치 않다는 걸 알 수 있다. 무엇보다 외적으로부터 영토와 주권을 지키기 위한 물리력이 필요하다. 그리고 주권을 내부에서 통치의 형태로 행사할 수 있는 정당하고 효율적인 정부를 갖추어야 한다. 마지막으로 이 내외의 두 가지 과제 모두 하나의 기반을 필요로 한다. 바로 국민이다. 정당한 국가 권력을 만들어내는 주체가 바로 국민이다. 그 국가에 소속감을 느끼며 나라를 지킬 의지를 갖춘 국민이라는 기반이 있어야 한 나라가 세워질 수 있다. 바로 이 요소들을 갖추어 나가는 것이 '나라 만들기'의 과정인 것이다.

당연히 이런 과정은 상당한 시간을 필요로 한다. '로마는 하루아침에 이루어지지 않았다'는 말이 있는데, 이때 '하루아침'이란 표현은 '한 세대'로 바꾸어도 된다. 세계사적인 과업들은 각 세대들이 자신의 몫을 다하고 차례로 물러나면서 여러 세대에 걸쳐 이루어지기 때문이다. 나라 만들기라는 중차대한 일 역시도 한 세대만에 이루어질 수는 없는 일이다.

당시 신생 독립국이라면 어디나 이 나라 만들기라는 무거운 과제를 짊어지고 있었다. 그러나 그 중에서도 대한민국의 경우는 상황이 좀 더 특별했다. 우선 '영토'를 지키는 것부터가 쉬운 일이 아니었다. 북한 지역에 자리 잡은 불법적인 '인민 정권'과 그 배후의 소련은 갓 태어난 대한민국을 소멸시킬 수 있는 월등한 군사력을 갖고 있었다. 게다가 내부의 문제들도 산적해 있었다. 당시 많은 한국인들은 아직 심정적으로 조선인 혹은 한민족에 가까웠던 반면, '대한민국 국민'이라는 정체성은 아직 갖고 있지 않았다. 이것은 심각한 문제였다. 그랬기에 대한민국은 태어나자마자 쌍생아인 북한의 정권과 대결하면서 자신의 정체성을 찾아야 했다. 그 과정 속에서 한국인들은 '대한민국 국민'이라는 정체성을 갖춰가야 했다. 북한은 그와 같은 취약점을 집요하게 물어뜯으며 대한민국을 무너뜨릴 기회만을 노리고 있었다. 48년 8월 15일 대한민국 건국 이후 남한에서 벌어졌던 수많은 소요와 반란, 그에 따른 혼란은 그런 현실이 낳은 산물이었다.

북한의 정부 수립 : 1948년 9월 9일

형식적인 정부 수립도 대한민국보다 늦었고 유엔의 승인을 받지도 못했지만, 이미 북한은 실질적인 정부를 세워 놓은 지 오래였다. 그리고 그 정부는 남쪽의 대한민국을 무너뜨리고 적화 통일을 위한 공세적인 준비를 갖추어 놓고 있었다. 아직 미소 군정 치하에서 한반도 문제를 논의하고 있던 무렵인 1947년 김일성 정권은 남한 지역을 공략할 두 가지 중요한 조치를 취하고 있었다. 하나는 1947년 12월의 화폐 개혁이었고 다른 하나는 1947년 9월 강동 정치학원의 설립이었다.

강동 정치학원은 원래 서울에서 남로당 요원들에게 정치학습을 시키던 교육기관이었다. 그런데 미군정이 공산당 활동을 불법화하자 북한은 1947년 9월 이 학원을 평안남도 강동군으로 옮겼다. 그리고 그곳에서 월북한 남로당원들에게 대남 공작에 필요한 교육 및 유격 훈련을 시켰다. 이곳에서 남로당원들은 3개월 가량 훈련을 받은 후 남파되어 공작 활동에 뛰어들었다. 한때는 그 수가 1,200여 명에 이를 정도로 많은 요원들을 배출했다.

제주도에서 4.3 사건을 일으킨 김달삼도 강동정치학원 출신이었다. 김달삼은 4.3 사건 초기에 엄청난 자금을 풀었다. 무장폭도들에게 경찰관 한 명을 사살하면 그 계급에 따라 1인당 당시 돈으로 1만원에서 3만원을 지급했다. 당시 10원이면 쌀 반가마를 살 정도의 돈이었으니, 1만원은 지금으로 치면 8천만원쯤 되는 돈이었다. 이들이 이런 활동 자금을 펑펑 쓸 수 있었던 건 화폐 개혁으로 북한 지역에서 쓸모없게 된 조선은행권을 활용했기 때문이었다.

김일성 정권은 1948년 초부터 화폐 개혁을 통해 북한 지역에서는 쓸모없게 된 막대한 조선은행권을 수거해 남한 지역에 활동자금으로 쏟아 부었다. 남한은 그때까지 조선은행권을 쓰고 있었다. 그렇게 풀린 조선은행권은 당장 엄청난 인플레를 일으켜 남한 지역에 경제적 혼란을 가져왔다. 그와 함께 대남 공작원들에게도 천문학적인 활동 자금이 지급될 수 있었다. 남한의 총선거를 반대하기 위해 남로당이 총공세를 펼쳤던 1948년 2.7 투쟁은 이와 같은 두 가지 인적·물적 자원의 뒷받침이 있었기에 가능할 수 있었다.

그러나 단독선거 반대를 위한 남로당의 총공세는 무위로 돌아갔고 남한에서의 5.10 총선거는 성공리에 치러질 수 있었다. 그러자 북한은 분단의 책임을 미국과 남한에 넘기는 명분 쌓기 혹은 선전용의 일정에 따라 독자적인 정부 수립 절차를 밟기 시작했다. 그 첫번째가 6월 29일부터 7월 5일까지 열렸던 '남북 제정당 사회단체 지도자 협의회'라는 이름의 수상한 회의였다. 남한 단독 선거의 정당성을 부정하고 비난하기 위한 그들만의 회의였다. 북한은 이 이름뿐인 회의에서 5.10 총선거의 결과를 부정하고 남북이 선거를 통해 조선최고인민회의를 창설한 뒤, 이 기관이 중앙정부를 세워야 한다고 결의했다. 그런 뒤에 그렇게 만들어진 정부가 외국 군대를 동시 철군시킴으로써 완전한 자주 독립 국가를 수립하도록 하자는 것이 이 회의의 제안이었다.

북한은 이렇게 자신들의 입맛에 맞는 결의안을 만든 뒤 기만적인 절차

이미 실질적인 정부를 세워놓고 있던 북한은 남한이 먼저 단독 정부를 세울 때만 기다리고 있었다. 모든 형식적인 명분을 챙긴 뒤 느긋하게 1948년 9월 9일 정부 수립을 선포한 북한은 자신이 한반도 전체를 대표하는 정부라고 선전했다. 그리고 남쪽의 정부를 무너뜨리기 위한 본격적인 작업에 들어갔다.

를 계속해서 밟아나갔다. 대한민국 정부가 수립된 직후 북한은 이른바 남북한을 대표하는 '조선최고인민회의'의 대의원 572명을 뽑는 선거를 8월 25일에 치렀다. 문제는 이 선거가 요식행위를 넘어 일종의 코미디였다는 점이다. 선거방식이 아주 기묘했다. 일단 북한 지역 대부분의 선거구에서는 오직 단 1명의 후보만이 출마했다. 주민들은 그 한명의 후보에 대해 찬성인지 반대인지만을 투표할 수 있었다. 그런데 그 투표란 게 민주적 절차와는 거리가 한참 멀었다. 투표소 정중앙에 흑색과 백색의 상자 두 개를 놓아두고 수많은 관계자들이 보는 가운데 투표용지를 두 개의 상자 중 하나에 넣는 방식이었다. 목숨이 두 개가 아닌 다음에는 반대를 뜻하는 흑색 상자에 표를 넣을 수 없었다. 비밀 투표라는 원칙을 애초부터 부정한 공개 투표였다. 공산당의 민주주의란 게 그런 식이었다.

남한의 5.10 총선거가 유권자들을 선거에 동원하기 위해 억압적인 방식으로 선거인 명부 등록, 선거 독려를 했다며 그 정당성을 문제 삼는 사람들이 있다. 그 당시 건국의 정당성을 확보하기 위해 더 많은 유권자가 선거에 참여하도록 선거인 등록과 투표를 심하게 독려한 측면이 있었던 건 사실이다. 그러나 문맹률이 80퍼센트가 넘는 상황에서 행정 권력이 주도적으로 선거 참여를 이끌어갈 수밖에 없는 것도 현실이었다. 압력을 넣어 투표소로 주민들을 데리고 나왔더라도 5.10 총선거의 선거 자체는 자유로운 비밀선거였다. 그에 비하면 8월 북한에서 실시된 '조선최고인민회의'의 대표 선출은 선거나 투표라고 부를 수도 없는 것이었다.

더 가관인 것은 이 때 남한 지역에서도 '조선최고인민회의'의 대의원 선거를 치렀다는 북한 측의 주장이었다. 공작원들이 몰래 선거용지를 들고 다니며 지하 선거를 했고 이를 통해 총 유권자의 77퍼센트가 넘는 남한 사람들이 투표를 했다는 것이었다. 그리고 그 결과로 남한 지역 대표자들이 선출됐다고 주장했다. 남한의 좌익 동조 세력의 수나 남로당 요원들의 수를 생각하면 지하 선거가 전혀 없었다고 확언할 수는 없다. 그러나 그들이 주장하는 것 같은 규모의 선거는 불가능했다. 말도 안 되는 이야기지만 북한은 뻔뻔스럽게 남한에서의 선거가 성공적으로 끝났다며 선전했다. 남북을 대표하는 진정한 통일 정부의 정당성이 그들에게 있다는 주장을 펼치기 위한 선전술의 일환이었기 때문이었다.

이렇게 선출된 조선최고인민회의는 이미 다 준비되어 있었던 절차들을 차곡차곡 밟아나갔다. 9월 3일 개최된 회의에서는 조선민주주의인민공화국 헌법을 정식으로 채택했고, 이 헌법에 기초해 9월 9일 조선민주주의인민공화국의 수립을 선포했다. 김일성이 수상으로 취임했고 박헌영·홍명희·김책이 부수상이 됐다.

사실 북한 정부의 탄생은 모두가 소련의 작품이었다. 스탈린은 일찍이 1945년 9월 비밀 지령을 통해 북한 지역에 '부르주아 민주주의 정권'을 세울 것을 지시했다. 이 사실은 1990년대 구소련 문서가 공개되면서 밝혀졌다. 분단의 책임은 말할 것도 없이 여기서 비롯됐다. 이 지시는 물론 확고한 분단국가를 세우라는 건 아니었다. 앞으로의 포석을 위해 임시 정권을 세우라는 의도였지만 어찌됐든 이 지령에 따라 북한에서는 단독정부를 위한 제반조치들이 일사불란하게 이루어졌다. 1947년에 이미 임시 헌법의 초안과 새 나라의 국호가 정해져 있을 정도였다.

소련의 계획은 치밀했다. 북한 내의 중앙은행 설립 및 화폐 개혁, 강동정치학원 설립 등과 같은 주요한 사건들은 모두 소련이 기획한 것이었다. 건국을 둘러싼 갈등 상황에서 남북지도자 연석회의를 개최하고 김구, 김규식 등 중도파를 불러들여 회유하고 선전에 활용하도록 한 것 역시도 모두 소련의 각본이었다. 마찬가지로 48년 9월 9일 대한민국 건국보다 보름 정도 뒤에 '조선민주주의인민공화국'이라는 문패를 달기로 한 것도 소련의 기획이었음은 물론이다.

스탈린이 북한 지역에 분단국가를 세우기로 최종 결정한 것은 1948년 4월 24일이었다. 그는 모스크바 근교의 별장에 몰로토프(외무상), 지다노프(스티코프의 장인) 등 측근을 데리고 비밀 회의에 들어갔다. 임시 헌법에서 '임시'를 떼어내고 헌법 초안을 결정하는 자리였다. 내정되었던 '조선민주주의인민공화국'이라는 국호가 여기서 최종적으로 결정되었다. 그런데 놀랍게도 이 중대한 자리에 북한 측 인사는 단 한명도 없었다. 당연했다. 북한은 소련의 지시대로 움직이는 괴뢰 정권일 뿐이었기 때문이었다. 이후 스탈린의 계획대로 국가 건설이 진행되면서 사소한 사안마저 모두 모스크바의 지령에 따르게 됐다.

북한 정부의 첫 내각을 구성하는 것조차도 소련의 지시에 의한 것이었다. 소련 군정과 김일성이 협의해 초안을 만들면 모스크바(스탈린)에서 검토해 수정 지시를 내렸다. 예를 들면 이렇다. 북한의 초대 내각 리스트를 만들 때 김일성은 박헌영 등 남한 출신 인사들을 대거 기용할 수밖에 없었다. 그 리스트를 본 소련은 그대로라면 문제가 있다고 판단해 곧바로 수정 지시를 내렸다. 각 부처에서 차관급에 해당하는 부상들은 대부분 소련파로 채우도록 하라는 것이었다. 이렇게 해서 소련이 파견한 수백 명의 공산당원들이 소련의 지시를 받아 북한 정권을 만든 실질적인 국가 주도 세력이 되었다.

정부 구성 과정에서 정치적 타협의 결과로 부수상 자리에 오른 사람들은 결국 버려질 운명이었다. 대하소설 『임꺽정』으로도 잘 알려져 있는 벽초 홍명희는 경술국치의 치욕으로 자결한 아버지의 영향을 받아 평생 항일운동에 전념해온 투사이자 문인이었다. 그는 일찍이 눈을 뜬 개화파 청년으로 자타가 공인하는 천재였다. 안타까운 것은 그가 문인에만 머물지 않고 정치활동에도 뛰어들었다는 점이었다. 그의 정치적 능력은 그리 뛰어나지 못했기 때문이다. 홍명희는 김구와 김규식이 김일성 등과 만나러 남북 연석회의에 참가했을 때 북한에 따라 올라갔고, 회의가 끝났을 때 북에 남기로 결정했다. 결국 부수상에까지 올랐지만, 전쟁을 반대했던 그는 전쟁이 끝난 뒤에는 조용히 실각되어 권력의 무대로 다시는 복귀하지 못했다. 남한 지역을 쑥대밭으로 만든 남로당의 수괴 박헌영은 6.25 남침전쟁이 끝난 뒤 패전의 책임을 뒤집어쓰고 사형됐다. 홍명희와 박헌영은 그 이후 북한의 역사에서도 완전히 사라졌다. 초대 부수상 중에서 오로지 김책만이 국가적 영웅의 전당에 올라 '김책공대' '김책연구소'라는 이름을 통해 지금까지 기려지고 있다. 6.25 전쟁 중에 죽었기 때문이었을 것이다. 게다가 김책은 김일성이 만주에서 항일무장투쟁을 할 때부터 함께 한 인물로 소련의 극동군 제88국제여단에도 같이 소속되어 있었던 소련파였기 때문이기도 했다. 부수상 3인은 국내파 두 명(박헌영, 홍명희)에 소련파 한 명(김책)을 붙여 균형을 맞춘 셈이었는데 국내파는 명분을 위해 이용된 뒤 헌신짝처럼 버려졌다.

여수·순천 반란 사건 : 1948년 10월

북한에서는 이렇게 허울뿐인 절차를 거쳐 단독 정권이 수립됐다. 그 과정에서 반대파들은 모두 제거됐고 소련과 북한 정권에 반대하는 사람들 대부분은 월남을 선택했다. 그랬기에 북한은 모든 면에서 일사불란할 수 있었다. 반면 대한민국은 여전히 혼란스러웠다. 나라 세우기를 둘러싸고 벌어졌던 이념 갈등은 아직 끝난 게 아니었다. 오히려 정부 수립 이후 갈등은 더욱 치열해졌다. 단독정부수립 및 분단을 반대한다는 명분은 건국 후에는 민족통일이란 명분 아래 정부 전복을 위한 무력 항쟁 노선으로 바뀌었다. 북한은 강동정치학원에서 새로 양성한 요원들을 남한 지역으로 쉴

새없이 밀파하면서 그런 남한 사회의 분열을 더욱 부추겼다. 그리고 월북하지 않은 남로당 요원들은 사회 곳곳에서 시한폭탄처럼 때를 기다리고 있었다.

게다가 남한만의 단독 선거에 반대한다는 명분으로 무장 봉기를 일으킨 4.3 사건은 장기화되고 있었다. 8월 15일 이전만 하더라도 미군정에 대한 남로당의 무장봉기였던 이 사건은 정부 수립 이후에 대한민국 정부에 대항하는 반란군의 문제로 성격이 바뀌어 버렸다. 대한민국으로서는 좌시할 수 없는 일이었다. 이승만 정부는 4.3사건을 신생 대한민국의 정통성에 대한 도전으로 받아들일 수밖에 없었다. 시급히 진압하기로 결정했고, 제주도에 군을 증파하여 무장대에 압박을 가하는 조치가 내려지게 됐다.

이미 대한민국은 9월 5일 국방경비대를 개편하여 대한민국 육군과 해군을 발족시킨 상태였다. 그리고 9월 15일부터 미군 철수가 시작된 상황이었다. 이제 대한민국은 대한민국의 군경만으로 4.3사건을 수습해야 하는 엄혹한 상황에 직면하게 된 거였다. 상황은 빠르게 돌아갔다. 10월 11일에 제주도경비사령부가 창설되었고 군에 증파 명령이 내려갔다. 육본에서는 대구 6연대 1개 대대, 부산 5연대 1개 대대를 먼저 파견했고, 10월 15일에는 여수 14연대장에게 제주도에 파견할 1개 대대를 조속히 편성하여 10월 20일까지 제주도에 도착하도록 조치하라는 지시가 내려졌다. 그런데 바로 이 여수 14연대에서 문제가 터졌다. 좌익 출신들이 대거 숨어 있던 부대였기 때문이었다.

당시 국방경비대를 전신으로 하는 우리 군에는 많은 좌익 출신들이 숨어 있었다. 모병제였기 때문에 생계유지를 위해 입대한 사람들이 대부분이었다. 하지만 좌익운동을 하다가 경찰의 추적을 피해 군으로 피신한 사람들도 다수였고 남로당에서 군 장악을 위해 입대시킨 활동가들도 상당수 잠입해 있었다. 이런 일이 가능했던 건 미군정의 지나친 '자유주의' 때문이었다. 미군정에서 국방경비대를 모집할 당시, 모병을 맡았던 실무자는 사상을 기준으로 지원자를 걸러내는 것은 '사상의 자유'에 위배된다고 생각해서 사상 검증 절차를 빼버렸던 것이다. 그 때문에 국방경비대는 좌익의 온상이 되어 버렸다. 제주도에 증파되기로 결정된 여수 제14연대에도 이런 이유로 좌익 출신이 대거 포함되어 있었다.

14연대 인사계 상사로 있던 지창수가 바로 그런 군내 좌익이었다. 그는 남로당원이었다. 지창수는 제주도에로의 파병 지시를 전달받자 이를 급히 남로당의 상급 책임자에게 보고했다. 이 보고는 여수 인민위원장, 전남도당 책임자를 거쳐 남로당 군사부장에게까지 올라갔는데 여기서 다시 내려온 지시는 어떻게든 출동을 저지하라는 것이었다. 지창수는 평소 알고 지내던 남로당원 사병들과 모여서 급히 회의를 열었다. 세 가지 선택지 중 하나를 골라야 했다. 배를 빼앗아 그대로 북으로 넘어갈 것이냐, 아니면 제주도로 간 후 무장대에 합류할 것이냐, 그도 아니면 이대로 여수에서 무장 반란을 일으킬 것이냐. 논의 끝에 이들은 반란을 일으키기로 결정했다. 곧바로 그 사실을 여수 인민위원장에게 보고했다. 그 당시에는 우체국에도 남로당원이 있었기에 육본의 출동 지시는 연대장보다 먼저 남로당 여수 인민위원회가 더 빨리 알아차릴 수 있었다. 여수 인민위원회는 부대 밖에서 반란에 대비해 준비를 마치겠다고 호응해왔다. 부대 안에서 반란이 일어나는 순간 합류하기로 계획이 짜여진 것이었다.

10월 19일 밤 9시가 출동시각이었다. 그러나 병력 집합이 이루어진 것은 그보다 한 시간 앞선 8시였다. 지창수를 비롯한 남로당계 병사들 40여 명이 준비를 갖추고 미리 병사들을 집합시킨 것이었다. 모인 사람 중에 장교는 아무도 없었다. 지창수가 연단에 올라가 연설을 시작했다. 그는 우선 군경 사이의 뿌리 깊은 불신감정을 이용했다. 군에는 좌익들이 많았던 반면 경찰은 공산당 색출과 탄압에 앞장 선 우익의 손발이다 보니 미군정 아래서 군과 경찰 사이는 악화될 대로 악화되어 있었다. 지창수는 그런 점을 이용해 경찰이 군을 습격하러 온다고 먼저 병사들을 자극했다. 그런 다음 동족상잔을 하러 제주도로 갈 수는 없는 일이라고 민족감정도 부추겼다. 아울러 이미 북조선 인민군이 남조선 해방을 위해 38선을 돌파하여 내려오고 있다고 병사들을 선동했다. "지금부터 우리는 인민해방군이 된다! 조국통일을 볼 때까지 죽음을 각오하고 싸우자!"

지창수가 연설을 마치자 곳곳에 있던 좌익계 병사들이 "옳소!"하고 외쳤다. 남로당계 병사들은 이미 무장을 한 채 대대 병사들을 포위하고 있었고, 탄약고에서는 탄약고를 점령했다는 신호를 보내왔다. 반란군이 될 수 없다며 거부한 세 명의 사병은 그 자리에서 즉결 처분됐다. 총살에 대한 공포와 군중 심리가 뒤섞이자 그 뒤로는 반대나 이의의 목소리가 나오지 않았다. 남로당계 병사들은 탄약고와 무기고를 털어 병사들을 무장시킨 뒤 부대를 휩쓸며 장교란 장교는 모두 색출해 죽였다. 그 와중에 포병 중위 하나가 병사들에게 둘러싸였다. 그의 이름은 김지회였다. 김지회는 자신이 남로당원이라는 것을 간신히 증명하여 겨우 목숨을 건질 수 있었다. 남로당은 통상 점조직의 형태로 연결되어 있었다. 그랬기에 같은 남로당원이라도 서로 모르는 경우가 부지기수였다. 지창수와 김지회도 그래서 서로가 남로당원인 걸 몰랐다. 우여곡절 끝에 목숨을 건진 김지회는 이번에는 반란군 사령관이 됐다. 2, 3대대가 가세해 2,000명이 넘는 수로 불어난 사병들이 그를 반란군 사령관으로 추대했던 것이다. 한편 14연대 정문 앞에서 반란이 성공하기를 기다리고 있었던 여수 인민위원회 소속 남로당원들 23인은 곧바로 반란에 가담했다.

부대를 장악한 반란군은 그 기세를 몰아 11시 30분경 곧장 여수시로 쳐들어갔다. 이들은 200여 명에 불과한 경찰관들을 단숨에 제압하고 5시간 만에 여수 시내를 점령해버렸다. 반란군이 시내로 들어오자 좌익단체 및 학생단체 소속 600여명이 '인민공화국 만세'와 '인민해방군 만세'를 외치며 합세했다. 10월 20일 새벽 5시 경에 여수 시내의 관공서에는 인공기가 내걸렸고 날이 밝자 '보안서'가 설치됐다. 그리고 반란군들은 집집마다 돌아다니며 경찰관 가족과 우익인사, 공무원, 그리고 그들의 가족을 색출해냈다. 이어서 대구폭동이나 4.3사건 때와 마찬가지 일이 벌어졌다. 반란군들은 우익인사와 경찰, 그들의 가족들을 포함해 70여 명을 잔인하게 죽였다. 아버지를 살려달라고 매달리는 여덟 살 먹은 아이에게 기관단총을 난사했다. 경찰서 뒤 방공호에 경찰관 30여 명을 몰아넣고 집중사격을 가한 뒤 흙으로 방공호 입구를 덮어버렸다. 경찰서 지하실에 경찰관 가족 30여 명을 가둔 뒤 휘발류를 뿌려 모두 태워 죽였다. 23일 오후 3시에는 여수읍 대판통 사거리에서 인민재판이 열렸다. '반동'으로 분류된 약 800여 명의 사람들이 즉결 처형됐다. 천일고무 사장 김영준, 대한노총 여수지구 위원장 박귀한, 사찰계 형사 박찬길, 박기남 등이 총살당했다. 그런 가운데 신체 일부를 절단하는 등의 잔인한 살해가 일어나기도 했다.

한편 반란군의 진격은 밤을 새워 이어졌다. 여수 14연대 3개 대대 중 1개 대대만 여수에 남고 나머지 2개 대대는 20일 새벽 순천으로 진격했고, 20일 아침에 벌써 순천에 도착했다. 순천에는 14연대 소속으로 파견 나와 있던 2개 중대 병력이 있었다. 하지만 그들을 이끌던 수석중대장 홍순석이 공산주의자였다. 반란 소식이 들리자마자 이 2개 중대는 어이없게도 홍순석의 지휘 아래 반란군에 투항하며 합류해버렸다.

그러자 가까운 광주의 4연대에서는 반란을 저지하기 위해 1개 중대를 순천으로 급파했다. 그런데 이 병력 역시 순천에 도착하자마자 좌익 하사관들이 장교들을 몰살하고 반란군에 합류해 버렸다. 이후로 순천에서도 여수에서와 동일한 일들이 이어졌다. 각급 관공서에는 인공기가 내걸렸

여수·순천 반란 사건은 진압되었지만 그것으로 끝이 아니었다. 산악 지역으로 도망친 반란군 세력과 북한에서 훈련받은 요원들이 만나 이른바 '빨치산(파르티잔)'이 되었다. 이 빨치산 세력은 건국 초기의 대한민국을 오래도록 괴롭혔다.

고 수백 명의 군경, 우익인사와 그들의 가족들이 죽어나갔다. 죽이는 방법도 다양했다. 총으로 쏴죽이기도 하고 때려죽이기도 했다. 목을 졸라 죽이기도 하고 불 태워 죽이기도 했다. 순천 시내의 좌익세력과 좌익학생들은 숨어있던 우익 세력들을 하나하나 지목하여 찾아냈다. 그러고나면 잔인한 살해가 뒤따랐다.

거칠 것이 없어진 반란군 병력은 인근 도시들을 점령하며 파죽지세로 전진해나갔다. 저항하는 주민과 우익인사들은 살해했다. 약탈과 방화를 끊임없이 자행하며 이동하던 반란군은 반란 3일째인 21일에는 벌교, 보성, 고흥, 광양, 구례를 거쳐 곡성까지 진격했다. 놀라운 속도였다. 반란군들은 점령 지역을 사수하는 데에는 관심이 없었다. 계속 점령전을 벌이며 이동하기만 했다. 북한이나 남로당 수뇌부의 지시에 따라 움직인 게 아니라 하급장교와 하사관이 중심이 되어 즉흥적으로 일어난 반란이어서 뚜렷한 계획이 없었던 것이다. 그래서 그들은 무모했고 어리석었고 잔인했다.

정부는 21일 여순 지역에 계엄령을 선포하고 10개 대대 병력을 동원하여 진압을 명령했다. 그런데 이 진압군 내부에도 좌익들이 대거 포함되어 있었다. 이들의 선동으로 병사들 중 상당수가 진압 작전에 소극적이었다. 일부 좌익들은 호시탐탐 반란군에 합류할 기회를 노렸다. 12연대 2대대 소속의 중대장 대위 김응록이 대대장 김희준에게 총을 쏘며 반란을 노렸다가 실패로 끝난 사건도 있었다.

그러나 진압군이 초기의 혼란을 극복하고 작전을 수립해 포위 공격을 가하자 고립된 반란군들은 후퇴하며 산간 지역으로 도주해 버렸다. 그래서 진압군이 순천 시내로 총공격을 펼치며 들어갔을 때에는 정규병력으로 이루어진 반란군 주력은 이미 사라지고 없었다. 대신 반란에 동조하여 함께 일어선 치안대와 학생들이 총과 죽창 등을 들고 저항하고 있었다.

22일 순천을 비교적 손쉽게 진압한 진압군은 곧이어 인근의 순천, 구례, 곡성을 차례로 탈환했다. 곧바로 진압군은 진원지인 여수를 탈환하는 동시에 다른 한편으로는 주변의 벌교, 보성 방면을 진압해 나갔다. 아울러 광양 방면으로 달아난 반란군 주력을 추격, 토벌하기 위해 산개 작전을 펼쳤다. 반란군 200여 명과 천여 명의 좌익 학생, 노동자 등의 무장 세력이 저항하던 여수는 진압 과정에서 잠시 어려움을 겪었지만, 보성, 벌교, 고흥 등의 지역은 25일 무렵 모두 탈환하고 반란군을 섬멸, 진압할 수 있었다.

여수의 경우에는 배수진을 친 반란군의 저항이 거세어 진압이 쉽지 않았다. 적의 매복 기습 작전에 걸려 의외의 병력 손실이 생기기도 했거니와 좌익 동조 세력이 많아 수색 및 전진에 어려움을 겪은 것도 작전이 길어진 이유였다. 결국 진압군은 26일 마지막으로 여수 총공격을 펼쳤고 27일 완전히 여수 지역을 탈환할 수 있었다. 사건 발생 후 일주일이 걸린 셈이었다.

반란의 진행 과정을 살펴보면 이전 대구폭동과 제주 4.3사건의 경우와 거의 동일했다. 반란군이 경찰서를 습격하여 점령하면 그 지역의 좌익 세력이 합세하여 경찰, 우익인사 등을 색출한 뒤 즉결 처분을 하거나 인민재판을 열어 처형했다. 그런 다음 반란군의 주력은 다시 인근 지역으로 넘어가는 식이었다. 이 과정에서 여수 지역에서 200여 명, 순천 지역에서만 900여 명의 우익 인사 및 저항 세력이 살해됐다. 이러한 잔인한 처형 소식으로 인해 다른 지역의 경찰, 우익 인사 및 청년단원들은 미리 몸을 빼내 피신했는데, 그로 인해 순천 이후 다른 지역(벌교, 보성, 고흥 등)의 경우에는 반란군들이 훨씬 쉽게 점령할 수 있었고, 대신 피해자는 적었다.

무모한 반란과 그에 이은 선부른 동조, 인민 해방이라는 이름으로 이루어진 잔인한 처형, 그리고 거센 저항은 결국 진압군들이 시민들을 보호의 대상이 아닌, 진압의 대상으로 취급하도록 만들어 버렸다. 27일 이후 진압군과 경찰들이 본격적으로 반란군 및 폭도 색출 작업을 벌였을 때 이들은 민간인들을 모두 불신의 눈으로 보게 되었다. 그들의 눈은 벌겋게 뒤집혀 있었다. 그들은 반란을 일으키고 천인공노할 살인을 저지른 좌익에 대한 분노를 주체하지 못했다. 당연히 이승만 정부는 여수·순천 사건을 심각하게 받아들였다. 미군이 철수를 시작한 상황에서 북한과 그 배후의 소련은 매우 실질적이고 중대한 위협이었다. 외적을 코앞에 둔 상황에서 내란이 벌어지는 건 어느 나라에서건 중대한 위기 사태가 아닐 수 없었다. 정부는 현장에 나간 진압군 장교들에게 즉결 처분의 권한을 주었고 철두철미한 색출을 지시했다.

사정이 이렇다 보니 사건 수습 과정에서도 잔인한 보복이 뒤따랐다. 피해를 입은 우익 계열의 보복감정이 매우 컸다. 게다가 평소의 원한 관계를 풀려고 거짓 고자질을 하는 사람들이 끼어들자 혼란은 더욱 커졌다. 그렇게 되니 진압이 끝난 뒤처리 때에는 차마 말하기 어려울 정도의 보복 처형이 이루어졌다. 무고한 사람들도 폭도로 몰려 죽임을 당했다. 반란군에게 협박을 당해 음식을 제공한 사람들까지 동조 혐의로 사살 당했다. 지역별로 수십에서 수백여 명씩 희생자가 나왔다. 무장 반란에 참여했음에도 살아남은 사람이 있는가 하면, 우익 인사인데도 밀고로 처형당하는 사람이 생겨났다. 아비규환, 혼란의 아수라장이었다.

여순 사건이 남긴 것

역사에는 도덕적인 잣대로만 판단할 수 없는 일이 허다하다. 여수·순천 반란 사건을 마무리하는 과정에서도 안타까운 일들이 벌어졌다. 군대의 반란이라는 국가 비상 사태였던 데다가 반란 세력들의 잔인한 학살에 대한 보복심리가 더해지면서, 국가 권력에 의해 무고한 희생자들이 다수 발생한 것은 정말 안타까운 일이다. 그나마 그들의 억울함을 규명하기 위해 특별 위원회가 설치되어 조사를 벌인 것은 참으로 다행스러운 일이다.

국가 권력에 의해 억울한 희생자들이 나왔다는 이유로 여순 반란 사건의 본질이 흐트러져서는 안 된다. 여순 반란 사건은 갓 태어난 대한민국 정부에 도전하는 군내 남로당 및 좌익세력들이 일으킨 엄청난 반란사건이었다. 제주 4.3 사건과 마찬가지로 여순 반란 사건 역시 '누가, 왜 반란을 일으켰나'라는 본질이 흐려지면, 국가에 반란을 꾀한 이들이 희생자로 둔갑하는 전혀 다른 사건이 되어버리기 때문이다. 우리 세대는 이 점을 직시하면서 여순 반란 사건의 소용돌이 속에서 억울하게 희생된 사람들과 그 유족들을 위로해야 한다.

한편 여순 사건 이후 남한 지역에서는 좌익 세력들의 도발과 선동이 보다 본격화되기 시작했다. 반란군은 진압군과의 충돌로 상당한 병력을 잃었지만, 꽤 많은 주력부대가 산악 지대로 숨어 들어갔다. 여순 사건 직후 지리산 일대로 도피한 병력은 거의 1,000여명 수준이었다. 남로당과 북한 수뇌부는 이후 무장 투쟁을 남한 전역으로 확대하기로 했다. 강동 정치학교 출신의 대원들은 계속 남파되어 곳곳에서 유격전을 펼쳤다. 지속적인 빨치산 토벌로 지리산 일대의 반란군 수는 계속 줄어갔지만 6.25 남침 전쟁이 벌어지기 전까지 잔여 병력이 상당한 수준으로 유지됐다. 산으로 도망치는 좌익 세력과 북에서 내려보낸 남파 대원들이 계속 합류했기 때문이었다. 이들은 틈만 나면 야밤에 마을로 내려와 경찰서를 습격하고 군경가족, 우익인사, 민간인들을 죽였다. 그렇게 피해를 입히고 낮에는 다시 산으로 숨어들었다. 이런 무장 세력의 유격전으로 인해 대한민국은 그 후로도 오랫동안 골치를 썩여야 했다.

여순 반란 사건과 그 여파로 거세진 무장 세력의 유격전은 우익 세력도 변화시켰다. 여순 사건을 교훈삼아 우익 세력에서도 강력한 재결집이 이루어졌다. 여러 청년 단체들이 만들어졌다. 그 단체들은 반란세력 색출 작전에 협력하는 것부터 시작해 치안 유지 및 좌익 세력 감시 활동을 조직적으로 전개했다. 반란으로 인해 많은 피해를 입은 지역에서는 이러한 단체들이 지역 경제 복구와 부흥을 위해 정부와 군, 민간인들을 잇는 중재 역할을 맡기도 했다.

무엇보다 여순 사건은 제주 4.3 사건의 강경한 진압을 불러일으켰고 군 내부의 정화를 위한 '숙군' 사업의 계기가 됐다. 그리고 그 두 가지, 제주 4.3 사건의 강경한 진압과 숙군사업은 대한민국이 내외의 위기를 헤쳐 나가기 위해 강력한 반공국가 노선을 선택했음을 극명하게 보여주는 사건이었다.

제주 4.3 사건의 결말

정부는 여순 반란 사건을 마무리한 뒤 제주 4.3 사건의 진압에 들어갔다. 여순 반란은 신생 대한민국을 긴장시켰다. 자칫 잘못하면 한순간에 공산화될 수 있다는 위협을 느끼기에 충분한 사건이었다. 그렇기 때문에 제주 4.3 사건에 대해 특단의 조치가 요구되고 있었다.

사실 여순 사건과 4.3 사건은 대한민국에게 매우 중요한 시험대나 다름없었다. 미국 정부는 새로 출현한 대한민국 정부가 장제스의 국민당 정부처럼 힘없이 무너지는 것을 원치 않았다. 국민당 정부는 극심한 부패로 인해 인민들의 인심을 잃었고, 인민들이 공산당을 지지했기에 결국 붕괴하고 말았다. 미국 정부는 대한민국 정부가 그와 같은 전철을 밟을 것인지, 아니면 위기를 극복하고 생존할 수 있을 것인지를 우려하며 여순 사건과 4.3사건을 지켜보고 있었다. 대한민국이란 신생독립국이 살아남기 위해서는 미국의 원조가 결정적이었다. 이승만 정부로서는 반란을 성공적으로 진압하고 상황이 안정적이라는 것을 미국에 보여주어야만 했다. 그럼으로써 미국에게 이 나라의 미래에 대해 희망을 갖도록 해야 했다. 이승만은 장제스의 국민당에 희망이 없다고 판단하자마자 미련 없이 발을 뺀 미국의 극동전략을 잘 기억하고 있었다. 이승만 정부가 장기화된 4.3 사건의 진압에 국가의 사활을 걸고 매달릴 수밖에 없는 이유였다. 하지만 그런 조급함으로 인해 4.3 사건의 진압에서 폭도와 민간인을 섬세하게 구별하는 신중함을 기울이지 못하고 과잉 진압이라는 과오를 범하고 만 것은 대한민국의 크나큰 불행이 되었다.

그런 반면 4.3 사건의 주동자였던 김달삼은 이미 6월에 제주를 빠져나가 북으로 가버린 뒤였다. 그리고 그 뒤를 이어 무장폭도들의 지도자가 된 이덕구는 48년 9월 15일 제주도를 해방구로 만들겠다는 극단적인 모험주의를 택해 버렸다. 무장폭도들은 48년 8월 15일 건국된 대한민국에 대해 극악한 반란을 선택한 것이었다.

상황이 더더욱 돌이킬 수 없게 돌아갔다. 이덕구는 9월 15일 중문면 도

순리에 살던 대동청년단원 문두천을 살해하면서 본격적인 공세를 시작했다. 15일부터 18일까지 일제히 우익인사 살해와 경찰서 방화, 부락민 납치가 이어졌다. 10월로 들어서면서 무장대는 더욱더 공세를 강화했다. 문제는 이 무장폭도들이 제주도의 민간인들을 '도구'로 생각했다는 점이었다. 그로 인해 비극은 엄청나게 증폭되어 버렸다.

본격적인 진압에 들어간 군경은 우선 해안에서 일정한 고도에 위치하는 중산간 마을을 소개하는 작전을 전개했다. 한라산에 숨어 있던 무장대가 이 중산간 마을을 배경으로 계속 활동했기 때문이었다. 1948년 10월 17일 제주도경비사령관 9연대장 송요찬은 해안으로부터 5Km이상의 중산간 마을에 거주하는 민간인들은 모두 해안가 마을로 내려오라는 소개령을 내렸다. 아울러 이후 특별통행증을 발급받은 주민 이외에 중산간 마을을 통행하는 자들은 모두 무장대로 간주하여 총살하겠다는 포고문이 발표됐다.

그러나 이덕구가 지휘하는 무장폭도들은 10월 23일 제주시가에다 총격을 가하고 이동중인 9연대의 지프차를 공격하며 공세를 늦추지 않았다. 게다가 곳곳에서 집단회의를 열었는데 그 때마다 북한의 조선민주주의인민공화국 깃발을 내걸었다. 그리고 마침내 1948년 10월 24일 이덕구는 인민유격대 사령관의 명의로 대한민국 정부와 군경에 대해 '선전포고문'을 발표했다. 10월 19일에 일어난 여수 14연대 반란으로 기세가 올랐던 까닭이었는데, 그 포고문에다 대한민국 정부를 '괴뢰정부'라고 적어놓았다. 이 선전포고는 4.3 사건이 명백한 반란이며 대한민국을 전복시키려는 내란에 해당한다는 것을 분명하게 드러낸 것이었다.

이 선전포고문이 발표된 얼마 후 1948년 11월 2일 제주도의 인민유격대는 대담하게도 국군 9연대 6중대를 타격했다. 6중대는 제주 한림에 주둔하고 있었는데 2일 대낮에 유격대가 기습을 감행해 국군 14명이 숨졌다. 급히 3중대가 2개 소대를 이끌고 지원했지만 7명의 전사자가 추가로 발생했다. 그때까지는 유격대가 국군을 제대로 공격한 적은 없었다. 그러나 여순 반란사건이 성공했다는 소문이 폭도들을 흥분시켰던 것이다. 대한민국 정부는 결국 48년 11월 17일 제주도 전역에 계엄령을 선포할 수밖에 없었다.

문제는 중산간 지역 주민들과 진압군 사이에 불신의 골이 너무 깊었다는 점이었다. 군경의 명령에 순응해 해안가로 내려온 주민들도 무장대와의 연관을 추궁받으며 억압적인 수사를 받는 일이 잦았다. 무장대의 잔인한 살해와 방화에 진압군 측도 숱하게 당했던 터라 그 수사가 폭력적이고 과격한 쪽으로 흐를 수밖에 없었다. 무장대 역시 그런 점들을 과장해 해안가 마을로 내려가면 모두 죽는다며 주민들을 선동해 내려가지 못하도록 했다. 그래도 내려가려는 민간인들은 사살해버렸다. 민간인들을 볼모로 삼아 무모한 반란을 계속하려는 무장대의 비열한 태도가 드러나는 순간이었다. 게다가 무고한 이들을 죽이기야 하겠냐는 순진한 생각으로 자신의 삶의 터전을 떠나기 싫어하는 주민들도 많았다. 그들의 순박함이 아이러니컬하게 희생을 더 키웠다.

여순 사건을 겪은 정부와 군에게 무장대 색출 및 진압에 비협조적인 주민들은 동조 세력으로밖에 보이지 않았다. 당시 중산간 마을에 있다가 탈출에 성공하여 일본으로 망명한 생존자는 '이웃 마을 오빠의 부탁으로 쪽지 같은 걸 건내 주었을 뿐'이라고 증언하기도 했다. 그들에게는 지인의 사소한 부탁을 들어주거나 무장대에게 먹을 걸 건네주는 일이 별 일 아니었을지도 모르겠다. 그러나 그 쪽지 안에는 진압군의 부대 배치나 규모가 소상하게 적혀 있는 경우가 태반이었다. 그러니 이념 내전의 상황에서 반란을 진압하려고 온 진압군의 입장에서 볼 때 이러한 사소한 행동들도 예사로울 수 없었다. 실제로 여수에서도 순진해 보이는 여학생이 정보를 준다며 손짓하기에 따라갔더니 숨어있던 반란군이 총질을 하더라는 식의 흉흉한 소문이 떠돈 바 있었다. 양민과 무장폭도를 구별하기 어려운 상황이었기에 무고한 양민의 인명피해가 커질 수밖에 없었다.

군이 일본군의 악습으로부터 벗어나지 못한 상황이었던 것도 문제였다. 일본군에는 이른바 '대살'이라는 제도가 있었다. 일본군이 중국 등지에서 반군을 잡기 위해 썼던 지극히 비인간적인 방식이었다. 색출하려는 자가 도망가고 없으면 그 가족이나 친지를 대신 죽이는 것이 '대살'이었다. 제주도에 들어간 진압군 중 일부가 중산간마을 수색 및 색출 과정에서 이런 '대살'을 저지르기도 했다. 이로 인해 대한민국의 씻을 수 없는 '상처'가 만들어지고 말았다.

진압군뿐만 아니라 우익 단체인 서북청년단 소속의 토벌대에 의한 피해도 컸다. 이들은 공산주의를 피해 내려온 월남인들이 대부분이었다. 공산주의에 대한 반감과 증오가 클 수밖에 없었다. 그래서 좌익들에게 잔인했다. 가혹한 폭력과 보복 살인 중 상당수가 서북청년단에 의해 이루어졌다. 게다가 이들은 정규군이 아니어서 봉급을 받지 못했다. 약탈로 물자를 조달할 수밖에 없는 구조였다. 그러다보니 서북청년단 중 일부는 주민들에게서 물자를 빼앗아 원성을 사기도 했다.

그렇게 4.3 사건은 제주를 좌익과 우익 모두가 미쳐 날뛰는 생지옥으로 만들어버렸다. 무고한 사람들은 그 틈바구니에서 억울하게 죽음을 당하거나 가족을 잃었다. 군과 서북청년단의 강요에 따라 마을 경비를 서면 그날 밤에 본인이나 가족이 무장대들에게 잔인하게 살해당했다. 그게 무서워 거부하면 이번에는 군과 서청에게 몽둥이 찜질을 당하거나 끌려가 총살을 당했다. 미치지 않고서는 살 수 없는 시절이었다. 그 참혹함 앞에서 우리는 할 말을 잃게 된다.

그러나 그럼에도 우리는 제주 4.3 사건의 본질만큼은 명확하게 밝혀야 한다. 제주 4.3 사건은 대한민국 정부의 수립을 막기 위해 남로당 세력이 일으킨 반란 사건이다. 갓 태어난 대한민국 정부로서는 정부의 정통성을 지키고 국가의 기반을 굳건히 하기 위해 반드시 진압해야 하는 사건이었다. 이 점을 직시하지 않으면 무고한 주민들을 볼모로 대한민국 정부 수립에 반대한 반란 세력이 졸지에 희생자로 둔갑하게 된다.

물론 대한민국 정부는 숱한 반란과 폭동의 틈바구니에서 이름 없이 억울하게 희생된 무고한 양민들의 아픔을 보듬어야 한다. 비록 경험도 일천한 신생국가 시절, 국가의 존망이 걸린 폭동과 반란을 진압하기 위해서였다고는 하더라도 과잉된 국가폭력에 짓눌려 스러져간 이들의 억울함을 풀어주고 살아남은 사람들을 위로해야 한다. 건국 과정의 쓰라린 상처를 봉합하고 더 큰 번영을 통해 그 희생이 헛되지 않았음을 증명해야 한다.

그리고 그건 우리 국민 모두가 짊어져야 할 원죄이자 책임이다. 전후 사정은 알려고도 하지 않고 '대한민국 국군이 양민을 죽였다'는 선동에 따라 '그때 왜 그랬냐'는 손가락질을 한다고 해서 면죄부를 받을 수 있는 것은 아니다. 오히려 우리 모두가 함께 역사의 희생자들 덕에 우리나라가 지금 존재하고 있는 것이라고 말해야 한다. 그게 대한민국의 국민으로서 올바른 태도다.

다행히 건국으로부터 70년이 흐른 지금, 대한민국은 세계사에서 유래를 찾기 힘든 번영을 통해 그들의 희생이 헛되지 않았음을 증명하고 있다. 또한 늦었지만 차근차근 희생자들을 찾아 위로하고 보듬고 있다. 그러나 과연 주민을 볼모로 무모한 반란을 일으켰던 남로당과 무장폭도들은 지금 역사에 대해 무엇이라고 변명할 수 있을까.

제2장

대한민국의 시련 : 1948년 겨울, 그리고 1949년

1948년 9월 15일 : 미군 철수가 시작됨

1948년 10월 : 숙군사업 본격화

1948년 11월 11일 : 박정희 소령, 남로당 프락치 혐의로 체포

1948년 12월 1일 : 국가보안법 발효

1949년 5월 4-5일 : 제8연대 1,2대대 집단 월북.

1949년 6월 : 국회 프락치 사건

1949년 6월 26일 : 김구 암살 사건

1949년 9월 : 빨치산의 '9월 아성 공세'

숙군사업과 국가보안법

1948년 9월 15일부터 시작된 미군의 철수는 여순반란사건으로 인해 잠시 보류됐다가 곧 다시 재개됐다. 문제는 미군 철수로 인한 공백을 메워야 할 대한민국 국군이 안에서부터 흔들리고 있다는 것이었다. 여순 반란 사건을 겪으면서 군 내부에 침투한 좌익세력은 언제 반란군으로 뒤바뀔지 모를 시한폭탄이나 다름없다는 것이 명백해졌다. 확실한 대책이 필요했다.

여순 사건이 마무리된 11월 어느 날 이승만 대통령은 미군사고문단장 로버트를 경무대로 호출했다. 로버트가 부름을 받고 도착했을 때 이승만은 그의 앞에 서류 보따리를 집어 던졌다. "국방경비대 시절 아무 검증 없이 선발하면서 이렇게 됐으니 당신들이 알아서 처리하시오!" 그 보따리에는 한국군 내에 잠입해 있는 남로당 조직원의 리스트가 들어있었다. 내무부 치안국장이 11월 초에 대통령에게 보고한 극비문서였다. 좌익세력은 군내에 깊이, 그리고 상당수가 침투해 있었다. 간과할 수 없는 일이었다. 놀란 미 고문단장 로버트는 한국군 총참모장을 찾아가 대책을 논의했다. 그리고 얼마 안 있어 마침내 군내 좌익들을 색출 제거하는 숙군 사업이 시작됐다.

그와 동시에 국회에서는 1948년 12월 국가보안법을 공포했다. 국가보안법에 따르면 반란의 단계에 이르지 않더라도 반란을 꾀하는 단체의 구성이나 이적 행위만으로도 처벌할 수 있게 되어 있었다. 그런 면에서 보면 국가보안법은 비상시에 위험을 사전 제거하기 위한 예방적인 성격이 있는 특별형법이었다. 국가보안법을 만들게 된 것은 바로 북한 때문이었다. 북한은 대한민국의 존립을 위협하는 실재하는 반국가 단체였고 적성국가였다. 게다가 한반도의 적화를 목표로 하고 있었다. 국가보안법과 같은 강력한 법이 없이는 교묘하고 조직적인 북한의 공작을 막아내기 힘들었다. 이렇게 공포된 국가보안법이 바로 숙군 사업의 법률적 근거가 됐다.

대한민국 숙군사업의 책임을 맡은 사람은 국방부 정보국장을 맡고 있던 백선엽이었다. 그는 평안도 출신으로 홀어머니 밑에서 가난하게 자랐다. 말수가 적고 조용했지만 영민했다. 가정 환경 때문에 학교를 중퇴하게 되자 검정고시로 평양사범학교에 진학했다. 그러나 교직은 그의 적성에 맞지 않았다. 학교를 그만두고 나와 1940년에 세워진 만주군관학교를 찾아갔다. 그때부터 백선엽은 군인의 길을 걸었다. 1942년 12월 만주군관학교를 졸업한 그가 근무하게 된 곳은 간도 특설대였다. 항일 전쟁을 벌이는 중국의 동북항일연군과 팔로군을 주로 상대하는 부대였다. 전 사병이 한국인인 부대였다.

1945년 8월 일본이 패망하자 백선엽이 속해있던 간도 특설대는 소련군에 의해 무장해제됐다. 백선엽은 그 길로 당시 명망이 높던 조만식을 찾아갔다. 그 밑에서 비서로 일하게 됐다. 백선엽은 조만식의 민족주의 노선을 따르려고 했다. 그러나 북한지역을 점령한 소련군 밑에서는 뜻을 펼치기 힘들었다. 특히 소련군이 내놓는 공산주의 정책은 견디기 힘든 것이었다. 백선엽은 결국 월남을 선택했다. 남으로 내려온 백선엽은 미군정이 세운 군사영어학교 1기생으로 입학해 교육을 받은 뒤, 국방경비대의 장교로 임관하게 됐다. 이 시절 백선엽은 군내 부정을 밝혀내 처벌하는 임무를 성실하게 수행해 미군으로부터 상당한 신뢰를 받게 됐다. 그러다 대한민국이 건국되고 국군이 창설됐다. 백선엽은 제 5연대장을 거쳐 육군본부 정보국장이 됐다. 그가 정보국장으로 재직하던 시기에 여순 반란 사건이 터졌다. 진압작전에 뛰어든 그는 게릴라 소탕을 지휘했다. 간신히 여순 반란 사건의 처리를 마치고 서울로 올라온 그에게 다시 한번 중차대한 임무가 부여됐다. 숙군사업이었다.

백선엽이 받아든 서류의 목록은 매우 방대했다. 그래서 그가 조사작업을 위해 가장 먼저 해야 할 일은 조사인원을 확충하는 일이었다. 백선엽 아래에는 실무를 담당할 방첩과장 김안일이 있었지만 그만으로는 부족했다. 서울 제 1연대의 정보주임인 김창룡을 숙군사업의 조사인력으로 추가

영입했다. 김창룡은 일본 관동군에서 첩보 부대원으로 근무한 경력이 있는 인물이었다. 그 때문에 해방 이후 고향인 함경남도에서 소련군에 의해 체포되어 죽을 고비를 넘겼다. 천신만고 끝에 간신히 탈출해 월남한 뒤 조선경비사관학교에 입교해 1947년 육군소위로 임관했다. 군에서 그는 일제시대의 수사경험을 인정받아 정보 분야에서 줄곧 일하고 있었다. 백선엽은 그런 김창룡의 수사 능력을 인정해 숙군사업에 포함시켰다. 백선엽은 김창룡처럼 수사능력을 인정받는 경찰들을 군으로 특채해 조사관을 맡기는 방식으로 부족한 수사인원을 채웠다. 멤버가 갖춰지자 백선엽은 본격적으로 숙군사업에 들어갔다. 김창룡, 김안일 등이 수사 실무를 맡았고 백선엽은 그 조사 결과를 검토해 군사 재판에 회부할 지 말 지를 최종적으로 결정했다.

숙군사업은 1948년 가을에 시작된 이후로 여러 차례 진행됐는데, 그 작업이 만만치 않았다. 조사대상자들 가운데 상당수는 백선엽이나 실무 조사단과 친숙한 이들이었다. 때문에 신중하면서도 최대한 신속하게 조사를 진행해야 했다. 수사를 빨리 진행해야 하는 이유는 또 있었다. 숙군사업이 시작되자 수사대상자 중 상당수가 탈영해버렸던 것이다. 그 중 적지 않은 수는 월북했고, 일부는 산악지대로 들어가 빨치산 부대에 합류했다. 그랬기에 신중하고도 신속한 조사가 필수적이었던 것이다. 백선엽은 그런 가운데에서도 뚝심있게 숙군사업을 진행했다. 죄가 무거운 장교들에게는 사형이 집행됐고, 군인과 민간인들을 합쳐 1,300여 명이 감옥에 가

거나 불명예 제대를 하게 됐다.

숙군사업의 조사를 받던 군내 좌익 중에서 열성분자들은 수사를 받을 때도 전혀 기죽지 않았다. 빳빳하게 고개를 쳐들고 죽일 테면 죽여보라는 식으로 대들었다. 좌익사상이 뭐가 잘못되었냐며 논쟁을 걸어오는 사람도 있었다. 조사하는 수사관을 깜짝 놀라게 할 정도였다. 반면 좌익 전력은 있지만 활동이 미미하고 심정적으로는 이미 전향한 사람도 적지 않았다. 그런 사람을 만나면 수사관들은 난감할 수밖에 없었다. 분명히 아무 위협이 되지 않지만, 그의 이력 때문에 처벌해야 하는 경우가 꽤 많았다. 당시 수사를 담당했던 실무자 김창룡과 김안일은 특히 두 명의 수사 대상자에 대해 안타까움을 금치 못했다.

그 중 한명이 오일균이었다. 오일균은 군사학교에서 생도대장으로 있으면서 공산주의 활동을 한 인물이었다. 남로당 중앙당의 프락치로 제주 4.3사태 당시 진압군으로도 파견을 나갔었다. 수사 결과 그는 진압과정에서 붙잡은 무장대를 은밀히 풀어줬고 무장대에게 실탄을 제공해줬다는 혐의가 드러났다. 그러나 수사과정에서 오일균은 이미 확실히 전향했다는 게 밝혀졌다. 그의 진심을 받아들인 수사관들과 수사관들의 주장에 설득당한 육군 수뇌부가 그의 구명을 위해 백방으로 노력했다. 그러나 삼엄한 시절이었다. 이미 저지른 죄가 드러나 있었다. 사형은 피할 수 없었다. 일벌백계가 필요한 시절이었던 것이다. 결국 오일균은 사형집행장에서 '대한민국 만세!'를 외치며 죽었다. 대한민국 초기 군의 기강을 잡고 군을 바로 세우려는 과정에서 일어난 어쩔 수 없는 안타까운 일이었다.

비록 오일균은 살리지 못했지만, 조사관들이 살리고 싶었던 다른 한 사람은 다행히 살려낼 수 있었다. 그리고 그 선택이 대한민국의 역사를 바꿨다. 바로 다름 아닌 박정희였다. 박정희는 백선엽보다 3살이 위였지만 군 경력은 그보다 늦었다. 백선엽처럼 사범학교를 나와서 교직에 몸담았다가 만주 군관학교에 들어갔다. 그리고 그때부터 군인의 길을 걷게 됐다. 박정희는 해방 후에 광복군과 함께 귀국해 조선경비사관학교 2기생으로 들어갔다. 그렇게 그는 대한민국의 군인으로 복무하게 됐다. 그런 그가 남로당에 연루된 건 그의 형 탓이었다. 박정희의 형인 박상희는 일찍부터 언론인으로 활동하며 대구 구미 지역에서 명망을 떨치고 있었다. 그 당시 지식인들 상당수가 그랬던 것처럼 박상희 역시 좌익사상에 경도되어 건준 구미지부를 세우며 그 지역의 대표적인 좌익 지식인으로 활동했다. 박정희는 나이 차이가 많이 나는데다 그 지역에서 명망을 떨치고 있었던 형 박상희의 영향으로 인해 별다른 고민 없이 좌익사상을 접하게 됐다.

그런 와중에 박상희가 1946년 10월 대구 폭동 때 시위대와 경찰 간의 충돌을 중재하다가 총격에 맞아 사망하는 사건이 벌어졌다. 이 사건 이후 남로당은 박상희의 친구를 통해 박정희를 포섭하려 나섰다. 당시는 남로당이 득세하던 시기였다. 남로당 입장에서는 박정희로 하여금 존경하던 형의 뒤를 잇게 하면 당사자가 별 거부감 없이 포섭될 것이라고 판단했다. 그런 방식으로 박정희의 만주군 인맥을 타고 군내에 프락치를 심어두겠다는 심산이었다. 박정희로서도 그 당시에는 그의 남로당 가입이 그렇게 생사를 오가게 할 만큼 엄청난 일이라고는 생각하지 못했다. 그렇게 박정희는 남로당에 엮여 들어갔던 것인데, 숙군사업 때 이런 전력이 드러나며 체포된 것이었다.

그런데 조사관이었던 김창룡이 박정희를 수사하다가 그의 의연한 태도에 감동을 받게 됐다. 사실 박정희가 좌익활동을 실제로 벌인 건 하나도 없었다. 그저 형 때문에 남로당에 엮여 들어갔을 뿐이었다. 그랬기에 박정희도 수사과정에서 의연하게 협조했다. 김창룡은 그런 박정희를 살리고 싶었다. 동기였던 김안일에게 제안했다. '박정희를 살리자'. 김안일이 김창룡과 함께 박정희를 만났다. 김안일도 동의했다. 박정희는 살릴 만한 사람이었다. 둘이 함께 백선엽을 찾아가 박정희를 살려달라고 부탁했다.

김창룡과 김안일의 부탁을 받은 백선엽은 박정희를 한번 만나보기로 했다. 짧은 만남이었지만 강렬했다. 박정희는 길게 말하지 않았다. 초연한 태도로 백선엽에게 "한번만 살려주십시오."라고 짧게 한마디 한 뒤 입을 다물었다. 백선엽의 대답도 짧았다. "그렇게 해봅시다." 박정희의 인품을 높이 산 동료와 선배들이 가세했다. 그들 역시 백방으로 구명 노력을 기울였다. 그 덕이었을까. 박정희는 기적처럼 풀려났다. 사형을 구형받았던 박정희는 1심에서 무기징역, 2심에서 10년 형 및 집행정지를 선고받았다. 목숨만은 건졌던 것이다. 해를 넘겨 1월이 됐을 때 박정희는 강제 예편이라는 형식으로 풀려날 수 있었다. 목숨은 건졌지만 군에서는 쫓겨났다. 오갈 데 없는 신세가 됐다. 이때 백선엽이 다시 손을 내밀었다. 민간인이 된 박정희를 문관 신분으로 육본 정보국에서 일할 수 있도록 배려했다. 백선엽은 그렇게 한번 더 박정희를 살렸다.

숙군사업, 대한민국을 구하다

숙군사업은 지난한 과제였다. 짧은 기간에 수많은 사람들을 상대로 옥석을 가려내는 일은 쉽지 않았다. 하지만 이 숙군사업은 대단히 중요했다. 대한민국을 지켜냈다고까지 말할 수 있을 정도로 중차대한 사업이었던 것이다. 여순 반란 사건 직후부터 다음해인 49년 여름까지 진행된 초기 숙군과정에서 전 군의 약 5%에 해당하는 4,700여명이 처벌을 받았다. 대부분은 불명예 제대를 했지만 약 10%는 사형이나 징역형에 처해졌다. 탈영한 군인의 수도 처벌을 받은 숫자만큼 됐다. 그러니 전 병력의 1할에 해당하는 1만 명 정도가 일순간에 사라진 셈이었다. 그러나 그럼에도 숙군사업은 절대적으로 필요한 일이었다.

48년 1월부터 49년 4월까지의 제 1차 숙군사업이 마무리되고 49년 5월부터 49년 9월까지의 제 2차 숙군사업이 시작될 무렵 일어난 월북사건들만 봐도 숙군사업이 얼마나 중요한 일이었는지를 알 수 있다. 1949년 5월 4일, 춘천에 주둔한 제 8연대 1대대장 소령 표무원은 야간 행군을 핑계로 부대를 나가 그대로 월북해버렸다. 더 황당했던 건 그 다음날 홍천에 주둔해 있던 같은 연대의 2대대도 대대장이었던 소령 강태무의 지휘 아래 북으로 넘어가 버렸다는 거였다. 이들은 앞서 언급한 오일균의 세포였는데 49년 2월에 오일균이 체포되어 총살당하자 신변에 위협을 느끼고 미리 북한측과 접촉한 뒤 계획월북을 감행한 것이었다. 그러나 1대대와 2대대 장병들 중 상당수는 38선을 넘은 뒤 대대장의 의도를 알아차리고 곧바로 다시 남으로 탈출했다. 그 결과 1대대는 456명 중 239명이 탈출에 성공해 부대로 복귀할 수 있었고, 2대대는 294명 중 143명이 돌아왔다.

월북한 표무원과 강태무는 경북 고성출신의 고향친구들이었다. 박정희와는 육사 2기생 동기였다. 이들은 북한이 1946년 2월에 설립한 평양학원 출신으로 거기서 교육을 받고 남파된 군내 프락치였다. 그런 그들이 병사들을 이끌고 월북하자 북에서는 이들을 영웅으로 환대했다. 나중에 6.25 남침전쟁이 터지자 표무원과 강태무는 인민군을 이끌고 남으로 쳐내려왔다. 대한민국 입장에서 보면 파렴치한 범죄를 저지른 인물들이었지만 북에서 이들은 영웅으로 훈장을 받으며 영전을 거듭했다. 심지어 표무원은 2006년까지, 강태무는 2007년까지 장수를 누렸고, 이들이 죽었을 때 북한의 김정일은 화환을 보내며 애도를 표하기까지 했다.

2개 대대의 월북은 충격적인 사건이었지만, 이 시기에 이런 사건은 드물지 않았다. 8연대 월북사건이 벌어진 지 불과 며칠 뒤인 5월 11일, 이번에는 바다에서 월북사건이 일어났다. 해군사관학교 2기생인 소위 이송학을 중심으로 한 7명의 좌익 군인들은 주문진 근처로 경비임무를 받고 떠난 제 1특무정대에서 반란을 일으켰다. 이들은 제 1정대 사령관 중령 황운서와 소해정 508호의 정장 소령 이기종을 사살한 뒤 소해정 508호를 타고 월북해버렸다. 땅이건 바다건 곳곳에 구멍이 뚫려 있었던 것이다.

물론 공중도 마찬가지였다. 이미 1948년 12월에 중사 하나가 미군이 원조해준 연락기 L-4기를 몰고 비행하다가 월북해버린 사건이 있었다. 미군은 이 사건 이후 한국군에게 비행기를 추가로 공급하지 않으려 했고, 심지어 한국군이 비행기를 모는 것조차 꺼리게 됐다. 그도 그럴 것이 비행기를 몰고 월북한 사건은 그 뿐만이 아니었기 때문이었다. 강태무와 표문원 사건 이후 공군은 대북 삐라를 살포하는 작전을 펼쳤는데, 이 삐라를 살포하는 비행기에 탑승했던 소위 이명오가 조종사를 위협해서 또다시 월북해버렸던 것이다. 이런 사건들로 인해 미군은 한국 공군을 전혀 신뢰하지 않게 됐다. 한국 공군 10여명을 강제로 체포해 조사하는 소동까지 벌일 정도로 불신의 골은 깊어져 버렸던 것이다.

대한민국 국군은 숙군사업을 통해 이처럼 육해공군 곳곳에 스며들어 있던 남로당세력 및 좌익세력들을 제거할 수 있었다. 만약 숙군사업이 없었다면 표무원이나 강태무 같은 프락치들이 대한민국 국군 내부 곳곳에서 여전히 또아리를 틀고 있었을 것이다. 그리고 이들은 당연히 6.25 남침 전쟁이 발발했을 때 마치 여순 반란 사건 때의 여수 제 14연대처럼 단숨에 장교들을 죽이고 소속 부대를 무력화시켰을 것이다. 가뜩이나 병력이

대대를 이끌고 월북한 강태무는 북한의 대남 선전에 계속 활용되었다. 남침전쟁 중 월북한 한 장교가 강태무를 만나는 장면을 그린 월북 회유용 삐라.

열세였던 대한민국 국군이 그런 내부 소요를 겪게 됐다면 전쟁에서 어떤 결과가 초래되었을지 상상만 해도 섬뜩해진다. 이렇게 보면 여순 반란 사건과 4.3 사건이 계기가 된 숙군사업은 6.25 남침전쟁에 앞서 대한민국의 국군 내에서 남로당 및 좌익세력을 제거할 수 있었던 하늘이 내린 기회였다고 할 수 있을 것이다.

북한의 대남공작과 국회 프락치 사건

1947년 3월 15일 스탈린이 북한 대표단으로 모스크바를 방문한 김일성과 박헌영을 만났을 때였다. 스탈린이 박헌영에게 물었다. "남조선 군대 내부에 당신 사람이 있는가?" 박헌영이 대답했다. "그렇다. 하지만 지금은 아무 활동도 하지 않고 조용히 잠복해 있다." 그러자 스탈린이 말했다. "올바른 일이다. 지금은 아무런 행동도 해서는 안 된다. 때를 기다려야 한다." 그러면서 남조선의 첩자를 경계하라는 조언을 건넸다. 이 시기부터 이미 남로당원이나 남한 지역 출신을 교육시켜 남파하기 위한 교육시설이 북한에 하나둘씩 세워지고 있었다. 그리고 1948년 9월 9일 북한 정권이 수립된 이후부터 대남공작은 본격적인 궤도에 올랐다. 김일성이 정권을 수립한 뒤 남조선 혁명을 통한 조국통일이 제 1의 과업이라고 공언했기 때문이었다. 그런 김일성의 대남공작은 놀랍게도 대한민국 국회에까지 뻗쳐 있었다.

1949년 5월 20일 대한민국의 국회의원 3명이 남로당과 연계하여 프락치 활동을 했다는 혐의로 전격 구속됐다. 국회에서는 석방 동의안을 투표에 붙였지만 부결됐다. 수사는 계속됐고 6월과 8월에 추가로 국회의원들이 구속됐다. 그 결과 총 13명의 국회의원이 구속되어 재판을 받게 됐다. 후에 '국회 프락치 사건'으로 이름 붙여진 대남공작사건이었다.

이 사건에 대해 지금도 조작이라고 주장하는 사람이 있다. 그리고 그런 주장을 별다른 의심없이 굳게 믿는 사람들이 꽤 많다. 이 사건을 조작이라고 말하는 사람들의 주장은 이렇다. '당시 국회 프락치 사건으로 구속된 소장파 의원들은 주로 반민특위법 제정과 반민특위 활동에 적극적으로 참여했던 인물들이었다. 건국 직후 1948년 9월 22일에 제정된 반민족행위처벌법에 의해 발족된 반민특위의 활동을 당시 이승만 정권 및 한민당의 친일파 세력들은 몹시 못마땅하게 생각하고 있었다. 그 반민특위를 무력화시키기 위해 집권세력이 조작한 사건이 바로 국회 프락치 사건이다.'

과연 그럴까. 조금 자세히 살펴보자. 해방공간에서 친일청산 문제를 적극적으로 제기했던 쪽은 박헌영 등의 극좌노선과 이에 동조한 여운형 등의 중도좌파 노선이었다. 하지만 여운형조차도 친일 부역 혐의에서 자유롭지 않았다. 여운형의 경우, 일제 말기 일본군국주의를 찬양하는 글을 쓴 흔적들이 곳곳에서 발견된다. 일부 논자들은 여운형의 경우 다른 사람이 쓴 글에 이름만 빌려줬던 것이라고 애써 옹호하지만 당시 대다수의 지도

급 인사들은 대부분 그렇게 친일을 강요당한 경우가 많았다. 게다가 제 2차 세계대전을 서양과 동양의 대결이라는 구도로 잘못 이해하면서 일본이 서양을 막아내는 전쟁에 조선사람들이 힘을 보태면 장차 전쟁이 끝난 뒤 조선인의 지위를 향상시키는 데 도움이 될 거라 잘못 판단한 사람들도 적지 않았다. 1930년대 말까지 독립운동가로 활동하다가 일제말기에 친일부역을 했다는 혐의를 받는 사람들 대부분은 그렇게 잘못 생각한 경우였다.

그러다 해방이 되자 좌익계열에서는 친일문제 청산을 처음부터 노골적으로 주장하고 나왔다. 진정으로 친일문제를 청산하기 위해서라기보다는 우파 세력을 궁지로 몰아넣으려는 정치적인 이유가 컸다. 좌익세력은 비교적 친일문제에서 자유로왔던 까닭이었다. 일제시대 국내에서 활동하던 좌익들은 탄압을 피해 지하활동을 해야 했기 때문에 일제말기 일본제국주의에 협력했던 경우가 거의 없었다. 그건 해외에서 주로 활동했던 임정요원들도 마찬가지였다. 그래서 귀국직후 임정요원들은 친일문제 청산에 대해 좌익 계열과 같은 입장을 취했던 것이다. 정국의 주도권을 잡으려면 같은 우익의 한민당 계열을 궁지에 몰아넣어야 했기 때문이었다. 그러나 김구와 임정세력은 곧 현실적인 문제가 많음을 알고 먼저 우리 민족의 자주 독립국가를 건설한 다음 친일문제를 청산하자는 쪽으로 입장을 바꿨다. 그들 역시 그 당시 좌익이 주장한 친일파 청산은 민족정기를 바로 세우려는 당위의 차원이 아니라 정국에서 주도권을 잡기위한 정략적인 차원이라는 것을 깨달았기 때문이었다.

일제시대 한국인 가운데 80퍼센트가 창씨 개명을 했었다. 상당수의 사람들이 총독부 관리로 근무했고 총독부 치하에서 장사를 하거나 사업을 했다. 그랬기 때문에 막상 친일파 청산을 하려 해도 어디서부터가 용서받을 수 없는 반민족행위이고 어디서부터가 아닌지 선을 긋는 것부터가 쉽지 않았다. 게다가 아직 민족국가가 들어서지 않은 채 소련과 미국의 군정이 이뤄지고 있는 상황에서 당장 수행할 수 있는 일은 더더욱 아니었다.

한편 북한은 친일청산을 철저하게 했기 때문에 자기들이 민족사적 정통성을 갖고 있다고 선전한다. 대한민국 내에도 이런 선전을 그대로 받아들여 북한이 적어도 해방 직후 친일파 청산만큼은 제대로 했다고 말하는 사람들이 있다. 그러나 실제로는 그렇지 않았다. 실상은 이랬다. 소련군이 진주해 들어왔던 초기에 친일 지주 세력들을 청산하는 모션을 취하기는 했다. 그러나 이때 친일파 청산이란 소군정과 북한 정권 입장에서 '반동분자'들을 처리하는 핑계에 지나지 않았다. 그랬기에 북한에는 친일청산의 기록조차 남아있지 않을뿐더러, 북한 정권 출범 이후 내각 관료들의 명단을 보면 친일경력자가 수두룩하게 들어있다. 일제시대 헌병 보조원으로 일한 김일성의 동생 김영주를 비롯해 중추원 참의, 도의원, 군수 등 고위직 출신은 물론 일본군 출신이나 일본 언론사 기자 출신들도 모두 북한 초기 정권의 요직에 앉아있었다.

사실 거의 모든 면에서 준비가 부족한 신생독립국이라면 과거 과오가 있더라도 새 국가 건설을 위해 능력을 갖춘 사람들에게 참여할 수 있는 기회를 주는 게 더 바람직한 일이었다. 하지만 해방공간을 거치면서 친일청산은 반대파를 공격하기 위한 수단으로 변질됐고 그것이 건국 이후에도 그대로 이어졌다. 특히 문제가 된 것이 경찰조직이었다. 미군정은 일제시대 한국인 경찰을 그대로 승계해 치안조직으로 만들었다. 그리고 그 경찰조직을 그대로 대한민국 정부가 받아들여 활용했다. 사실 대한민국 정부의 경우 내각의 주요인사나 국회의원 중에는 친일경력이 문제될 사람은 없었다. 5.10 총선거를 치를 때 아예 법으로 친일경력자는 입후보할 수 없게 정해져 있었던 탓이었다. 그러나 군부나 경찰, 사법부의 경우는 사정이 달랐다. 이 분야의 인재들은 대부분 일제시대부터 활동하거나 일제시대 때 고등교육을 받은 이들이었다. 상대적으로 전문적인 분야였기 때문에 실무경험이 있는 사람들을 배제할 수 없었다. 그들을 내치면 군경, 사법부가 일시에 마비상태가 될 상황이었기 때문이었다. 미군정과 이승만 정부는 어쩔 수 없이 이들의 실무경험을 활용할 수밖에 없었다. 말 그대로 고육지책이었다.

게다가 반민특위 활동 자체에도 문제가 있었다. 반민특위는 투서와 신고를 바탕으로 조사해서 반민족 행위자 7천여명의 명단을 작성했고, 1949년 1월부터 682건에 대해 본격적인 검거에 나섰다. 자수하거나 도망친 경우도 있었지만 절반 가까이는 체포되어 검찰에 송치됐다. 그러나 신고와 투서라는 것이 투명하지 않았다. 개인적인 악의에 의해 이루어진 고

발과 투서가 적지 않았던 것이다. 게다가 중앙과 지방의 반민특위 내부에 친일경력자들이 적지 않게 포함되어 있었고 반민특위를 보호하기 위한 특경대나 특별재판관 중에도 친일경력자가 들어있었다. 그러니 반민특위의 활동이 제대로 수행되기만 했었더라면 한국 현대사가 달라졌을 것이라 생각하는 건 역사를 너무 단순하게 보는 오해다. 오히려 또 다른 종류의 희생양을 만들어내는 혼란에 지나지 않았을 가능성이 더 크다.

문제는 반민특위의 칼날이 주로 좌익 수사에 공을 세운 경찰들을 겨냥했다는 거였다. 그러자 이승만 정권으로서는 저지하지 않을 수 없었다. 북한의 괴뢰정권과 남한 곳곳에 또아리를 틀고 있는 좌익세력들이 여차하면 대한민국을 뒤집으려 하는 상황에서 그들을 색출하고 검거할 손발을 잘라버린다면 이제 막 태어난 신생 대한민국의 안위를 지켜낼 방도가 없다고 생각했던 것이다. 아직 때가 아니었다. 국회 프락치 사건은 이런 맥락에서 살펴봐야 제대로 이해할 수 있다. 국회 프락치 사건을 '반민특위를 와해시키기 위한 날조사건'이라는 시각으로만 볼 경우, 북한이 국회 프락치사건을 자신들이 펼친 혁혁한 대남공작으로 떠들어대는 것조차 보지 않고 듣지 않으려 하게 되기 때문이다. 『로동신문』에서는 1997년 거물간첩 성시백을 기리며 국회 프락치 사건을 자신들이 획책한 사건이라고 명백하게 밝히고 있는데도 말이다.

거물 남파간첩 성시백

1997년 5월 26일 북한의 「로동신문」에는 이른바 '혁명렬사' 였던 성시백이란 인물에 대한 특집이 실렸다.

"성시백 동지는 1948년 가을부터 남조선 괴뢰 '국회' 공작에 힘을 넣었다. 남조선 괴뢰 '국회' 안에는 각양각색의 분파들이 있었다. 성시백 동지는 이러한 분파와 그들 간의 싸움을 리용하여 우선 '국회' 안에 민족적 감정과 반미의식을 가지고 있는 '국회의원'들로 진지를 구축하고 여기에 다른 '국회의원'들까지 포섭하여 반미반괴뢰세력을 형성하기 위한 공작을 대담하게 벌려나갔다. 그리하여 '국회부의장'과 수십명의 '국회의원'들을 쟁취포섭하는데 성공한 성시백 동지는 그들로 하여금 '국회' 연단에서 '외군철퇴요청안'과 '남북화평통일안'을 발표케 함으로써 미제와 남조선괴뢰도당을 수세와 궁지에 몰아넣고 남조선 인민들에게 필승의 신념을 안겨주었다."

국회 프락치 사건이 날조라고 보는 사람들은 소장파 의원들이 '미군철수', '평화통일', '친일청산' 등을 주장해서 이승만 정권에 위협이 되었기 때문에 이승만 정권이 용공사건을 조작한 것이라 주장한다. 하지만 위에서 인용한 것처럼 북한의 「로동신문」이 나서서 국회 프락치 사건은 조작된 용공사건이 아니라 자신들의 '혁명렬사' 성시백이 추진한 일이라고 말하고 있다. 당시 북한이 국회 내의 일부 정치세력들을 포섭해서 후원하며 그들을 이용하고 있었던 것은 분명한 사실이었던 것이다. 성시백은 바로 그렇게 남한의 중도파 또는 좌익들을 포섭하기 위해 김일성이 직접 남파한 거물간첩이었다.

사실 국회 프락치 사건이 처리된 경위만 보면 증거도 부족했고 정당한 사법절차에 의한 수사 및 재판이라고 보기 어려운 부분이 꽤 있다. 그러나 이 사건은 대한민국이 태어난 지 불과 1년도 안된 시점에서 일어난 일이었다. 대한민국은 그때까지 국회의원 13명을 포함시킨 대형 용공사건을 조작해 낼만한 역량조차 없었다고 보는 것이 오히려 타당한 판단일 것이다. 반면 남파 간첩에 휘둘린 국회의원들이 있었다는 사실은 북한이 스스로 증명해주고 있다. 역사라는 법정은 때로는 현실의 법정이 드러내지 못한 것들을 오롯이 드러내는 법이다.

당시 수사 및 재판 과정에서조차 이름이 드러나지 않았던 이 성시백이라는 인물은 누구일까. 그는 황해도 출신으로 일찍이 일본 중앙대 법과를 나와 중국으로 건너가 공산당 활동을 한 인물이었다. 흥미로운 것은 중국에서 활동할 당시에도 공산당의 지령을 받고 국민당에 잠입해 프락치 활동을 했다는 점이다. 그는 이때부터 첩보와 공작의 전문가로 경력을 쌓고 있었다. 해방 이후 북으로 귀국한 그는 김일성을 만나 '북로당 남반부 정치위원회'라는 조직을 남한에 세우기로 하고 1947년 5월 월남했다. 남으로 내려온 성시백은 이후 사업가와 언론인으로 활동했다. 자신이 소유하고 있던 「조선중앙일보」 「우리신문」 등의 신문을 통해 남한 교란 공작을 펼쳤고 언론 활동을 통해 입수한 첩보를 북한에 비밀 전문으로 송신했다.

그러나 성시백의 진짜 재능은 사업과 조직활동에 있었다. 그는 북한으로부터 공작금을 받아다 쓰기도 했지만 밀수와 상업을 통해 엄청난 규모의 돈을 벌어 스스로 충당하기도 했다. 사업을 통해 마련한 자금을 이용해 성시백은 남한 각계각층의 인물들과 교류하며 인맥을 다지고 정보를 입수했다. 성시백의 주 임무는 남한의 중도파와 우익 지도자들을 포섭하는 일이었다. 김구와 김규식의 보좌관들에게도 성시백의 손길이 뻗쳐 있었을 정도였다.

그렇게 암약하던 성시백은 1950년 5월 15일 남로당에서 전향한 인물들의 조력으로 체포됐다. '만약 성시백이 체포되지 않았다면 한국의 역사가 달라졌을 것'이라고 북한 「로동신문」이 떠들 정도로 성시백의 암약은 대단했다. 그는 전향하면 살려줄 것이라는 제안도 뿌리쳤고, 결국 6.25 남침전쟁이 발발한 이틀째 되는 날 즉결 처형됐다.

안타까운 건 민주화 운동의 일환으로 과거사를 규명하려는 사람들이 국회 프락치 사건과 성시백 간첩 사건 등을 '조작'으로 결론내 버렸다는 점이다. 북한이 '혁명렬사'로 기리며 그가 국회의원들을 포섭해 대한민국 국회를 뒤흔들었던 사건을 찬양하고 나선 덕에 다행히 진실이 밝혀질 수 있었지만 씁쓸한 일이 아닐 수 없다.

김구 암살

그런 가운데 엎친 데 덮친 격으로 김구가 암살됐다. 1949년 6월 26일 일요일 오전, 김구는 일요일이었지만 차편이 없어서 예배를 보러가지 못하고 경교장 2층 거실에서 중국 한시집을 읽고 있었다. 그런 그에게 현역 포병장교였던 소위 안두희가 찾아왔다. 그가 성큼성큼 2층으로 걸어 올라간 뒤 얼마 안 있어 네발의 총성이 울렸다. 그리고 74세의 김구가 쓰러졌다. 일제 식민지 시절 대한민국 임시정부를 제 몸처럼 돌보며 이끌었던 독립운동의 거인이 명을 달리하는 순간이었다. 또 해방공간에서 이승만과 함께 우파 진영을 이끌던 노정객이 정치무대에서 사라지는 순간이었다. 김구의 암살은 당시 많은 사람들에게 충격을 주었다. 게다가 의문도 첩첩이 쌓여갔다. 도대체 안두희는 누구이며 왜 김구를 암살했던 것일까.

안두희(1917-1996)는 평안북도 출신으로 일본 메이지 대학 법학과를 졸업한 뒤 중국 등지에서 장사를 하다 해방을 맞아 귀국했다. 소련 군정하에서 북한이 사회주의화되자 월남하여 서북청년회에 가입하는 등 우익 청년 활동을 했다. 그러다가 1948년 육군사관학교에 입학하여 교육을 받고 포병 장교로 임관했다. 그런데 2001년 미국 국립문서기록관리청의 문서가 공개되면서 안두희의 또다른 활동이 밝혀졌다. 안두희는 미군 방첩대(CIC) 소속의 정보원이었고 우익 테러 단체인 백의사의 일원이기도 했던 것이다. 안두희는 김구를 암살하기 3개월 전인 1949년 3월 한국독립당에 입당해 김구와 친분을 가져오고 있었다. 그랬기에 아무런 의심 없이 김구와 독대를 가질 수 있었다. 현장에서 체포된 안두희는 왜 김구를 암살했느냐는 심문에 대해 김구가 대한민국 정부를 상대로 쿠데타를 일으키려 했기 때문이라고 답했다. 그는 수사와 재판과정에서도 김구의 암살 동기에 대해 일관되게 진술했다.

사실 김구의 쿠데타설은 그 진위와는 별개로 당시 심심찮게 떠돌던 이야기였다. 미국 국립문서기록관리청의 문서에는 '김구 암살의 배경'이란 이름이 붙어있는데, 이 문서를 보면 당시 미국 정보기관 역시 김구의 쿠데타설을 매우 심각하게 받아들이고 있었음을 알 수 있다. 대한민국 정부가 정식으로 수립되기 전부터 김구는 자신이 이승만을 비롯한 대한민국 정부와 완전히 갈라섰다는 것을 여러 차례 드러낸 바 있었다. 대표적인 경우가 장제스의 측근이자 유엔 임시 위원단의 대만대표였던 유어만과의 대화였다. 유어만은 1948년 5.10 총선거가 끝나고 대한민국 정부가 준비되고 있었던 7월에 김구와 독대했다. 이때 김구는 한껏 격앙된 어조로 곧 소련이 내려와 남한에 인민공화국이 세워질 것이라고 말했다. "내가 북에서 열린 정당사회단체대표자회의에 참석했던 이유는 북한에서 실제로 어떤 일이 일어나고 있는가를 보려는 거였다. 가서 보니 앞으로 3년간 북한의 공산주의자들이 북한인민군을 더 이상 증강시키지 않는다 하더라도, 남한이 붉은 군대의 현재 군사력만한 군대를 양성하는 것은 불가능해 보였다. 아무리 총력을 투입한다 해도 안 될 거다. 그러니 러시아는 비난을 받지 않고 그 군대를 동원해 남한을 급습할 수 있다. 조만간 인민공화국이 선포될 것이다." 김구는 이렇게 말했던 것이다. 그는 김일성과의 4김 회담 직후 가진 기자회견에서는 정반대로 말했었다. '김일성은 전쟁을 일으키지 않을 것이라고 말했다. 나는 그 말을 믿는다.'

만일 유어만에게 한 김구의 말이 본심이었다면 김구가 1948년 11월에 유엔총회의 대한민국 정부 승인을 막으려 애쓰는 한편, 한반도에서 미소 양군의 조기철수를 강력히 주장한 의도가 무척 의미심장해진다. 북한이 남한보다 월등한 전력을 갖고 있고, 소련이 그 전력을 이용하면 남한은 곧 무너질 것이란 사실을 알면서도 김구는 남북에서 미소 군대의 동시철수를 주장한 것이기 때문이다. 무심코 흘려듣기 힘든 발언이 되는 것이다. 게다가 당시 남파 공작원인 거물간첩 성시백과 서영해 등은 김구 주변의 인물들을 포섭하여 김구에게 지속적으로 단선반대, 외국군대 철수, 남북 총선거 등을 주장하라고 부추기고 있었다. 김일성이 서영해를 통해 만일 남북총선거를 치르게 되면 김일성은 자기 대신에 김구를 추대할 것이라는 말을 김구에게 전했다는 증언도 있다.

김구가 어디까지 대한민국 정부를 반대하고 있었는지는 분명하지 않다. 그러나 대한민국 내부의 반대파들이 김구를 추대하려는 의도를 가지고 있었던 것은 분명하다. 임정과 협력관계에 있었던 우익 테러 조직 백의사의 우두머리 염동진은 대한민국에 반감을 가진 군내의 극우세력들에 대한 자료를 김구에게 전달한 바 있었다. 이런 사실은 미 정보부에서도 파악하고 있었다. 당시의 문서들은 2001년 국내 연구자들에 의해 발굴되어, 신동아 2001년 10월호에 특집기사로 발표됐다. 이 기사에 의해 밝혀진 정황들을 살펴보면 창군 당시 제 4연대의 소속 장교들은 대한민국 정부에 불만을 품고 김구를 수반으로 하는 정부를 세울 쿠데타 계획을 세운 적이 있었다. 그들은 김구를 수반으로 하는 보다 강력한 우익 파시스트 국가를 꿈꾸었다.

그런데 공교롭게도 여순 반란사건 당시 주축이었던 제 14연대의 연대장이 제 4연대 1대대장 출신인 이영순이었다. 제 14연대의 장교들 중 상당수가 제 4연대 출신이었다. 그리고 여순 반란 사건을 진압하기 위해 출동했던 제 4연대의 선발대는 출동 즉시 장교를 살해하고 곧바로 반란에 합류해 버렸다. 이런 정황 때문에 여순반란사건이 진압된 뒤, 김구를 추대하는 군내 극우세력과 남로당 계열의 극좌세력이 연합할 수도 있다는 가능성이 일각에서 제기됐다. 물론 김구는 그러한 의혹이 날조라며 반박성명을 발표하기도 했다. 사실 제 4연대의 김구 추대 쿠데타 논의는 우익계열의 장교들이 주축이 된 것이었던 반면, 여순 반란 사건은 제 14연대 소속 좌익 계열의 하사관들이 주축이 되어 일으킨 사건이었기에 제 14연대와 제 4연대가 공조할 가능성은 거의 없었다. 그러나 수상한 시절이었고 갓 태어난 대한민국 정부는 아주 작은 충격에도 큰 상처를 입을 수 있는 상황이었기에 이승만 정권과 미 정보부에서는 예민하게 반응할 수밖에 없었다.

한편 상황이 이렇다보니 김구 암살의 배후에는 이승만의 지시가 있었다고 추측하는 사람들도 상당히 많다. 그러나 이승만이 관련되었다는 증거는 전혀 없다. 김구 암살 사건을 보고한 시경국장 김태선의 기록에 따르면 이승만은 김구가 암살됐다는 보고를 받자 눈물을 흘리며 안타까워했다고 한다. 그러나 며칠 뒤 이승만의 태도는 분명히 바뀌었고, 이승만은 안두희를 두둔하며 보호하고 나섰다. 이건 어떻게 설명할 수 있을까. 아마도 그 며칠 동안 이승만에게 다음과 같은 보고가 올라갔기 때문이었을 것이다. '안두희는 백범에게서 이승만 암살 및 쿠데타 계획을 들었다. 그리고 그 계획을 저지하기 위해 김구를 암살했다.' 아마도 이승만은 안두희의 범행동기를 믿었던 것 같다. 아울러 백범이 자신을 암살하고 쿠데타를 벌일 계획을 가지고 있었을지도 모른다고는 생각했던 것 같다. 그랬기에 이승만은 그 이후로 안두희를 줄곧 보호했고, 안두희는 사형을 피해 있다가 6.25 남침전쟁 이후 다시 군으로 복귀하게 되었던 것이리라.

김구의 암살을 누가 지시했는지는 지금도 불확실하다. 미군 정보부라는 설도 있고 백의사의 염동진이었다는 설도 있다. 이승만 정권이 지시했다고도 한다. 아직 어떤 설도 확실하지는 않다. 그러나 이렇게는 설명할 수 있을 것이다. 당시 김구가 극좌, 극우 세력과 손잡고 쿠데타를 일으킬지도 모른다는 이야기는 꽤 널리 퍼져 있었다. 군 내부에도 김구의 추종자들이 적지 않았다. 그런 한편 김구는 이 무렵 대한민국 정부에 대해 공공연하게 적대적인 태도를 취하고 있었다. 백의사의 수장인 염동진을 비롯해 군내부의 요인들과도 자주 접촉하고 있었다. 이런 정황이었기에 미군 정보부는 여순 사건과 같은 공산당의 폭동과 중앙에서 김구를 추대하는 군사 쿠데타가 동시에 일어날 경우를 심각하게 우려했다. 그럴 경우 대한민국 정부가 이를 감당할 수 없을 것은 자명했기 때문이었다. 김구가 실제로 이승만 암살과 쿠데타 모의를 했는지는 알 수 없다. 그러나 그런 김구의 속마음과는 무관하게 김구는 갓 태어난 대한민국에게 가장 위험한 존재가 되어 있었다. 그게 비극의 씨앗이 되지 않았을까.

빨치산과의 전쟁

대한민국 내부의 적은 간첩들처럼 숨어있는 것만은 아니었다. 적이라는 것이 명확해진 세력들도 있었다. 바로 러시아어로 파르티잔, 우리는 '빨치산'이라고 부르는 공비 혹은 무장 게릴라들이었다. 1946년 대구 폭동 때 경찰의 추적을 피해 산으로 숨어들어간 남로당 인사들이 최초의 빨치산이었다. 그 이후로 사건 사고가 생길 때마다 남로당 계열의 좌익세력들은 산으로 흘러들어가 빨치산이 됐다. 가장 많은 인원이 빨치산으로 흘러든 건 여순 반란 사건 때였다. 이들은 한때 야산대라고 불리며 남로당의 대남투쟁에서 중요한 역할을 담당하게 됐다. 1949년이 되기 전에 이미 제주를 비롯해 호남, 지리산, 영남, 태백산 등등에는 '유격지구'가 설치됐고, 이

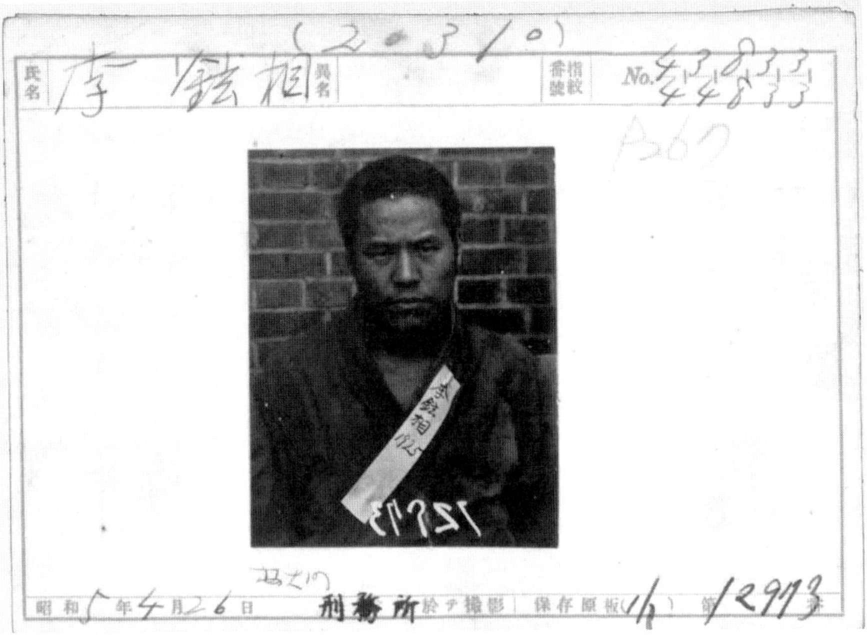

빨치산 중에서 가장 악명이 높았던 것은 이현상이었다. 그는 일제 치하에서는 좌익 계열의 독립운동가였지만, 해방 직후 북한에서 훈련받은 무장 게릴라가 되어 나타났다. 지독한 토벌과 색출에도 살아남은 그는 북한에 의해 버림받아 아마도 배신자의 손에 의해 죽은 것으로 보인다. 아무도 그의 시체를 맡지 않아 빨치산 토벌로 이름 높았던 차일혁이 그의 장례를 치렀다.

'유격지구'는 토벌대와 전투를 벌이는 거점이 됐다.

한편 1949년 6월 평양에서는 남로당과 북로당이 합당해 조선로동당으로 단일화됐다. 이와 동시에 조국통일민주주의전선이 발족되면서 이른바 '무장 유격 투쟁'이 중요한 노선으로 대두됐다. 남로당계열의 박헌영이 총책을 맡은 조선인민유격대가 7월에 만들어졌다. 지휘계통도 확립됐다. 강동 정치학원에서 배출된 인원들이 속속 남한의 산악지대로 파견됐고, 이들은 기존의 인민유격대와 합류해 지속적으로 남한 사회를 교란시키는 작전을 펼쳤다. 이 과정에서 오대산에 제 1병단, 지리산에 제 2병단, 태백산에 제 3병단이 만들어졌다. 강동 정치학원 원장 출신이자 김달삼과 함께 제주 4.3 사건을 주도한 이호제가 제 1병단의 책임자가 됐고 김달삼은 제 3병단을 맡았다. 제 2병단을 책임진 사람은 이현상이었다. 그 역시 강동 정치학원 출신이었다.

이렇게 조직을 확실히 갖춘 빨치산들은 1949년 9월 이른바 '9월 아성공세'를 펼쳤다. 빨치산의 아성공세란 밤중에 대도시를 습격하는 대담한 공격작전이었다. 아성공세가 펼쳐지면서 빨치산의 거점과 가까운 마을은 '낮에는 대한민국, 밤에는 인민공화국'이라는 말이 돌 정도가 됐다. 그만큼 빨치산의 세력은 대단했다. 일부 마을에서는 인민위원회를 부활시키며 대한민국의 통치에 공백을 만들어낼 정도였다. 북한도 계속해서 한 번에 수백 명씩 강동 정치학원 출신의 유격대를 파견하며 빨치산의 9월 총공세를 지원했다.

빨치산의 공세가 이렇다보니 대한민국 정부도 손 놓고 있을 수가 없었다. 물리적인 공세를 강화하는 한편으로 유격대들의 자수를 장려했고 남로당 지하조직을 궤멸시키기 위해 총력을 기울이게 됐다. 1949년 여름까지 매월 토벌된 빨치산 사상자는 300~400명 수준이었는데 9월 이후부터는 매월 800~1,000여명 수준으로 그 수가 급격히 증가했다. 대한민국 정부가 총력을 기울여 빨치산의 9월 총공세에 맞선 까닭이었다. 이로 인해 빨치산은 급속하게 궤멸되기 시작했다. 1949년 12월부터 다음해 3월까지 진행된 동계 토벌 작전으로 국군은 빨치산 365명 사살, 187명 부상, 4,964명 생포라는 전과를 올렸다. 이로 인해 인민유격대 조직은 거의 완전히 붕괴해서 다시는 아성 공세를 꿈꾸기 어려운 수준으로 몰락하게 됐다. 3개 병단으로 이루어져 있었던 조직도 무너져, 제 1병단은 태백산으로 도주한 뒤 제 3병단과 합쳐 겨우 명맥을 유지하는 수준이 됐다. 단, 지리산 일대의 제 2병단은 비교적 오래 살아남았고, 나중에 '남부군'이라 불리게 됐다.

1950년 봄이 될 때까지 인민유격대는 계속 토벌되며 몰락해갔다. 그러나 간신히 살아남은 세력은 6.25 남침전쟁이 벌어지자 그에 호응해 유격전을 펼쳤다. 낙동강까지 밀고 내려왔다가 유엔군과 남한군의 반격으로 도주하던 인민군 중 일부도 산으로 들어가 빨치산들과 합류했다. 이 때문에 대한민국은 6.25 남침전쟁 도중에도 후방에서는 다시 한번 빨치산과의 전쟁을 벌여야만 했다.

빨치산의 괴멸

이렇게 보면 1949년은 대한민국이 내부의 적들과 싸우던 내전의 시기였다고 할 수 있다. 그리고 그렇게 대한민국을 내전 상황으로 몰고 간 건 박헌영 등의 남로당 수뇌부와 이를 뒤에서 사주한 북한 김일성 정권이었다. 그들은 민중들이 남로당을 헌신적으로 지지한다고 과신했고, 남로당 세력을 기반으로 남한을 뒤흔들면 충분히 결정적인 상황을 만들 수 있다고 생각했다. 대한민국 내부의 적들이 펼친 대남공작은 그 자체로 성과를 거둘 수 있다기보다는 김일성이 준비하고 있었던 6.25 남침전쟁을 유리하게 이끌기 위한 예비작업의 성격을 띠고 있었다.

하지만 역설적으로 1948년의 제주 4.3 사건과 여순 반란 사건, 그리고 뒤이은 빨치산의 인민 유격대 활동은 오히려 대한민국의 기틀을 견고하게 해주는 역할을 했다. 우선 대한민국 군대의 숙군사업을 촉발시켰다. 이로 인해 군내 좌익세력이 일거에 소탕된 건 엄청난 성과였다. 중국의 국공내전과 비교해보면 숙군사업이 얼마나 중요했는지 짐작할 수 있다. 국공내전 당시 중국의 국민당군은 지휘관부터 말단 병사에 이르기까지 총체적으로 무능했고 부패해 있었다. 때문에 국공내전이 본격화되자 변변한 전투 한번 없이 사단이나 군단급의 부대가 와해되거나 투항하는 일이 비일비재했다. 장성급들도 예외는 아니었다. 중국 국공내전이 끝난 뒤 마오쩌둥의 인민해방지원군이 산출한 통계에 따르면 1948년 이후 투항하거나 포로가 된 국민당군의 장성은 총 1,218명이었는데 반해 전투 중 사망한 국민당군의 장성은 32명에 불과했다. 전투가 시작되자마자 항복했다고 봐도 무방할 만한 수치였다. 그러니 국민당군이 국공내전에서 이겼다면 그게 기적이었을 것이다. 그러나 그에 비해 6.25 남침전쟁이 일어났을 때 북한군에 투항한 남한 부대는 단 하나도 없었다. 숙군사업의 위력이었다.

그와 함께 더 중요했던 건 남로당의 지지 기반이 무너져버렸다는 점이었다. 무책임하고 잔인한 빨치산의 무장난동은 후방을 불안하게 만들고 교란시키는 데는 성공했다. 그러나 그 과정에서 민중들을 볼모로 삼고 약탈과 만행을 저지름으로써 민심을 떠나게 만들었다. 빨치산들이 거듭해서 약탈과 살해를 저지르자 주민들은 이 무렵부터 적극적으로 경찰과 군대에 이들이 출몰했다는 사실을 신고하기 시작했다. 주민들의 신고는 빨치산 소탕에 큰 힘이 되었다. 마오쩌둥은 공산당이 물고기라면 인민은 물이라고 말했다. 그만큼 민심이 중요하다는 뜻이었다. 그 격언을 무색하게 만든 게 빨치산들의 만행이었다.

한편 대한민국 정부는 빨치산을 뿌리 뽑기 위해 감시 체제를 강화하며 좌익 색출에 힘썼는데, 이 과정에서 남로당의 활동이 거의 불가능해졌고 국가의 결속이 강화되는 효과가 발생했다. 정부는 빨치산을 토벌할 때 대항하는 빨치산들에게는 인정사정이 없었다. 그러나 일단 항복하고 산에서 내려온 빨치산은 다르게 대했다. 심사를 거쳐 민간인 학살 등의 범죄를 저지르지만 않았다면 재판을 거친 뒤 얼마 안 있어 풀어주는 관용을 베풀었다. 반면 김일성은 인민유격대를 쓰고 버리는 도구로 활용했다. 빨치산은 남로당 계열이었기 때문이었다. 김일성으로서는 이들이 공을 세우고 북으로 돌아와 영웅으로 대접받는 걸 원치 않았다. 그들은 그저 자기 몫을 다하고 사라져 줘야 했다. 소모품은 소모품으로 기능해줘야 했던 것이다. 이런 이유로 남한의 빨치산 세력들은 자신들이 누구를 위해 싸우는 지, 무엇을 위해 총을 들었는지도 모르게 된 채로 무의미한 인명 손실만 유발하며 오래도록 남한 사회를 괴롭히게 됐다.

마지막 빨치산은 놀랍게도 1963년까지 존속했다. 1963년 11월 12일 우리 군은 최후의 빨치산 생존자 2명(남자 1명, 여자 1명) 중에서 남성을 사살하고 여성을 생포했다. 이로써 길고도 긴 빨치산의 역사가 막을 내리게 됐다.

나라 만들기의 어려움

신생국가가 태어나서 튼튼하게 자리를 잡는 건 쉬운 일이 아니었다. 헌법을 만들고 건국을 선언한다고 해서 곧바로 지금의 대한민국 같은 굳건한 나라가 들어설 수는 없었다. 모든 게 서툴고 어설펐다. 대한민국 건국 초기의 국가 기강이 어느 정도나 형편없었는지를 잘 보여주는 사건이 한 가지 있다. 1949년 9월 시인 모윤숙은 UN총회의 대표단원으로 미국에 가게 되어 있었다. 그런데 출발하기 전인 8월 어느 날 대통령 이승만이 그녀를 경무대로 급히 불렀다. 이승만은 모윤숙에게 봉투 하나를 건네어 주었다. 그러면서 아무에게도 알리지 말라고 당부했다. "이것을 뉴욕에 있는 존 스태거씨에게 전해 주시오." 스태거는 구미위원회 시절 이승만의 법률 고문을 지낸 오랜 지인이었다. 사실 이 편지에는 외교 안보를 위한 매우 중요한 내용이 담겨 있었다. 진해항을 미국이 사용하도록 해 줄 테니 그 대가로 군사원조를 해달라는 요청이었다. 오랜 지인인 스태거에게 그런 내용으로 미국 정관계에 로비를 부탁하는 편지였던 것이다.

그런데 좀 이상하다. 이런 편지는 대한민국 정부의 외교관이 전달해야 격에 맞는다. 어쩌다 외교관도 아닌 민간의 대표가 이런 막중한 임무를 맡게 된 것일까. 여기에는 기가 막힌 사정이 숨어 있었다. 약 한 달 전 이승만은 대한민국 외교관을 통해 같은 임무를 맡겼었다. 그런데 그 외교관은 일본을 거쳐서 출국하는 과정에서 일본 온천에서 술마시며 놀다가 그만 편지를 잃어버리고 말았다. 외교관이 유흥을 벌이다 외교문서를 잃어버리는 어처구니없는 사건이 벌어져 버린 것이었다. 공직을 맡는다는 것, 국가의 일을 한다는 것에 대한 자각이 그 당시에는 그런 수준이었다.

그런 한편으로 혹자는 한반도의 항구 하나를 통째로 미국에 내주겠다고 한 제안을 한심하게 느낄지도 모르겠다. 그러나 그 당시 대한민국에는 일본이 건설해 놓은 진해항이라는 군항은 있었어도 그 항구에 정박시킬 전함은 없었다. 대한민국에는 미국산 소해정 몇 척을 제외하면 어선을 개조한 수준의 전투함 뿐이었다. 이승만은 바다의 중요성을 알고 있었기에 제대로 된 배 한 척 없이, 해군을 창설하기는 했다. 그러나 미국은 더 이상의 군사원조에 대해서는 시큰둥했다. 그래서 이승만은 앞서 말한 것과 같은 제안을 해야 했던 것이다. 어떻게든 대한민국을 지켜야 했기 때문이었다. 그러나 안타깝게도 미국은 결국 이승만의 이 같은 제안도 거절하고 말았다.

대한민국의 건국 당시에는 이처럼 돈도 없고 쓸만한 사람도 부족했다. 그러나 사람이 전혀 없는 것은 아니었다. 다행히도 최초의 해군제독인 손원일 같은 사람이 있었다. 손원일은 상하이 임시정부에서 임시 의정원 원장을 역임했던 독립운동가이자 목사 손정도의 아들이었다. 그는 일찍이 항구도시 상하이에서 자랐기에 바다의 중요성을 잘 알고 있었다. 그래서 해방 후 귀국하자마자 민간인 신분으로 해방병단을 만들었다. 이 단체는 미군정에 의해 해안경비대로 공식적인 인정을 받았고, 이것이 해군의 모체가 되었다. 손원일은 대한민국이 건국된 뒤에도 해군은 있으나 전함이 없는 걸 안타깝게 여겼다. 돈이 없으면 모아서라도 전함을 갖춰야 한다고 생각했다. 그래서 1949년 6월 '함정건조기금갹출위원회'를 발족시켰다. 해군 전체의 봉급에서 성금을 떼어 돈을 모았다. 해군장교의 부인들은 삯바느질로 돈을 보탰다. 이 사실을 보고받은 이승만은 빠듯한 재정임에도 일부 돈을 마련해 보탰다. 그렇게 석달 간 상당한 돈이 모였다. 하지만 전함의 값은 매우 비쌌다. 겨우 중고전함 한 척을 사올 정도의 돈 밖에는 안

되었다.

결국 전함 구매단이 가서 구해온 전함은 이미 현장에서는 은퇴해서 교육실습용으로 사용되던 450톤짜리 작은 배였다. 장교들이 직접 도색과 수리를 맡았다. 그렇게 정비된 배가 '백두산호'라는 이름으로 명명식을 한 게 12월의 일이었다. 정비하는 동안 우리 해군은 미군에게서 배의 운용에 관련된 교육도 함께 받았다. 그런데 미군들이 우리 해군 장교들과 교육 받는 것을 불편해 했다. 대한민국 해군은 갓 만들어진 군대인 탓에 나이와 경력에 비해 계급이 높았던 것이다. 나라를 만들고 해군을 만들어야 하는 마당에 가릴 것이 없었다. 우리 해군 장교들은 그런 미군들의 불편함을 눈치 채고는 일제히 계급을 2~3단계씩 낮추어 새 계급장을 달고 교육을 받으러 갔다. 그런 우여곡절 끝에 백두산호의 정비와 전함을 운용할 교육을 마칠 수 있었다.

그런 다음 우리 해군은 그 전함을 몰고 미국 서부의 하와이로 갔다. 함포 레이더를 구해서 달았다. 그 다음에는 괌으로 포탄을 사러 갔다. 가는 곳마다 대한민국 최초의 전함이 온다는 소식이 교민들 사이에 퍼졌다. 백두산호가 입항할 때 항구엔 예외 없이 우리 교민들이 나와 있었다. 막상 항구에 들어온 백두산호는 곳곳에 정박해 있는 커다란 배들과 비교했을 때 초라하기 짝이 없었다. 환호성보다 교민들의 눈에 눈물이 먼저 흘렀다. 백두산호의 초라함이 마치 대한민국이라는 신생 국가의 모습 같았다. 그러나 희망은 잃지 않았다. 아직은 초라하고 가진 게 그것뿐일지 모르지

아무리 어려운 때여도 뛰어난 인물, 훌륭한 애국자들이 있었다. 대한민국 해군의 아버지 손원일 제독은 배 한 척 없는 황망한 조건에서부터 해군을 건설해야 하는 책임을 맡았다. 자동차 몇 대밖에 사지 못할 돈을 겨우 모아 어렵게 구한 작은 백두산호가 그 시작이었다.

만 그것만으로도 대견했다. 거기서부터 시작하면 되는 거였다.

1948년 겨울, 그리고 1949년의 대한민국은 내부의 시련만으로도 벅찼다. 내전과 다름없는 사건들을 겪어내는 한편으로 간첩들과 군내 좌익들, 그리고 빨치산들을 솎아내야 했다. 북한의 김일성은 대한민국이 건국 초기의 시련을 극복하고 있던 그 무렵, 한반도에 대한 비극적인 구상을 진척시키고 있었다. 조만간 한반도를 불바다로 만들어버릴 무서운 야망이 그의 마음 속에 타오르고 있었던 것이다.

제3장

38선의 충돌과 전쟁 전야

1949년 1월 15일 : 미군이 38도선에서 철수

1949년 3월 : 김일성이 스탈린에게 남침 허락을 요청 (김일성은 이후 48회나 반복적으로 조름)

1949년 5월 : 김일성이 마오쩌둥으로부터 전쟁 지원 약속을 받음

1949년 6월 : 미군 철수 완료

1949년 8월 29일 : 소련 최초의 핵실험 성공

1949년 10월 1일 : 마오쩌둥, 중화인민공화국 수립 선포

1950년 1월 12일 : 애치슨 선언

1950년 3월 30일 : 김일성과 박헌영, 스탈린을 방문, 스탈린이 조건부로 남침 전쟁에 동의함

1950년 5월 13일 : 김일성 마오를 만나 지원 확약을 받아냄

1950년 5월 29일 : 소련 군사고문단, 전쟁 작전 계획을 만듦

1950년 6월 16일 : 스탈린, 북의 전쟁 개시일 및 선제 타격 계획을 승인함

김일성의 욕망

김일성은 33세의 나이로 북한 최고의 권력자가 됐다. 하지만 그는 치열한 경쟁 가운데에서 자신의 능력을 입증해 보이며 권력을 획득한 지도자는 아니었다. 그와 정반대로 소련 스탈린의 낙점을 받아 단 한 번에 최고 권력자로 수직 상승한 인물이었다. 남조선의 공산당 지도자였던 박헌영도 투옥과 망명으로 인해 실질적으로 정치활동을 펼친 경험은 매우 짧았다. 그러나 김일성은 그런 박헌영보다도 정치적 경험이 부족했다. 한마디로 애송이 정치가였던 것이다.

이렇게 행운에 의해 권력을 손에 쥔 사람은 자신이 그에 걸맞는 인물이란 걸 세상에 내보이기 위해 조급한 집착을 갖게 되는 경우가 많다. 소련의 지시 아래 북한 지역을 거의 날로 삼킨 김일성이 그랬다. 그가 자신을 돋보이게 만들 업적을 쌓는 방법은 한반도 전체의 공산화뿐이었다. 그게 이른바 '조국의 완전한 해방'이었다. 남한 지역에 합법적인 정부가 세워진 이상, 그건 다른 말로 전쟁을 치루어야 한다는 것을 의미했다. 어마어마한 도박이 뒤따라야 했던 것이다.

그러나 전쟁은 김일성에게 낯설지 않았다. 그가 이끈 항일유격대는 말이 좋아 항일유격대지 실제로는 마적에 가까웠다. 그랬기에 김일성은 아주 어린 시절부터 적과 나를 구분하고 적을 죽이는 일에 익숙했다. 게다가 공산주의는 계급적 적대감을 토대로 하고, 계급간의 '전쟁'을 부추기는 이념이었다. 그래서 공산주의자들에게 전쟁은 매우 친숙한 것이었다. 그랬기에 남과 북이 각각 정부를 세운 이후, 김일성의 머릿속에는 늘 '전쟁'이 자리 잡고 있었다.

그럴 무렵, 1949년 중국의 국공내전이 결국 공산당의 승리로 끝났다. 호전적이고 호승심이 강했던 김일성에게 중국의 사례는 큰 자극이 됐다. 김일성은 하루라도 빨리 조국해방의 위업을 달성해야겠다는 조바심이 들었다. '저 거대한 중국대륙에서 미국을 등에 업었던 중국 국민당 장개석 정부를 마오쩌둥의 공산당이 격파했다. 한반도 남쪽의 남한을 격파하고 한반도를 공산화하는 건 그에 비하면 식은 죽 먹기다. 나도 마오처럼 할 수 있다'. 이런 객기가 김일성의 마음속에 소용돌이쳤다.

그런 한편 박헌영도 김일성이 전쟁을 결심하는 데 기름을 끼얹었다. 당시 박헌영은 북한의 부수상 겸 외무상이었다. 외견상으로는 북한 정권의 실세였다. 그러나 엄밀한 의미에서 보면 달랐다. 박헌영은 남한에서 공산주의운동을 펼치다 좌절하고 북으로 넘어온 실패자였다. 1945년 해방 직후부터 1948년 대한민국 정부가 수립될 때까지 많은 좌익동조세력이 남한 지역에 퍼져 있었지만 박헌영은 결과적으로 아무 것도 손에 쥐지 못했다. 미군정 하에서 정치세력화에 실패하고 북으로 쫓겨온 것이나 다름없었다.

게다가 1948년 제주 4.3 사건과 10월 여수·순천 반란 사건 등, 남로당 세력이 일으킨 폭동은 치밀한 계획 없이 충동적으로 일으킨 모험주의적인 액션이었고 여지없이 실패로 끝났다. 이로 인해 이승만 정권 수립 후 남한 지역에서는 빠르게 좌익 세력들이 소멸해버렸다. 남한 지역에서 좌익 세력이 사라진다는 것은 박헌영의 정치적 기반이 모두 사라진다는 것을 뜻했다. 박헌영으로서는 자신이 일제시대와 해방공간을 거치며 구축해놓은 남한 내 좌익세력을 하루라도 빨리 활용해야 했다. 그래서 자신의 위상을 다시금 드높여야 했다.

박헌영은 그래서 김일성을 부추겼다. 만약 김일성이 조국해방 전쟁을 일으킨다면 수십만의 남로당 세력이 호응해서 봉기를 일으킬 것이라고 호언장담했다. 물론 김일성은 그런 박헌영의 말을 전적으로 믿지는 않았다. 그러나 전쟁이 벌어졌을 때 남한 내 좌익세력이 들고 일어날 것이라는 박헌영의 말은 소련의 스탈린을 설득하는데 아주 적절할 것 같았다. 김일성과 박헌영의 의도가 거기서 절묘하게 어우러졌다.

6.25 남침전쟁의 전범 4인방 – 스탈린, 마오쩌둥, 김일성, 박헌영
북으로 몸을 피한 박헌영은 실패한 혁명가였다. 자신의 기반인 남로당 조직이 와해되어 가자 마음이 조급해졌다. 김일성은 스탈린에 의해 갑자기 뽑혀나와 내세울 것 없는 자신을 분식하고 싶었고, 중국을 통일한 마오쩌둥처럼 한반도의 공산화에 성공한 영웅이 되고 싶었다. 김일성은 스탈린에게 전쟁을 허락해 달라는 요청을 48차례나 했다. 스탈린은 느긋했다. 어떻게 소련의 이익을 위해 한반도에서 전쟁을 활용할 것인지 차분하게 수를 읽고 있었다. 그가 진짜로 움직이고 싶은 장기말은 중국과 미국이었다. 마오쩌둥은 전쟁에 참여해 병력을 소모하는 대가로 소련으로부터 받아내고 싶은 게 많았다. 마오가 협력하겠다는 의사를 밝히자 판이 만들어졌고 스탈린이 결국 결단을 내렸다. 박헌영이 부추기고 김일성이 간청하고 마오가 지지했던 전쟁은 스탈린의 허락에 의해서 시작되고 스탈린이 원하는 방향으로 흘러갔다. 그 결과는 수백만에 달하는 참혹한 죽음이었다.

스탈린에게 간청하다

1949년 3월, 공식적으로 북한 정권이 수립된 지 반년 만에 김일성은 박헌영, 홍명희 등과 함께 모스크바로 갔다. 스탈린에게 전쟁을 일으키도록 허락해달라고 요청하기 위해서였다. 스탈린을 만난 김일성은 이렇게 주장했다. '전쟁을 일으키면 친미정권을 싫어하는 남측의 주민들이 열렬하게 호응할 것이다.' 그러나 스탈린은 허락하지 않았다. 미국과 싸우기 싫었다. 비록 소련군과 미군이 모두 한반도에서 철수할 예정이기는 했다. 그러나 그게 곧바로 미국이 한반도에서 손을 뗀다는 의미는 아니라고 생각했다. 하지만 스탈린은 모든 가능성을 닫아버리지는 않았다. 만약 남한이 먼저 침공을 한다면 반격할 준비는 갖춰놓으라며 김일성을 넌지시 격려해주었다.

그 뒤로도 김일성은 전쟁을 허락해달라는 요청을 멈추지 않았다. 수시로 스탈린을 졸랐다. 그게 무려 48차례나 됐다. 스탈린은, 전쟁은 곤란하다는 입장을 바꾸지 않으면서도 김일성에게 남한에 비해 압도적인 무력을 갖춰 두라고 노련하게 충고하곤 했다. 김일성이 해군 지원을 요청해오자 조롱하듯 김일성을 도발하기도 했다. '저 별것도 아닌 남한 군대가 무서워서 해군까지 필요한가?' 김일성은 조급했고 스탈린은 느긋했다.

1949년 6월 마침내 미군이 철수하고 남한에 군사고문단만이 남았다. 그래도 스탈린은 전쟁을 허락하지 않았다. 중국과 북한의 협의에 따라 국공내전에서 의용군으로 싸웠던 한국인들 5만 여 명이 북한으로 복귀할 무렵이었다. 김일성으로서는 자신감이 넘쳐 흐를 수밖에 없었다. 산전수전 다 겪으며 전쟁에 단련된 병력이 일거에 5만이나 생겼기 때문이었다. 하지만 스탈린은 여전히 냉정했다.

그로부터 두 달 뒤인 1949년 8월 29일, 이번에는 소련이 카자흐스탄 지역에서 핵무기 실험에 최초로 성공했다. 이로 인해 핵무기 분야에서 미국의 일방적인 우위는 사라졌다. 그럼에도 불구하고 스탈린은 김일성에게 전쟁을 허락하지 않았다. 그해 10월 1일 마오쩌둥이 국민당 정부에 완전한 승리를 거두고 중화인민공화국을 선포했다. 그럼에도 스탈린은 한반도에서 새로운 전쟁을 일으킬 생각은 없는 것처럼 보였다. 그저 김일성만 애가 닳아 끊임없이 졸라댈 뿐이었다.

그러다 해가 바뀌었다. 1950년 1월 12일 워싱턴 내셔널 프레스 클럽에서 열린 전미국신문기자협회에 미국 국무장관 딘 애치슨이 참가했다. 여기서 애치슨은 '아시아의 위기'라는 제목의 매우 의미심장한 연설을 했다. 스탈린과 마오쩌둥의 공산화 확산을 막기 위해서는 알류샨 열도-일본의 오키나와-필리핀을 잇는 지역방위선이 필요하다는 내용이었다. 이른바 '애치슨 라인'이 발표된 것이었다. 문제는 이 '애치슨 라인'에는 한반도와 대만, 인도차이나 반도가 방위선에서 제외되어 있다는 점이었다.

사정은 다음과 같았다. 한반도와 대만, 인도차이나 반도는 모두 소련과 중국의 인접지역이었다. 그러다보니 만약 이 지역에서 전쟁이 일어난다면 소련과 중국은 빠른 시간 내에 이 지역을 손쉽게 점령할 수 있을 터였다. 반면 미국의 입장에서는 이 지역을 방위하려면 인력과 비용 면에서 큰 부담을 떠안을 수밖에 없었다. 제 2차 세계대전 이후 전반적인 군축을 감행하고 있던 미국으로서는 이런 지역들의 특수성을 감안해 현실적인 주둔 방위선을 설정해야만 했다. 그것이 애치슨 선언이 나온 배경이었다. 물론 한반도와 대만, 인도차이나 반도 지역에서는 직접적인 주둔 방위를 하지 않는다는 뜻이었을 뿐, 유사시 유엔을 통한 개입의 여지는 분명히 남겨두고 있었다.

하지만 김일성에게 이 애치슨 선언은 미국이 한반도에서 발을 빼겠다는 희소식으로 들렸다. 1월 17일 중국주재 북한대사 환송회에서 김일성은 북한주재 소련대사였던 스티코프에게 또 한번 강력하게 졸랐다. '미국이 한반도에서 발을 뺐다, 이제 마오쩌둥이 중국을 차지한 것처럼 남한을 쓸어버리면 된다, 스탈린만 전쟁을 허락하면 된다, 그러니 스탈린을 만나게 해달라'. 그렇게 김일성은 술에 취해 몇 번이고 스티코프를 졸라댔다. 북한 정권 탄생의 주역이자 산파 중 하나였던 스티코프는 여전히 모스크바와 평양을 잇는 주된 루트였다. 스티코프는 이날 취중에 김일성이 주장한 내용 역시 차분하게 보고서로 작성하여 모스크바의 스탈린에게로 보냈다. '남한 내 남로당 세력은 예전에 비해 3분의 1 이하의 규모로 줄었다. 그러나 그 수는 여전히 20만이 넘는다. 이 엄청난 세력은 비록 남한보다는 우위에 있으나 아직 단독 전쟁을 수행하기에는 못미더운 북한의 군사력을 보충해줄 수 있을 것이다.' 스티코프의 보고서에는 이렇게 적혀 있었다. 한반도의 전쟁 분위기가 점점 무르익고 있었다.

스탈린과 마오쩌둥

스탈린 입장에서는 집요하게 전쟁을 허락해달라고 요청해오는 김일성이 좀 지겨웠다. 때때로 김일성을 북한 지역 최고권력자로 세운 것에 대해 후회하기도 했다. 그러나 그럼에도 김일성은 스탈린에게 여전히 자신의 뜻대로 움직여주는 유용한 장기말이었다. 무작정 억누를 수만도 없는 노릇이었다. 게다가 이번에 미국이 발표한 애치슨 라인은 좀 깊이 생각해볼 만한 사안이었다. 스티코프의 보고서를 받아든 스탈린은 깊고 복잡한 생각에 빠져들었다. 그의 머릿속에 세계를 무대로 한 체스판이 펼쳐졌다.

'몇 달 전 우리 소련도 핵무기를 개발하긴 했다. 그러나 미국과의 전면전은 시기 상조다. 미국과 전면적으로 붙는 일은 없어야 한다. 그게 두려워 지금까지는 김일성에게 전쟁을 허락하지 않았다. 그러나 지금 미국은 중국 본토를 포기하고 발을 빼버린 데다가 애치슨 선언을 통해 한반도와 대만, 인도차이나 반도를 방위선에서 제외한다고 한다. 그렇다면 이건 분명 그냥 날려버리기엔 너무나도 좋은 신호다. 김일성에게 한번 기회를 줘보는 것도 나쁘진 않겠다.'

●

애치슨(오른쪽)은 트루먼의 국무장관으로서 그와 오랫동안 손발을 맞추었다. 비록 애치슨 선언으로 한반도를 지역 방위선에서 제외시킨 그였으나, 정작 남침 전쟁이 벌어지자 트루먼과 함께 단호하게 침략을 응징하기 위한 전쟁을 수행했다.

이렇게 생각한 스탈린은 결국 1월 30일 드디어 김일성에게 비밀 전문을 내려 보냈다. 전쟁을 허락하겠다는 것이었다. 오매불망하던 전쟁 허락을 받아든 김일성은 곧바로 작전 계획을 수립하기 시작했다. 불과 두 달만에 작전계획을 완성한 김일성은 그걸 들고 3월 30일에 모스크바로 달려갔다. 스탈린은 김일성에게 전쟁은 허락하지만 소련이 직접 전쟁에 뛰어들 수 없다는 점을 명확히 했다. '무기를 원조해주고 작전을 수립하는데 도움을 줄 수는 있다. 그렇지만 소련이 참전할 경우 미국과의 전쟁으로 확전될 우려가 있다. 따라서 소련은 전쟁에 직접 참전할 수 없다.' 대신 스탈린은 유사시에 중국의 원조가 필요할 것이라면서 김일성에게 마오쩌둥의 원조 약속을 받아오라고 요구했다. 그걸 받아오면 전쟁을 최종 승낙하겠다는 것이었다.

김일성은 자신이 있었다. 이미 김일성은 마오쩌둥에게 남침 의사를 밝혀놓았기 때문이었다. 1949년 5월 김일성은 국방차관을 중국에 보내 남침계획을 알렸다. 그 때 마오쩌둥으로부터 구두로 원조 약속을 받아놓았었던 것이다. 김일성으로부터 전쟁계획을 전해들은 마오쩌둥은 예상대로 전쟁 계획에 대해 찬성하며 지지한다고 밝혔다. 병력지원이 가능하다고 했다. 다만 마오쩌둥은 전쟁시기는 좀 늦추자고 했다. 아직 중국에서 국공내전이 마무리되지 않은 상황이니 그 이후인 1950년 상반기 정도가 어떻겠냐고 제안했다. 전쟁은 이제 말 그대로 시간문제가 되어버린 것이었다.

여기서 좀 묘한 건, 스탈린이 김일성에게 전쟁을 허락한다는 메시지를 전한 1월 30일 경에 마오쩌둥은 모스크바에 머물고 있었다는 점이다. 그런데 스탈린은 전쟁을 허락했다는 사실을 마오쩌둥에게는 알리지 않았다. 김일성에게도 그 사실을 당분간 중국에는 알리지 말라고 했다. 김일성이 스탈린의 부름을 받아 모스크바로 간 3월 30일에 마오쩌둥은 이미 모스크바를 떠나고 없었다. 마오쩌둥과 김일성이 한자리에 있을 때 이런 저런 문제들을 조율하는 것이 훨씬 편하고 효율적이었을 듯한데 스탈린은 그렇게 하지 않았다. 스탈린은 김일성과 마오쩌둥이 직접 거래하는 것을 원치 않았던 것이다. 마오쩌둥이든 김일성이든 스탈린은 자신의 말과 생각에 따라 움직여주길 원했다. 그 둘을 모두 자신이 두는 체스판의 말처럼 쓰고 싶어했던 것이다.

어찌됐든 스탈린은 생각을 거듭한 끝에 한반도에서의 전쟁은 소련에 좋은 기회가 될 것이라 확신했다. 일단 제 2차 세계대전이 끝난 뒤 소련이 야심차게 개발한 신무기들의 성능을 시험해 볼 좋은 전쟁터가 될 터였다. 소련 본국에는 티끌만큼도 영향을 주지 않으면서 멀리 떨어진 한반도에서 그 화력을 시험해 볼 수 있다는 건 흔치 않은 기회가 될 것이었다. 그 대표적인 무기가 제트기였다. 실제로 6.25 남침전쟁은 제트기 간의 공중전이 벌어졌던 세계 최초의 전쟁이었다.

사실 소련이 신형 제트 엔진을 개발하도록 도운 나라는 영국이었다. 물론 영국이 의도한 것은 아니었지만 말이다. 영국은 제 2차 세계대전의 동맹국이었던 걸 기념하는 우호의 표시로 1946년 소련에 롤스로이스 제트

마오 역시 한반도에서 전쟁이 일어나길 원했다. 그는 소모시켜야 할 국민당군의 잔류 세력을 갖고 있었고, 소련의 요구를 들어줌으로써 얻어내어야 할 것들이 있었다. 처음에는 중국의 도움 따위는 필요 없다고 거만했던 김일성은 전황이 불리해지자 허겁지겁 베이징으로 가서 마오에게 손을 벌렸다. 1951년 중국으로 마오를 찾아간 김일성.

엔진을 선물했다. 그때까지 소련은 자체 기술만으로는 여러 번 제트 엔진 제작에 실패했었다. 선물 받은 롤스로이스 제트엔진은 그런 소련에게 보물단지나 다름없었다. 소련은 그 엔진을 하나하나 분해한 뒤 모방하며 배움으로써 제트엔진 개발에 성공할 수 있었고, 그 엔진을 탑재한 새 미그기가 6.25 남침전쟁 후반기에 투입됐던 것이다. 역사에는 애초의 의도를 배반하는 일들이 숱하게 일어나는 법이다.

또한 스탈린이 보기에 한반도에서 전쟁을 일으켰을 때 북한은 물론이고 중국 역시도 모두 소련의 무기 원조에 의존해야만 한다는 점도 매력적인 조건이었다. 그건 전쟁의 전체적인 판도를 소련이 조절할 수 있다는 것을 의미했다. 한반도에 전쟁이 발발해도 애치슨 선언에 따라 미국이 전쟁에 개입하지 않는다면 한반도를 날로 삼킬 수 있으니 좋았다. 게다가 그것으로 미국이 아시아에 개입할 생각이 없다는 걸 확인할 수 있다면 더더욱 좋았다. 만약 미국이 개입한다면? 소련으로서는 전면전 수행이라는 부담은 전혀 없이 미국의 힘을 뺄 수 있을 것이었다. 미국을 극동 아시아의 작은 한반도에 묶어두고 진을 빼면 상대적으로 유럽의 공산화에 더 박차를 가할 수 있는 기회가 생길 게 당연했다. 전쟁이 진행되는 과정 속에서 북한과 중국은 더더욱 소련에 의존하게 될 게 뻔한 것도 스탈린 입장에서는 좋았다. 이렇게 보면 스탈린이 보기에 한반도의 전쟁은 일석이조 정도가 아니었다. 돌팔매질 한 번에 새 5~6마리가 떨어지는, 무척 많이 남는 장사가 될 수 있을 것처럼 보였다.

사실 그 이전의 역사나 훗날의 전개과정을 보면 중국이 소련에 의존할 수밖에 없도록 만드는 게 스탈린의 대중국 정책 중 매우 중요한 목표였다는 것이 드러난다. 1945년에 소련이 장개석의 국민당과 마오쩌둥의 공산당 사이에서 양다리 외교전략을 구사했던 것도 같은 이유에서였다. 어느 쪽이든 모두 소련에게 기대게 만들 목적이었던 것이다. 따라서 소련이 참전하지 않는 대신 중국으로 하여금 한반도의 전쟁에 뛰어들게 함으로써 전쟁 수행을 위해 중국이 소련에게 더 종속적이 되도록 하는 것은 스탈린에게 매우 중요한 일이었다. 실제로 1949년 이전만 해도 마오는 미국과 소련의 갈등 속에서 균형을 유지하며 이익을 얻으려는 전략적인 태도를 갖고 있었다. 미국 역시 전통적으로 중국을 중요하게 생각했기 때문에, 새로운 중국의 지배자와 우호적으로 지내려 할 가능성도 꽤 컸다. 그러다가 미국이 불간섭, 비개입 원칙을 내세우면서도 반공노선을 확고히 하며 장제스의 국민당 정부를 지원하는 쪽으로 입장을 정했기 때문에 그때부터 마오의 공산당은 확고하게 소련 편으로 돌아서게 됐던 것이다.

그런 마오쩌둥이 김일성의 남침전쟁을 원조하기로 결정하면서 전세계의 공산화라는 대의나 과거 조선인들의 팔로군 지원에 대한 보답이라는 명분을 내건 것은 구실에 불과했다. 마오가 전쟁을 통해 얻고 싶은 건 따로 있었다. 바로 해군력과 공군력이었다. 국공내전에서 패배한 장제스의 국민당은 대만으로 쫓겨 가게 됐지만, 그냥 쫓겨만 간 것은 아니었다. 도망치면서 중국 대륙의 해군과 공군 전력을 모두 갖고 대만으로 건너가 버렸다. 반면 마오쩌둥의 중국은 당장 비행기와 군함을 만들 돈도 기술도 없었다. 거대한 대륙을 지켜낼 배도 비행기도 없는 급박한 상황이 되어버린 것이었다. 이런 상황에서 마오쩌둥은 한반도의 전쟁에 참전하는 대가로 소련으로부터 군수 산업의 지원을 확약 받고 싶어했다. 그랬기에 스탈린보다 마오쩌둥이 김일성의 남침 전쟁 계획에 대해 훨씬 더 적극적이었던 것이다.

마오쩌둥은 이런 입장이었기 때문에 북한의 남침계획에 우호적이었다. 다만 한가지, 김일성이라는 인물이 짜증스러웠다. 그가 보기에 김일성은 매우 오만방자했다. 김일성이 스탈린의 지시에 따라 자신을 만나기 위해 베이징으로 날아왔을 때, 김일성이 보인 태도는 너무 무례해서 마오쩌둥은 불쾌할 지경이었다. 전통적으로 중국은 천하사상이라는 이름 아래 조선을 속국으로 거느린 역사적 경험이 있었다. 그와 함께 중화주의도 뿌리 깊었다. 마오쩌둥은 그런 중국의 지도자였다. 그랬기에 그는 자그마한 북한의 지도자인 김일성은 중국의 지도자인 자신 앞에서 머리를 조아리며 존경을 표할 것이라 생각했다.

그런 걸 접어두더라도 마오쩌둥이 공산주의 혁명가로서 이룩한 업적이나 그의 파란만장한 경험은 놀라운 것이었다. 그건 30대 초반에 운 좋게 스탈린이라는 낙하산을 타고 내려가 권력을 잡은 애송이 김일성과 견줄 수 있는 게 아니었다. 혁명가 선배에 대한 최소한의 예의는 갖췄을 것이라 기대했다. 그러나 김일성이 마오쩌둥을 대하는 태도에는 스승이나 선배를 존중한다는 느낌이 전혀 없었다. 대장정의 놀라운 성취와 국공내전의 승리에 대해 존경하는 태도는 손톱만치도 찾아볼 수 없었다.

그럼에도 마오쩌둥은 꾹 참고 김일성에게 국공내전의 경험 몇 가지를 조언했다. 하지만 김일성은 그마저도 귀담아 듣지 않았다. 김일성에게 진정한 후견인은 스탈린 뿐이었다. 마오쩌둥까지 받들어 모실 생각은 전혀 없었다. 게다가 김일성은 중국의 지원 없이도 전쟁을 재빨리 끝낼 수 있을 거라 확신하고 있었다. 그래서 상세한 작전 계획은 스탈린에게만 보고했을 뿐 마오쩌둥에게는 알리지도 않았다. 전쟁을 일으키기 직전의 김일성은 그렇게 지독하리만치 오만했던 것이다.

전쟁 계획을 수립하다

어찌 됐든 마오쩌둥을 만나 남침에 대한 동의를 얻은 뒤 김일성은 5월 말 선제 타격 작전계획을 완성하고 6월 16일 이 작전 계획에 대한 스탈린의 동의를 얻어냈다. 이 과정을 조금 더 상세히 살펴보자. 이미 작전의 대략적인 줄기는 3월에서 4월 사이에 열린 모스크바 회동 때 정해졌다. 스탈린은 먼저 남쪽에 위장 평화통일 제안을 하라고 권했다. 그걸 서울이 거부하면 그때 바로 공격하라는 거였다. 누가 최초로 전투를 시작했는지 진실은 영원히 미궁에 빠지도록 옹진 반도를 먼저 타격한 뒤, 거길 남한 군대가 공격해오면 그걸 핑계로 남침을 개시하라는 지시였다.

4월 중순에는 북한에 있던 소련 군사 고문관이 전면적으로 교체되면서 독일-소련전의 영웅이자 작전전문가인 바실리예프 중장 등의 군사전략가들이 새로운 군사고문관으로 북한에 들어왔다. 이들이 북한의 작전계획을 도울 예정이었다. 이들은 북한에 도착하자마자 북한군부에 작전계획 제출을 요구했다. 이들에게 러시아어로 번역된 북한의 작전계획이 올라왔다. 바실리예프는 보자마자 폐기해버렸다. 조잡하고 조악했던 까닭이었다. 그도 그럴 것이 북한군의 상당수가 중국 팔로군에서 전투경험을 쌓았다고는 하지만 대대급 이상의 부대를 지휘해본 작전 전문가는 한명도 없었다. 그 수준에서 제대로 된 작전계획이 나오길 바라는 것은 무리였다. 군사고문단은 기존 계획을 전면 폐기한 뒤, 일주일 만에 새로운 작전계획을 만들어 강건 북한군 총참모장에게 넘겨주었다. 5월 29일이었다.

작전 계획 수립 단계에서 중요하게 다뤄진 문제는 전쟁 개시일이었다. 7월이 되면 한반도에서는 장마가 시작된다. 전쟁을 수행하기에 좋지 않은 날씨가 될 것이었다. 또한 전쟁 준비가 너무 길어지면 그 정보가 남한에 누설될 위험이 있었다. 그래서 김일성은 빨리 전쟁을 시작하고 싶어했다. 대략 6월에 전쟁을 개시해 광복일인 8월 15일에 전쟁을 끝마칠 생각이었다. 8월 15일에서부터 하루 몇 킬로미터씩 전진할 수 있을지를 역산해서 전쟁 개시일을 따져봤다. 6월 25일이 나왔다. 김일성은 6월 25일에 전쟁을 시작하기로 마음먹고 6월 15일 최종 완성된 보고서를 스탈린에게 올렸

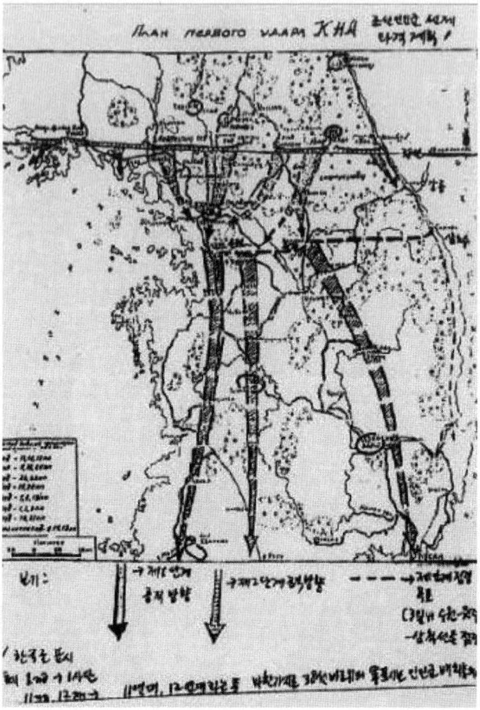

남침전쟁은 소련의 승인과 지도를 받아 진행된 공동범죄였다. 북한군은 대규모 전쟁을 수행할 작전 능력이 없었고, 이를 답답해한 소련 고문단은 직접 전쟁 계획을 작성해서 넘겨주었다. 작전 계획을 보면 세 방향으로 동시에 치고 내려가는 것이 주된 공격 루트였음을 알 수 있다.

다. 다음날인 6월 16일 스탈린은 김일성의 작전 계획을 최종 승인했다.

그 기간 동안에도 김일성의 전쟁 준비는 착착 진행됐다. 기동훈련을 가장해서 공격 부대들을 38선 앞으로 전진 배치했다. 6월 18일에는 인민군 총사령부 정보본부가 정찰명령 제1호를 내렸고, 22일에는 예하 부대에 전투명령이 하달됐다. 이런 와중에 훈련을 견디다 못한 병사가 탈영해 남으로 귀순하는 일이 벌어졌다. 김일성은 당황했다. 탈영병을 통해 전쟁 징후가 남한에 누출되었다고 판단했다. 그래서 스탈린이 알려준 옹진반도를 타격하는 작전은 포기하기로 했다. 대신 전면 남침으로 방향을 수정했다.

마침내 1950년 6월 25일이 왔다. 새벽 3시 김일성은 내각 비상회의를 소집했다. "오늘 새벽 1시에 남조선 국방군이 38선을 넘어서 공화국을 침공했다." 김일성은 이렇게 입을 열었다. 인민군은 남조선의 침공에 대해 반격으로 응전할 것이라 선언했다. 이와 같은 메시지들은 이미 몇 시간 전인 자정 무렵 북한 내의 방송국과 신문사에 비밀리에 전달된 상태였다. 미리 짜맞춰둔 각본대로 움직이고 있었다. 그런 뒤 김일성은 전선사령관 김책에게 명령을 내렸다. "04시를 기해 국방군에게 반격을 가하라!" 공격개시 암호명은 '폭풍', 무전 암호 숫자는 '224'였다. 전쟁이 시작된 것이었다. 하지만 이미 새벽 3시부터, 곳에 따라서는 그 이전부터, 전쟁은 시작되고 있었다. 한반도 전체가 전쟁의 불길에 휩싸이기 시작한 순간이었다.

전쟁의 발발에 대한 논란

한동안 6.25 남침전쟁 발발에 대해 잘못된 신화가 사람들 사이에 떠돌았다. 냉전 기간 동안 미국이 보여준 패권주의에 비판적이었던 학자들이 유포한 학설 때문이었다. 그들은 미국 책임론을 들먹이며 6.25 전쟁은 미국과 남한이 남침을 유도한 것이라는 잘못된 견해를 사실처럼 주장했다. 그리고 군사독재에 비판적이었던 대한민국의 학자들 대부분이 그에 동조했다. 더 나아가서 북한의 주장인 북침설에 동조하는 이들도 상당수 있었다. 한편 이런 학자들과는 달리 남침이냐 북침이냐는 중요하지 않다며 발발 책임에 대해 물타기를 하는 학자들도 있었다. 중요한 건 전쟁이 일어나게 된 근본적인 원인이 무엇인가에 있다고 했다. 그건 분단이었고, 그 분단의 책임은 미국과 이승만 정권에 있다는 것이 그들의 주장이었다. 하지만 이런 잘못된 전쟁 발발의 신화들은 소련 공산 정권이 붕괴한 1991년 이후부터 쏟아져 나온 소련극비문서들로 인해 힘을 잃었다.

한편 지금도 역사가들은 스탈린, 마오쩌둥, 김일성 중에서 누가 6.25 전쟁의 주역이었는가를 놓고 논란을 벌인다. 이런 식이다. '전쟁을 원한 것은 김일성이었다. 스탈린은 계속 그를 말리는 입장이었다. 그러니 전쟁 발발의 책임은 김일성에게 있다.' 또 이렇게 말하기도 한다. '실제로 전쟁의 계획을 짜고 주도하고 뒤에서 조종한 것은 스탈린이었다. 그러니 전쟁 발발의 진짜 책임은 스탈린에게 있다.' 혹자는 이렇게도 말한다. '중공군의 참전으로 전세가 역전되어 장기전으로 넘어갔으니 마오쩌둥의 참전 결정이 가장 결정적이었다.' 모두 옳은 이야기다. 실제로 김일성이 전쟁을 원했고 스탈린은 뒤에서 조종했고 마오의 참전은 결정적이었다.

여기서는 김일성이건 스탈린이건 마오쩌둥이건, 모두 전쟁을 하나의 정치적 수단으로 생각함에 있어 전혀 거부감을 느끼지 않았던 인간들이었다는 점을 지적하고 싶다. 전쟁이란 엄청난 대가를 치러야 하는 것이며 따라서 그에 대해 두려워하고 자제해야 한다는 태도는 조금도 찾아볼 수 없었다. 전쟁 준비 과정에서 그들 사이에 오간 대화 중 그 어느 기록에도 전쟁이 가져올 비참함을 걱정하는 경우는 없었다. 국가의 폭력적인 힘을 손에 쥔 악마들의 대화 같았다. 전쟁을 통해 원하는 것이 있고, 또 전쟁을 일으킬 힘이 손안에 있으니, 전쟁을 저지른다는 것이었다.

김일성은 이른바 '완정론(完整論)'을 통해 한반도 공산화를 목표로 내세웠고 그 수단은 당연히 전쟁이 될 수밖에 없다고 생각했다. 이미 중국이 그 모범을 보여줬다. 전쟁이건 무엇이건 김일성이 원하는 것은 마오쩌둥처럼 조국 해방 전쟁을 승리로 이끈 영웅이 되는 것이었다. 스탈린의 후의에 의해 운 좋게 정권을 잡은 허수아비가 아니라, 한민족의 지도자로서 역량을 갖고 있다는 것을 자신과 남들에게 확인해주고 싶어했다. 무려 48번이나 전쟁을 허락해달라고 간청하며 술에 취해서도 전쟁을 일으켜야 한다고 횡설수설하던 김일성의 모습을 떠올리면 그가 그렇게 원하던 '조국 해방'이란 결국 구실에 지나지 않았음을 허무하게 깨닫게 된다. 그러면서 동시에 어이없고 안타깝다. 수백만이 죽은 전쟁이 결국 30대 후반의 한 개인의 야심에 의해 시작됐다는 게 도무지 이해하기 어려울 뿐 아니라, 너무 참혹하고 비극적인 참상은 민족공동체를 집단허무주의에 빠뜨리기에 충분했다.

왜 모르고 있었나?

북한의 전쟁 준비 과정을 가만히 지켜보면 정말 미국이나 남한은 북한이 남침할 것이란 사실을 모르고 있었나, 이런 의문이 든다. 전쟁 개시일 같은 구체적인 계획은 모를 수 있다. 그러나 그 당시에는 38선 근처에서 끝없이 충돌이 벌어졌기 때문에 전쟁에 대비하지 않는다는 건 말이 안 되는 일이었다.

사정을 살펴보자. 1948년 10월부터 1949년 1월까지 미소 양군은 38선에서 철수하기 시작했다. 이 무렵 여수, 순천 등에서는 여순 반란 사건이 벌어졌다. 이 와중에도 의외로 38선은 고요했다. 그러나 미국이 38선에서 마지막으로 철수한 1월 15일부터 38선 부근에서의 충돌이 본격화되기 시작했다. 1월 19일에는 '해주 반공학생 의거'가 일어났다. 남한 측에서 특수공작원을 보내 일으킨 계획 의거였다. 이 무렵 남한은 국군의 무력 도발을 억제하던 미군 부대가 사라지자 적의 위치를 알아내거나 무기를 시험해보고 적의 전력을 가늠해보기 위해 공세적으로 38선에서 작전을 펼치곤 했다. 미소 양군이 주둔하여 대치할 때 북한군에게 때때로 공격을 당하기도 했는데, 그에 대한 보복이기도 했다. 호림 부대 등의 특수부대를 북한지역에 보내 교란작전을 펼치기도 했다. 이렇게 했던 건 일종의 보복이기도 했지만, 국지적인 충돌가능성을 보여줌으로써 미국으로부터 더 많은 군사 및 재정지원을 받기 위해서이기도 했다.

그러나 38선을 둘러싼 진짜 갈등은 주로 고지에서 벌어졌다. 그 당시 남한과 북한의 군대 모두는 상대방이 점령한 지역을 공격해서 차지해야 할 곳으로 간주하고 있었다. 그런 까닭에 1949년 중반부터는 38선 근방에서 고지 쟁탈전이 치열하게 전개됐다. 특히 1949년 4~5월 개성 북쪽 송악산 고지를 둘러싼 분쟁은 전쟁이 일어났다고 생각해도 좋을 정도로 심각한 사태에까지 이르렀다. 바로 이때 빼앗긴 송악산 고지를 탈환하기 위한 전투에서 그 유명한 '육탄 10용사' 이야기가 탄생했다. '송악산 고지를 탈환하기 위해서는 10개의 토치카(참호)를 점령해야 했다. 그런데 고지전이다보니 탈환이 용이치 않았다. 이때 용감한 10명의 용사들이 자원해 폭탄을 가슴에 품고 적의 토치카로 뛰어들었다. 자폭 작전으로 고지를 탈환하려 했던 것이다. 그들이 바로 '육탄 10용사'였다.' 실제로 송악산 고지 탈환 작전은 실패했고 육탄 10용사들이 정말 폭탄을 들고 참호에 뛰어들었는지는 확인되지 않는다. 어쨌든 한국 정부는 이런 사건들을 잘 포장해 언론에 흘렸다. 미국을 긴장시켜 군사적·재정적 지원을 더 받아내기 위해서였다. 그러나 실제로는 한국정부도 전면전의 가능성을 높게 보지 않았다. 북한이 조금 낫기는 했지만 남북한 모두 무장수준이 낮았기 때문에 대규모 전쟁으로 확대될 가능성은 없다고 생각했던 것이다.

한편 북한과 소련은 남한 군대의 전투능력과 사기 등을 확인해보려고 끊임없이 국지적 분쟁을 일으켰다. 약 800여 차례에 걸쳐 충돌을 일으켰는데, 이는 남한의 전력을 소모시키는 효과도 있었다. 스탈린은 스티코프에게 종종 38선의 경비 상황을 보고하도록 지시하는 한편으로, 김일성과 만나서는 저 정도의 남한 병력조차도 압도하지 못하냐며 자극하곤 했다.

이런 국지적 분쟁이 일상화되자 남한과 미국의 안보감각이 무뎌졌다. 특히 미국의 경우가 그랬다. 당시 이승만 정권은 북한과 군에 관한 정보를 미국에 의존하고 있었다. 그런데 미국은 북한을 독립적인 국가로 보지 않았다. 소련의 위성국가로 봤다. 그리고 미국이 보기에 소련은 전쟁을 일으킬 의지나 여력이 아직 없는 것 같았다. 당연히 위성국가인 북한이 독자적으로 군사 행동을 할 수는 없을 것이라 여겼다. 게다가 미국이 보기에 중국 역시도 이제 겨우 국공 내전을 끝내가는 상황이어서 북한에 힘을 보태줄 수는 없을 것이라 믿었다. 이런 종합적인 판단에서 1950년 초 미국 CIA는 북한의 병력 증강 사실을 알고 있었음에도 '남침 가능성은 별로 없어 보인다'고 결론을 내렸던 것이다.

이렇게 생각했기 때문에 미국은 남한에 무기와 장비를 충분히 지원하지 않았다. 무장을 지원하게 되면 오히려 소련만 자극하는 꼴이 된다고 생각했다. 게다가 이승만은 국민 여론을 통합하고 사기를 진작시키기 위해 공공연하게 북진 통일론을 주장하곤 했는데, 이승만을 겪어본 미국 입장에서는 그 말이 빈말 같지 않게 느껴졌다. 미국이 보기에 이승만은 한다면 하는 사람이었다. 그에게 무기를 안겨주면 당장 전쟁을 일으킬 것 같았다. 이승만은 국내 여론을 통합하기 위해 호전적인 발언을 한 거였고, 대한민국이 공산국가와 대결하는 최첨병이라는 사실을 미국에게 주지시키기 위해 그런 말을 한 거였는데, 의도와는 정반대의 결과를 낳고 말았다.

하지만 미국이 어떻게 생각했느냐와는 별도로, 명백한 남침 징후를 인지하지 못한 것은 대한민국 군부의 실수였다. 1948년부터 북한은 인민유격대를 활발하게 돌리며 남한 사회를 흔들었다. 1948년부터 1950년 초까지 10여 차례에 걸쳐 2천명 이상의 간첩을 남파했다. 이들을 통해 국지적인 도발을 일으켰고 테러를 저지르며 정보를 수집했다. 이런 대남 공작과 38선 근처 국지전 도발을 일상적인 것으로 받아들였던 게 대한민국 군대의 패착이었다.

왜냐하면 전선에서는 대한민국 군부의 안일함이나 미국의 오판과는 달리 북한의 전쟁준비과정이 명확히 목격되고 있었기 때문이었다. 이미 3월에 인민군 수 개 사단이 38선으로 전진 배치되고 있었다. 주로 중국에서 건네받은 병력들이었다. 만주 지역 조선인들로 구성된 부대였다. 실전 경험이 많아 전쟁수행능력이 뛰어난 군인들이었다. 이와 동시에 전국적으로 징집이 이뤄졌고, 38선 부근 민간인들에게는 소개령이 내려졌다. 직접적인 정보도 있었다. 야크기를 몰고 남한으로 귀순한 인민군 조종사도 전면 남침이 준비 중이라고 증언했다. 포로로 잡힌 북한 출신의 빨치산도, 인민군 탈영병도 자신들이 알고 있는 남침 준비 사실을 소상하게 알렸다. 6월 24일쯤 되자 전방의 장교들이 보기에 인민군 대포의 포신이 죄다 남쪽으로 향하고 있는 것이 포착됐다. 인민군 장교들이 지형을 살피고 있는 것도 목격됐다. 어느 부대 앞에서는 인민군들이 접근했다 돌아가면서 머리털 곤두서는 불길한 한마디를 남겼다는 기록도 있다. "국방군 동무들, 내일 새벽에 보자우." 그 정도로 전쟁의 징후는 어느 곳에서건 포착되고 있었다. 그런데 왜, 남한은 이런 징후를 무시했을까.

답은 오직 하나였다. 남한의 수뇌부는 전장에서의 보고보다 미군의 판단을 더 신뢰했기 때문이었다. 기이한 일이었지만 실제로 그랬다. 그런 까닭에 임박한 전쟁에 대비하지 못했던 것이다. 그렇지만 미국의 판단은 정말 믿을 만 했을까? 그렇지 못했다. 전쟁 발발 보름 전에 미국무성 고문 덜레스가 현장 확인차 특사 자격으로 한국에 들어왔다. 그는 전선을 둘러봤고 한국군 수뇌부와 회담을 마친 다음 '전쟁의 징후는 없다'고 간단히 결론 내리고 워싱턴으로 돌아갔다. 덜레스는 본국에 돌아가서는 한술 더 떠 '한국군의 방어태세는 완벽하다'고까지 덧붙였다. 덜레스는 봐야 할 것을 본 게 아니라 보고 싶은 것을 봤을 뿐이었다. 그런 미국의 판단을 추종한 것이 명백한 남침 계획을 인지하지 못한 원인이 됐다. 안타까울 뿐이다.

전혀 준비가 되어 있지 않았던가

그러나 남한이 전장에서의 남침 징후를 완전히 무시했던 건 아니었다. 1949년 말부터 북한이 쳐들어올지도 모른다는 이야기는 남한 전역에 퍼져 있었다. 1950년 들어와서는 매달 위기설이 있었다. 결국 5~6월의 위기설이 파다하게 퍼진 가운데 1950년 4월 10일 육군총참모장 채병덕 소장은 경계 강화조치를 취했다. 첫번째 경계강화조치였다. 이에 따라 4월 21일에는 인민군과 게릴라들이 노동절을 전후해서 남침과 폭동을 기도하고 있으니 각 사단은 경찰과 긴밀히 협조하여 관할지역 내 순찰을 철저히 실시하라는 지시가 전군에 하달됐다. 경계강화조치는 5월 8일 또 한번 발령됐다. 적이 5월 30일 선거 혼란을 틈타 침략과 폭동을 기도하고 있으니 이를 전후해 각 부대는 비상소집 및 출동에 만전을 기하고 경계를 강화하라는 지시가 각급 부대에 내려갔다. 채병덕 소장은 6월 11일 또 한차례의 비상경계명령을 하달했다. 북한이 6월 7일 남북한 선거를 제의해왔고 6월 10일에는 요인교환을 제의해왔는데, 이렇게 북한이 평화공세로 나오는 것은 남침을 위해 주의를 다른 곳으로 끌려는 전술이라고 판단해서 비상경계령을 내렸던 것이다. 그러나 아무런 전쟁 징후를 포착하지 못하자 6월 23일 24시부로 비상경계령은 해제됐다.

이게 문제였다. 오랜 경계에도 불구하고 별일이 없자 안일해져버렸던 것이다. 한국군 총참모장 채병덕은 훗날 보면 어의없게도 6월 10일 고위

장교들의 대규모 인사이동을 단행해버렸다. 이로 인해 8개 사단장 중 5명이 경질됐고, 전방 배치 4개 사단 중 3개 사단의 사단장이 교체됐다. 문제는 그로인해 새로 임명된 사단장들은 그 예하부대의 책임지역 내 지형과 적정 등의 상황을 충분히 파악하지 못하고 있었다는 것이다. 뿐만 아니라 그간 45일이나 지속되던 오랜 기간의 경계태세가 해제되자, 그 다음날인 24일 토요일에 각 부대가 외출외박을 실시해 버렸다. 농번기에 맞춘 휴가도 실시했다. 일시에 전체 병력의 1/3이 주말에 제 자리를 비우게 됐던 것이다.

신의 한 수—토지개혁

그 나마 다행이었던 것은 1950년 상반기까지 대한민국 내에서 남로당 세포들의 활동에 여러 가지 제약이 가해졌다는 점이었다. 제주 4.3 사건과 여순반란사건 등으로 군내 좌익세력의 준동을 알아차리고 숙군사업에 들어감으로써 대한민국 국군이 안정되게 된 것, 그리고 무장 게릴라들의 모험주의적이고 잔인한 활동으로 인해 민심이 남로당을 떠나게 됐다는 것, 여러 가지 크고 작은 간첩사건들이 터지면서 대한민국 내에 암약하던 간첩들의 상당수가 체포됐다는 사실은 의미가 컸다. 전쟁이 발발했을 때 대한민국 내부에서 북한에 호응하며 일어설 여건이 크게 줄어들었기 때문

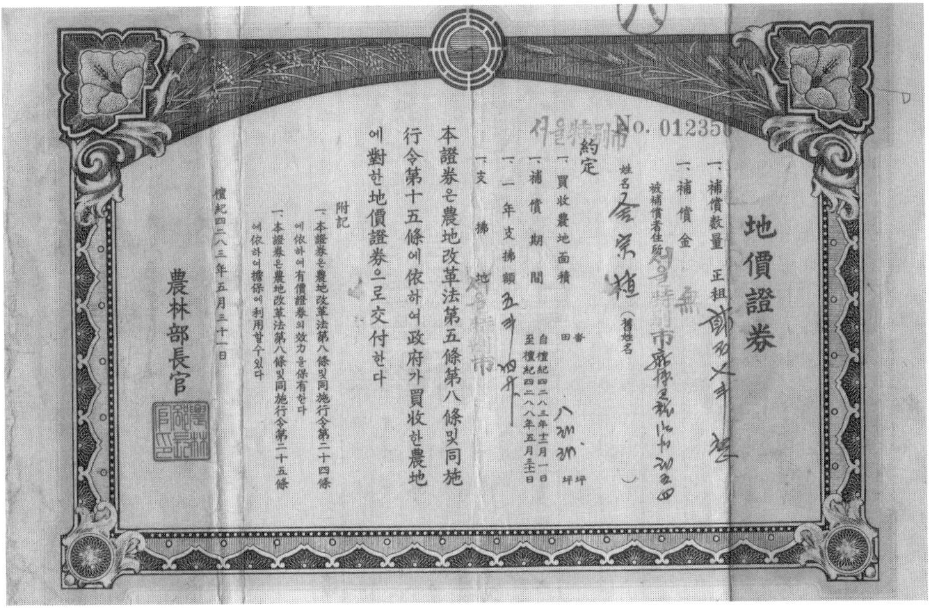
地價證券

一、補償數量 正租

一、補償金

被補償者住所

姓名 金宗植 (舊姓名)

No. 012350

約定

一、買收農地面積 畓 坪 田 坪

一、補償期間 自檀紀四二八三年十二月一日 至檀紀四二八八年五月三十一日

一、一年支拂額

一、支拂地

本證券은農地改革法第五條第八條및同施行令第十五條에依하여政府가買收한農地에對한地價證券으로交付한다

附記

一、本證券은農地改革法第八條및同施行令第二十四條에依하여有價證券의效力을保有한다

一、本證券은農地改革法第八條및同施行令第二十五條에依하여擔保에利用할수있다

檀紀四二八三年五月三十一日

農林部長官

북한군이 왜 서울에서 3일을 지체했는지는 여전히 수수께끼다. 빠르게 서울을 점령한 뒤 박헌영이 호언장담한 수십만의 '남로당 세력'이 남한 전역에서 봉기하기를 기다렸다는 추측도 있다. 하지만 그런 일은 일어나지 않았다. 전쟁 발발 직전 수행된 토지 개혁은 국민의 대다수인 소농들에게 땅과 국가에 대한 애착을 강화시켰기 때문이다. 박헌영과 김일성이 기대한 대규모의 봉기나 투항 사태는 일어나지 않았다. 사진은 토지 몰수의 대가로 주어진 증권.

이었다.

이런 차원에서 보면 6.25 전쟁 이전에 이승만 정부가 토지개혁을 단행한 것은 정말 '신의 한 수'였다고 말할 수 있다. 남한의 농민 전체를 북한의 침략에 맞서 싸울 전사로 만들어 준 계기가 바로 토지개혁이었기 때문이었다.

해방된 한반도에서 가장 중요하고 시급한 과제가 바로 토지문제의 해결이었다. 그랬기에 북한에서는 소련 군정이 들어오자마자 토지개혁에 착수했던 것이다. 북한 지역에서 소련 군정이 서둘러 농지개혁을 실시했던 건 농민이 대부분이었던 인민의 지지를 받기 위해서였고, 아울러 정권 장악에 가장 큰 걸림돌이었던 지주 세력을 제거하기 위해서였다. 북한은 소련의 지령 하에 정말 눈 깜짝 할 사이에 토지개혁을 실시해버렸다. 북한식 토지개혁은 무상몰수 무상분배를 내걸었지만 실제로는 무상몰수 무상소작일 뿐이었다. 땅의 소유권은 국가가 갖는 것이었고 인민은 농사를 지을 수만 있었다. 그런 형태의 토지개혁은 곧바로 소련식 집단농장 체제로 변모하게 된다는 것을 그때는 사람들이 잘 몰랐다. 그 당시 오직 이승만만이 "지주에게서 땅을 뺏어 국가가 챙기는 꼴이다. 농민은 지주의 소작인에서 국가의 소작인으로 바뀔 뿐이다."라며 북한식 토지개혁의 문제점을 지적했었다. 어찌 됐든 수많은 남한 지역 농민들은 급속도로 진행된 북한의 토지개혁을 보며 기대에 부풀었고 그로인해 그 중 상당수가 좌익에 동조하게 됐다. 그만큼 농민들의 토지에 대한 열망은 뜨거웠다.

당연히 남한에서의 토지개혁은 그래서 무척 긴박한 과제였다. 이승만은 이를 잘 알고 있었다. 문제는 당시 국회를 장악하고 있던 한민당 세력이었다. 이들은 보수적인 지주들 중심의 세력이었기에 개혁적인 토지 정책을 한사코 반대할 터였다. 이승만은 이런 상황에서 조봉암 카드를 꺼내 들었다. 조봉암은 좌익에서 전향한 진보적 인사였다. 그를 농림부장관에 앉히면서 토지개혁을 주도하게 했다. 이승만의 전략은 이랬다. 그는 조봉암의 좀 더 진보적인 안과 그에 반대하는 한민당의 좀 더 보수적인 안 사이에서 중도적인 방안을 채택하는 정치적 능력을 발휘하기로 한 거였다. 이런 방법을 통해 이승만은 자칫 지주들을 위해 눈가리고 아옹하는 수준이 아닌 상당히 혁신적인 토지개혁을 성공시킬 수 있었다.

문서상으로 보면 농지 개혁법의 실시는 6.25 남침전쟁이 발발한 이후 완료된 것으로 되어 있다. 그래서 6.25 전쟁과는 무관했다고 말하는 논자들도 있다. 하지만 실제 농지개혁은 이승만 대통령의 강한 추진력에 따라 법안이 통과되기 전부터 행정적으로 이미 착수되어 한국 전쟁 발발 이전에 대부분 완료되었다는 것이 최근 밝혀졌다. 이승만은 토지개혁의 중요성뿐만 아니라 그 시급성도 잘 깨닫고 있었던 것이다.

6.25 남침전쟁 직전 대한민국에서 실시된 토지개혁은 매우 중요한 의미를 가진다. '대한민국 국민'을 탄생시켰기 때문이었다. 1948년 8월 15일 대한민국이 건국되었지만 토지개혁 전까지는 아직 '대한민국 국민'이라 할 만한 집단은 생겨나지 않고 있었다. 제주도의 4.3사건은 종료되지

않았고 여수와 순천에서는 새로운 반란사건이 일어났다. 북쪽에 있는 사회주의 세력은 대한민국 정부에게 있어서 군사적인 위협일 뿐만 아니라 남한 내 적지 않은 동조자를 가진 매우 위협적인 세력이었다. 그런 상황에서 남한 사람들은 5.10 선거에 참여함으로써 비로소 '나라를 만드는 일'에 참여했다는 느낌을 받게 됐다. 하지만 아직 부족한 게 있었다. 농사를 지을 수 있는 토지였다. 토지개혁은 그런 그들을 자신의 토지를 가진 자영농이 되게 함으로써 농민들이 토지에 대한 봉건적 속박에서 벗어나 개인과 국가의 관계를 근대적으로 수립할 수 있게 했다.

쉽게 말하면 이렇다. 소작농은 국가와 1대 1 관계를 맺지 않았다. 세금을 내는 건 땅을 소유한 지주였다. 소작농은 지주에게 소작료를 낼 뿐이었다. 봉건적인 관계였던 셈이다. 그러나 토지개혁이라는 국가정책으로 인해 농민들은 그 봉건적인 관계에서 벗어나게 됐다. 자신의 땅을 갖게 됐고 자신의 생산활동으로 발생한 소득의 일부를 직접 국가에 세금으로 납부하게 됐다. 그런 과정에서 농민들은 서서히 자신들을 근대국가의 국민으로서 자각하게 되어갔다. 국민으로서의 정체성이 만들어지게 된 것이었다.

박헌영은 전쟁이 터지면 남한지역 대다수의 사람들이 호응할 것이라고 장담했다. 하지만 그런 일은 일어나지 않았다. 대다수 사람들은 6.25 남침전쟁이 발발하자 북한군에게 극렬하게 저항하며 국가를 지키기 위해 떨치고 일어섰다. 좌익세력을 제거한 군대에서도 북한의 인민군에 투항하는 일은 전혀 없었다. 박헌영과 남로당 세력이 주장한 20만 당원 봉기설은 그렇게 그저 한편의 소설로 끝나 버렸다. 토지개혁을 기반으로 형성된 대한민국 국민으로서의 정체성 덕분이었다. 6.25 남침 직전 강력하게 추진했던 이승만의 토지개혁은 말 그대로 '신의 한수'가 되었던 것이다.

제4장

6월 25일, 전쟁의 시작

1950년 6월 25일 새벽 : 북한군, 38선 전역에서 남침 개시

1950년 6월 25일 7시 : 개성 함락

1950년 6월 25일 9시 : 무초 대사, 미 정부에 전쟁 발발 보고

1950년 6월 26일 새벽 3시 : 이승만, 맥아더에게 전화

1950년 6월 27일 새벽 4시 : 이승만, 서울을 떠남

1950년 6월 28일 : 미아리 방어선 돌파, 한강 대교 폭파함

1950년 6월 24일

1950년 6월 24일 오전 10시. 대한민국 육본에서는 정보국 주도의 긴급회의가 열렸다. 전날 밤인 23일 24시부로 거의 한달 반 가량 계속되었던 비상경계태세가 해제됐지만, 무언가 찜찜했던 까닭이었다. 4월 27일 이후부터 계속된 경계태세로 장병들은 그동안 외출, 외박, 휴가가 전면 금지되고 있었다. 당연히 불만이 잔뜩 쌓였다. 풀어줄 필요가 있었다. 게다가 모내기철이어서 일손에 대한 요청도 크게 늘고 있었다. 그런 까닭에 전군은 비상경계태세를 해제하고 외출, 외박을 허락하기로 했던 것이었다.

하지만 22일과 23일 38선 이북의 상황은 심상치 않았다. 활발한 병력의 움직임이 관측됐고 자주포의 이동도 포착됐다. 전선의 상황을 늘 체크하는 정보국의 젊은 장교들 눈에 이런 움직임은 심각한 상황이었다. 바로 이들의 요청으로 긴급회의가 열린 것이었다. 정보국 장교들은 관측된 정보를 보고하며 북한군의 움직임이 심상치 않다는 보고를 올렸다. 그러나 보고를 받은 군 수뇌부의 반응은 심드렁했다. 대수롭지 않다는 듯 경비대와 인민군의 병력 교대일 것이라 미루어 짐작해버리고는 회의를 끝내려 했다.

그렇게 긴급회의는 별 결론을 내리지 못하고 끝났다. 대신 채병덕 총참모장은 오후 3시 정보국장실을 방문해 전선 상황을 다시 종합적으로 판단해서 결론을 보고하라고 지시했다. 정보국에서는 전 전선에 걸쳐 첩보대를 운용하여 현장을 확인해보기로 했다. 옹진, 백천, 개성, 고랑포, 동두천, 포천, 강릉 등에 7개조의 첩보대가 투입됐다.

전선에 첩보대가 투입되어 첩보를 수집하는 사이, 서울에서는 육본 장교클럽 신축 축하파티가 열렸다. 미군사고문단 요원들도 참석하는 공식적인 행사였다. 채병덕 총참모장을 비롯해 50여명의 고급 장교들이 모두 이 파티에 참석했다. 밤 10시에 행사는 끝났지만 여느 때처럼 2차 술자리가 이어졌고 장교들은 모두 만취했다. 오랜 비상경계태세의 긴장이 풀렸던 탓이었다.

그 무렵 전선에선 대규모의 병력이 이동하고 있다는 보고가 올라왔다. 보고를 올린 이는 당일 일직 장교로 근무하던 육본 정보과 소속 북한반 선임장교 중위 김종필(당시 24세)이었다. 그가 보기에 전선의 분위기는 심상치 않았다. 그래서 일부러 교대근무를 자청했다. 초조하게 전선에서 올라오는 보고들을 종합해 볼수록 분위기는 더더욱 예사롭지 않았다. 지난밤 내리던 폭우는 보슬비로 바뀌었지만 전선의 수상한 징후는 소낙비처럼 늘어나고 있었다.

1950년 6월 25일 새벽

그 시각, 북한의 김일성은 새벽 3시에 이미 준비되어 있던 내각 비상회의를 열었다. 짜맞춘 각본대로 북한군으로부터 '새벽 1시 남조선 국방군이 38선을 넘어 공화국을 침공했다'는 보고가 올라왔다. 김일성은 기다렸다는 듯 전선사령관 김책에게 새벽 4시를 기해 인민군은 총반격하라는 지시를 하달했다. '폭풍'이라는 공격개시 암호명과 함께 무전망으로는 이미 약속되었던 숫자 '224'가 타전됐다. 그 순간 38선 인근에서는 집중포화의 섬광과 굉음이 암흑과 고요를 찢기 시작했다.

사실 이미 그 전부터 전선은 달궈져 있었다. 새벽 1시 경이 되자 '적의 전차부대가 기동을 시작했다'는 보고가 국방부 정보과로 들어왔고, 새벽 2시가 지나면서부터는 모든 전선에서 적의 활발한 움직임이 관측되고 있었던 것이다. 결국 새벽 3시, 김종필은 동두천을 비롯해 여러 전선으로부터 '적이 포탄을 쏘아대고 있다'는 보고를 접수했다. '올 것이 오고야 말았구나' 김종필은 탄식했다. 전쟁이 터졌다는 것을 직감적으로 느꼈다. 그래도 혹시나 하는 생각에 전방으로부터의 보고를 면밀하게 접수했다. 불길한 예감은 틀리는 적이 없다고, 4시가 되자 모든 전선에서 적의 공격이 시작됐다는 보고가 연달아 도착했다.

김종필은 즉각 함께 근무를 서던 작전교육국 대위 조병운과 함께 그날의 일직사령을 찾아 뛰었다. 그날의 일직사령은 6월 9일자로 육본 인사국장으로 발령을 받아 놓고 있었던 신상철 대령이었다. "전쟁입니다. 전군에 지금 당장 비상을 걸어야 합니다." 김종필과 조병운이 건의했다. 하지만 신상철은 고개를 내저었다. "내게는 그런 권한이 없다." 전군에 작전명령을 하달할 수 있는 권한은 채병덕 총참모장, 김백일 참모부장, 그리고 장창국 작전국장에게만 있었다.

육본상황실로 보고가 올라갔고 상황실이 바빠졌다. 육본상황실에서는 보고를 올리기 위해 육본 주요간부들의 위치를 파악하고자 했다. 그러나 다수의 장교들은 어젯밤 장교클럽 신축파티에서 이어진 술자리로 대취해 쓰러져 있었다. 연락이 잘 닿지 않았다. 가장 빨리 연락을 받고 육본에 들어선 장교는 작전국 차장인 이치업 대령이었다. 전방 상황을 들은 이치업은 깜짝 놀라 독단으로 군에 비상을 내리고 '작전명령 1호'를 하달했다.

채병덕 총참모장은 육본상황실에서 연락을 취하기 전 이미 한차례 전화를 받고 잠이 깼었다. 춘천의 제 6사단 7연대장인 임부택 중령이 새벽 4시 20분 경 직접 채병덕 총참모장의 공관에 전화를 걸어 전방에서 교전중이라는 사실을 부관에게 알렸던 것이다. 부관은 총참모장의 부인에게 보고를 올려달라고 했는데, 채병덕으로부터는 별 다른 반응이나 지시가 없었다. 결국 일직사령의 연락을 받고 나서야 채병덕은 상황이 심상치 않다는 걸 깨달았다. 곧바로 상황장교인 김종필을 공관으로 불러들여 상황보고를 받았다. "전군에 비상을 걸고 각 국장을 불러들이라." 김종필의 보고를 들은 채병덕은 부랴부랴 소집지시를 내렸다. 그런 뒤 황급히 신성모 국방부 장관 공관으로 전화를 넣었다. 상황 발생 3시간 만이었다.

김종필과 박정희, 그리고 백선엽

전쟁발발을 가장 먼저 인지한 정보과 중위 김종필, 그는 짐작하듯 훗날 박정희와 함께 5.16 군사 쿠데타를 일으키고 제 3공화국과 제 4공화국의 주역으로 활동하게 되는 정치인 김종필이 맞다. 1926년 충남 지역의 유지 집안에서 태어난 김종필은 대전사범학교를 졸업하고 소학교 교사가 되었다가 곧 그만 두고 해방 직전 경성제국대학에 입학했다. 입학하자마자 해방을 맞은 그는 재학 중이던 1948년 육군에 입대했지만 며칠 되지 않아 탈영해버렸다. 굶주림과 구타를 견디기 힘들어서였다. 그러나 곧 자수해서 재입대한 뒤 병사로 근무하던 김종필은 1949년 육군 사관학교에 들어가서 4개월 만에 소위로 임관했다. 그게 가능했던 것은 1945년 만들어진 군사영어학교가 정부 수립 후인 1948년 9월 육군사관학교로 바뀌었는데, 그 당시만 해도 육군사관학교는 군경력자들에게 단기 교육을 실시해 장교로 임관시키고 있었기 때문이었다. 1949년 10기(생도 1기)생을 받으면서 2년제 정규과정으로 바뀌기 전까지는 그랬다. 사실 지금 시각에서 보면 탈영병이 자수하자마자 별다른 처벌없이 군생활을 할 수 있었던 것이나 병사가 4개월 교육만 받고 소위로 임관할 수 있었던 것은 이해가 가지 않는 일이다. 그러나 그 당시는 군대건 어디건 체계가 그만큼 허술했었다.

한편 이렇게 육군장교가 된 김종필은 박정희와 운명적인 만남을 갖게 됐다. 그리고 그 만남을 주선한 사람은 바로 백선엽이었다. 묘한 인연이었다. 사정은 이랬다. 1948년 4월 육본 정보과장이 된 백선엽 대령은 여수 14연대 반란사건 이후 진행된 '숙군사업'의 책임을 맡았고 이 과정에서 체포된 박정희를 구명운동을 통해 살려냈다. 백선엽은 거기서 그치지 않고 불명예제대해서 갈 곳 없게 된 박정희를 육군정보국의 문관, 그러니까 지금으로 치면 군무원 신분으로 일을 할 수 있게 해주었다. 한편, 숙군사업은 육군정보국의 일을 무척 늘려놓았다. 기존의 인력만으로는 일을 감당할 수가 없었다. 인력충원이 필요했다. 그래서 백선엽은 실무자였던 전투정보과장 유양수에게 육군사관학교 졸업생 중에서 우수한 인력을 뽑아 육군정보국에 합류시키라고 지시했다. 유양수는 곧바로 성적 100등 이내의 육사 우수 졸업생들을 면접해서 그 중 30여명을 최종적으로 뽑았다. 바로 그 30명에 김종필이 포함되어 있었던 것이다.

더 흥미로운 것은 백선엽 대령과 그 후임 장도영 대령의 지휘 아래 유양수 전투정보과장의 이름으로 작성된 1949년의 종합적정판단서였다. 매년 전선의 전반적인 상황에 대해 종합적인 판단을 내리는 보고서인데 이 보고서 작성의 실무자가 바로 문관 박정희와 정보국 북한반 신입인 김종필 중위였다. 이들이 작성하여 육군 본부까지 올라간 이 보고서는 매우 정확했다. 보고서에서 박정희와 김종필은 북한이 1950년 3월 혹은 6월에 전면 남침을 일으킬 가능성이 높다고 지적해 놓았다. 3월이 예상 시점이지만 중국 동북지방의 조선계 중국군이 김일성 군대에 편입되는 과정이 늦어질 경우 6월로 연기될 가능성이 있다고 분석했던 것이다. 중국이 직접 지원할 가능성은 있지만 소련은 직접 개입하지 않을 것이라고도 했다. 또한 이들은 보고서에서 동두천과 의정부가 주 공격로가 될 것이고 춘천, 원주가 보조적인 공격로가 될 것이라 예측했다. 이 과정에서 북한은 전차를 활용할 것이며 전쟁 발발 초기 2~3개월 동안 전병력을 동원해 총공세를 펼칠 것이라 전망했다. 박정희와 김종필의 이와 같은 종합적정판단서는 6.25 남침전쟁을 정확히 예측했다고 봐도 과언이 아닐 만큼 대단히 예리한 분석으로 만들어진 보고서였다. 그랬기에 육본은 바로 이 보고서에 따라 1950년 봄부터 45일간의 기나긴 비상경계령을 발동했던 것이다. 다만 그 경계령은 전쟁 발발 직전인 6월 23일 자정에 풀려버렸고, 그에 따라 6월 24일에 그동안 밀렸던 외출, 외박, 휴가가 한 순간에 실시되었다는 점이 안타깝고도 공교로울 뿐이었다.

전쟁 발발 전날인 6월 24일 토요일, 김종필은 이날 오전 10시에도 전쟁 발발 위험이 매우 높다는 내용의 브리핑을 했다. 사실 이와 같은 브리핑은 그의 상급자가 할 일이었지만 그 당시 김종필의 상급자는 없다시피 한 상황이었다. 전투정보과장인 유양수는 그 동안 여러 번 남침 위협을 강조하다가 6월 16일에 제 6사단 정보참모로 발령이 나버렸다. 전쟁 발발 가능성을 낮게 본 군 보위부가 유양수를 불편하게 여겨서 내린 전보 조치였다. 김종필의 선임이었던 북한반장 백 모 대위는 불과 며칠 전 북한과의 밀무역에서 자금 횡령 사실이 밝혀지자 자살해버렸다. 결국 중위였던 김종필이 북한반 선임장교가 되어버렸던 것이다.

이런 상황 속에서도 김종필은 첩보 루트를 통해 들어오는 정보를 예의 주시하고 있었다. 여전히 북한군의 움직임이 심상치 않았다. 그런 차에 6월 23일 24시를 기해 채병덕 총참모장이 경계령을 해제하고 휴가를 허락하자 김종필은 중위 신분임에도 24일 아침 10시 긴급 브리핑을 올린 거였다. '6월 24일은 토요일이고 6월 25일은 일요일이다. 주말을 이용해 전방 부대에서는 그동안 밀린 외출 외박을 실시할 거다. 반면 북한군의 움직임은 매우 활발해지고 있다. 뭔가 일어날 것 같다.' 김종필은 이런 불길한 예감을 떨칠 수 없었던 것이다. 전군비상태세를 요청했다. 이런 김종필의 요청은 단번에 묵살됐다. 긴 비상 경계령이 해제된 바로 직후 다시 경계 강화를 요청하는 것이 군 지휘부로서는 탐탁치 않았던 것이다. 그러자 김종필은 그날 당직 근무를 자처했다. 정보국 파견대(OP)들에게 한시간 간격으로 보고를 올리라고 지시를 내렸다. 그리고 얼마 안 있어 그의 불길한 예감은 현실이 되어버렸다.

적의 공격이 시작되다

채병덕 참모장이 겨우 정신을 차려 사태 파악에 나설 무렵, 육본에는 고위 장교들이 속속 도착했다. 작전국 차장 이치업이 도착했고 곧이어 정보국장 장도영 대령이 도착했다. 그러나 참모부장 김백일 대령과 작전교육국장 장창국 대령과는 연락이 닿지 않았다. 한편 이치업이 단독으로 하달하고 채병덕이 뒤늦게 승인한 전군비상령으로 인해 외출, 외박 중이던 모든 군인들에게 원대복귀 명령이 떨어졌다. 그런 가운데 채병덕은 신성모 장관 공관으로 향했다.

신성모 국방장관(1891~1960)은 독립운동가 출신이었지만 선장 생활 경험만 있었을 뿐 군경력이 전무했다. 게다가 오랜 외국 생활로 인해 주말에는 철저히 사생활을 즐겼다. 그런 까닭에 6.25 남침전쟁이 발발했을 때 신성모 국방장관과는 전화연락이 되지 않았다. 채병덕은 하는 수 없이 직접 차를 타고 공관을 찾아갔다. 신성모는 아직 잠자리에 있었다. 가운 차림으로 나와 채병덕의 보고를 받았다. 당황한 기색이 역력했다. 이미 내려진 전군비상령에 대해서는 구두로 재가를 내렸다. 긴급 보고를 마친 채병덕은 육본으로 돌아갔다. 이미 시간은 오전 7시를 지나고 있었고, 육본상황실은 혼란의 도가니였다.

전투 상황보고와 증원요청이 육본으로 쏟아져 들어왔다. 오전 8시, 채병덕은 후방의 제 2, 3, 5 사단 등 3개 사단의 출동을 결정했다. 수도 경비사에는 출동대기를 명령했다. 전쟁 발발 후 처음으로 내려진 병력 이동 명령이었다. 이때 백선엽이 육본에 도착했다. 백선엽은 개성–파주–수색 지역을 담당하는 제 1사단의 사단장으로 발령을 받아놓은 상태였다. 그는 시흥의 보병학교에서 고급지휘관을 위한 교육훈련을 받기 위해 후방인 서울에 머무르고 있었다. 아침에 전화를 받자마자 길 가던 지프를 무조건 세워 육본으로 찾아온 터였다. "교육훈련중이긴 합니다만, 사단으로 가서 병력을 지휘하도록 하겠습니다. 괜찮겠습니까?" 백선엽이 물었다. 채병덕이 소리쳤다. "어서 가!!" 채병덕의 승인과 함께 백선엽은 예비연대가 있는 수색으로 곧장 출발했다.

그런 뒤 채병덕은 직접 수색과 의정부 방면으로 출동해 현장을 확인했다. 전방의 상황을 직접 보니 생각했던 것보다 훨씬 심각했다. 경악할 수밖에 없었다. 그 무렵 작전국의 장창국 국장이 육본에 도착했다. 서대문쪽으로 얼마 전 이사를 갔기 때문에 그의 집에는 전화가 가설되지 않았다. 그가 새로 이사간 집을 아무도 몰라 직접 찾아가지도 못하고 발만 동동 구르고 있었던 것이다. 장창국은 헌병들이 길을 돌아다니며 내보낸 비상소집 방송을 듣고 놀라서 육본으로 달려온 것이었다. 그게 오전 10시였다. 이때 이미 개성이 함락되고 있었다. 의정부 방면으로 순시를 나간 채병덕은 포천·의정부 방면이 무너지는 것을 보며 '이건 전면전이다'는 것을 확실히 실감했다. 신성모 국방장관은 그 시간 경무대로 달려가 이승만 대통령에게 보고를 올리고 있었다. 여느 때 같으면 느즈막히 일어나 여유를 즐졌을 일요일 아침이었다.

전쟁 발발 후 6시간이 지났을 뿐이었지만, 전선은 속수무책으로 무너지고 있었다. 옹진의 제 17연대는 거의 괴멸되다시피 할 정도의 타격을 입었다. 개성은 이미 함락됐고, 파주에서 간신히 버티고 있었다. 의정부 지역의 제 7사단이 뚫리는 것도 시간문제였다. 그나마 춘천 지역의 제 6사단이 반격을 가하며 잘 버티고 있었다. 강릉—동해안 지역은 그나마 서부전선보다는 조금 나은 상황이었지만, 산악지역의 빨치산 부대들로 인해 퇴로가 막힌 채 싸우고 있었다.

1950년 6월 25일 낮

10시 경 직접 의정부 지역을 둘러본 채병덕은 육본에 돌아와 본격적인 작전 지휘를 시작했다. 적의 전면적인 남침이 분명해졌다. 수단과 방법을 가리지 말고 막아야 하는 상황이었다. 채병덕은 서울에 있는 제 3연대를 제 7사단 지역으로 증원을 보내는 한편, 서울 지역의 모든 부대를 전선에 투입하라고 지시했다. 그런데 문제는 그런 뒤 행한 기자회견이었다. "적의 지상군은 4~5만 명 수준이다. 우리 군이 적의 지상군을 맞아 차근차근 격퇴하고 있다." 채병덕은 이렇게 말했던 것이다. 어떻게든 사태를 은폐하거나 축소하려는 의도가 엿보였다. 당시 대규모의 병력을 지휘할 만한 역량을 가진 장교가 남한에는 없었다. 그러다보니 작전지시도 침착하게 필요한 조치를 내리는 것이 아니라 그때그때 임기응변식의 단편적인 조치가 취해질 뿐이었다. 기자회견도 그런 차원에서 이루어진 것이었다.

경무대에서 이승만에게 상황을 보고하던 신성모도 마찬가지였다. 신성모는 그 당시 상황을 정확히 인지하지 못하고 있었다. 북한의 공격을 전면적인 남침이 아니라 38선 부근에서 이루어진 위험한 도발 정도로 생각했다. 그러니 신성모의 그와 같은 보고를 받은 대통령 이승만도 전면적인 남침이라고는 생각하지 못했던 것이다.

오후 2시, 군 지휘부와 내각이 모인 각료회의에서도 채병덕과 신성모의 안일한 대응은 계속됐다. 각료회의에서도 채병덕은 여전히 전면 공격은 아니라고 보고했다. 그는 북한이 체포된 남로당계 간첩 이주하와 김삼룡의 석방을 위해 무력시위를 펼치는 것이라면서 '후방 사단을 전방에 증파했다. 곧 적의 도발을 격퇴할 수 있을 것이다.' 이렇게 호언장담했다. '만약 공세를 취한다면 1주일 이내에 평양을 탈취하게 될 것이다. 자신 있다.' 신성모도 이렇게 말했다. 이승만은 이와 같은 보고에 대해 게릴라를 격퇴하고 각자의 임무를 성실하게 수행하도록 하라는 원론적인 지시를 내릴 뿐이었다.

군과 정부가 이렇게 늑장대응을 하니 민간에서의 대응도 느릴 수밖에 없었다. 육군본부에서는 이미 새벽 5시가 조금 넘었을 때 각 방송사에 전쟁 발발에 관한 첩보를 보냈다. 그러나 방송국은 오전 7시쯤 되어서야 북의 '공격'에 대한 보도를 내보냈다. 개성이 함락된 것 같다는 첩보를 받고 나서야 움직인 것이었다. 그럼에도 방송국 직원들은 지금 상황이 '전쟁'이라고는 생각지 못했다. 시민들도 마찬가지였다. 군인들을 실은 트럭이 전방으로 화급히 달려가는 것을 보면서 길가의 사람들은 격려의 박수를 보내기까지 할 만큼 느긋했다. 오히려 이제 38선이 무너졌으니 우리 군이 이북땅을 되찾을 것이라고 생각하는 사람도 있을 정도였다.

그러나 국방부와 무관하게 경찰을 통해 올라오는 첩보는 암울했다. 이승만은 신성모와 채병덕의 보고라인만 믿지는 않았다. 비서관과 경찰 등의 몇 가지 루트를 통해 전방의 상황을 다각도로 확인했다. 그렇게 입수한 정보들을 보면 상황은 매우 안 좋게 돌아가고 있었다. 저녁이 되자 불길한 첩보는 확실한 사실인 것으로 판명되고 있었다.

한편 미국은 이미 전쟁이 터졌다는 소식을 전해 듣고 있었다. 당시 주한 미국대사 존 무초는 매우 비상하고 판단이 빠른 사람이었다. 6월 25일 아침 8시에 미 군사고문단으로부터 38선 상황이 심상치 않다는 보고를 받았다. 재빨리 대사관으로 가면서 존 무초는 UPI 통신사의 빌 제임스 기자에게 '38선을 잘 챙겨보라'고 언질을 줬다. 그 덕에 빌 제임스 기자는 6.25 남침전쟁을 세계에 알리는 첫 기사를 날리게 됐다. 대사관에 도착한 무초는 수집된 정보를 바탕으로 오전 9시에 '북한군의 전면공격이 시작됐다'는 보고를 도쿄와 워싱턴으로 날렸다. 서울에 주재하는 다른 나라 대사관에도 같은 소식을 알렸다. 토요일 저녁 늦은 시각에 미국으로 전해진 이 보고는 메릴랜드 농장에서 한가한 시간을 보내던 미 국무장관 애치슨에게 전해졌고, 볼티모어의 공항 개소식에 참석한 뒤 고향에서 주말을 보내던 트루먼에게도 전해졌다. 그러나 곧바로 액션이 취해지지는 않았다. 애치슨은 트루먼에게 전쟁 발발 보고를 전하면서도 '대통령이 당장 워싱턴으로 돌아오지는 않았으면 한다. 아직 첩보수준의 정보다. 위급한 상황인 것처럼 미국 대통령이 급하게 움직일 경우, 불필요한 혼란만 가중될 것이다.'고 대통령의 긴급복귀를 만류했기 때문이었다. 미국 워싱턴은 그렇게 일요일 오후가 될 때까지 만 하루가 넘는 시간을 대기하며 단지 정보만을 수집하고 있었다.

1950년 6월 26일

새벽 3시, 마침내 이승만이 전화기를 들었다. 급히 도쿄의 맥아더 사령관을 찾았다. 맥아더의 전속부관이 잠이 덜 깬 목소리로 전화를 받았다. 사령관은 자고 있어서 깨울 수 없다고 했다. 이승만이 고함을 질렀다. "당장 깨우시오. 만약 지금 맥아더를 깨우지 않으면 한국에 있는 미국인들을 차례로 죽이겠소." 옆에서 듣고 있던 영부인 프란체스카가 놀라서 이승만이 들고 있던 전화기를 손으로 막았다. 놀란 맥아더의 부관이 맥아더를 깨워 전화를 연결해줬다. 이승만은 맥아더에게 전쟁이 벌어졌다는 사실을 알렸다. 아울러 이런 상황이 되도록 방치해온 미국의 책임을 소리 높여 물었다. 맥아더는 일단 공군을 지원해주겠다고 약속했다. 이승만은 맥아더와의 통화가 끝난 뒤 이번에는 워싱턴에 있는 주미 대사 장면에게 전화를 했다. "장대사! 트루먼 대통령을 즉시 만나시오. 그리고 이렇게 전하시오. '적은 우리 문전에 이미 와 있다, 미 의회가 승인하고 트루먼 대통령이 결재한 2천만 달러 무기지원은 어떻게 된 것인가.'" 이승만은 상황에 대한 파악을 끝내고 있었다. 희망은 미국의 개입밖에 없었다.

그리고 새 날이 밝았다. 상황은 전날보다 더욱 암울했다. 급히 병력을 충원했기 때문에 전선의 상황이 조금은 나아진 듯 보였지만 대세는 여전히 밀리고 있었다. 사실 전쟁을 잘 아는 전문가들이 보기에는 대단히 어리석은 조치가 취해진 것이었다. 이른바 '축차투입'으로 적을 막아내고 있었기 때문이었다. 축차투입이라는 건 병력을 후방에서 모아 단번에 대규모로 증파하는 것이 아니라 병력이 모이는 대로 조금씩 조금씩 전방으로 밀어 넣는 증파 형태였다. 때문에 적군의 대규모 침공이 있을 때 '축차투입'을 하는 것은 아군의 전력을 소진시키며 시간을 끄는 미봉책일 뿐이었다. 찔끔찔끔 투입된 병력의 희생으로 잠시 적의 진군을 미루는 것에 지나지 않았던 것이다. 그랬기에 최전선에서는 하루라도 빨리 후퇴명령이 내려오길 기다리고 있었다. 그러나 그런 조치는 취해지지 않았다. 방법이 없었다. 어떻게든 필사적으로 버틸 뿐이었다.

6월 26일 오전 10시 이승만 대통령이 '군 원로 회의'를 열었다. 현역 및 재야의 군사 전문가들을 모두 국방부로 초청했다. 묘하게도 모인 사람들 중에서 전투 경험이 없는 사람은 국방장관 신성모와 총참모장 채병덕 뿐이었다. 채병덕이 먼저 개성의 제 1사단과 의정부의 제 2, 5, 7 사단, 춘천의 제 6사단, 강릉의 제 8사단이 지금 반격중이라고 보고했다. 참석자들이 모두 입을 다물지 못했다. 이미 전장의 상황을 다른 루트를 통해 보고받은 그들은 제 1사단이 이미 후퇴해 문산에 와 있고, 제 7사단은 동두천에서 철수 중이며, 춘천의 제 6사단과 강릉의 제 8사단을 제외한 모든 사단들이 편제도 제대로 유지하지 못한 채 허둥지둥 후퇴하고 있다는 걸 잘 알고 있었기 때문이었다. 어느 정도였냐면 회의에 참석한 사단장과 참모들조차 자신의 부대가 지금 어디쯤 후퇴하고 있는지 알지 못하는 지경이었다.

이때의 채병덕 머릿속에는 '서울 사수 및 반격'이라는 시나리오로만 가득 차 있는 것 같았다. 그래서 실제 상황을 거의 고려하지 못하고 상황을 낙관적으로만 봤다. 26일 제 1사단은 문산 방면에서 적 2개 사단을 임진강에 묶어두고 있었고, 춘천에서는 제 6사단이 적에게 효과적인 타격을 입히고 있기는 했다. 강릉 방면에서도 제 8사단이 초기의 어려움을 이겨내고 적을 저지하는 상황이었다. 그러나 의정부–동두천은 매우 취약했다. 이곳이 뚫릴 가능성은 매우 높았고, 만약 이곳이 뚫린다면 서울을 막는 것은 불가능했다. 채병덕은 이런 상황에서 서울에 도착하는 부대들을 차례대로 의정부–동두천 전선에 투입했다. 엄청난 병력손실이 일어났고, 그럼에도 불구하고 전선은 계속 뒤로 밀리고 있었다.

1950년 6월 27일

이승만은 채병덕의 그와 같은 보고를 그대로 믿고 있지는 않았지만, 달리 별 방법이 없었다. 안절부절 못하면서 전장의 소식을 기다리다 긴 하루가 지나갔고 밤이 깊었다. 6월 27일 새벽 2시가 되었을 때, 신성모가 조병옥, 이기붕 등과 함께 경무대로 이승만을 찾아왔다. 사태가 급박하니 서울을 버리고 떠나야 한다고 했다. 의정부—동두천 방면으로 밀고 내려온 적들을 창동—우이동에서 막고는 있지만 무너지는 것은 시간 문제라고 했다. 적들이 곧 미아리 고개로 들이닥칠 상황이라는 것이었다. 이승만은 시민을 버리고 어떻게 혼자 몸을 피하느냐며 버텼다. 그러자 프란체스카가 일단 몸을 피해야 한다고 설득했다. 결국 새벽 3시 반, 이승만은 전용 승용차에 올랐다. 비서와 경호를 위한 경찰관 몇 명만이 함께 탔다. 서울역에 도착한 이승만 대통령 일행은 새벽 4시 기관차를 포함해 겨우 3칸으로 된 특별열차에 올라탔다. 이승만의 비서 황규만은 기관사에게 별도의 지시가 있을 때까지는 전속력으로 남을 향해 내려가라고 명령을 내렸다. 기차가 수원을 지나 대전을 향할 때쯤 이승만이 상황을 파악했다. 그는 기차를 세우라며 고함을 질렀다. 수행원들과 영부인이 겨우 말려 대구까지 내려올 수 있었다. 이승만은 대구에서 잠시 머물며 잠자코 전황을 들었다. 무거운 침묵이 흐른 뒤 이승만이 입을 열었다. '대전으로 가자. 아무리 그래도 대통령이 서울 가까운 곳에 있어야 한다.'

국가의 수뇌부가 이렇게 우왕좌왕하고 있을 때에도 전선은 급박했다. 전쟁 발발 이틀 만에 서울 북부까지 적이 진격해 들어왔다. 다행히 도로가 좁아져서 대규모 병력이 한꺼번에 이동하기 힘들어진 데다가, 수류탄과 로켓을 들고 전차를 향해 달려드는 한국군의 육탄돌격으로 인해 북한군이 더 이상 속도를 높일 수는 없었다. 그렇더라도 적의 공세는 무서웠다. 결국 국군은 27일 미아리 고개까지 밀려내려와 방어전을 펼쳤지만 28일 새벽에 그마저도 뚫려버렸다. 다급해진 채병덕 총참모장은 육본 철수를 지시했다. 그리고 문제의 지시를 내렸다.

한강교 폭파

한강교 폭파 지시였다. 당시 한강에는 5개의 교량이 있었다. 한강인도교와 3개의 철교, 그리고 광나루의 광진교였다. 서울에서 남북을 연결하는 도로는 모두 이 5개의 교량을 통과하게 되어 있었기 때문에 북한군이 한강 이남으로 내려오는 것을 지연시키려면 한강다리들을 폭파하는 것은 불가피했다. 문제는 언제 폭파하느냐였다. 채병덕 총참모장은 6월 28일 새벽 1시 45분 적의 전차가 서울시내에 진입했다는 보고를 받자마자 공병감 최창식 대령에게 전화를 걸어 한강다리들을 모두 폭파하라는 지시를 내렸다. 그리고는 육본을 떠났다. 무리한 지시였다. 아직 적지 않은 병력이 서울 북부에서 싸우고 있었다. 게다가 민간인들은 거의 아무도 후퇴하지 못했다. 이런 상황에서 한강 인도교를 폭파하는 건 한강 북쪽의 병력들이 후퇴하는 길을 막는 것이었고 아군이 가진 중화기들을 모두 포기하는 것이나 다름 없었다. 또 한강 이북의 민간인들을 고스란히 적의 수중에 넘겨주는 것이나 마찬가지였다.

미고문단 참모부장 그린우드 대령이 채병덕 총참모장을 대신해 남아있던 김백일 참모부장에게 강력히 반발하며 간청했다. "부대가 한강교를 건너고 보급품과 장비가 후송될 때까지 기다려야 합니다. 중화기가 다 북한 인민군의 손에 넘어가면 뭘로 싸운단 말입니까." 제 2사단장 이형근 준장도 김백일 참모부장에게 한강다리 폭파를 연기해달라고 요청했다. "아군 병력들과 중화기 등의 장비가 철수할 때까지 한강다리를 폭파해서는 안 됩니다." 미아리지구 전투사령관 이응준 소장도 "제 1선 병력은 후퇴 명령이 없어 처절하게 제자리를 지키고 있다. 이런 마당에 퇴로를 차단해서 국군을 포로가 되게 하는 작전이 어디 있는가?"라며 항의했다. 이렇게 되자 김백일 참모부장으로서도 어쩔 수 없었다. 제 1선 병력에게 후퇴명령을 내리고 장창국 작전국장을 불러 명령을 내렸다. "공병감 최창식 대령에게 제 1선 병력이 후퇴할 때까지 폭파를 중지하라고 전하라."

김백일 참모부장의 명령을 받은 육본 작전국장 장창국 대령은 한강교 폭파를 막기 위해 투입된 공병부대에 부지런히 연락을 돌렸지만 유무선이 모두 끊겨 있었다. 급한 마음에 부하들과 지프차에 올라타고 한강교 폭파현장으로 출발했다. 그러나 현장으로 가는 길은 피난을 가는 인파들로 인해 길이 꽉 막혀 있었다. 지프차는 그 인파속에서 옴짝달싹도 할 수 없었다. 간신히 남한강 파출소 150m 근방까지 갔을 때 엄청난 폭음과 함께 한강 인도교가 내려앉았다.

도대체 누가 폭파 신호를 보냈던 것이었을까. 안타깝게도 우발적인 사고였다. 그 무렵 지시를 받은 공병들은 폭파준비를 마치고 초조하게 점화신호를 기다리고 있었다. 그런데 그때 어디선가 총소리가 들려왔다. 공병들은 이 총소리를 점화신호로 착각하고 급히 점화 스위치를 눌렀던 것이다. 그리고 정확히 1분 30초 후 어마어마한 폭발음과 함께 한강 인도교가 내려 앉았다. 28일 오전 2시 30분이었다. 그 이후 그 근방은 문자 그대로 '아비규환'이었다. 다리 위에 있던 피난민들과 차량들은 폭음과 함께 날아올랐다 한강물위로 곤두박질쳤다. 사지가 찢긴 시체들이 강물을 떠돌았고 부상을 입은 사람들은 다리 밑바닥에서 허우적대며 살려달라고 아우성쳤다. 이날 800~1,000명이 한강인도교 폭발로 숨지고 말았다. 이로 인해 정부와 군에 대한 국민의 분노는 하늘을 찔렀고, 정부의 권위는 땅바닥에 처박히고 말았다. 그리고 서울에 남겨진 150만 여명은 이날부터 서울이 수복될 때까지 악몽 같은 시간들을 보내야만 했다. 공산치하 3개월 동안 민간인 9,500명이 학살됐고 4,500명이 북으로 끌려갔던 것이다.

한강 도하 철수

한강교가 폭파되었을 때 한강 이북에는 아직도 수많은 국군부대가 잔류해 있었다. 사단급 부대만 해도 제 1, 2, 5, 7 사단이 있었고 수경사도 있었다. 5개 사단 4만 여명의 엄청난 병력이었다. 한강 다리들이 폭파되면서 이들 부대의 퇴로가 일시에 차단되어 버렸다. 이제 이 부대들은 한강 다리 없이 한강 이남으로 후퇴해야 했다. 한 가지 방법이 있긴 있었다. 경부선 복선 철교가 남아있었던 것이다. 한강인도교를 폭파할 때 경인선 철교 역시 폭파됐지만, 무슨 까닭이었는지 경부선 복선 철교는 폭파되지 않았다. 당시 육군 1공병단 엄재완 소령에 따르면 아마도 폭파에 시간 차가 생기면서 다른 철교의 폭파 충격 때문에 경부선 복선 철교에 연결된 도화선이나 뇌관, 도폭선 등이 날아가 버렸던 듯하다.

그러나 북한의 전면 남침이라는 혼란스런 상황에서 경부선 복선 철교로는 도하가 가능하다는 사실을 한강 이북의 여러 부대에 알리는 것은 현실적으로 불가능했다. 당시 육본 작전국과 공병감실은 한강 다리들을 폭파한 뒤 철수 작전을 지원하기 위해 한강 인도교 옆 백사장에 공병 단정을 준비해두고 있었다. 그러나 이 사실 역시 한강 이북에서 전투를 벌이고

서울이 수복된 이후 카메라에 담긴 인도교의 모습. 어수선한 상황에서 갑작스럽게 폭파됨으로써 많은 인명이 희생되었다. 책임을 물어 공병감인 대령 최창식을 사형에 처하긴 했지만, 우발적인 사고에 가까운 일이었다.

있는 부대들에게는 제대로 전달되지 못했다. 전장의 상황은 급박했고 반면 부대간의 연락은 자주 끊어졌다. 결국 상급부대로부터 체계적인 정보와 철수 지시를 받지 못한 각급 부대들은 각 부대단위로 탈출로를 찾을 수 밖에 없었다. 중랑교 부근을 방어하던 제 8연대 2대대는 광나루 부근에서 한강을 건너 철수했다. 미아리에서 적의 공격을 지연시키며 고군분투했던 제 20연대 1대대와 미아리 고개 서쪽에 배치됐던 제 15연대 2대대도 광나루를 통해 한강 남쪽으로 철수할 수 있었다.

그러나 이미 북한군 전차가 서울로 진격한 상태에서 모든 국군부대가 이렇게 조직적으로 철수할 수 있었던 건 아니었다. 동두천 북방에서 북한 제 4사단을 상대로 성공적인 지연전을 펼쳤던 국군 제 1연대는 서울 성북경찰서 부근부터는 병력을 분산시켜 산개된 상태로 철수해야 했다. 제 3연대 3대대도 안국동 풍문여고를 거쳐 경복궁 앞 중앙청까지 조직적으로 이동한 뒤, 그 이후부터는 각개 분산으로 철수했다. 제 25연대도 마찬가지였다. 이들 부대에서 산개된 군인들은 일부는 북악산을 통해, 또 일부는 서울 시내를 통해 마포에 도달한 뒤 나룻배 수준의 민간 소형 선박을 이용해 한강 남쪽으로 철수할 수 있었다. 포천–의정부 일대를 방어하던 제 9연대 1대대와 제 5연대 2대대, 제 16연대 일부 병력과 육군사관학교의 요원들은 광진교를 통해 한강 남쪽으로 철수했다. 그러나 6월 28일 새벽 4시에는 그 광진교마저 국군 공병들에 의해 폭파됐다. 그 이후에 철수하는 병력들에게 철수할 수단은 나룻배 밖에 없었다.

그런 상황에서 가장 위험한 처지로 내몰린 부대는 문산—봉일천 방면에서 치열하게 전투를 벌이며 선전하고 있었던 국군 제 1사단이었다. 백선엽 장군이 지휘하는 제 1사단은 포천—의정부—미아리—서울 축선이 붕괴되던 순간에도 여전히 봉일천과 고양 일대에서 북한군 1사단을 상대로 성공적인 방어전을 펼치며 서울을 지켜냈다. 그런 1사단도 전체적인 전선이 밀리고 서울방어선마저 뚫리면서 결국 후퇴할 수밖에 없었는데, 문제는 도하 수단이 없다는 점이었다. 결국 행주와 이산포까지 와서 급히 나무를 모아 도하장비를 만들어 한강을 건널 수밖에 없었다.

이런 처절한 도하 후퇴 과정에서 그 유명한 주먹밥이 만들어졌다. 당시 의정부에서 싸우던 제 2사단은 지연전을 펼치며 후퇴하다가 결국 한강을 헤엄쳐서 건너야 했다. 치열한 전투에 시달렸던 사병들은 한강을 헤엄쳐 건넌 뒤에는 굶주림과 피곤에 지쳐 밭고랑에 뻗어버렸다. 이들에게 밥을 먹이는 것이 제일 급한 일이었다. 취사장비나 부식은 아무 것도 없었다. 민가에서 솥을 구해와 밥은 지을 수 있었지만 반찬도 없고 그릇도 없었다. 그때 즉석에서 고안해낸 게 바로 주먹밥이었다. 맨밥을 소금에 절여 뭉친 주먹밥이었지만 사병들에게는 달디 단 식사가 됐다. 이후 이때 고안된 주먹밥은 6.25 남침전쟁 기간 내내 대표적인 전투식량이 됐다. 이렇다 할 무기도 갖추지 못하고 거의 맨주먹으로 싸워야 하는 한국군의 상황과 무척 닮아 보이는 주먹밥은 그래서 더 애틋하게 느껴진다.

한강선 방어, 인민군을 3일간 묶어두다

한강 이남으로 후퇴한 한국군에게 이제 기대할 수 있는 건 자연적인 장애물인 한강과 미국의 참전뿐이었다. 겨우 3일 만에 수도가 함락된 상황이었다. 적들이 한강을 건너오면 어디까지 밀릴 지 모를 처지였다. 단박에 북한의 승리로 끝날 수도 있었다. 한강을 앞에 두고 최대한 버티며 미국의 참전을 기다리는 것이 유일한 방편이었다. 한국군은 수원으로 육군본부를 옮기고 시흥에 지휘소를 설치했다. 그런 다음 후퇴한 병력들을 다시 모아 군대를 재편했다. 그런 뒤부터는 미군의 주력부대가 도착할 때까지 버티기에 들어갔다. 시간과의 싸움이 시작되고 있었다.

다행스러운 것은 서울을 점령한 북한군들이 무슨 영문인지 잠시 공격을 멈췄다는 점이었다. 인민군들은 계속 남하하며 공격을 계속하는 대신 서울시청에서 승전 축하연회를 열며 무언가를 기다렸다. 왜 그랬을까. 김일성과 박헌영은 이때 초조하게 남한에서의 총봉기를 기다리고 있었다. 박헌영이 호언장담한 것처럼 북한인민군이 총공격을 감행해 서울을 점령하면 곧바로 남한 전역에서 남로당 세력들이 중심이 된 총봉기가 일어날 것이라 기대했던 것이었다. 그렇게 되면 북한은 남한을 침략한 게 아니라 남조선 해방투쟁에 협력하기 위해 서울로 내려온 것이라는 명분을 갖고 미국에게 한국의 내전에 간섭하지 말라고 요구할 수 있을 터였다. 그래서 스탈린도 "인민군은 봉기가 일어날 때까지 서울에서 기다리면서 한강을

전쟁 발발 직후 채병덕의 축차투입으로 인해 많은 병력을 소모하고 와해된 우리 군을 추스려 체계적인 지연전을 펼친 주역은 김홍일이었다. 장제스 군대에서 항일 전쟁을 수행한 그는 한국군에서 몇 안되는 실전 경험과 대군 지휘 능력을 갖고 있었다.

건너지 말라"고 미리 당부까지 했었다. 그러나 기다렸던 폭동은 일어나지 않았다. 이미 남로당 간부였던 김삼룡, 이주하, 이재복은 체포되어 처형됐고 인민유격대도 1949년 한해 동안 국군 진압부대에 의해 대부분 토벌된 상태였다. 게다가 남로당 서울시당의 홍민표가 자수하면서 약 33만 명의 남로당원들이 대거 자수해 대한민국의 품에 안긴 뒤였다. 폭동을 일으킬 사람은 남아있지 않았다.

그렇게 북한군이 진격을 머뭇거리는 틈을 타서 국군은 정비할 수 있는 시간을 가질 수 있었다. 한강다리들이 폭파되면서 지휘체계가 무너진 채 헤엄을 치거나 나룻배를 이용해 한강을 건넌 병력들이 한강 이남에 집결했다. 국군 수뇌부는 일단 한강 이남에서 강을 끼고 방어선을 만들어 미군이 참전할 때까지 지연전을 펼치기로 했다. 한강선 방어에 돌입한 것이었다.

이 지연전을 지휘한 사람은 김홍일이었다. 그는 특이하게도 장제스의 국민당 군대에서 소장까지 진급했던 경력을 갖고 있었다. 평북 출신이었던 그는 조만식에게 민족주의 교육을 받은 후 오산학교에서 교사로 근무하다 일제의 탄압을 피해 중국으로 망명했다. 중국에서 군관학교를 졸업한 뒤 독립운동에 투신했고, 한국의용군 사령관을 거쳐 장제스의 국민혁명군에 들어갔다. 외국인이었지만 여러 공을 세워 소장 계급까지 올랐다. 그런 한편으로 임시정부 김구 주석에게 폭탄을 제조해 조달하는 등 독립운동을 음으로 양으로 지원하기도 했다. 광복 이후에는 국민당 군대로 다시 복귀했다가 건국 이후 이승만 대통령의 특별지시로 육군 준장을 달고 한국군에 들어왔다. 전쟁 전에는 육군사관학교 교장을 맡고 있었는데, 서울이 함락되기 직전 채병덕 총참모장은 그를 곧바로 시흥지구 전투사령관으로 임명하고 한강선 방어임무를 부여했던 것이었다.

김홍일은 임무를 훌륭하게 해냈다. 그는 굶주린 장병들에게 주먹밥을 먹이며 병력을 추슬렀다. 그때까지 아직 미군 참전이 확정되지 않았지만 곳곳에 '미군 참전'이라고 크게 쓴 간판을 세워 곧 미군이 도와줄 것이라는 희망을 갖게 만들었다. 이런 식으로 김홍일은 흩어진 국군의 주력부대들을 모아 10시간 만에 3개의 혼성사단을 편성했고, 양화교부터 광진교까지 한강 어귀에 24Km의 새로운 방어선을 만들었다. 3일간 머뭇거리던 북한군은 6월 30일 새벽에 뗏목과 나룻배로 도하를 시도했지만 새로 편성된 혼성 7사단이 결사적으로 응전해 적의 도하를 저지할 수 있었다. 7월 1일과 2일에도 수차례의 전투 끝에 적을 격퇴함으로써 3일간이나 적의 공격을 지연시킬 수 있었다.

하지만 북한군은 완전히 파괴되지 않은 경부선 철교를 은밀히 복구한 뒤 7월 3일 새벽 전차 4대를 한강 이남으로 도강시키는데 성공했다. 이때부터 노량진과 영등포 일대가 적에게 함락됐고 김홍일 소장은 어쩔 수 없이 한강방어선에서 국군병력을 철수시킬 수밖에 없었다. 안타까운 일이었지만 하여튼 한강선 방어 지연전으로 인해 인민군은 한강 방어선–시흥지구에서 며칠을 더 지체하게 됐고, 그 시간 동안 후방의 부대는 재편을 하며 미국 군대의 증원을 기다릴 수 있었다.

제5장

미군과 유엔군의 참전

1950년 6월 25일 오전 9시 : 무초대사, 도쿄와 워싱턴에 전쟁 발발 보고

1950년 6월 25일 오후 : 도쿄의 덜레스 특사가 미국 개입 필요 주장

1950년 6월 27일 (현지시각) : 유엔 한국 전쟁 참전 결의

1950년 6월 29일 : 맥아더, 한반도 전선 시찰, 지상군 투입 건의

1950년 6월 30일 (현지시각) : 트루먼, 미 지상군 투입 승인

1950년 7월 1일 : 스미스 부대 부산 상륙

1950년 7월 5일 : 미군과 북한군의 최초 교전, 미군의 패배

1950년 7월 14일 : 이승만, 한국군 작전권을 미군에 넘김

1950년 7월 15일 : 금강 방어선 돌파

미국, 전쟁 발발 소식을 듣다

이탈리아계 미국 외교관 존 무초(1900-1989)는 1948년 8월 17일, 대한민국 정부가 수립된 직후에 한국 주재 미국 최고대표로 입국했다. 그런 뒤 1949년 4월 7일에 초대 주한 미국대사로 임명됐고, 1952년까지 한국에 머물렀다. 그가 6.25 남침전쟁의 소용돌이에 휘말리게 된 건 6월 25일 오전 8시, 부영사인 에버렛 프랜시스 드럼라이트로부터 걸려온 전화를 받으면서였다. 이때부터 무초는 한반도의 긴급한 상황을 지속적으로 동경과 미국 본토에 알리며 한반도와 일본, 미국을 잇는 정보 루트 역할을 하게 됐다.

그런 한편 무초는 전쟁 발발 직후부터 미 군사고문단으로부터 전해지는 첩보를 경무대의 이승만에게 지속적으로 전달해주는 역할도 하게 됐다. 조언도 아끼지 않았다. 특히 이승만 대통령이 남쪽으로 몸을 피해야 한다는 신성모의 제안을 들었을 때도 무초는 극구 만류했다. '아직 전방에서 한국군이 대대 단위로 항복한 경우는 없었습니다. 결사 항전하고 있는 것입니다. 함께 버티세요.' 그러나 결국 6월 27일 새벽 이승만은 특별열차를 타고 남으로 내려갔다. 무초에게는 차마 알리지도 못했다. 무초는 뒤늦게 그 소식을 듣고 실망감과 분노를 감추지 못했다.

미국 워싱턴에 한반도의 전쟁 소식을 전하던 또 하나의 루트는 도쿄의 맥아더 사령부였다. 한국과 일본 시각으로는 6월 25일 오후 늦은 시각, 도쿄의 맥아더 사령부에 가 있던 덜레스는 미국 정부에 '지금 당장 한반도에 미국이 개입해야 한다'는 보고를 올렸다. 폰 포스트 덜레스는 국무장관의 고문이자 대통령 특사로 대일강화 조약의 체결을 위해 일본에 파견되어 있던 차였다. 전쟁 발발 직전에는 한국을 방문해 38선을 시찰한 뒤 전쟁발발 가능성은 없다는 오판을 내렸던 인물이기도 했다. 그러나 전쟁이 발발했을 때 그의 판단은 신속하고 정확했다. '남한이 격멸되는 동안 만약 미국이 가만히 보고만 있는다면 이 전쟁은 세계대전으로 확산되는 재난의 시작이 될 것이다.' 그는 이렇게 생각하고 미국 정부에 개입을 요청했던 것이다.

미국 시각으로 6월 25일 오후, 그러니까 전쟁이 발발한 지 하루가 지나가고 있을 무렵 트루먼이 주말 일정을 마치고 워싱턴으로 돌아왔다. 그러나 트루먼과 트루먼 행정부의 고위관료, 그리고 미국 군부는 그때 이미 마음의 준비가 되어 있었다. 그들이 볼 때 북한의 전면적인 남침은 전적으로 '한 나라가 다른 나라를 불법적으로 침략한 것'이었다. 게다가 트루먼에게 있어서 무엇보다도 북한의 남침은 '공산주의의 도발'이라는 점이 중요했다.

트루먼은 그 당시 외교 문제로 인해 큰 압박감을 느끼고 있었다. 의회의 트루먼 반대파들은 '누가 중국을 잃어버렸는가'라는 문제로 트루먼의 민주당 행정부를 비판해왔다. 미국이 중국에서 철수하며 방관하는 바람에 중국이 공산화됐다는 비난이었다. 그런 마당에 만일 한반도에서 벌어진 전쟁을 방관한다면 이번에는 '누가 한국을 잃어버렸는가'라며 공격해올 것이 자명했다. 트루먼은 그런 비난의 대상이 될 생각은 손톱만큼도 없었다. 비록 제 2차 세계대전이 끝난 뒤라 여야를 막론하고 모두 군비축소를 소리높이고 있는 상황이긴 했다. 경제정상화에 대한 요구도 컸다. 그러나 이런 국내적인 상황 때문에 북한의 도발을 묵인한다면 공산주의의 도발이 도미노처럼 일어날 것은 분명했다. 트루먼은 대학을 나오지는 않았지만 공부가 짧지는 않았다. 그의 독서 이력은 광범위했고 역사에 대해 해박했다. 그랬기에 공산주의자들의 도발을 지금 당장 강경하게 막아내지 않으면 그 결과가 어떻게 될지 잘 알고 있었다.

그가 한반도에서 전쟁이 일어나지 않으리라 믿었던 것은 북한의 배후에 소련이 있다고 확신했기 때문이었다. 그 때문에 전쟁이 발발했을 때도 남침의 배후에는 소련이 있다고 확신했다. 사실 전쟁을 원한 것은 김일성이었고 소련의 스탈린은 이를 이용하며 승낙하고 조정한 것이었지만, 당시 미국 정부의 입장에서 볼 때 북한의 남침은 명백히 소련의 도발이었다.

가만 놓아두면 장제스가 있는 대만이나 중동지역까지 먹어 들어가려 할 것이 명백해 보였다. 실제로 소련이 그렇게 할 지 안할 지는 중요한 게 아니었다. 당장 미국이 전장에 뛰어들어 소련으로 하여금 다음 단계를 생각하지 못하게 만드는 것이 중요했다. 1년 전에 한국을 시찰하고 나서 한국은 전투를 치르기에 부적합한 곳이고 전략적 가치도 없는 곳이니 전투부대를 철수하자고 강력하게 주장했던 사람이 합참의장 브래들리였다. 그랬던 그조차 단호하게 말했다. '공산주의에 대항하는 의지를 소련에게 분명히 보여줘야 합니다.' 모두가 한마음이었다. 트루먼은 그에 대해 '정치적인 측면은 걱정하지 마시오. 내가 다 처리하겠소.' 이렇게 답했다. 그리고 트루먼은 자신의 말대로 유엔과 의회를 설득하는 모든 과정을 직접 지휘해서 처리했다.

트루먼은 일단 공군을 먼저 투입하라고 명령했다. 탈출하는 미국인들을 보호하기 위해서는 한반도의 제공권부터 장악해야 했기 때문이었다. 그런 다음 맥아더에게 정찰대를 보내 상황을 판단하라고 지시했다. 대만의 장제스에게는 중국 본토와의 분쟁을 자제하라고 통보했다. 소련의 추가적인 도발을 막기 위한 예비조치였다. 그리고 필리핀과 인도차이나에는 무기와 장비, 물자를 지원하기로 했다. 이들 나라들도 공산화의 위협에 직면해 있었기 때문이었다.

트루먼의 연락을 받은 장제스는 매우 신속하게 전쟁에 참전하겠다는 의사를 밝혀왔다. 장제스의 생각은 명확했다. '한반도에서 벌어진 전쟁에 참전하자. 그래서 중국을 끌어들이자. 그렇게 되면 미국과 중국이 싸우게 된다. 일종의 대리전이다. 그런 과정을 통해 미국이 마오쩌둥의 중국 공산당 정부를 격파하게 한 뒤 중국 본토를 다시 회복하자.' 그런 복안이었다. 미국의 애치슨 국무장관이 그런 장제스의 속셈을 눈치챘다. 그는 장제스의 무능한 군대와 마오쩌둥의 공산당 군대를 또다시 싸우게 하는 일은 이제 피하고 싶었다. 그리고 소련의 도발에 대해 강력하게 대응하겠다고 결심했지만 전쟁을 확대시키고 싶지는 않았다. 한마디로 중국을 끌어들이고 싶지 않았던 것이다.

트루먼의 머릿속이 복잡해졌다. 친중파이자 트루먼의 반대자들은 장제스의 대만군대를 한반도에 투입하자고 했다. 미국의 손실을 최대한 줄이면서 공산주의의 확산을 막자는 거였다. 트루먼은 거기에 휘둘리고 싶지 않았다. 단견이었다. 미국의 손실을 줄이자는 짧은 생각이 장차 전쟁에 중국을 끌어들이게 될 게 뻔했던 것이다. 게다가 인도차이나도 골치 아팠다. 베트남과 라오스, 캄보디아의 토착 공산주의 세력들은 프랑스와 반제국주의 전쟁을 벌이고 있었다. 이 상태로 가다보면 세 나라 모두 공산화될 판이었다. 하지만 트루먼은 그런 복잡한 상황 속에서도 '미군의 전투 부대 투입'만은 하고 싶지 않았다. 오랜 미국의 정치적 관행이자 정책적인 유산인 '불간섭주의'를 지키고 싶었다. 그러나 상황은 계속 악화되고 있었다. 공군과 해군만을 지원하는 것으로는 한반도에서의 전쟁이 해결될 수 없을 것은 분명했다. 그런 고민 끝에 트루먼은 일단 맥아더에게 한국에 가서 직접 한반도의 상황을 확인하고 오라고 지시했던 거였다. 그의 판단을 듣고 최종결정을 내릴 작정이었다.

미국의 참전 결정

트루먼의 지시를 받은 맥아더는 6월 29일 우선 동경에서 비행기를 타고 한반도 전선을 시찰한 뒤 수원비행장에 내려 이승만과 총참모장 채병덕을 만났다. 맥아더가 채병덕을 만나자마자 물었다. '한강선을 어떤 작전으로 막을 계획입니까?' 채병덕은 우물쭈물 답을 못하다가 200만 남한 청년들을 모두 동원해서라도 막겠다고 간신히 답했다. 맥아더는 의례적으로 채병덕에게 칭찬의 말을 건넸지만, 이승만과 따로 독대하는 자리에서 채병덕을 갈아치우라고 요청했다. 채병덕은 그 다음날인 6월 30일 육군총참모장에서 해임되어 경남지구 편성군 사령관으로 좌천됐다. 그 후임으로는 미국에서 교육을 받다가 급히 귀국한 정일권이 임명됐다.

맥아더가 직접 본 전황은 매우 다급했다. 일본에 돌아갈 때까지 기다릴 시간마저 없었다. 맥아더는 일본으로 돌아가는 전용수송기 바탄(Bataan)에 올라타자마자 트루먼에게 올릴 보고서를 만들었다. '미군이 즉각 개입해야 합니다. 전투부대의 투입이 화급합니다'. 그 무렵 주한미국대사 무초도 국무장관 애치슨에게 남한의 상황이 절망적이라는 보고를 올렸다. 어느 루트에서 올라오는 보고를 보더라도 한반도의 전황은 매우 급박했다.

결국 워싱턴 시각으로 새벽 3시경 동경에 있는 맥아더와 워싱턴의 국무부 극동담당 차관보 딘 러스크, 육군 참모총장 조 콜린스가 원격회의를 열었다. 원거리 전화선을 따라 맥아더의 보고가 울려 퍼졌다. "지상군을 투입해야 합니다. 공군과 해군의 지원만으로는 효과를 거둘 수 없습니다. 즉각 연대급 부대 이상을 투입하고 일본에 주둔해 있는 병력 중에서 2개 사단을 차출해 투입해야 합니다." 하지만 딘 러스크와 조 콜린스는 자신들에게 병력 투입을 결정지을 권한이 없다며 머뭇거렸다. 맥아더가 목소리를 높였다. "내가 참모총장일 때는 대통령도 불러서 의논할 수 있었습니다." 결국 콜린스는 페이스 육군장관과 급히 연락을 취했고, 페이스 장관이 새벽에 일찍 트루먼을 찾아갔다. 트루먼은 페이스 장관의 보고가 올라왔을 때 이미 마음을 정해놓고 있었다. 다른 방법이 없었던 것이다. 6월 30일 새벽 5시, 결국 트루먼은 미 지상군의 투입을 최종적으로 승인했다.

한편 유엔의 승인은 이미 내려져 있었다. 트루먼은 한반도에서 전쟁이 터졌다는 사실을 보고받자마자 유엔 안전보장 이사회에 무력사용의 의결을 요청해놓았다. 그리고 유엔은 6월 27일 신속하게 참전을 승인했다. 이로서 미국은 유엔의 깃발 아래서 싸울 수 있게 됐다. 다행이었던 것은 의결을 반대할 권한이 있었던 소련이 안보리에 오랫동안 불참하던 중이었다는 점이다. 소련은 중국 국민당 정부가 대만으로 쫓겨갔고 중국 본토에는 엄연히 중화인민공화국이 세워졌는데도 여전히 대만의 국민당 정부가 안전보장이사회에 소속되어 있는 것에 대한 항의로 안보리에 불참하고 있었던 것이다. 대한민국으로서는 천운이었다.

미국의 참전을 원한 스탈린

그러나 여전히 의문은 남는다. 아무리 항의의 표시로 소련이 이사회에 불참해왔다고는 해도, 소련이 안보리의 유엔군 참전 결의를 막으려고만 했다면 충분히 막을 수 있었다. 소련대사 야콥 말리크가 표결에 참석해서 거부권을 행사하기만 했다면 충분히 유엔군과 미군의 참전을 막을 수 있었던 것이다. 게다가 당시 말리크는 뉴욕에 체류하고 있었다. 전쟁이 벌어진 6월 27일 경에도 유엔 사무총장과 미국 대사 등과 함께 점심회동을 가졌다. 그럼에도 유엔사무총장이 '소련의 국익을 위해서라도 유엔 안보리 의결에 참석하는 것이 어떠냐'고 권했을 때 말리크는 단호히 거절했다. '가지 않겠다'. 말리크는 이미 스탈린의 지시를 받아놓고 있었던 것이다. 유엔의 상황이 긴박하게 돌아가자 말리크는 모스크바에 참석여부를 물어본 바 있었는데, 그때 스탈린이 전화로 내린 지시는 '불참'이었다. 스탈린은 소련이 유엔 안보리의 결의에 참석하는 것 자체를 원치 않았었다는 얘기다.

그로부터 몇 달 뒤인 8월에 체코슬로바키아의 고트발트 대통령이 이 사안에 대해 스탈린에게 질문했다. "왜 소련은 이사회에 불참했는가". 이에 대해 스탈린은 프라하 주재 소련 대사에게 편지를 보내 답을 전하게 했다. "우리가 안보리에 불참한 이후 미국은 한국에 군사적으로 개입하게 됐다. 그로 인해 미국은 군사적인 명성과 도덕적인 권위 모두를 상당부분 잃게 됐다. 국제사회는 미국이 한국에서 침략자, 또는 폭군의 역할을 하고 있다고 생각하게 됐다. 또한 미국의 군사력이 생각보다 그렇게 강력하지 않다는 것도 국제사회에서는 알게 됐다. 더군다나 미국이 극동아시아의 한반도에 끌려들어감으로 인해 유럽에 대해서는 신경을 쓸 여유가 없게 됐다. 이와 같은 사실은 세계의 세력균형을 따져보았을 때 우리에게 득이 되는 것이다. 의심할 바 없이 그렇다. 미국 정부가 한반도의 전쟁에 계속 묶여 있게 되고, 그 전쟁에 중국이 참전한다고 생각해보라. 무슨 일이 생길 것 같은가? 우선 첫째, 미국은 방대한 병력을 보유한 중국과 싸워 이길 수 없을 것이다. 따라서 미국은 이 전쟁으로 인해 전선을 지나치게 넓히게 될 것이고 상당한 병력과 물자를 쏟아 붓게 될 것이다. 둘째, 그렇게 되면 미국은 당분간은 제 3차 세계대전을 일으킬 수 없을 것이다. 얼마나 오래 걸릴지는 모르지만 제 3차 세계대전은 연기될 것이고, 그러는 동안 유럽에서는 사회주의를 강화하는 시간을 확보하게 될 것이다. 더구나 미국과 중국의 대결로 인해 극동지역 전체에 혁명의 바람이 일어날 것이다. 이런 모든 요소들을 고려해보면 미국의 한반도 전쟁 참전은 세계의 세력 균형이라는 차원에서 볼 때 우리에게 매우 유리하다. 그렇기 때문에 소련이 안보리에 참여했느냐 안했느냐의 여부는 피상적으로 보는 것처럼 그렇게 간단한 문제는 아닌 것이다."

체코 대통령에게 전한 이 편지를 통해 스탈린의 속셈은 다 드러난 셈이었다. 미국을 전쟁에 끌어들인 것은 스탈린의 계획에 따른 것이었다. 스탈린은 애초부터 김일성이 원한 대로 빨리 전쟁을 끝낼 생각이 없었던 것이다.

3일의 수수께끼

스탈린은 미국의 참전을 충분히 예측했고 오히려 방조했다. 사실 미국과 소련은 그 이전까지 미묘한 수싸움을 벌이고 있었다. 먼저 미국이 수를 썼다. 장제스를 사실상 포기하면서 중국에서 발을 뺀 미국은 애치슨 선언을 통해 대만을 미국의 주둔방어선에서 제외시켰다. 그러면서 미국은 중국 공산당 정부가 대만과 통일을 이루려한다면 미국은 그에 대해 방해할 의도가 없다는 것을 은근히 암시했다. 마오쩌둥의 중국 공산당 정부와 친교관계를 만들고자 했던 것이다. 이런 미국의 중소분열책에 대해 스탈린은 매우 분노했다. 하지만 충분히 예측하고 있었다. 스탈린은 마오쩌둥이 미국과 소련 양쪽과 각각 외교관계를 맺고 양다리를 걸칠 것이라는 점을 예상하고 있었다. 그래서 스탈린은 김일성에게 전쟁을 승인해주면서 '중국이 도와준다고 약속한다면'이라는 단서를 붙였던 것이다. 스탈린은 거기서 한발 더 나아갔다. 소련이 안보리에 불참함으로써 미국이 참전할 수 있게 길을 터주었는데, 이는 한반도의 전쟁에서 미국과 중국이 맞붙게 하려는 것이었다. 스탈린이 체코 대통령에게 편지를 전한 시점은 한반도에서 낙동강 전선으로 북한군의 총공세가 이루어지던 때였다. 이 점을 감안하면 스탈린은 북한의 공격 실패와 미국의 반격, 그리고 뒤이은 중국의 참전 등을 모두 예측하고 있었다는 걸 알 수 있다.

스탈린의 이런 구상을 뒷받침하는 또 다른 정황 증거가 있다. 북한이 서울에서 별다른 이유 없이 사흘이라는 시간을 지체했는데, 바로 그 3일의 수수께끼 뒤에 스탈린의 의도가 숨겨져 있었다. 조금 자세히 살펴보자. 6월 28일 서울이 함락되면서 대한민국 국군은 한강 이남으로 후퇴해 간신히 한강방어선을 꾸렸다. 후퇴할 때 편제도 갖추지 못한 채 우왕좌왕 나룻배로 한강을 건너거나 헤엄쳐서 건너온 병력들을 간신히 끌어 모아 혼성사단을 꾸려 배치했던 게 한강방어선이었다. 그럼에도 의외로 북한군은 서울 점령 후 진군을 서두르지 않았다. 별다른 교전을 시도하지 않고 사흘을 흘려보낸 거였다. 북한군이 의지만 있었다면 남아있는 한강 다리를 건너 충분히 진격할 수 있는 상황이었다. 그러나 김일성은 멈췄다. 왜 그랬을까.

한 가지 이유는 남한 내 남로당과 좌익세력의 봉기를 기다리기 위해서였다. 수도가 함락되었다는 소식이 남한 전체에 전해지면 30만의 남로당 세력이 들고 일어날 것이고, 그렇게 되면 손쉽게 전쟁을 끝낼 수 있다는 김일성과 박헌영의 계산 때문이었다. 그런데 여기에 한 가지 더 큰 이유가 있었다. 나중에 전쟁이 끝난 뒤 김일성은 이 때를 회고하며 스탈린을 원망했다. 어떤 맥락이었을까. 당시 북한군 수뇌부는 미군의 참전여부에 촉각을 곤두세우고 있었다. 북한 인민군의 전력으로 볼 때 미국과 싸우는 것은 무척 부담스러웠다. 미국이 참전하기 전에 최대한 남쪽으로 치고 내려가야 했다. 그래서 미국이 '참전하기에는 너무 늦었다' 이렇게 판단할 수 있을 만큼 전쟁을 확실하게 기울게 만들어야 했다. 하지만 3일간의 치열한 전투를 치르고 나서 보니 그 당시 인민군이 가지고 있던 장비와 무기로는 계속 전진하기 힘들었다. 소련으로부터의 무기와 장비, 물자의 지원이 절실한 상황이었다. 그러나 소련은 감감무소식이었다. 지원하겠다던 무기와 장비는 도착하지 않았다. 그래서 북한의 인민군은 수도 서울을 함락시켜 놓고도 황금 같은 3일을 소련의 지원을 기다리며 날려버리게 됐던 것이다.

이런 정황을 고려해보면 6.25 남침전쟁을 둘러싼 스탈린의 의도가 분명해진다. 스탈린은 북한에 의한 한반도의 적화통일을 원했던 것이 아니었다. 그보다 훨씬 잔인한 의도가 숨겨져 있었다. 스탈린은 미국이 참전해서 북한인민군과 앞으로 참전할 중국공산군을 상대하며 진을 빼길 원했다. 소모전을 원했던 것이다. 그랬기에 이후 북한인민군이 남진하는 과정에서도 스탈린은 계속 소련고문단을 통해 진격속도를 조절하며 북한이 단박에 승리하지 못하도록 유도했다. 게다가 스탈린의 지시를 받은 소련 고문단은 북한군의 주력 중에서도 최정예 주력인 북한군 제 6사단을 떼어내 호남으로 우회시켜 버렸다. 이로 인해 북한군은 대한민국의 마지막 보루였던 낙동강 방어선을 일격에 뚫어내지 못했고 시간을 질질 끌게 됐다. 이런 스탈린의 세계 전략에 따른 진격속도조절은 대한민국으로서는 불행 중 다행이었다. 미군과 유엔군이 개입할 시간과 흩어진 국군을 추스를 시간을 얻을 수 있었기 때문이었다.

미군의 상륙과 패배

인민군이 서울에서 3일을 소모하는 동안, 7월 1일 미군 최초로 제 24사단 21연대가 부산에 상륙했다. 대대장 찰스 스미스 중령의 이름을 따서 스미스 특임부대(Task Force Smith)라고 불리는 부대였다. 스미스 중령이 한반도로 건너오면서 한국 군정장관 출신인 24사단장 딘 소장에게 하달 받은 작전 명령은 다음과 같았다. '부산에 도착하면 대전으로 진격하라. 가능한 부산에서 멀리 떨어진 북쪽에서부터 적을 막으며 지연시켜라. 그렇게 지연작전을 펴면서 주요 도로를 차단하고 기다리다 증파되어 올라갈 처치 장군을 만나라.' 이런 임무를 띠고 스미스 부대는 작전을 시작했다.

문제는 장비와 보급이었다. 스미스부대는 2개 중대 406명 규모였고, 장병 한명 당 M1 실탄 120발과 전투식량 이틀치를 갖고 있었다. 이 정도 장비와 물자는 전투를 치르기에 충분한 수준은 아니었다. 그러나 스미스 중

스미스 부대가 한국에 도착하는 장면. 스스로 세계 최강이라고 자부하며 북한군을 우습게 보았던 미군은 준비가 안 된 상황에서 쓰디쓴 패배를 맛 보아야 했다.

령은 작전 시작을 명령했다. 그는 북한군이 세계 최강의 미군 부대를 보면 알아서 내뺄 것이라는 오만한 생각을 갖고 있었다.

그런 판단에 따라 스미스 부대는 빠르게 북진한 뒤 평택과 안성에 각 1개 중대씩을 배치했다. 그런 뒤 평택에 대대지휘소를 설치하고 북한군을 맞을 준비를 했다. 한강방어선에서 사흘간을 지체한 북한인민군은 7월 3일 한강을 넘어 남하를 시작했고 마침내 7월 5일 오산 죽미령에서 미군과 처음 마주쳐 교전을 벌였다.

오전 8시가 되자 북한군의 전차 대열이 미군병사들을 향해 다가왔다. 스미스부대의 전방관측 장교는 후방 포병 진지에 엄호사격을 요청했다. 오전 8시 18분, 후방에 있던 2문의 포에서 두 발의 고폭탄을 쏘아 올렸다. 그렇게 사거리 조정을 마친 포 진지에서는 계속해서 북한군 전차를 향해 포탄을 쏟아 부었다. 그러나 놀랍게도 북한군 전차는 멈추지 않았다. 북한군의 전차는 소련제 T-34전차로 신형이었다. 3.5인치 로켓트포가 아니면 무력화시킬 수 없는 전차였다. 스미스 부대가 보유하고 있는 각종 포들로는 잡을 수 없는 전차였던 것이다. 어느새 북한군 전차가 700야드 거리 내로 진입했다. 스미스 중령이 75미리 무반동총과 바주카포 사격명령을 내렸다. 무반동총과 대전차 바주카포 사격은 약간 효과가 있었다. 북한군 전차 2대가 전진을 멈췄고 승무원 3명이 밖으로 빠져나오다 사살됐던 것이다. 그러나 북한군 전차는 2대만 있는 게 아니었다. 후진에 있던 북한군 전차는 계속 전진해왔다. 1차 교전은 그렇게 끝날 수밖에 없었다.

이 1차 교전으로 스미스 부대는 충분한 화력의 대전차 무기를 갖추지 못했다는 사실이 명확히 드러났다. 폭우가 쏟아지는 가운데 자신감을 얻은 북한 인민군은 전차를 중앙에 배치하고 긴 보병행렬을 이끌고 다시 나타났다. 접전이 시작됐다. 3시간 가량의 교전 끝에 결국 스미스 부대의 탄약이 모두 소진되어 버렸다. 스미스 중령은 급히 철수를 명령했지만, 패닉 상태에 빠진 부대원들에게 이 철수명령이 제대로 전달되지 않았다. 일부 중상자들을 버려두고 후퇴할 수밖에 없었다. 참패였다. 406명의 부대원 중 150명이 전사했고, 72명이 포로로 사로잡혔다. 미군의 전투 장비 대부분은 북한군의 손에 넘어갔다. 그렇게 스미스 부대의 오산 전투는 처참한 패배로 끝나고 말았다.

스미스 부대의 패전 이후 대전에서는 미 제 24사단 본대가 북한군과 맞부딪쳤다. 오산 전투때보다는 좀 더 나은 결과를 기대했지만 북한군의 전력은 상상 이상이었다. 오산 전투와 똑같은 전철을 밟으며 미 제 24사단 본대는 패퇴해야 했다. 사단장 딘 소장은 긴급히 후퇴명령을 내렸다. 그 결과 병력의 1/3이 전사하거나 포로가 됐다. 엄청난 전투 장비 역시 속절없이 남겨두고 후퇴할 수밖에 없었다.

게다가 후퇴 과정에서 어처구니 없는 일이 벌어졌다. 사단장이었던 딘 소장이 탄 지프가 어두운 밤에 길을 잃어 낙오해버린 것이었다. 딘 소장의 지프는 호남 방향으로 가다 무주 진안 근처를 헤매다 실종됐다. 한 달 정도 후 인민군이 그 근방을 점령했을 때, 한두규라는 사람이 딘 소장을 춰

넝쿨로 묶어 인민군에게 넘겼다. 미군을 잡아가면 반동분자로 처벌받는 것을 피할 수 있을 거라는 생각 때문이었다. 이로 인해 딘 소장은 전쟁이 끝날 때까지 포로 생활을 해야 했다. 붙잡힌 딘 소장은 첩보를 누설하지 않기 위해 계급을 숨겨야 했다. 그래서 아주 뒤늦게야 그의 진짜 계급이 밝혀졌다. 그 덕에 딘 소장을 북한군에 넘긴 한두규는 김일성 최고훈장을 받았지만, 전쟁이 끝날 때가지 월북하지 않고 있다가 대한민국 정부에 의해 불법체포죄로 실형을 선고받았다. 3년간의 포로생활을 마치고 생환된 딘 소장이 대한민국 정부에 한두규의 감형을 탄원해줬다는 후일담도 전해진다.

더 아이러니칼한 것은 윌리엄 딘이 제 2차 세계대전 당시 "전투에서 가장 치욕스러운 것은 적에게 포로로 잡히는 것이다."라는 원칙으로 유명한 지휘관이었다는 점이다. 그런 그가 6.25 남침전쟁에 참전해 첫 전투에서 포로가 되었으니 그의 군 생활에서 쓰디 쓴 기억이 되었을 것이다. 그만큼 개전 초기 참전했던 미군은 북한인민군을 몰랐고 얕봤다. 거꾸로 북한인민군은 6.25 남침전쟁을 일으켰을 당시 미군을 격퇴하며 진격할 정도로 상당히 준비된 전투병력이었고 무기도 잘 갖춰져 있었다.

그러나 한국 전선에 최초로 투입된 미 제 24사단의 공은 컸다. 북한인민군의 주력 3개 사단을 맞아서 치열하게 전투를 벌임으로써 이후 추가 병력이 파병될 때까지의 귀중한 시간을 확보해주었기 때문이었다. 제 24사단의 긴급투입이 없었다면 파죽지세의 북한인민군은 대한민국 최후의 방어선이었던 낙동강 방어선이 구축되기도 전에 전쟁을 종결지었을지도 모를 일이었다. 1953년 9월 4일 판문점을 통해 송환된 딘 소장은 이후 중장으로 진급해 제 6군단장을 끝으로 예편했고, 미 의회는 그에게 미 육군 최고 훈장을 수여했다.

미군에게 작전권을 넘기다

사실 그 당시 일본에 주둔해 있었던 미군은 전쟁 준비가 거의 안 되어 있는 상태였다. 일본 주둔 미군은 이미 제 2차 세계대전 당시의 용맹함을 잃어버리고 있었고 점령지 관리를 위한 부대들로 축소 편제되어 있었다. 당연히 훈련량도 절대 부족했다. 당시 미 8군은 제 1기병사단, 제 7사단, 제 24사단, 제 25사단으로 구성되어 있었는데 그나마 그 중 전투력이 가장 좋다고 평가됐던 게 제 24사단이었다. 그 중 한 개 대대를 스미스 특임대로 편성하여 1950년 6월 30일 전격 투입한 것이었는데, 앞에서 본 것처럼 처참한 패배를 맛보고 말았다. 미군 역시 전쟁 초기 한국군이 그랬던 것처럼 적의 전력을 거의 알지 못했던 것이다. 그래서 강력한 적을 마주했을 때 절대 하지 말아야 할 축차투입을 하면서 부대 전체가 궤멸되고 말았다.

1948년 일본 주둔 미 8군 사령관으로 부임했던 워커 장군은 1950년 7월 13일 대구 사령부로 부임해왔다. 초전에 심각한 패배를 보고받은 워커는 일단 전열을 가다듬기 위해 진격작전을 멈췄다. 일본에는 한국에 투입할 부대가 남아 있었지만, 이 부대들은 아직 전쟁을 수행할 수 있는 완전편제(완편) 상태가 아니었다. 증원을 위한 시간이 필요했다. 때문에 워커는 최대한 북한의 진격을 지연시키면서 시간을 벌어야 했다.

그런 와중에 7월 14일 한국군의 작전권이 워커에게 위임됐다. 그건 이승만의 뜻이었다. 전쟁이 일어난 지 한 달도 채 안 지났지만 이미 한국군은 70퍼센트에 가까운 병력을 잃어버린 상황이었다. 궤멸에 가까웠다. 이승만은 이에 신성모 국방장관과 새롭게 삼군총사령관 및 육군참모총장으로 임명된 정일권과 함께 숙고한 뒤 무초 주한 미 대사와 맥아더에게 서신을 보내 한국군의 작전권을 위임하겠다고 전했다. 앞으로 유엔군이 주력이 될 수밖에 없는 이상 그들에게 작전권을 넘겨 주고 한국군은 그 지휘하에서 싸우는 것이 맞겠다는 판단이었다.

워커는 이제 총사령관의 입장에서 전선의 상황에 대해 숙고해야 했다. 그 결과 8월 말이 되어야 미군 및 유엔군의 증원이 충분히 완료되어 반격에 나설 수 있을 것이라는 판단을 내렸다. 그건 지금 상태로 1개월 이상을 버텨내야 한다는 것을 의미했다. 문제는 전선을 고착화시키기 힘들 만큼 북한 인민군의 공세가 거세다는 점이었다. 7월 15일에는 금강방어선마저 북한군에게 우회돌파 당했고 아군은 소백산맥을 넘어 후퇴할 수밖에 없는 처지였다. 후퇴는 필연적이었다. 문제는 어디까지 밀려나는가 였다.

제6장

낙동강에서의 치열한 결전

1950년 6월 28일 : 북한군 서울 점령, 서울대 병원 학살

1950년 7월 6일 : 동락리 전투

1950년 7월 15일 : 금강 전선 돌파

1950년 7월 17일 : 화령장 전투

1950년 7월 하순 : 소백 산맥 돌파

1950년 7월 31일 : 우회한 북한군, 진주 점령

1950년 8월 1일 : 낙동강 전선 형성

1950년 8월 10일 : 학도병들의 포항 사수 전투

1950년 8월 중순 : 다부동 혈투

1950년 9월 : 이른바 '9월 위기' 미 해병1여단의 반격 성공

서울대 병원 학살사건

6월 28일 아침, 서울로 진격해 들어온 약 200여 명의 인민군이 서울대 병원으로 향했다. 전쟁 발발 3일 만에 수도가 함락된 것이라 환자들은 후송되지 못한 상태였고 국군 1개 경비 소대만이 병원을 지키고 있었다. 경비소대는 투항 대신 저항을 선택했지만 결국 총격전에서 대부분 전사하고 말았다. 병실에는 3일간의 전투에서 부상당한 국군 부상자와 민간인들이 고통과 신음 속에 뒤섞여 있었다. 병실과 침대가 부족해 바닥에 누워있는 환자도 많았다.

그런 서울대 병원에 들이닥친 북한인민군들은 그야말로 천인공노할 만행을 저질렀다. 병실 침대와 바닥에 누워 신음하던 국군 부상자들을 닥치는 대로 학살하기 시작했던 것이다. 군인만이 아니었다. 민간인 환자들도 가리지 않고 닥치는 대로 죽였다. 나중에는 일일이 병실마다 찾아다니며 죽이는 게 귀찮아졌던지 환자들을 한곳에 몰아놓고 총을 난사했다. 총검 달린 소총을 지닌 병사들은 병실마다 돌아다니며 아직 숨이 붙어있는 사람들을 다시 한 번 찔러 죽였다. 무려 세 시간에 걸친 광란의 살인극이었다. 그런 뒤에도 다시 병원을 뒤져 생존한 군인 및 민간인 환자들을 찾아내 집합시킨 뒤 확인사살을 했다.

오전의 학살극이 전부가 아니었다. 오후에 다시 한 번 색출작업이 벌어졌다. 마지막 남은 단 한명의 생존자까지 찾아내어 죽였다. 그렇게 '청소'된 병실과 침대에 인민군 환자들이 들어와 누웠다. 시체를 채 치우지도 않은 채였다. 나중에 시체 썩는 냄새가 나자 그제서야 시체들을 쓰레기 모으듯 모아 태워버렸다. 그렇게 죽은 군인 및 민간인들의 수는 수백 명이 넘었다.

그런 다음 북한인민군은 점령한 서울에서 반동 색출 및 선무공작을 시작했다. 아이들에게는 공산주의 구호를 가르쳐주고 따라하게 했다. 수시로 집회를 열고 인민재판을 벌였다. 청년을 보면 의용군 입대를 강권했고 얼마 안 있어 강제징집을 해갔다. 피난을 떠난 우익인사의 집을 털어 값나가는 모든 것을 가져갔다. 많은 사람들이 인민군 눈치를 보며 숨을 죽였다. 일부는 살기 위해 협조하는 사람도 있었다. 그런 와중에도 제 세상을 만난 듯 적극적으로 인민군을 환영하고 그들에게 협조하는 사람들도 있었다. 28일 북한인민군이 서울에 들어선 아침부터 '김일성 장군 만세'라는 깃발을 들고 환영하는 사람들이 나타났다. 이들 중 일부는 서울대 병원 국군학살사건 때 '처리'해야 할 군인의 신상정보를 전달하기도 했다. 박헌영의 '20만' 동조세력이 들고 일어설 것이라는 호언장담이 전혀 뜬금없는 이야기는 아니었던 것이다.

보도연맹사건

하지만 이로 인해 대한민국 정부 역시 조급한 마음에 해서는 안 될 실수를 저지르고 말았다. 1948년 12월 시행된 국가보안법에 따라 좌익 경력이 의심되는 사람들을 전향시켜 등록하도록 했던 보도연맹 소속 사람들을 북한인민군과 내통할 가능성이 크다는 이유로 집단학살해버렸던 것이다. 북한 인민군의 서울 점령시에 보도연맹 소속의 일부 인사들이 인민재판을 주도하며 우익인사들을 살해하는 일이 실제로 벌어지기는 했다. 보도연맹 명예간사장을 맡았던 정백이라는 인물이 대표적이었다. 그는 서울이 인민군의 손에 떨어지자 곧바로 다시 극좌로 돌아서서 우익인사들을 색출, 살해했다. 이런 일이 있자 대한민국 정부는 보도연맹 가입자들을 대상으로 남로당 활동이나 좌익활동의 정도에 따라 등급을 매기며 관리하게 됐는데, 그 과정에서 폭력과 고문이 가해졌다. 더 안타까운 것은 북한인민군의 빠른 진격으로 급히 후퇴해야 할 때 이들을 집단학살해버리는 과오를 저질렀다는 점이었다.

대한민국 정부는 국군이 후퇴하고 나면 전향했던 좌익들은 살아남기 위해 더욱 더 적극적으로 인민군에게 동조할 것이라 생각하고 이들을 '처리'하기로 결정했던 것이다. 문제는 보도연맹이 좌익경력이 의심되는 사람을 전향시켜 가입하게 한 반공단체였지만 공무원들이 실적을 위해 가입을 반강제적으로 강요하는 바람에 남로당과는 아무 관련 없는 사람들도 많이 등록되어 있었다는 점이다. 그랬기에 보도연맹원 학살로 희생당한 사람의 수는 6.25 남침전쟁 이전에 이념 대립으로 죽어간 사람의 수를 훨씬 뛰어넘는 규모였다. 피아를 구별할 수 없는 전쟁의 소용돌이와 그 속에서 살아남기 위한 자기보호 본능, 그리고 이념의 광기가 만들어낸 안타까운 비극이었다.

한편 보도연맹원들은 인민군들로부터도 외면당했다. 변절자로 간주되었기 때문이었다. 그래서 인민군이 의용군을 모집할 때도 18세 이상의 청년, 특히 빈농 출신을 끌어들였는데 이때 보도연맹 가입자나 남로당 변절자는 의무적으로 입대하도록 강요했다. 이렇게 모집된 의용군들은 대부분 총알받이로 쓰였으니, 보도연맹 가입자들은 남과 북 모두로부터 버림받은 시대의 희생양이었던 셈이다.

생존을 건 지연전_동락리 전투

대한민국 정부는 보도연맹 사건 같은 씻을 수 없는 과오를 저지를 만큼이

보도연맹원들을 가득 태운 트럭이 어디론가 가고 있다. 아마도 저들은 도착 직후 처형되었을 것이다. 당시의 대한민국 정부는 전쟁을 맞아 남한 지역의 좌익들이 봉기하는 것에 대해 엄청난 두려움을 안고 있었다. 그런 와중에 생겨난 무고한 인명 피해에 대해서 '이승만 정부의 범죄'라고 비난하기 이전에, 나라를 지키기 위해 생겨난 희생으로 기리는 게 마땅할 것이다.

나 다급했다. 인민군의 무력은 국군을 압도할 만큼 강력했다. 불과 사흘 동안 전선의 아군 병력 태반이 궤멸 당했다. 그런 마당에 후방의 이적 세력이 동조하여 일어나는 순간 신생 대한민국은 무너지는 것이나 마찬가지였다. 제주 4.3사건과 여순 반란 사건의 악몽이 트라우마처럼 뇌리에 남아있었다. 보도연맹 사건은 그런 급박한 상황에서 내린 '극약조치' 같은 것이었다.

그러나 그런 극약처방에도 불구하고 나라를 지켜낼 수 있을지는 아직 미지수였다. 미국의 주력부대가 도착하기까지는 너무 오랜 시간이 남아 있었다. 1950년의 7월은 오로지 그 시간을 확보하기 위해 국군과 미군 선발대가 필사적인 지연전을 펼친 시기였다. 한강선이 돌파된 7월 3일 이후로 서부전선에서는 방어선을 형성하기가 쉽지 않았다. 7월 4일에 수원마저 함락됐다. 비슷한 시기에 동해안에서는 원주가 함락됐다. 미 24사단이 투입되긴 했지만 북한군과 처음 마주친 미군은 교전에서 패퇴했고, 연달아 이어진 전투에서도 북한군을 얕본 대가를 톡톡히 치르며 뼈아픈 패배를 겪을 수밖에 없었다. 그러나 미 24사단은 그럼에도 평택부터 대전까지 축차적으로 방어선을 펼치며 인민군의 진격을 지연시켰다. 그들의 희생으로 그나마 간신히 시간을 끌 수 있었다.

목숨을 건 지연전을 펼친 것은 국군도 마찬가지였다. 당시 국군은 미군에 비해 장비가 부실했고, 개전 초기의 피해로 병력이 급격히 괴멸되어 있었다. 사단급 부대라고 해도 기껏해야 3천명에서 8천명 수준이었다. 그럼에도 불구하고 대한민국 국군은 미군에 못지않은 탁월한 전과를 올리며 북한군의 진격을 종종 지연시키곤 했다. 1950년 7월 6일에서 7일 사이 충북 음성 북쪽 외곽에서 벌어진 동락리 전투의 경우가 그랬다.

춘천에서 성공적인 전투를 벌이며 적을 사흘간 저지시켰던 제 6사단은 7월초 제 8사단에게 원주-제천간의 방어선을 인계하고 사령부를 충주로 옮기며 중부지역으로 내려왔다. 이 과정에서 제 6사단 7연대 병력에게 아직 방어선이 형성되지 않은 장호원 지역으로 진출하라는 명령이 내려졌다.

김종수 소령이 이끄는 제 6사단 7연대 2대대도 명령에 따라 이동하던 중이었다. 그렇게 이동하던 2대대는 어느 사찰에 모여 있던 피난민들과 만나게 됐다. 살던 마을에 인민군들이 들어오자 피난을 나온 사람들이었다. 그들 중 한 젊은 여성이 김종수 소령에게 항의했다. "국군을 태산같이 믿었다. 그런데 이게 무슨 꼴이냐. 아이들이 무슨 죄가 있어서 이런 고생을 해야 하나." 항의한 젊은 여성은 동락초등학교 교사 김재옥이었다. 두 달 전 충주사범학교를 졸업하고 6월에 동락초등학교 교사로 부임했는데 부임한 지 5일 만에 전쟁이 터진 것이었다. 이 여교사는 따끔한 질책과 함께 북한군에 관한 정보를 전해주었다. 북한군이 지금 동락리 마을에 들어와 있다고 했다.

김종수 소령이 고지에 올라가 망원경으로 적진을 살폈다. 동락초등학교 교정에 1개 연대 정도의 적 대부대가 모여 있었는데, 국군이 물러났다고 생각해서인지 아무런 경계 없이 무방비 상태로 휴식을 취하고 있었다.

절호의 기회였다. 하지만 병력이 대여섯 배 모자랐다. 중화기도 거의 없었다. 그러나 김종수 소령은 방심한 적을 일격에 제압하기로 결정했다. 저녁식사 무렵 작전이 시작됐다. 사격명령과 함께 2대대 300명의 총구에서 불꽃이 튀었다.

결과는 대승이었다. 날이 밝은 뒤 적진을 확인했다. 1,000여명을 사살했고 130여명의 포로를 붙잡았다. 북한군 제 15사단 48연대 병력이었다. 붙잡힌 포로들은 인근 무극리 주민들에게서 국군이 모두 철수했다는 이야기를 듣고 안심한 상태에서 쉬고 있었다고 전했다. 이 동락리 전투는 국군이 지상전에서 올린 최초의 승리였다. 게다가 이 전투에서 우리 군은 도망치는 북한군이 남겨둔 장비를 상당수 노획할 수 있었다. 여기서 노획된 장비들은 매우 중요했다. 대부분이 소련제 장비였기에 소련이 북한군을 지원했다는 확실한 증거가 되었기 때문이었다. 노획한 장비는 북한군이 버리고 간 소총 2천여 자루, 곡사포 6문, 포 54문, 장갑차 10대, 각종 차량 60대였다. 승전을 보고받은 이승만 대통령은 2연대 전 병력에게 1계급 특진이라는 포상을 내렸다.

이 동락리 전투는 그밖에도 여러 후일담을 남겼다. 이 전투에서 대패한 북한 인민군 제 15사단장 박성철은 패전의 책임을 지고 즉각 해임됐다. 하지만 10대 때부터 김일성이 이끄는 빨치산 부대를 따라다니며 그의 심복이 되었었던 까닭에 숙청되지는 않았고 훗날 다시 복권됐다. 그는 1971년 남북 대화 때 북측 대표단으로 남한을 방문해 박정희 대통령을 만나기도 했다.

그런 한편 동락리에서 대패를 당하고 간신히 도망쳤던 북한인민군 48연대의 민치구 중좌는 그날 밤 무극리로 넘어가 피난가지 못하고 있던 무극리 주민 전원을 남녀노소 할 것 없이 모두 학살해버렸다. 국군이 후퇴했다는 거짓 정보를 알려줘서 방심하게 만들었다는 이유에서였다. 인민을 해방시키기 위해 내려왔다는 북한군의 주장이 완벽한 허구였다는 점을 여실히 드러낸 만행이었다.

목숨을 건 지연전(2)_화령장 전투

소백산맥 일대의 지연전에서도 대한민국 국군의 빛나는 성과가 있었다. 화령장 전투였다. 7월 중순 북한군은 소백산맥 일대에서 국군의 방어선을 뚫기 위해 혈안이 돼 있었다. 그에 따라 북한군은 북한인민군 제 1사단과 제 15사단을 보은과 문경 사이의 빈틈으로 투입시켜 소백산맥을 돌파하려 했다. 이에 국군 제 8사단은 안동 북쪽에 있다 철수해서 그와 같은 북한군의 남하에 대비하고 있었다. 국군 제 17연대도 같은 작전을 수행하기 위해 보은에서 상주로 이어진 25번 도로를 따라 7월 17일 상주 화령장으로 이동했다.

그런데 선발대로 이동했던 제 17연대 1대대는 화령장에 도착한 17일 아침 주민들에게서 북한부대가 상주 방면으로 남하했다는 제보를 받았다. 이날 11시 무렵, 자전거를 타고 북쪽으로 이동 중인 북한군 전령을 생포하면서 주민들의 제보가 정확하다는 사실을 다시 한 번 확인했다. 북한군 1개 대대는 이미 남하했고, 북한군 후속부대가 곧 화령장에 도착하기로 되어 있는 상황이었다. 1대대는 곧바로 전투준비에 들어가 병력을 배치하고 화령장으로 들어올 적의 출현을 기다렸다. 오후 4시경 마침내 북한군 제 15사단 48연대가 나타났다. 국군이 매복해 있는 것을 눈치 채지 못한 북한군은 송계국민학교와 상곡리 일대에서 휴식을 취했다. 경계병도 제대로 배치하지 않은 채였다. 국군 제 17연대 1대대는 곧바로 기습공격에 들어갔다. 사살한 적만 700여 명에 달하는 대승을 거둘 수 있었다.

다음날인 18일 17연대의 수색조가 북한군 전령을 또 한명 생포해왔다. 북한군 45연대가 같은 경로로 이동해 온다는 첩보를 입수할 수 있었다. 이번에는 17연대 예하 2대대가 투입되어 매복에 들어갔다. 19일에 화령장에서 봉황산 동쪽 능선을 넘어 동관리 일대에 전력이 배치됐다. 당일 우마차로 보급물자를 운반하던 북한군 보급수송대가 포착됐다. 매복중이던 국군은 이를 곧바로 섬멸했다. 그리고 21일 마침내 북한군 15사단 예하 전투부대가 이 지역으로 또다시 진입해 들어왔다. 매복 중이던 아군은 이들을 기습 공격해 356명을 사살하고 26명을 생포했다. 소총과 박격포, 기관총 등 노획한 화기류만 2.5톤 차량 3대를 가득 채울 정도의 대승이었다.

이 화령장 전투의 성과는 놀라웠다. 이 전투의 패배로 북한군은 상주지역으로의 진출을 늦출 수밖에 없게 됐고, 이로 인해 아군은 낙동강방어에 6일이라는 시간적인 여유를 얻을 수 있었다. 전투를 승리로 이끈 제 17연대 전 장병들에게는 1계급 특진이 주어졌다.

부대의 재편

이렇게 7월 내내 아군은 지연전을 펼치는 한편 부대들을 재편하는 작업에 착수했다. 7월 7일 유엔안보리는 3차 결의를 통해 유엔군 사령부 설치를 결정했는데, 이 결정에 따라 일본에 주둔하고 있던 미 극동사령부(FEC: FAR EAST COMMAND)가 유엔군사령부의 기능을 겸하게 됐다. 그리고 7월 14일에는 워커 장군이 이끄는 미 제 8군 사령부가 정식으로 대구에 이전해 와서 유엔군 지상군을 지휘하게 됐다. 이날 이승만 대통령도 국군의 작전지휘권을 유엔군에 공식 인계했다. 순수하게 작전적인 관점에서 볼 때에도 지휘권을 통일할 경우의 이점이 컸다. 아울러 유엔군에 지휘권을 넘길 경우 미군으로부터 전투 장비를 보다 쉽게 얻을 수 있다는 점에서도 지휘권 이양은 불가피한 조치였다.

한국군의 재편도 있었다. 육군을 군단 체제로 재편해서 제 1군단과 제 2군단이 창설됐다. 이 당시 부대의 재편은 말처럼 쉬운 것이 아니었다. 6.25때에는 부대마다 요즘처럼 무선장비가 갖춰져 있지 못했다. 그렇다고 어느 한 지점을 정해 그곳에서 후퇴하는 병사들을 모두 모은 뒤 인원파악을 하고 부대를 재편성할 수 있는 것도 아니었다. 그럴 시간도 없었다. 상부에서 부대를 편성해 지휘관을 배치하고 작전지역을 정하면 후퇴하던 병사들은 그 명령을 입에서 입으로 전달했다. 그렇게 해서 적당한 인원이 모이면 그때그때 부대 편성이 진행됐다. 쉽게 말하면 걸어가면서 부대가 재건되는 상황이었다. 그런데도 낙오된 병사들이 탈영하거나 적군에 투항하는 일이 없었다는 게 놀라운 일이었다.

그렇게 부대를 재편하고 지연전을 벌이면서 후퇴하던 7월 하순, 결국 소백산맥이 뚫렸다. 미 제 24사단은 대전에서 벌어진 전투에서 대패하면서 23일부터 재편성에 들어가야 했다. 19일 충북 영동에 도착해서 미 제 24사단의 철수를 지원하던 미 제 1기병사단은 23일 김천 쪽으로 후퇴하면서 지연전을 펼쳤다. 미 제 25사단은 19일에 경북 상주에 도착해서 방어전을 펼쳤다. 한편 국군 제 1사단은 7월 23일 무렵 경북 상주와 함창 일대에서 방어전을 펼치고 있었고, 제 6사단은 7월 중순에 이화령－문경새재 등 소백산맥의 주요교통로를 방어하다가 23일 예천, 26일 의성, 안계 등으로 차츰 물러나며 지연전을 계속했다. 제 8사단도 경북 풍기와 영주를 거쳐 23일에는 안동, 26일에는 의성에서 지연전을 펼쳤다. 그 오른 쪽에서는 수도사단이 보조를 맞추며 조금씩 조금씩 물러서고 있었다. 치열하게 지연전을 펼치며 조금씩 물러섰지만, 어느새 남한 지역의 거의 절반 이상이 북한군에게 넘어가고 있었다.

북한군 제 6사단의 화려한 기동, 그리고 하동전투의 대패

그럴 무렵 북한이 놀라운 병력 기동을 선보였다. 6.25 남침전쟁의 개전 초 김포 일대에 모습을 드러냈던 북한 제 6사단이 어느 순간 경상북도에 펼쳐져 있던 전선에서 모습을 감췄다. 그런 한편 미군 정찰기가 대전이 함락되던 7월 20일 무렵 군산에서 남하하고 있는 정체불명의 대부대를 포착했다. 이에 미군은 7월 21일과 22일, 어떻게든 이 부대의 정체를 파악하려 했지만 기상조건이 나빠 정찰기를 띄울 수가 없었다. 전차와 장갑차로 구성된 육상 기갑수색부대 투입이 필요했지만 변변한 기갑 전력이 없었다. 23일 날이 맑아지자 미 공군 정찰기가 다시 한 번 전라도 상공을 대대적으로 훑었다. 정체불명의 부대가 이번에는 전주 주변을 남하 중인 게 포착됐다. 미군들은 이 부대가 북한군 제 4사단 중에서 대전전투에 참가하지 않고 곧장 남하한 일부부대라고 판단했다. '이 부대는 시속 3.2km의 속도로 전진하고 있다. 이 속도로 계속 전진한다면 25일에는 경남 서부의 함양-안의-진주까지 진출할 수 있을 것이다.' 미 제 8군 정보참모부는 이렇게 판단했다. 대책이 시급했다. 그 당시까지 경남 서부 지역으로는 별다른 부대가 배치되어 있지 않았던 것이다. 미군은 어쩔 수없이 북한군과의 전투에서 대패한 뒤 40% 수준으로 병력이 급감한 미 제 24사단을 투입할 수밖에 없었다.

6월 30일 육군총참모장에서 해임된 채병덕 소장도 영남지구 전투사령관에 임명되어 경남 서부 지역 방어선에 투입됐다. 채병덕은 그때까지만 해도 실질적으로 부대가 주어지지 않은 경남 지구 편성군 사령관이었다. 그런 그가 이제 병력을 인솔해서 전선에 투입되게 된 것이었다. 이때까지만 해도 미군과 국군은 군산과 전주를 거쳐 남하하는 북한군 부대의 정체를 아직 파악하지 못했다. 그런 가운데 26일 이 정체불명의 부대가 하동을 점령했다. 정체 모를 적군이라 불안하긴 했지만 저지하지 않을 수 없었다. 채병덕 소장이 길을 안내했고 미 제 24사단을 돕기 위해 투입됐던 미 제 29연대 3대대가 출동했다.

그러나 적과 마주친 아군은 대패하고 말았다. 북한군 제 4사단의 일부 병력이라고 생각했던 북한군은 실제 마주해보니 2개 사단 규모의 대부대였다. 이 하동 전투에서 채병덕 소장은 전사했고 출동했던 미 제 29연대 3대대는 궤멸됐다. 전사자 313명, 포로 100명이 발생한 치욕스런 전투였다. 그리고 하동을 통과한 정체불명의 북한군은 31일 미 제 19연대가 방어하던 진주마저 무너뜨리고 점령했다.

31일이 되어서야 미군은 경남 서쪽을 향해 전진해오는 북한군 부대는 북한 제 4사단과 개전 초 김포 일대에 나타났다 모습을 감추었던 제 6사단이라는 것을 알게 됐다. 7월 중 군산, 전주를 거처 남하하던 바로 그 부대가 북한군 제 6사단이었던 것이다. 미군은 경악했다. 경남 서부에 북한군 1개 사단이 아니라 2개 사단이 진격해오고 있다면, 이미 전력이 약해질 대로 약해진 미 제 24사단만으로는 역부족일 것이 분명했다. 더구나 북한군 제 4사단과 제 6사단은 북한군 중에서도 전투력이 높은 부대였다. 특히 제 6사단은 중공군 출신들이 다수 포함되어 있어 전투경험이 많은 최정예 부대였다. 위에서 치고 내려오는 적만 신경 쓰고 있었는데, 북한군은 옆구리를 지르고 들어오고 있었던 것이다.

이미 진주까지 진입한 북한군 제 6사단이 마산을 뚫고 공격해 들어오면 부산이 위험했다. 함락되는 건 시간문제였다. 당시 맥아더는 북한군 공격을 최대한 지연시키면서 미군의 전력을 증강시켜 9월 중순부터 대대적인 반격에 나설 생각이었다. 하지만 제 6사단이 마산을 뚫고 들어와 부산을 함락시켜버리면 모든 게 끝이었다. 미 제 8군 뿐만 아니라 도쿄의 극동군 사령부, 워싱턴의 미합참까지 패닉상태에 빠졌다.

결국 8월 1일 워커 미 제 8군 사령관이 결단을 내렸다. 경북 상주에 주둔한 미 제 25사단을 빼서 마산에 투입하기로 했다. 대신 소백산맥에 걸쳐 있던 방어선을 대폭 축소해서 낙동강과 대구 북쪽부터 포항 북쪽의 산악지대를 연결하는 방어선을 만드는 쪽으로 부대를 재배치하기로 했다. 최선의 방법이긴 했다. 문제는 과연 그게 실행 가능하냐는 것이었다.

낙동강을 사수하라

워커 장군이 결단을 내리기는 했지만 실행은 만만치 않았다. 정면의 적과 전투를 벌이면서 후방으로 철수하는 것은 매우 어려운 일이었다. 소백산맥 일대의 국군과 미군들을 그렇게 어렵게 낙동강 전선으로 조직적으로 철수시켜 새로운 방어선을 형성하는 것도 어려운 난제였지만, 미 제 25사단을 이동시키는 것도 무척 우려스러운 일이었다. 상주에서 방어 중이던 미 제 25사단을 경남 마산 쪽으로 이동 배치한다는 것이 적에게 알려질 경우, 북한군은 그 빈곳을 노리고 집중공격을 감행해올 위험이 컸던 것이다.

이동수단은 더더욱 문제였다. 미 제 25사단을 이동시키려면 철도가 필요했다. 하지만 철도는 이미 포화상태였다. 당시 철도와 교통로에는 군수물자를 싣고 전방 지원을 떠나는 열차와 군용차량이 가득 차 있었다. 그 반대 방향으로 미 제 25사단을 이동시키자면 감당할 수 없는 수준의 교통혼잡이 발생할 위험이 높았다. 하지만 방법이 없었다. 다른 국군 사단들은 미 제 25사단보다 더 북쪽이나 동북쪽에 배치되어 있었기 때문에 마산까지 이동하는데 훨씬 많은 시간이 필요했다. 게다가 미군과는 달리 국군 사단들은 차량이 거의 없어 기동력도 현저히 떨어졌다. 미 제 25사단을 투입하는 것이 유일한 해결책이었다.

불행 중 다행이었던 것은 상주 방면에서 미 제 25사단과 마주하고 있던 적이 북한군 제 15사단이었다는 점이다. 북한 제 15사단은 동락리 전투와 화령장 전투에서 국군에 연패한 바로 그 부대였다. 게다가 이 부대는 미군 포병의 집중사격까지 받아 전투력이 현저히 약화되어 있었다. 워커 장군은 그 점을 노려 미 제 25사단을 빼내기로 했던 것이다.

마침내 미 제 25사단의 기동이 시작됐다. 8월 2일 아침, 미 제 25사단의 주력은 이동을 시작해 8월 3일 저녁 무렵 목적지인 마산에 도착하는데 성공했다. 상주에서 왜관까지는 차량으로 이동했고, 왜관부터 마산까지는 철도를 이용했다. 총 36시간 만에 약 240Km에 달하는 거리를 1개 사단이 이동해서 목적지에 도달한 극적인 기동작전이었다. 워커 장군과 미 제 8군 사령부는 제 25사단이 마산에 도착했다는 보고를 받고 "유사 이래 가장 극적인 기동작전이었다. 이제 부산을 구한 거나 다름 없다."며 기뻐했다. 명령을 내리는 사람조차도 성공을 확신할 수 없었던 미 제 25사단의 마산 재배치는 그렇게 성공적으로 마무리 됐다.

소백산맥 일대의 나머지 미군과 국군 사단들도 낙동강 방어선을 형성하기 위해 8월 1일 이동을 시작했다. 일단 8월 1일부터 3일까지 낙동강 외곽선에서 지연작전을 펼치는 한편, 새롭게 진지를 편성할 낙동강 이남 지역에 대해서는 정찰작전을 펼쳤다. 수세적으로만 작전을 전개할 경우 적의 기세에 눌릴 수 있기 때문에 틈틈이 적극적인 위력수색을 실시하기도 했다. 미 제 27연대 1대대는 8월 2일과 3일 위력수색 중에 북한군과 두 차례나 교전을 펼쳤다. 이런 적극적인 움직임은 그 시각 마산으로 재배치되고 있던 미 제 25사단의 기동재배치에도 시간을 벌어줬다. 순차적으로 미 제 1기병사단이 왜관으로 철수했고, 대한민국 육군 2군단 예하 제 1, 제 6 사단도 낙동강 방어선으로 순조롭게 철수했다. 하지만 안동 일대에 배치되어 있었던 육군 1군단이 철수할 때 문제가 생겼다. 영어로 된 철수 명령이 내려왔는데 이를 우리말로 번역하는 과정에서 시간이 지체됐다. 이 때문에 1군단 예하의 수도사단은 야간에 급히 철수작전을 강행해야 했고, 이로 인해 적지 않은 병력을 잃었다.

이런 우여곡절도 있었지만 8월 4일 무렵에는 마침내 새로운 방어진지 편성이 완료될 수 있었다. 경남 남해안부터 마산, 창녕, 대구, 왜관, 의성, 낙동리, 안동, 영덕, 동해안으로 이어지는 낙동강 방어선, 이른바 '워커 라인'이 마침내 형성된 것이었다. 강폭이 400~800미터에 달해 건너기가 쉽지 않은 천연의 장애물 낙동강과 안동~동해안, 창녕~남해안 사이에 험준하게 솟아있는 산악지역을 이용한 대한민국 최종, 최후의 생명선은 그렇게 만들어졌다.

최후의 방어선

이제 북한군은 북쪽과 서쪽에서 경상도를 포위한 채 전면적인 공격만을 남겨두게 됐다. 아군도 더 이상 물러설 곳이 없었다. 낙동강 방어선이 뚫리면 전쟁은 그 즉시 끝나는 것이나 마찬가지였다. 그런 측면에서 보면 북한 제 6사단의 기동작전은 화려했지만 실속이 없었다. 북한 6사단은 김포 일대에 있다가 종적을 감춘 뒤 금강을 건너 호남을 휩쓸면서 마산으로 몰아닥쳤던 것인데, 문제는 그러면서 호남의 항구도시들을 일일이 점령하느라 시간을 지체해버렸다는 점이었다. 만약 북한 제 6사단이 곧바로 마산을 향해 진격해 들어왔다면 2일 정도 빨리 도달하는 것도 가능했다. 그랬다면 어떻게 됐을까. "만일 북한군 제 6사단이 호남의 항구를 점령하는 우회공격을 선택하지 않고 모든 전력을 집중해 부산으로 쇄도해 왔다면 아마 나는 그 적을 막아내기 위한 병력을 투입할 시간조차 없었을 것이다." 워커 장군은 미 육군의 6.25 공식 전사에서 이렇게 회고했다. 북한군 제 6사단이 호남에서 흘려보낸 2일, 이 이틀을 낭비한 탓에 북한은 승리의 기회를 스스로 걷어차 버린 꼴이 됐다.

헌데 공교롭게도 북한 제 6사단을 호남쪽으로 빼서 크게 우회하도록 한 지시는 소련고문단이 내린 것이었다. 앞에서 말한 대로 소련측은 북한군이 서울을 점령했을 때 무기와 장비 공급을 늦춰서 한강 이남으로의 진격을 늦췄었다. 그로인해 대한민국은 3일간 전열을 가다듬고 미국의 참전을 기다릴 시간을 벌 수 있었다. 그랬던 소련이 이번에는 북한군 최정예부대 제 6사단을 우회시켜버린 것이었다. 낙동강 방어선을 단박에 꿰뚫지 못하게 하려는 스탈린의 간계였다. 스탈린은 한반도에서의 전쟁을 미국의 '진'을 빼놓는 늪처럼 만들고 싶었다. 그러자면 전쟁이 너무 빨리 결판나서는 곤란했다. 스탈린은 미국이 더 깊숙이 개입하길 원했고 그런 미국을 막기 위해 중국이 뛰어들길 원했다. 어쨌든 스탈린의 간계로 인해 대한민국은 서울에서의 3일, 호남에서의 2일이라는 귀중한 시간을 얻을 수 있었던 것이니 불행 중 다행이라 할 수 있지 않을까.

한편 일명 '워커 라인'이라 불리는 낙동강 방어선은 마산이 뚫릴 위험 때문에 앞당겨지긴 했지만 급조된 것은 아니었다. 한반도에서 유엔군과 국군지상군을 총괄 지휘하게 된 워커 장군은 이미 7월 17일부터 낙동강을 최후의 방어선으로 점찍어 두고 있었다. 그때까지만 해도 아직 대전이 함락되기 전이었다. 그러나 노련한 지휘관이었던 워커는 전황을 고려해 볼 때 금강방어선은 물론이고 소백산맥의 방어선도 뚫릴 가능성이 높다는 걸 이때 이미 예측하고 있었다. 그래서 낙동강 방어선은 국군 수뇌부에도 사전에 통보되어 있었다. 7월 18일 워커 장군은 정일권 총참모장과 함께 경비행기로 왜관 상공을 비행하다 낙동강을 가리키며 말했다. "이곳이 우리의 다음 방어선이 될 것입니다." 게다가 워커는 낙동강 방어선을 단순히 점찍어둔 것만이 아니었다. 대한민국 정부의 협조 아래 미군은 7월 하순부터 사전에 각종 교통호와 참호를 파는 진지 공사까지 해 두었던 것이다. 이렇게 준비된 낙동강 방어선에서 이제 한반도 역사상 가장 뜨거운 여름이 시작되고 있었다.

월튼 해리스 워커 장군
제2차 세계대전 당시 기갑사단을 이끌었던 워커는 세계대전이 끝난 후 주일 미8군 사령관으로 부임했다. 6.25 남침전쟁이 발발하자 그는 미8군의 주력을 이끌고 한국을 지키기 위해 바다를 건넜다. 워커는 낙동강 방어전을 성공적으로 수행해 위기에 빠진 대한민국을 구한 장본인이 되었다. '워커힐' 호텔은 그의 이름에서 따왔다.

백선엽의 제 1사단과 다부동 전투

워커 장군은 낙동강 방어선에 병력을 배치하면서 정일권 육군 총참모장에게 가장 믿을만한 한국군 부대를 추천해달라고 했다. 왜관 북쪽에 배치하기 위해서였다. 왜관 북쪽은 낙동강 서부의 미군 지역과 낙동강 북부의 국군 지역 사이에 있는 전선으로 매우 중요한 요충지였다. 방어선이 긴 반면에 지키기는 쉽지 않은 지역이라 적의 공세가 집중될 확률이 높았다. 그랬기에 가장 뛰어난 부대가 필요했다. 정일권 총참모장은 망설임 없이 백선엽 장군이 지휘하는 제 1사단을 추천했다. 제 1사단은 비록 개성 지역에서 가장 먼저 적과 충돌한 뒤 패퇴했지만 백선엽의 뛰어난 지휘 아래 부대 편제를 유지하면서 후퇴한 거의 유일한 부대였다. 당연히 한국군 중에서 전투력도 가장 강력한 최정예 부대였다.

왜관 북쪽 방어선은 그렇게 백선엽의 제 1사단에게 맡겨졌다. 그런데 백선엽이 방어선을 살펴보니 만만찮은 문제가 있었다. 제 1사단이 맡아야 하는 방어선이 너무 길었다. 다른 부대의 두 배 길이에 해당하는 40여 킬로미터의 방어선을 책임져야 했다. 그렇게 넓은 방어선을 북한인민군의 총공세로부터 지켜내는 것은 불가능해보였다. 심사숙고하던 백선엽은 부대를 후퇴해 대구 북쪽 산악지대에 방어선을 좁혀서 치는 것이 더 낫다고 판단했다. 육본의 허락이 떨어지자 백선엽의 제 1사단은 8월 13일 무렵 조정된 방어선에 병력을 배치했다.

예상대로 제 1사단이 맡은 대구 북방으로 적의 치열한 공격이 쏟아졌다. 방어하는 병력은 국군 제 1사단 하나였지만 공략해 들어오는 북한군은 제 3사단, 제 13사단, 제 15사단의 총 3개 사단이었다. 병력의 규모에서 이미 한참 열세였다. 게다가 국군 제 1사단은 또 하나의 어려움을 극복해야 했다. 제 자리를 지키며 방어하는 것이 아니라 이미 적이 점령한 고지를 탈환한 다음 방어에 돌입해야 했던 것이다. 부대가 집결하여 방어선에 투입되려던 바로 그 시간에 이미 적이 주요 고지를 점령해버렸기 때문이었다. 이 때문에 미군은 융단폭격을 지원하는 한편으로 제 27연대 등의 예비병력을 투입해 제 1사단을 도왔다.

이때부터 8월 말까지 경북 왜관의 다부동에서는 전설적인 전투가 벌어졌다. 미군의 융단 폭격에도 불구하고 압도적인 병력을 갖춘 북한 인민군은 방어선을 뚫고 들어왔다. 일부의 인민군 병력이 대구 근교에까지 침투해들어와 대구역에 박격포탄을 떨어뜨리기까지 했다. 민심은 동요하기 시작했고 대구에 있던 정부는 부산으로 옮겨갔다. 출발하면서 피난령을 내렸는데 그 때문에 대구는 더욱 혼란스러워졌다. 내무부장관이었던 조병옥이 서둘러 피난령을 취소하고 거리로 나가 민심을 수습하면서 간신히 질서를 되찾기는 했다. 그러나 간간히 시내로 떨어지는 적의 포격은 대구에 머물던 사람들을 금방이라도 대구가 함락될 것 같은 공포에 떨게 했다.

그렇게 대구가 백척간두의 위기상황에 처했을 때 백선엽은 후퇴 대신

과감한 적진 돌파를 선택했다. 백선엽은 사단장이었지만 후방으로 빠지지 않았다. 대신 직접 권총을 들고 최전방에 섰다. 병사들과 함께 돌격하면서 아군을 독려했다. "내가 만약 뒤로 물러선다면 나를 쏴라!" 이렇게 말하며 가장 앞서서 적진으로 뛰어들었다. 백선엽의 이런 패기는 병사들을 한껏 고무시켰고, 훨씬 모자란 병력만으로도 적을 막아낼 수 있게 했다. 약 일주일간의 밀고 밀리며 뺏고 뺏기는 격전이 벌어졌다. 아군의 저항이 만만치 않자 북한군은 우회돌파로 방어선을 뚫으려 했지만, 이 또한 미군과 국군의 합동작전으로 저지할 수 있었다.

하지만 아무리 일당백의 패기로 맞선다 해도 엄청난 병력수의 열세를 계속해서 메우기는 어려웠다. 그 때문에 서서히 제 1사단의 방어력은 약화되고 있었다. 그때였다. 하늘이 도왔을까. 북한군은 더 이상 다부동을 돌파해내는 것은 어렵다고 판단해서였는지 제 15사단을 빼서 국군 제 8사단이 맡은 영천방면에 투입했다. 그 덕에 적의 1개 사단 병력이 줄어들자 제 1사단의 부담은 현저히 줄어들었고 간신히 한숨을 돌릴 수 있었다.

사실 마음이 급하기는 남한이나 북한이나 마찬가지였다. 원래 북한은 광복절인 8월 15일까지 부산을 점령한다는 계획으로 밀고 내려왔었다. 따라서 장기전에 대한 준비가 전혀 되어 있지 않았다. 7월 말까지만 해도 북한의 계획은 달성 가능해보였다. 그러나 국군과 유엔군이 낙동강 방어선을 치고 결사항전하면서부터 점차 양상이 달라졌다. 결국 북한인민군은 계획을 수정할 수밖에 없었다. 8월 15일까지 부산은 무리이니 대구까지

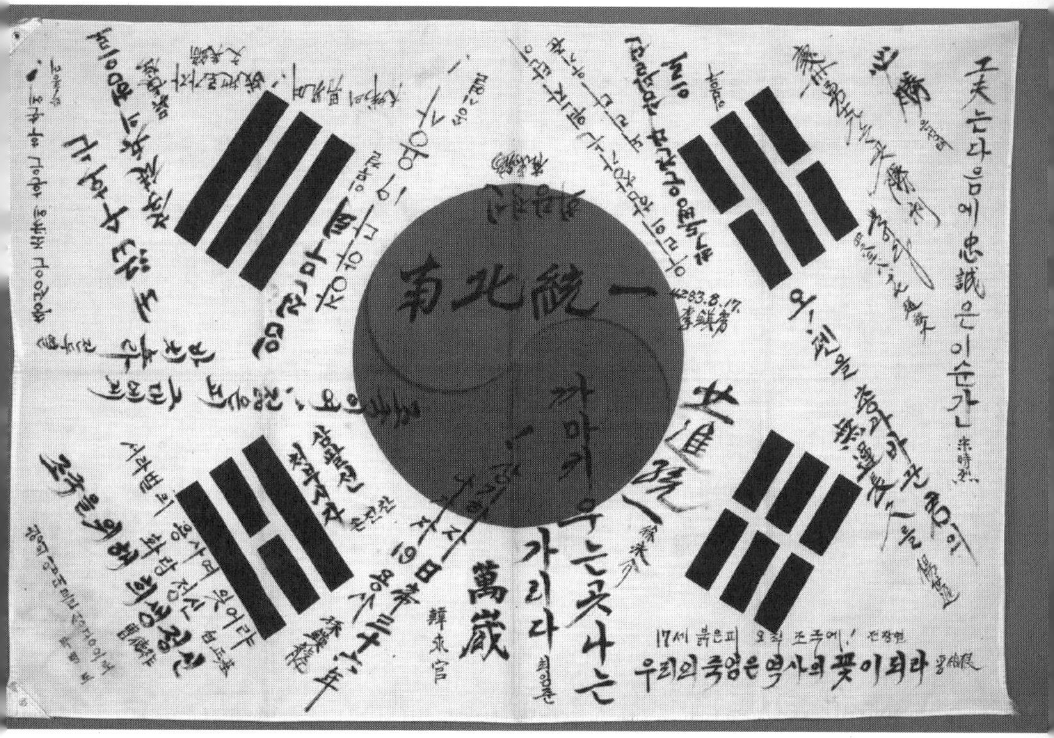

당시 학도병들은 이렇게 태극기에 참전의 의기를 글로 쓰고 입대했다. 글자 하나하나에서 다시 돌아오지 못할 것을 각오하고 나선 청춘의 뜨거움과 안타까움이 전해진다. 미국이 참전했으니 이제 곧 반격에 나서 남북통일을 이룰 수 있을 거라는 희망을 담은 글도 보인다.

만이라도 점령하겠다고 정했다. 마산과 포항 방면으로 진출로를 뚫으려는 노력도 병행되긴 했지만 북한군의 최우선 목표는 그래서 대구가 됐다.

다부동이 가장 치열한 격전지가 된 건 그런 이유에서였다. 북한군이 보기에 미군이 주둔한 낙동강 서남부 지역은 방어가 매우 견고해 보였다. 지형으로보나 방어에 나선 부대의 규모로보나 가장 돌파가능성이 높은 포인트가 왜관과 대구를 잇는 제 1사단 방어지역, 다부동이었다. 그래서 북한군은 8월 중순 대구 점령을 위해 투입된 5개 사단 규모의 병력 가운데 무려 3개 사단 병력을 다부동 전투에 투입했던 것이다.

다부동 전투가 벌어지는 동안 남측에서만 500명 이상이 매일 전사했다. 병력부족이 심각해지자 대구 시내에서는 급하게 신병과 학도병들이 모집됐다. 중대장이나 소대장들은 부하의 얼굴과 이름을 익히기도 전에 신병들을 전투에 투입해야 했고 치열한 전투 속에서 그들은 속절없이 죽어나갔다. 8월 말까지 이 전투에서 국군의 사망자는 무려 1만 여 명이었다. 그만큼 전투는 치열했다. 정말 목숨을 초개와 같이 버리며 대한민국의 마지막 숨자락을 지켰다. 그랬기에 인민군은 아군의 3배에 가까운 전사자를 내면서도 결국 다부동을 뚫지 못했다. 북한군이 전열을 가다듬기 위해 잠시 물러났을 때 다부동 일대는 온통 시체 썩는 냄새로 가득했다. 수만 명의 시체가 그대로 방치되어 있다가 8월의 폭염에 썩어버렸던 것이다. 국군 제 1사단이 미 제 1기병사단에게 전선을 인계하고 이동하려 했을 때 미군 병사들은 만일 시체들을 치워주지 않으면 임무를 교대해주지 않겠다고

미8군 사령관의 취임사는 '존경하는 백선엽 장군과~'로 시작하는 게 관례가 되어 있다. 전쟁 발발 당시 백선엽은 개성의 1사단장이었으나 후방에서 교육을 받던 중이었다. 그가 전선을 향했을 때는 이미 부대가 후퇴하던 상황이었다. 하지만 부대의 전열을 갖춘 채로 후퇴한 것은 백선엽의 1사단이 유일했다. 지휘 능력을 인정받은 그는 계속 중요한 전선에 투입되었고 북한군이 가장 집중적으로 공격했던 낙동강의 다부동 지역을 막아냈다. 그 뒤로도 가장 빠르게 북진을 이끌었으며, 전쟁 기간 내내 한국군과 미군의 대화와 조율 역시 그를 중심으로 이루어졌다.

항의할 정도였다. 그럴 만큼 지독한 냄새였고 참혹한 광경이었다.

8월 23일 이후 북한은 대구 돌파를 포기하고 전선에서 잠시 후퇴했다. 그 전날인 8월 22일에는 북한군 제 13사단 포병연대장이 귀순하는 일도 있었다. 8월의 폭염은 몸 전체를 태워버릴 듯 뜨거웠던 반면 북한군의 보급은 거의 끊어졌던 까닭이었다. 뚫리지 않는 다부동 방어선 앞에서 보급이 끊긴 북한군의 사기는 바닥으로 떨어지고 있었던 것이다.

"Stand or Die!"

낙동강 방어선 앞에서 인민군은 빨리 전쟁을 끝장내야 한다는 조바심에 몸을 떨었다. 반면 당시 국군과 유엔군은 더 이상 후퇴할 곳이 없었기 때문에 결사적이었다. "Stand or Die!" 워커 사령관은 그렇게 말했다. 지키거나 죽거나 둘 중의 하나라는 말이었다. 당시 미군은 일본에서 주둔군으로 태평하게 세월을 보내다가 갑작스레 한반도에 파병됐다. 한반도로 건너오면서도 북한군쯤은 한나절에 해치우고 다시 일본으로 돌아올 거라고 한가롭게 생각했다. 하지만 막상 맞붙은 북한군은 얕잡아볼 만한 상대가 아니었다. 전쟁은 예상보다 길어졌다. 그러자 미군 병사들의 마음속에서는 미국이 빨리 한반도를 포기하고 자신들을 본국으로 송환해주었으면 하는 기대와 소망이 자라나고 있었다. 워커 사령관은 병사들의 그런 심리를 정확하게 읽었다. 그런 안일한 마음으로는 전투에서 승리할 수 없다는 것도 알았다. 그래서 단호하게 "지키거나 아니면 죽어라!"라고 장병들을 독려했던 것이다. 이런 워커의 태도가 종군기자의 보도를 통해 미국 본토에 알려지자, 미국 내에서는 미국의 장병들이 개죽음을 당해서는 안 된다는 여론이 형성되기도 했다. 그러나 워커는 흔들리지 않았다. 명장 맥아더도 그런 워커에게 힘을 실어줬다. "전쟁에 민주주의는 없다." 그렇게 말하며 워커의 확고한 방어태세를 지지해주었다.

워커의 이와 같은 자세는 작전을 펼칠 때도 마찬가지였다. 당시 낙동강 방어선의 서남부는 북한 인민군에 비해 미군이 절대적인 우위를 차지하고 있었다. 대구 지역과는 달리 마산 지역에서는 미군 병력이 북한군에 비해 3배 이상 많았다. 기습적인 우회 공격을 대비한 것이기는 해도 워낙 병력 차이가 크다보니 병력의 낭비라는 지적도 있었다. 워커도 같은 생각이었다. 그는 이 낙동강 방어선의 서남부 지역에서는 수세적인 방어 대신 오히려 내륙의 진주 쪽으로 역공을 가하는 것이 효과적이라고 생각했다. 그런 공세를 통해 마산지역의 북한군 제 6사단을 타격해 위기로 몰면 북한군 쪽에서는 대구 지역의 병력을 빼서 지원을 올 수밖에 없는 전황이었기 때문이었다. 이렇게 생각한 워커는 내륙으로의 공세 작전을 감행하기로 했다.

만약 워커의 이와 같은 계획대로 진주 공격에 성공했다면 인천상륙작전 이전에 전세를 뒤집어 반격해 올라갈 수 있었을지도 모를 일이다. 그러나 지형이 문제였다. 진주를 향해 진군하던 미군 포병부대가 마산과 진주 중간 지점에 있던 계곡 일대에서 매복해 있던 북한군 보병들에게 둘러싸여 궤멸해버리고 말았다. 산악지대에 익숙하지 않고 도로 위주의 기동작전에 친숙했던 미군이 지형 정찰을 소홀히 하다 당한 비극적인 실패였다.

그런 엄청난 희생을 낳긴 했지만 일주일에 걸친 공세 끝에 미군은 진주 고개까지 점령해 들어가는 데는 성공했다. 그러나 기대했던 것처럼 북한군을 완전히 몰아내고 방어선을 전면적으로 북상시키는 데에는 실패했다. 소득이 전혀 없었던 것은 아니었다. 워커는 이제 곧 상륙작전을 통해 전세를 뒤집게 될 거라는 걸 알고 있었다. 그런 때에 방어전만을 펼치다가는 적절한 타이밍에 역습하기 어려울 게 분명했다. 앞으로의 작전을 위해서는 공세적인 작전수행의 경험이 반드시 필요했다. 게다가 이 진주 공세 작전을 통해 미군의 장병들은 자신들이 낙동강 이남만을 방어하기 위해 참전한 것이 아니라는 사실을 분명하게 자각하게 됐다. 그게 가장 큰 소득이었다.

9월의 위기

대구 지역에서 국군 제 1사단이 주축이 되어 북한군의 공격를 막아내고 마산 지역에서는 미군이 성공적이지는 못했으나 역습까지 시도한 8월 하순 이후, 북한의 공세는 잦아들었다. 북한군의 수정 목표인 '8월 15일까지 대구 점령'도 실패로 끝났다. 그렇게 낙동강 방어선을 목숨 걸고 지키는 사이 미군과 유엔군의 증원병력도 연달아 도착했다. 어느덧 유엔군과 국군을 합친 숫자는 북한군의 두 배에 달하게 됐다. 반면 북한군은 전력의 40퍼센트 가까이를 소모하며 낙동강 방어선까지 급속하게 전진해온 탓에 보급이 원활하지 못했다. 맹렬하게 낙동강 방어선을 공격했지만 쉽게 뚫어내지도 못했다. 그러니 그 기세가 처음 같을 수는 없었다. 전선을 고수하며 북한이 오히려 방어전을 펼쳐야 하는 모양새가 됐다. 최악의 경우 철수 계획을 세워야 할 상황마저 닥칠지도 모를 상황이었다.

그런데 그럴 때 북한군이 허를 찔렀다. 포성이 잦아들던 8월 말 경, 북한군의 이상한 동태가 포착됐다. 경남 영산 방면의 미 제 2사단이 방어하는 지역 앞쪽에 북한군 제 2사단과 제 9사단의 병력이 집결됐다. 그리고 미 제 25사단이 방어하고 있던 남강–함안 지역으로 북한군 제 6사단이 집중적인 공격을 가해왔다. 미군 방어지역으로 도하작전을 감행해 왔던 것이었다. 8월 31일 밤부터 시작된 이 공세는 몇 주 전 다부동을 집중타격해왔을 때의 공세에 못지 않았다.

허를 찔린 미군 제 25사단과 제 2사단의 피해는 심각했다. 방어선이 뚫리지 않게 막아내려면 예비대를 보내어 방어력을 강화해야 했다. 유엔군과 미군이 속속 도착했다고는 하지만 예비대로 투입할 만큼은 아니었다. 미 제 24사단은 7월부터 줄곧 전투에 투입되어 전력이 매우 약화된 상태였다. 미 제 8군 전체의 예비대인 제 27연대 3대대는 벌써 다른 전장에 투입되어 있었다. 워커는 다른 방법이 없다고 생각하고 9월에 있을 상륙작전을 준비하기 위해 부산에 내려가 있던 해병 제 1여단의 투입을 요청했다. 맥아더는 흔쾌히 허락했다. 그러나 참모들의 반발이 거셌다. 그래서 우여곡절 끝에 영산 지역에 해병 제 1여단이 투입됐지만, 곧바로 원대 복귀를 시키라는 명령이 떨어지고 말았다. 최악의 상황이었다. 낙동강 방어선, 즉 '워커 라인'을 포기해야 하는 것 아니냐는 말이 여기저기서 들려왔다. 대구의 육군본부는 부산으로 이동했고 미 제 8군 사령부도 이전가능성을 검토했다. 부산에서 일본으로 가는 밀항자도 부쩍 늘었다. 낙동강 방어선에서의 방어전을 '최악의 상황'으로 생각했던 사람들은 이제 그보다 더한 위기가 찾아왔다는 걸 실감하지 않을 수 없었다.

해병 제 1여단과 영천 전투

이 같은 9월의 위기를 넘길 수 있었던 건 결국 워커가 처음 선택했던 해병 제 1여단 덕분이었다. 해병 제 1여단은 미 해병대 중에서 최고의 전력을 자랑하는 부대였고, 그 때문에 인천상륙작전의 주력부대로 선정된 터였다. 해병 제 1사단의 스미스 소장이 강력하게 이 부대의 투입을 반대했던 것도 그런 이유 때문이었다. 워커는 맥아더 사령부에게 이틀만 더 해병 제

올리버 스미스 장군이 지휘하는 미 해병1여단은 미군 중에서 최고의 전력을 자랑하는 정예 중 정예였다. 맥아더는 인천 상륙 작전을 성공시키기 위해 이 부대를 필요로 했으나, 낙동강 전선이 가장 급박했던 9월의 위기 상황에서 워커가 요청한 것도 바로 이 부대였다. 해병1여단은 영산 지역에서 워커의 기대대로 반격에 성공함으로써 아군이 한 숨 돌릴 수 있게 만든 뒤 다시 인천 상륙 작전을 위해 원대로 복귀했다.

1여단의 병력을 쓸 수 있게 해달라고 끈질기게 요청했다. 미 극동군 사령부 내에서는 치열한 논란이 있었지만 결국 워커의 요청은 승인됐다. 명불허전, 해병 제 1여단은 전투에 투입되자마자 워커의 기대에 부응했다. 영산 지역에 투입되자마자 단숨에 반격에 성공해 당장이라도 방어선이 뚫릴 것 같은 분위기에 숨통을 터 주었던 것이다.

그 뒤 결정적인 반격은 국군이 맡았다. 국군 제 7사단을 맡아 지휘하다 의정부에서 부대궤멸이라는 치욕을 당한 뒤 병력재편 과정에서 제 2군단장이 된 유재흥이 영천 전투에서 그간의 쌓인 분을 풀었다. 9월 대공세 때 북한군 제 15사단은 남쪽으로 치고 내려와 영천을 점령하고 있었다. 유재흥은 그런 북한군 제 15사단에 맞서 제 1사단과 제 6사단에서 각각 1개 연대 병력을 차출해 국군 제 8사단과 제 7사단에 증원한 뒤 영천공격에 나섰다. 영천은 서쪽으로는 대구, 동쪽으로는 경주–포항으로 뻗어나갈 수 있는 전략적인 요충지였기에 매우 중요했다. 북한군 제 15사단은 국군 제 1, 6, 7, 8 사단 6개 연대의 총공격을 받고 완전히 궤멸되고 말았다. 북한군 제 15사단은 공교롭게도 동락리와 화령장에서 두 번의 참패를 당한 부대였는데 영천에서도 세 번째 참패를 당하고 말았다. 이로써 북한군의 9월 대공세도 한 풀 꺽이게 됐고 대한민국 최후의 방어선이었던 '워커 라인'은 견고하게 유지될 수 있었다.

훗날 미국 장성들은 만일 북한군이 9월 대공세 때 모든 병력을 한 곳에만 집중해서 공격해 들어왔다면 전쟁은 바로 그때 끝났을 거라고 회고했다. 대구 지역으로 전체 5개 사단 병력 중 3개 사단을 투입했던 8월의 대공세와는 달리, 9월 대공세에서 북한은 여러 지역을 동시에 압박하고 나오는 전략을 취했던 것인데 대한민국 입장에서는 참으로 다행스런 일이었다. 북한은 미군의 기동성이 좋아 한곳에 집중적인 공세를 취하는 것이 별 의미가 없다고 생각했던 것이지만, 만약 그때 북한이 부대를 빠르게 기동시켜 단 한 곳만을 두들겼다면 지금의 대한민국은 없었을지도 모른다. 그만큼 9월의 낙동강 전선은 위태로웠다.

전세의 역전

치열했던 9월의 대공세를 견뎌내자 전세는 어느새 뒤집혀 있었다. 사실 9월 초 약 열흘간의 북한군 총공세가 있기 전에도 병력규모는 역전되어 있었다. 국군과 유엔군은 약 17만명 정도까지 증원되어 있었던 반면, 북한군은 10만여 명 선으로 줄어든 상태였다. 게다가 전쟁이 발발했을 때 국군은 북한군의 전차부대 때문에 공황상태에 빠질 정도였는데, 바로 그 전차 전력도 어느 틈에 5:1 수준으로 역전되어 있었다. 공군력과 해군력은 미군이 압도적인 우위를 차지하고 있어서 비교할 필요조차 없는 수준이었다.

그럼에도 불구하고 아군이 9월 초 절체절명의 위기에까지 몰렸던 것은 북한이 전장의 주도권을 쥐고 있었기 때문이었다. 기세란 그렇게 무서운 것이다. 한번 주도권을 내주면 되찾아오기 매우 어려운 게 전쟁터에서의 '기세'다. 마오쩌둥이 이미 8월 말에 냉정하게 경고를 했음에도 김일성이 조금만 더, 조금만 더 하면서 부산을 향한 대공세를 늦추지 않았던 것은 바로 그 기세를 믿었기 때문이었을 것이다. 마오쩌둥은 북한의 군사사절단이 중국을 방문해 한반도의 전황을 보고했을 때 다음과 같은 조언을 했었다. '한달 째 전선을 뚫지 못한다는 건 유엔군이 증원되고 있고 반격을 준비하고 있다는 걸 의미한다. 그 반격은 아마도 상륙작전이 될 것이다. 위치는 인천이나 남포가 되기 쉽다. 그러니 유엔군이 공세로 돌아설 것을 대비해 차례로 막아낼 진지들을 미리 준비해야 할 것이다. 또한 상륙작전에 대비해서 후방에 예비대를 준비해 두어야 한다.' 그러나 파죽지세로 낙동강까지 내려간 북한의 김일성에게 그런 조언은 전혀 먹혀들지 않았다. 승리의 기쁨을 하루라도 빨리 맛보려는 조급함에 북한군은 결국 경인 지역의 예비대까지 낙동강 전선으로 몰아넣었던 것이다.

그런 상황이 아군에게는 전화위복이 됐다. 아군은 비록 엄청난 희생을 치르긴 했지만 낙동강 방어선을 지켜냄으로써 북한군의 기세를 꺾은 것은 물론 북한군의 예비대를 소진시켜 버릴 수 있었던 것이다. 이제 기세는 아군 쪽으로 넘어왔다. 역습할 차례였다. 유엔군과 국군이 준비한 회심의 역습, 그것은 바로 불가능할 것이라는 우려를 말끔하게 걷어내고 6.25 남침전쟁의 전세를 한 번에 뒤집은 '인천상륙작전'이었다.

제7장

인천상륙작전

1950년 7월 : 상륙 작전 초안 수립

1950년 8월 18일 : 한국인 해군 및 첩보부대 인천 투입

1950년 8월 28일 : 인천 상륙 작전 승인 (D-18)

1950년 9월 10일 : 해안 함포 사격 개시

1950년 9월 14일 밤 : 팔미도 점령 및 영흥도 전투

1950년 9월 15일 새벽 5시 : 인천 상륙 작전 개시

1950년 9월 16일 : 낙동강 방어선 반격 개시

1950년 9월 22일 : 한강 도하, 서울 진격

1950년 9월 27일 : 서울 수복

1950년 9월 28일 : 이승만, 맥아더 서울 도착

불가능을 가능케 한 작전

1950년 여름이 끝나갈 무렵, 대한민국의 국군과 유엔군은 북한의 파상공세로부터 최후의 보루인 낙동강 방어선을 잘 막아내고 있었다. 수도권에 머물던 예비대까지 투입하며 몰아붙였던 북한군은 이로써 기세가 한풀 꺾였다. 그렇지만 전세를 역전시키는 것은 또 다른 문제였다. 부산을 통해 들어온 연합군과 함께 낙동강을 건너 다시 밀고 올라가는 작전으로 불리한 전황을 일시에 극복하는 것은 매우 어려운 일이었다. 그만큼 북한군도 필사적으로 응전하고 있었기 때문이었다. 상황을 반전시키기 위해서는 뭔가 다른 묘수가 절실히 필요했다. 바로 그때 유엔군 최고사령관이었던 더글라스 맥아더가 회심의 카드를 던졌다. '누구나 알 수 있지만 아무도 예상하지 못한 작전', 바로 인천상륙작전이었다.

인천상륙작전에는 수수께끼가 많다. 가장 큰 의문은 '정말 그들은 몰랐을까?'이다. 정말 북한수뇌부는 대한민국 국군과 유엔군이 인천을 통해 상륙작전을 펼쳐올 것을 예상하지 못했을까. 마오쩌둥은 원래 생각했던 것처럼 전쟁이 단시간에 끝날 것 같지 않자 소련과 김일성에게 경고를 보낸 바 있었다. '미군과 유엔군은 해안으로 상륙작전을 펼쳐 보급로를 끊고 들어올 것이다.' 그러나 김일성은 이 경고를 무시했었다. 조금만 더 힘을 쓰면 낙동강 방어선을 함락시킬 수 있을 거라 믿었기 때문이었다. 게다가 병력을 모두 낙동강전선에 집중시킨 상황이어서 해안 경비를 더 강화시킬 여력이 없기도 했다. 하지만 김일성도 신경이 쓰였는지 그 당시 작전명령을 통해 해안을 주시하라는 지시를 내리긴 했다. 인천, 초도, 남포, 안주, 철산, 다사도 등 서해안 일대, 그리고 원산, 함흥, 신포 등 동해안 일대의 부대에 '방어에 만전을 기할 것'이라는 당부를 내렸었으니 전혀 예상하지 못한 일은 아니었다. 다만 집중적인 병력을 배치할 수 없었을 뿐이다.

게다가 8월 말이 되면서 낙동강 전선의 고착이 길어지자 서해안 일대의 북한군 부대는 기습작전의 가능성을 매우 구체적으로 대비하고 있었다. 8월 29일 인민군 884 군부대 제 5보대 대대전투명령은 이렇게 되어 있다. "적은 공화국 인민군대의 맹렬한 공격으로 인하여 무질서한 퇴각을 하다가 지금 다시 한 번 군사적 모험을 벌이려 하고 있다. 인천에 상륙한 뒤 계속 전진해서 수도 서울을 점령하려 하고 있는 것이다. 그런 목적으로 덕적도, 용유도, 영흥도 일대에 적들은 함선들을 입항시켜 체류하고 있다. 기회만 있으면 인천항에 기습적으로 상륙하려 기도하고 있는 것이다. 또한 적들은 그런 의도로 인천시 상공을 위협하고 있다. 이에 본 대대는 (중략) 해안 일대에 상륙하는 적을 해상에서 결정적으로 격퇴분쇄해야 한다. 우리의 방어구역 우측은 염전부터이고 좌측은 월미도 제방까지이다."

이런 명령서를 보면 인민군이 인천상륙작전의 가능성을 염두에 두고 있었던 것은 분명하다. 그러나 막상 뚜껑이 열렸을 때 인천상륙작전은 역사상 가장 성공적인 기습작전이 됐고, 북한군은 결정적으로 허를 찔린 꼴이 됐다. 어떻게 그게 가능했을까?

상륙작전의 필요성

인천상륙작전의 원안은 일찌감치 마련되어 있었다. 미 국방부는 혹시라도 북한이 침공해서 전쟁이 발발할 경우 한반도에서 어떤 작전을 펼쳐야 하는지 미리 준비해두고 있었다. 그게 '우발계획 SL-17'이었다. 이 계획에 따르면 북한의 기습공격에 의해 남쪽으로 후퇴하게 될 경우, 미군은 방어에 용이한 낙동강 유역에서 방어선을 구축하여 적을 막아내는 한편 적의 측면을 우회해 상륙작전을 감행하기로 되어 있었다. 전쟁이 발발했을 때 맥아더는 6월 29일 한반도 전선을 살펴본 뒤 동경에 돌아오자마자 바로 이 '우발계획 SL-17'을 토대로 이른바 '블루하트 작전'을 수립했다. 블루하트 작전의 개요는 다음과 같았다. '우선 사단급 병력을 투입해 부산에서 수원방면으로 북진시킨다. 이와 동시에 7월 22일 경에는 또 다른 사단급 병력을 투입해 빠르게 인천상륙작전을 감행한다.' 그러나 상황은 이와 다르게 돌아갔다. 가장 먼저 투입된 스미스 특임대대가 오산에서 대패했고 이어 투입된 제 24사단 역시 참패를 당하며 부대장이 포로로 붙잡혀 버렸던 것이다. 그러자 미군은 일단 블루하트 작전은 보류하기로 결정하고 낙동강 전선을 지키기 위해 인천 대신 포항에 상륙작전을 펼치는 쪽으로 작전을 전환했다. 이후 전세는 상륙작전을 염두에 둘 수도 없을 만큼 급박하게 돌아갔고, 아군은 낙동강 방어선까지 쫓겨 내려와 북한군의 공세를 막아내기에도 급급한 상황이 펼쳐졌던 것이다.

그러나 낙동강 방어선이 고착되면서 맥아더 사령부에서는 다시 기습상륙작전의 필요성이 대두됐다. 맥아더는 세 가지 경로를 놓고 고민에 빠졌다. 서해안의 인천과 군산, 그리고 동해안의 주문진, 이 세 곳 중에 하나를 선택해야 했다. 우선 인천은 국토의 중심이자 적의 보급로를 단번에 끊을 수 있는 요충지였다. 수도 서울을 쉽게 탈환할 수 있는 거점이기도 했다. 그러나 부산으로부터 인천까지는 작전거리가 너무 멀었다. 상륙작전을 펼치기에 지리적 조건도 최악이었다. 수십 미터 밖에 안 되는 수심과 심한 조수간만의 차 때문에 배를 접근시키는 것도 어려웠다. 이에 비해 군산은 신속한 작전 수행이 가능한 지역이었다. 그러나 작전이 성공한다고 해도 큰 효과를 기대하기 어려웠다. 그보다는 차라리 주문진이 작전의 효과 면에서는 훨씬 나았다. 상륙작전이 쉬운 지형이기도 했고 동해안 보급선을 차단할 수 있다는 전략적인 장점도 있었다. 그러나 적의 주보급로를 끊고 병력을 중간에서 잘라내기 위해서는 험준한 산맥을 넘어가야 했다. 서울까지의 거리도 너무 멀었다.

사정이 이렇다보니 맥아더 사령부 내에서도 이런 저런 의견이 분분했다. 합의에 이르기가 어려웠다. 그럴 때 맥아더가 나섰다. 8월 12일 그는 단호하게 인천을 선택했다. 작전명은 '크로마이트'. 이날부터 34일 후인 9월 15일을 D데이로 정했다. 보통 대규모 상륙작전은 4~5개월을 준비하는 것이 보통이었는데, 맥아더는 전격적으로 한 달 정도의 준비기간을 갖고 신속히 상륙하기로 결정한 것이었다. 어찌 보면 무모하기 짝이 없었던 결정이었지만, 바로 이 결정이 결국 6.25 남침전쟁의 판도를 바꾸고 말았다.

맥아더의 설득

맥아더의 크로마이트 작전, 즉 인천상륙작전 계획이 수립되자 미 국방부가 시끄러워졌다. 너무도 무모한 작전이라고 생각했던 것이다. 미 국방부에서는 부랴부랴 작전을 취소시키기 위해 고위장교들을 맥아더에게 보냈다. 해군참모총장을 비롯해 태평양 함대의 해병사령관 등 기라성 같은 장성들이 맥아더를 찾았다. 작전 철회를 요청하기 위해서였다.

사실 누가 보아도 무모한 작전이긴 했다. 상륙작전을 하기에 인천의 수

심은 너무 얕았다. 밀물 때를 이용해야 간신이 작전을 펼칠 수 있었는데, 그 시간은 고작 두 시간이 전부였다. 그것도 밤시간이었다. 야간에 좁은 수로를 통과해 상륙작전을 펼친다는 것, 그것만으로도 최악이었다. 그런데 악조건이 몇 가지 더 있었다. 인천 부두에는 높이 5-6미터의 해벽이 있었다. 사다리를 타고 올라가야만 했고, 그러자면 일단 월미도를 먼저 점령해야만 했다. 만약 월미도를 점령하는데 시간이 조금만 길어져서 북한군이 인천 부두의 해벽을 철통같이 막아선다면 기습은 불가능해질 것이었다. 좋게 말해 무모한 작전이었고, 심하게 말하면 불가능한 작전이었다.

반면 작전을 수행할 해병사단은 아직 완전히 갖춰지지 않았다. 증원을 기다려야 했다. 이미 도착한 병력은 곧바로 낙동강전선에 투입된 상황이었다. 일부를 빼내기조차 어려워 보였다. 한국군과의 협력작전도 쉽지 않을 것 같았다. 영어를 못하는 한국군과는 함께 훈련을 하는 것조차 힘겨워보였다. 장비를 갖추는 것도 만만치 않은 일이었다. 인천부두의 방벽을 타고 넘어가기 위해서는 사다리가 필요했다. 그 사다리도 일본에서 최단기간에 제작해 실어 날라야 하는 상황이었다.

그러나 맥아더는 고집불통이었다. 그를 설득하겠다고 찾아온 사람들을 연설 한 번으로 모두 꺾어버렸다. '인천상륙작전은 불가능해보이기 때문에 최고의 작전이다. 다른 대안은 없다.' 이 말에 모두 입을 다물었다. 회의 결과를 초조하게 기다리던 미 국방부는 파견된 장성들로부터 맥아더의 작전을 승인해야 한다는 보고를 받았다. 국방부나 합참이 더 이상 막을 명분이 없었다. 결국 5일 후인 8월 28일, 작전 18일 전에 인천상륙작전은 미 국방부의 최종 승인을 받았다.

한국인 첩보부대의 활약

성공적인 상륙작전을 위해서는 해상정보의 수집과 적진의 파악이 필수적이다. 당연히 인천상륙작전을 성공시키기 위해서도 서울과 인천, 경기 지역에 주둔하고 있는 북한군 부대의 병력 규모와 서해안 지역의 조석 및 지형 등에 관한 정보 수집이 반드시 필요했다. 그 임무는 해군의 정보 및 첩보 수집부대인 KLO(Korea Liaison Office, 미 극동군사령부 주한연락처)가 맡게 됐다. 맥아더 사령부로부터 연락을 받은 손원일 해군총참모장은 인천 상륙작전을 위해 이 KLO 부대에 두 가지 과제를 지시했다. 먼저 수로상의 섬들을 점령할 것, 그리고 인천 지역의 정보를 세밀하게 조사, 수집할 것.

이에 따라 우선 해군은 8월 18일 덕적도를, 8월 21일에는 이작도와 영흥도를 탈환했다. 그런 뒤 군인과 민간인으로 이루어진 17인의 첩보부대를 인천에 투입했다. 해군 정보국장인 함명수 소령이 이 작전을 이끌었다. 이들은 인천에 들어서서 먼저 섬 주민의 도움을 받아 민간인으로 위장한 뒤, 해안 도로를 정비하는 인부로 가장했다. 그런 뒤에 인천지역의 지형과 북한군 방어 병력 현황을 확인해 해군 본부로 송신했다. 9월 1일에는 미국 첩보팀이 영흥도로 합류해 함께 공동작전을 펼쳤다.

D-5일인 9월 10일, 우리 해군과 연합군은 인천 지역 해안에 함포 사격을 시작하는 한편, 이와 동시에 적을 교란시키기 위해 평양 외곽의 진남포와 동해안 삼척에도 함포 사격을 가했다. 포항과 군산에는 소규모의 위장 상륙 작전을 펼쳤다. 이때까지는 모든 게 순조로워 보였다. 하지만 정말 중요한 일이 아직 남아있었다. 대규모 상륙작전을 위해서는 인천항으로 들어가는 관문인 팔미도의 등대를 확보해야 했던 것이다. 이에 기존에 첩보작전을 펼치고 있던 함명수 소령팀에게는 철수 명령이 떨어졌다. 공동작전을 펼치던 미국 정보팀에게는 9월 14일 24시에 팔미도 등대를 점령하라는 명령이 내려졌다.

그런데 9월 15일 새벽 2시, 상륙작전 4시간 30분 전에 위기가 찾아왔다. 영흥도 옆의 대부도에는 적 1개 대대 병력이 주둔해 있었는데, 영흥도에서 국군이 활동하는 것을 눈치채고 밤에 이들 병력이 영흥도로 넘어온 것이었다. 당시 영흥도에는 임병래 소위 등 40여명의 군민 합동 부대가 작전을 수행 중이었다. 건너온 북한군 병력은 그 10배 규모였다. 선택의 여지가 없었다. 목숨을 걸고 몇 시간을 버텨야 하는 상황이었다. 임병래 소위팀은 일단 중요문서들을 소각시키고 총격전을 벌이며 섬 안에 있는 산으로 후퇴해 들어갔다. 그러는 사이에 팔미도 등대에는 이미 불이 들어왔고 총 261척의 배에 나눠 탄 9만여 명의 병사들이 인천으로 다가오고 있었다. 산 속으로 후퇴한 임병래 소위팀에게로 북한군 병력이 포위해 들어

그들은 소속이 없는 군인들이었다. 미군이 운용하던 한국인 첩보부대 KLO(켈로부대)는 전쟁이 한창 벌어지는 와중에도 북한 지역 깊숙한 곳까지 파고들어 정보 수집 활동을 했다. 그들은 정체를 숨긴 채 이중간첩, 탈영병 등의 누명까지 써가며 목숨을 걸어야 했다. 인천 상륙 작전은 그들의 첩보 활동이 없었다면 쉽지 않았을 것이다. 하지만 그들은 오랜 시간이 흐른 뒤에야 국가 유공자로 인정받을 수 있었다. 이것은 훈련을 받고 있던 켈로부대원들을 찍은 사진이다.

왔다. 어느새 40여명의 병력 가운데 대부분은 전사하고 임병래 소위와 두 명의 병사만이 남았다. 이들은 생포되어 작전이 누설되는 것을 막기 위해 총탄이 다 떨어질 때까지 싸우다 마지막 한 발은 자신의 관자놀이에 대고 당겼다.

이 영웅들이 산화한 지 얼마 지나지 않아, 새벽 5시 45분 경 해안에 접근한 전함의 함포에서 일제 사격이 시작됐다. 항공모함에서는 전투기들이 날아 올랐다. 병사들은 상륙정에 옮겨 타고 해안으로의 접근을 시도했다. 레드, 그린, 블루로 명명된 세 지역이 상륙의 경로였다. 첫 번째 접근 경로는 월미도였다. 예상보다 적의 방어병력은 미약했다. 6시 55분, 불과 22분만에 월미도의 라디오 고지를 점령했고, 8시에 월미도 점령을 완료했다. 약 400여 명의 인민군 중에서 100여 명이 사살됐고 150여 명은 참호에 매몰되어 죽었다. 136명의 포로를 생포했다. 반면 아군 피해는 경상자 17명이 전부였다.

상륙에 성공하다

월미도를 순조롭게 점령한 상륙군은 이제 인천으로 들어가야 했다. 하지만 썰물로 물이 빠지자 배들이 해안가에서 다시 멀어졌다. 오후 늦은 만조를 기다려야 했다. 오후 5시 경 다시 만조가 시작됐다. 남은 병력들이 일제히 상륙작전을 재개했다. 새벽 때와 마찬가지로 항공모함에서는 함포사격을 시작했다. 항모에서 날아오른 전투기들이 공중에서 지원사격을 가했다.

인천부두의 제방 앞에 다다른 상륙군들은 뱃머리보다도 1~2미터 높은 부두 제방에 사다리를 걸고 올라가기 시작했다. 이 사다리는 일본에서 제작해 공수된 사다리였는데, 가볍고 튼튼한 알루미늄 사다리였다. 일본 고베의 작은 기업인 '일본 알루미늄 공업'에서 제작해온 사다리였다. 이 사다리의 조달과정에서도 아찔한 일이 있었다. 작전 날짜에 맞춰 미리 제작해 놓았던 사다리가 여름이라 불어온 태풍으로 공장이 날아가는 바람에 망가져버렸던 것이다. 그걸 다시 제작하느라 겨우 출항 전에야 납기를 맞출 수 있었던 것이다.

사실 알루미늄 사다리를 일본에서 만들고 있다는 것 자체도 철저히 숨겨야 했다. 사다리를 제작한다는 사실이 알려진다는 건, 곧바로 인천이 상륙작전 지역이라는 점이 드러나는 것이었다. 그렇게 철저한 보안 속에서 우여곡절 끝에 만들어진 60개의 알루미늄 사다리는 인천상륙작전의 가장 중요한 도구가 되었다.

제방을 넘어선 상륙부대는 곧바로 인천시내로 들어갔다. 인천 시내에는 겨우 2천여 명의 북한군 병력만이 남아있었다. 모든 전투병력이 낙동강 전선으로 차출되어 나가 있었던 것이다. 남아있는 병사들도 거듭된 함포사격과 전투기들의 공습으로 전의를 상실한 상황이었다. 이들을 제압

첫 상륙 작전이 성공한 뒤 모든 것은 순조롭게 흘러갔다. 안전하게 대량의 병력을 수송하는 장면.

할 때 아군의 피해는 21명 전사, 실종 1명, 부상 174명에 불과했다. 놀라운 성과였다. 9월 15일 D데이의 인천상륙작전은 이렇게 성공리에 완수되었다. 그리고 3일 뒤인 9월 18일 인천시내에는 태극기가 게양됐다.

이제 서울을 탈환할 차례였다. 제5해병연대가 동쪽으로 방향을 잡고 진격해서 9월 18일 아침에 김포 비행장을 접수했다. 제1해병연대는 부천을 거처 9월 19일 밤, 영등포 외곽까지 진출했고, 9월 17일에 인천으로 들어온 미 제 7사단은 오산방향으로 남진했다. 낙동강에서 반격해 올라오는 북진부대와 만나 함께 작전을 펼치기 위해서였다. 보급로를 끊고 양쪽에서 밀고 들어가 그 중간에 낀 북한군을 괴멸시킨다는 전략이었다. 인천상륙작전은 그렇게 전세를 뒤바꾸어버렸다. 아군의 전면적인 역습과 서울 탈환이 바로 눈앞에 있었다.

낙동강의 반격

인천상륙작전 다음날인 9월 16일 9시, 낙동강 방어선에서도 드디어 반격이 시작했다. 9월 초 북한의 피말리는 맹공을 가까스로 막아낼 수 있었던 것은 인천상륙작전으로 전세를 일거에 뒤엎을 수 있다는 희망 때문이었다. 그런데 그 희망이 이제 현실이 된 것이었다. 인천을 통해 상륙한 아군 부대가 적의 배후 깊숙한 곳을 강타하는 데 성공했고, 지체 없이 곧바로

인천상륙작전의 성공과 더불어 낙동강 지역에서도 반격이 시작되었다. 낙동강을 끼고 적들을 막아낸 우리군은 이제 낙동강을 건너 북으로 향했다.

남진을 시작했다는 승전보가 날아들었다. 이제 낙동강 전선에서 화답할 차례였다. 진지를 박차고 나와 북한군을 돌파한 뒤 경부축선을 따라 진격해 인천에서부터 밀고 내려오는 상륙부대와 만나야 했다. 그렇게 되면 전세를 완전히 뒤집을 수 있었다.

한편 당시 북한군이 김천에 설치한 전선사령부 예하의 13개 보병사단과 1개 전차사단은 낙동강가에 촘촘하게 포진되어 있었지만 전투력은 개전 초에 비해 많이 약화되어 있었다. 유엔군의 공군력이 폭격으로 후방을 차단하면서 병력 충원을 막아버렸기 때문에 총병력은 이제 7만 여명으로 줄어들어 있었다. 게다가 그 대부분의 병력도 남한을 차례로 점령하면서 각 점령지에서 강제로 징집한 신병들이었다. 이들은 기초적인 군사훈련도 못 받은 채 총알받이처럼 끌려왔기 때문에 전투능력이 매우 모자랐다. 대한민국 국군이 나라를 지키겠다는 의지에 불탔던 데 반해 강제 징집된 이들에게는 싸울 의지도 별로 없었다. 병력충원이 막히면서 동시에 보급도 막혀버렸기 때문에 식량과 탄약도 절대적으로 부족했다. 북한군의 사기는 땅에 떨어질 수밖에 없었다. 전선의 붕괴는 시간문제로 보였다.

그러나 아군의 낙동강 전선 돌파는 생각처럼 쉽게 이루어지지 않았다. 인천상륙작전 전까지만 해도 전장의 주도권을 북한이 장악한 상태였던 데다가, 이 무렵 북한군은 거의 고착되어 있던 마산-왜관-영천-포항 라인의 방어선에 집요하게 공격을 감행하고 있었기 때문이었다. 무엇보다도 낙동강 전선에 투입된 북한군의 수뇌부는 9월 18일까지도 인천상륙작전이 성공했다는 사실을 모르고 있었다. 그래서 자신들이 위 아래에서 협공당할 수 있다는 위기의식도 없이 9월의 대공세를 이어가려 하고 있었다. 그랬기 때문에 자칫 잘못하면 오히려 인천에 상륙한 유엔군이 중간에서 고립되어 버릴 수도 있었다. 낙동강 전선을 빨리 돌파해야 할 긴급한 상황이 펼쳐지고 있었던 것이다.

"낙동강아 잘 있거라 우리는 전진한다"

이때 고착되려는 전선에서 진격의 활로를 뚫은 것은 바로 백선엽의 제 1사단이었다. 원래 주된 공격을 맡기로 예정되었던 부대는 미 제 1기병사단이었다. 국군 제 1사단은 그 우측에서 북한군의 방어지역을 공격하던 중이었다. 그런데 교전 중에 백선엽이 이끌던 국군 제 1사단은 일시적으로 적의 우측 계곡이 텅텅 비어버린 것을 발견했다. 백선엽은 지체없이 신속 돌파를 명령했고, 9월 19일에 기습적으로 그 갈뫼 지역을 점령하는데 성공했다.

이 작전의 성과는 대단했다. 갈뫼가 아군의 수중으로 들어오자 대구공격에 투입되어 있던 북한군 제 1, 3, 13사단의 배후가 완전히 차단되어 버렸던 것이다. 그러자 낙동강가의 북한군 전체가 동요하기 시작했고 혼란에 빠졌다. 이 틈을 타서 미 제 1기병사단이 9월 19일 14시경, 북한군 제 3

사단을 붕괴시키면서 왜관을 탈환했다. 그리고 저녁 무렵에는 낙동강을 건너 진격을 시작했다. 그리고 9월 22일, 국군 제 1사단과 미 제 1기병사단이 다부동에서 연결됐다. 이 기세를 몰아 나머지 국군과 유엔군의 모든 부대들이 낙동강 전선 전체에서 북으로 힘차게 밀고 올라가기 시작했다. "낙동강아 잘 있거라 우리는 전진한다" 이 군가의 노래가사는 바로 이때 만들어졌다.

이렇게 낙동강전선이 일순간 붕괴되자 북한군은 급히 소백산맥과 금강 일대로 물러나 새로운 방어선을 구축하려 했다. 그러나 9월 21일 경부터 인천상륙작전이 성공했다는 소식이 북한군 전체에게도 전해졌다. 퇴로가 막힐지도 모른다는 우려가 병사들 사이에 급속도로 번져나갔다. 곧바로 북한군의 전열이 흐트러졌다. 북한군 군관들은 도망치는 병사들을 향해 총을 난사하며 전투를 독려했지만 이미 상황은 걷잡을 수 없었다. 마음속에서 벌써 패배한 군인들은 어떤 수로도 전선에 복귀시킬 수 없었다. 노련한 장군이었던 워커는 적의 전열이 여지없이 붕괴되고 있다는 걸 간파했고, 그래서 곧바로 9월 22일 진격 명령을 하달했던 것이다.

혼란스러운 만남

워커로부터 경부가도를 따라 38선으로 밀고 올라가라는 임무를 부여받은 부대는 미 제 1기병사단이었다. 그 중에서도 선봉은 제 7기병연대였다. 제 7기병연대장은 보다 신속하게 전방으로 진격하기 위해 린치 중령이 지휘하는 예하 제 3대대를 특수임무부대로 편성했다. 제 3대대는 9월 22일 8시 다부동을 출발해 그날 중으로 낙동강을 건넜고 다음날 상주까지 진출했다. 린치 중령이 보기에 그때까지의 북한군 저항태세는 극히 미약했고 진격속도를 더욱 올려도 될 것 같았다. "보은—청주—천안—오산 방향을 따라 전차가 낼 수 있는 최고속도로 전진하라. 저항하지 않는 적은 대응하지 말고 곧바로 밀고 올라가라." 그렇게 진격명령을 부대에 하달했다.

린치의 판단대로 이미 북한군의 전선은 무너져 있었다. 북한군이 만들어놓은 방어선에서 교전을 벌이며 밀고 밀리는 식의 전투는 더 이상 벌어지지 않았다. 아군이 실컷 진군하다 멈추면 그 멈춘 곳이 전선이나 다름없었다. 적이 지연전을 포기하고 마구잡이로 후퇴하고 있었기 때문이었다. 린치의 특임대는 상주에서 보은으로 출발한 당일 오후에는 청주를 지났고 저녁때 진천 남쪽에서 진격을 멈췄다. 북한군의 저항 때문이 아니라 전차의 연료가 다 떨어졌기 때문이었다.

그런데 그런 린치 특임대에게 쉴 틈을 주지 않고 진격을 계속하게 해 준 건 아이러니칼하게도 북한군이었다. 마침 부근을 지나가던 북한군 수송대는 미군 전차를 보고는 3대의 트럭을 버리고 도망쳐버렸는데, 바로 그 트럭에 공교롭게도 휘발유가 가득 실려져 있었던 것이다. 린치 특임대는 적군으로부터 연료보급을 받은 셈이 되어버렸다. 연료를 가득 채운 린치 특임대는 다시 전진을 계속해서 그날 저녁 8시 30분경에는 천안삼거리에 도달했다. 엄청난 진격속도였다.

사기가 떨어진 북한군들은 오합지졸처럼 마구잡이로 후퇴를 했다. 덕분에 거칠 것이 없어진 국군과 유엔군은 인천상륙부대와 만나기 위해 낙동강 전선으로부터 엄청난 속도로 진격해 올라갔다. 그러다보니 그 사이에서 전선은 뒤엉켰고 그로 인해 여러 해프닝이 왕왕 일어났다. 천안삼거리에 린치 특임대가 도착했을 때 그곳 삼거리에서는 북한군 병사가 교통정리를 하고 있었다. 미군 전차운전수가 "오산?"하고 길을 묻자, 북한군 병사가 얼떨결에 오산 방향을 가르쳐주었다는 웃지 못할 일도 있었다.

유엔군 산하 호주 군인들도 황당한 일을 겪었다. 호주 군인들은 인천상륙작전에 참가해 상륙작전을 마친 뒤 남쪽으로 내려오고 있었다. 그러다 야밤에 후퇴해 올라오는 북한군과 만나게 됐다. 문제는 어둠 속에서 만난 북한군들을 국군으로 오인해버렸다는 거였다. 그런데 오해하긴 북한군도 마찬가지였다. 북쪽에서 외국 군인들이 내려오자 자신들을 지원하러 온 소련군이라고 맘편하게 생각해버렸던 것이다. 교육수준이 높지 않았던 병사들에게 영어와 러시아어는 못 알아들을 외국어일 뿐 구별되지 않았다. 그래서 분위기는 잠시 화기애애했다. 서로 말이 통하지 않는 상태에서 각각 제나라 말로 인사를 하며 어울렸다. 그러다 눈치 빠른 호주 장교 하나가 북한군 중 한명이 말할 때 '러시아 어쩌구' 하는 말을 알아들었다. 상대가 국군이 아니라 북한군이라는 것을 깨달은 그 장교는 조용히 부대원들에게 신호를 보내 일순간에 상대를 제압할 수 있었다.

하마터면 아군끼리 오인사격을 할 뻔한 위급한 상황도 있었다. 린치 특임대가 쉬지 않고 오산 남쪽 16킬로미터 지점까지 올라갔을 때였다. 전방에서 갑자기 치열한 사격이 가해져 왔다. 전차병 1명이 전사했고 부대는 일순 긴장했다. 그러나 곧바로 전방 부대가 아군임을 알아본 몇몇 군인이 신속하게 수신호를 보내 사격을 멈출 수 있었다. 사격을 가해온 부대는 인천으로 상륙하여 오산으로 남진하고 있던 미 제 7사단 31연대였다. 다행히도 오인 사격이 교전으로 확대되기 전에 서로를 알아봤기에 망정이지 아니었으면 아군끼리 처절한 전투를 벌였을지도 모를 긴박한 상황이었다.

그런데 바로 그때가 인천상륙부대와 낙동강 반격작전의 선두부대가 처음 만난 순간이었다. 9월 26일 22시 26분, 위쪽과 아래쪽에서 각각 진격해 들어온 두 부대가 마침내 연결된 감격적인 순간은 이렇게 기묘하고도 긴박했던 것이다. 다음날인 27일 아침 8시에는 미 제 1기병사단 본대와 상륙부대인 제 7사단의 본대가 연결됐다. 300킬로미터 이상 떨어져 있던 전선이 하나로 연결된 순간이었다. 그리고 맥아더의 대담한 도박이 성공해 단숨에 북한군 총 13개 사단을 포위해버리는 대승의 순간이기도 했다.

하지만 빠른 승리는 후환을 남겼다. 후퇴하는 북한군과의 교전을 최소화하고 전선을 빠르게 위로 끌어올린다는 작전은 성공했지만, 그로 인해 인민군 패잔병들은 전선보다 오히려 남쪽에 많이 남게 됐다. 이들은 쉽게 소탕되지 않고 점차 남한 각 지역에 쪼개져 산악지역에 스며들었고 이후

반격이 시작된 이후 확보된 지역은 다시 한국 정부에게 넘겨졌다. 올리버 스미스가 이끄는 해병1여단이 인천의 행정권을 공식적으로 한국 정부에 이양하는 장면이다.

빨치산이 됐다. 아군은 이들을 나중에 천천히 소탕하면 될 것이라 생각했지만, 생각보다 이들은 두고두고 후방 전선에서 아군을 괴롭혔던 것이다.

서울 탈환 작전

인천상륙작전에 성공한 상륙부대와 낙동강 전선에서 빠르게 기동해 올라온 아군은 곧바로 서울 탈환에 나섰다. 우선 인천에 상륙한 병력이 둘로 쪼개졌다. 하나는 안양, 오산 방면으로 나아가 낙동강에서 치고 올라오는 아군과 합류하기로 했고, 다른 하나는 서울 탈환을 위해 동쪽으로 밀고 들어가 김포공항과 영등포 방면으로 이동했다. 인천지역을 지키던 북한군이나 낙동강 전선을 이탈해 후퇴하는 북한군은 사기가 떨어져 반격의지가 미약했지만 서울은 달랐다. 서울을 지키는 북한군의 저항은 매우 강경했다. 미 제 5해병연대와 국군해병대가 김포공항에서 행주산성으로 도하를 시도했지만 쉽지 않았다. 결국 전투기들의 엄청난 폭격으로 북한군 진지를 제거한 후에야 강을 건널 수 있었다.

서울 도심의 시가지에서 북한군은 훨씬 더 거세게 저항했다. 한강을 건넌 아군은 9월 22일 아침에 신촌방면을 통해 연희동까지 진출했고 남쪽으로 돌아온 병력들은 노량진까지 도착했지만 그 다음이 문제였다. 불과 1-2킬로미터를 남겨두고 연희동에서 광화문으로 들어가는 것이 어려웠다.

이틀 동안 전혀 전진하지 못하고 교전만 거듭했다. 인천상륙작전 때도 거의 없었던 대량사상자가 나온 게 바로 이 연희고지 전투였다. 또다시 대량의 공군폭격지원을 받은 다음 겨우 연희고지를 점령했다. 그때서야 노량진에 있던 병력도 한강을 건너 마포방향으로 이동할 수 있었다.

국군과 유엔군이 한강 남쪽까지 순식간에 진출하자 당황한 북한은 최용건 서해안방어사령관의 지휘로 경인지역에 흩어져 있던 온갖 잡다한 부대들을 끌어모았다. 또 사리원, 철원, 김천에 위치한 2만 여명의 가용병력들도 모두 모아 서울에 투입했다. 그런 다음 서울 시민들을 강제 동원해 진지와 바리케이트를 쌓으며 시가전에 대비했다. 한 번 차지한 서울을 결코 내놓지 않겠다는 굳은 의지였다. 바로 직전까지 부산을 집요하게 공략하고 있었으니 그럴 만도 했다. 일순간에 전세가 반전되었다는 사실을 북한 수뇌부는 인정하고 싶지 않았다. 당연히 서울 시내에서의 저항은 극렬할 수밖에 없었다.

북한군의 강력한 저항에 막혀 서울탈환이 지연되자 미 제 10군단장 알몬드는 특단의 조치를 취하기로 했다. 낙동강에서 올라오던 미 제 8군과 연결시키기 위해 수원방향으로 진출하던 미 제 7사단과 국군 제 17연대를 돌려세워 서울에 투입하기로 결정한 것이었다. 군단장의 명령에 따라 9월 25일 미 제 7사단 32연대와 국군 제 17연대가 서울 남쪽을 공격해 들어갔다. 이에 힘을 얻은 미 제 1해병사단과 국군해병연대 역시 일제히 북한군을 소탕하며 서울중심부로 돌파해 들어갔다. 서울을 수비하던 북한군들은 더 이상 압도적인 병력과 화력의 차이를 극복할 수 없었다. 몇 시간 거리밖에 안 되는 인천부터 광화문까지를 10일간 잘 막아내던 북한군의 저항도 거기까지였다.

9월 27일 오후 3시, 마침내 중앙청에 태극기가 다시 걸렸다. 전쟁이 시작되자마자 3일 만에 내어준 서울을 91일 만에 되찾은 순간이었다. 이승만과 맥아더는 바로 다음날인 9월 28일 서울로 달려와 감격의 '환도식'을 거행했다. 우리가 9·28 서울수복기념일로 기억하는 바로 그날이었다.

서울은 탈환됐다. 그러나 지금부터가 문제였다. 38선까지만 회복할 것인가, 아니면 불법적으로 남침한 북한을 응징하고 통일된 국가를 이루기 위해 북으로 더 치고 올라갈 것인가. 그 결정이 남아있었다. 이 문제는 응당 대한민국 국민과 정치 지도자들이 어떤 의지를 가지고 있느냐에 달려 있었다. 그러나 그렇게 단순하지만은 않았다. 다른 한편으로 북진은 유엔의 결단이 따라줘야 가능한 일이기도 했기 때문이었다. 당연히 북진 여부를 두고 치열한 논쟁이 벌어질 수밖에 없었다.

제8장

압록강으로 향한 북진의 꿈

1950년 8월 중순 : 린바오의 18개 사단, 한반도 북부로 이동

1950년 9월 20일 : 이승만 북진 결의 표명

1950년 9월 25일 : 저우언라이, 북진에 경고

1950년 9월 30일 : 국회, 북진 결의 지지

1950년 9월 29일 : 유엔군 사령부 진격 중지 명령

1950년 10월 1일 : 한국군, 38도선을 넘어 진격. 박헌영, 베이징으로 가서 파병 요청

1950년 10월 7일 : 유엔 북한 지역 회복 결의

1950년 10월 8일 : 중국, 파병 결정

1950년 10월 9일 : 맥아더, 북한의 항복 요구 및 전면적인 북진 개시

1950년 10월 19일 : 평양 점령, 중국군은 압록강을 넘음

1950년 10월 26일 : 압록강 도착, 중국군과 조우(제1차공세)

1950년 10월 27일 : 압록강 도착 부대에게 철수 명령 하달

1950년 10월 30일 : 운산의 비극

1950년 11월 24일 : 유엔군의 총반격과 중국군의 제2차 공세

1950년 11월 30일 : 미 해병대의 장진호 전투

1950년 12월 24일 : 흥남에서 마지막 피난민 수송

북진통일론

대한민국 초대대통령 이승만은 정부 수립 직후부터 줄곧 북진통일을 이야기하곤 했다. 그건 당연한 일이었다. 남한만의 단독 정부를 수립한 것도 결국에는 한반도의 통일정부 수립을 목표로 한 것이었으니까 말이다. 이북에 소련의 공산주의 괴뢰정부가 들어선 마당에 우물쭈물 머릿속에서나 가능할 법한 남북통일정부 운운하며 시간을 흘려보낼 수는 없는 일이었다. 그러다 자칫 남한마저 공산화될 위험을 겪자 이승만은 단독정부 수립을 밀어붙였던 것이다. 그렇다고 영구히 통일을 포기한 건 아니었기에 대한민국 정부는 국회에도 북한지역 대표를 위한 공석을 남겨두었고, 상징적으로 북한지역의 도지사도 임명했다. 북한 지역이 '회복해야 할' 땅이라는 것을 분명히 하겠다는 의도였다.

그렇다고 이승만이 언급하곤 했던 북진통일론이 무조건 무력에 의한 흡수통일만을 의미하는 것은 아니었다. 오히려 북한에서 소련이 빠져나간 뒤 다시 유엔의 감시 아래 자유로운 총선거를 실시하는 방법 역시 염두에 두고 있었다. 국민들도 평화적인 통일을 기대하고 있었다. 다만 가능성이 낮았을 뿐이었다. 국제적인 공감대가 만들어져 전 세계가 도와야만 가능한 일이기도 했다. 하지만 전 세계를 자신들이 주도하는 공산체제 속으로 편입시키려 하고 있었던 소련이 '스스로' 물러나 줄 리가 없었다.

이승만의 속마음은 이와 같았지만 겉으로는 무력에 의한 흡수통일을 종종 부르짖었다. 정말 그는 무력에 의한 흡수통일을 현실적인 정치적 목표로 생각했던 것일까. 그렇게 보기는 어렵다. 무엇보다도 신생 대한민국은 그럴만한 여력이 없었다. 그런데도 이승만이 무력에 의한 흡수통일을 외쳐댔던 건 국민통합을 위한 정치적인 제스처였고, 미국의 지원을 더 얻어내기 위한 일종의 '페이크 모션'이었다. 하지만 이승만의 이런 제스처는 오히려 역효과를 가져왔다. 미국이 그의 북진통일론을 필요이상으로 진지하게 받아들였던 것이다. 미국은 이승만이라면 전쟁을 일으킬 수도 있겠다는 위협을 느꼈다. 그동안 이승만이 보여준 행태는 미국이 그런 짐작을 하고도 남을 만했다.

그랬기 때문에 미국은 가급적 대한민국에게 군사장비 및 무기를 지원하지 않으려 했다. 6.25 당시 북한은 소련의 지원으로 T-34전차를 비롯한 신형무기들을 장착하고 쳐내려왔던 데 반해, 남한은 재래식 무기를 들고 맞설 수밖에 없었던 사례를 보면 알 수 있을 것이다. 그리고 그마저도 수

량이 무척 부족했다. 이처럼 6.25 남침전쟁이 일어나기 전까지의 북진통일론은 실행하기 매우 어려운 비현실적인 주장이었지만 역설적이게도 현실에 큰 영향을 끼쳤던 주장이었다.

북진할 것인가, 멈출 것인가

그런데 1950년 9월말에는 상황이 전혀 달라졌다. 북진통일이 그 어느 때보다 더 현실적인 가능성으로 다가와 있었다. 인천상륙작전을 성공시킨 유엔군과 국군은 곧바로 서울까지 탈환했고 낙동강 방어선을 지키던 아군도 파죽지세로 북상하고 있었다. 상황이 이렇다보니 이승만을 비롯한 대한민국 정부는 유엔군이 38선에서 멈춰 설까봐 걱정이었다. 전쟁은 북한이 먼저 일으킨 것이었다. 게다가 우리는 유엔군의 강력한 지원도 받고 있었다. 북진통일을 한다면 지금이 바로 그 기회였다. 이승만은 9월 20일 재빨리 "만일 유엔군이 38선에서 멈추더라도 국군은 북진한다." 이런 결의를 담은 연설을 내보냈다. 미국을 비롯한 유엔참가국들에게 대한민국의 뜻을 명확히 전달하려는 의도였다. 국회도 9월 30일 이를 지지한다고 발표했다.

그러자 유엔참가국들의 견해가 서로 엇갈렸다. 38선까지만 진격해야한다는 주장과 전쟁범죄자인 김일성 집단을 처벌하기 위해서라도 계속 북진해야 한다는 주장이 팽팽하게 맞섰다. 이런 경우 무엇보다 중요한 것은 최대 참전국이었던 미국의 의사였다. 개전 초기 미국이 38선 이북에 대한 진격을 검토하긴 했다. 그러나 이때만 해도 미국은 소련과 중국의 군사적인 개입 가능성 때문에 북진에 대해서는 매우 회의적이었다.

그런데 상황이 바뀌어 북한군이 괴멸 양상을 띠자 미국은 다시 북진을 긍정적으로 검토하게 됐다. 일단 소련이 군사적인 개입을 꺼린다는 걸 알게 됐기 때문이었다. 미국만 제 3차 세계대전을 두려워하는 것은 아니었다. 소련도 그만큼 미국과 전면적인 전쟁을 벌이는 걸 꺼리고 있었다. 게다가 미국이 보기에 중국은 오랜 내전을 끝내고 건국된 지 불과 1년밖에 안 되는 신생국가였다. 국내의 전후 수습문제를 해결하기에만도 급급한 상황처럼 보였다. 또한 중국에는 타이완과 티베트라는 해결지어야 할 성가신 문제가 따로 있었다. 이런 상황을 종합해 볼 때 중국이 한반도 전쟁에 당장 개입할 가능성은 거의 없다고 미국은 판단하고 있었던 것이다. 미국의 정보당국은 중공군의 능력이나 보유한 장비를 보더라도 군사적인 개입은 힘들다는 견해를 내놓고 있었다. 결국 미국은 최종적으로 소련과 중국이 6.25 남침전쟁에 개입할 시기를 이미 놓쳤다고 결론을 내렸다. 가장 위험한 변수였던 소련과 중국의 참전가능성이 희박하다는 결론이 내려진 만큼, 이제 미국은 한반도의 문제만 놓고 38선을 돌파할 것인가 말 것인가만 결정하면 됐다.

트루먼은 우선 합참이 이미 인천상륙작전을 실행하기 전인 9월 11일에

재가를 받기 위해 올린 “중국과 소련이 개입할 염려가 없는 경우에 한해 지상작전을 북한지역으로 확대한다.”라는 방침을 승인했다. 그런 뒤 9월 27일 그 같은 훈령을 맥아더에게 하달하면서, 그와 동시에 유엔의 결의도 요청했다.

트루먼이 보기에 38선을 넘어서 북한지역으로 작전지역을 넓히는 것은 아주 단순한 문제였다. 6.25 남침전쟁은 명백히 불법적인 침략전쟁이었다. 당연히 그 전범을 잡아서 처벌하는 것이 국제법상의 정의였다. 그렇기 때문에 전범을 잡아 처벌하기 위해 북한지역으로 진격하는 것은 아무 문제될 게 없었다. 북한군을 격멸한 뒤 한반도의 통일문제는 어떻게 할 것인가는 성질이 다른 별개의 문제였다. 그 문제는 추후에 다른 방법으로 풀면 되는 것이었다.

트루먼의 생각은 이랬다. ‘북한군을 괴멸시킨 뒤 전범재판을 통해 실질적으로 북한 지도부가 붕괴된다면, 북한지역은 정부 없는 난민지대가 되는 셈이다. 이렇게 되면 유엔 관할 하에 북한 지역을 새롭게 신탁통치하게 하면 된다.’ 이는 국제법상 가장 설득력 있는 해결방법이었다. 트루먼은 이런 명분과 복안을 가지고 유엔에 북진 승인을 요청했던 것이었다.

유엔에서도 이 문제를 놓고 열띤 토론이 벌어졌다. 유엔군 사령부는 9월 29일 유엔의 최종결론이 내려질 때까지 일단 모든 부대의 진격을 멈추도록 하라고 명령을 내렸다. 10월 7일, 마침내 유엔에서 결론이 났다. 미국과 영국 등 자유진영 8개국이 총회에 안건을 회부했고, 찬성 47, 반대 5,

기권 7의 압도적인 표차로 38선 이북으로의 북진이 가결됐다.

38선을 넘어서

하지만 유엔에서 북진이 가결됐을 그 시각, 이미 국군은 38선을 돌파한 상황이었다. 이승만이 유엔군 사령부의 결정과는 무관하게 국군만이라도 38선을 넘도록 총참모장 정일권에게 지시를 내려놓았던 것이다. '돌이키기 어려운 사태를 만들어 대세가 그의 뜻대로 움직이게 하는 것', 이게 이승만이 즐겨 쓰던 방법이었다. 이번에도 이승만은 그 방식을 따랐다.

그러나 지시를 받은 정일권 총참모장 입장은 좀 곤란했다. 이미 국군의 작전지휘권이 유엔군사령관에게 넘어간 상황이었기 때문에 독단적으로 38선 돌파를 할 수는 없었다. 그래서 약간 꾀를 썼다. 정일권은 우선 9월 29일 국군과 유엔군을 통털어 가장 북쪽에 진출해 있던 부대를 찾았다. 동해안의 국군 제 1군단이었다. 그곳 사령부에 전화를 넣었다. "38선 인근 북쪽의 적군 요지 중에서 국군의 진격에 가장 방해가 되는 곳이 어디인가?" 전화를 받은 김백일 제 1군단장이 답했다. "저희 제 1군단 예하 제 3사단 전방의 하조대에 있는 적의 진지입니다." 이 대답을 들은 정일권은 그길로 워커에게 달려갔다. "동해안 전선 제 1군단 예하 제 3사단 전방의 하조대에 있는 적의 진지가 아군에게 매우 큰 위협이 됩니다. 시급히 그

고지를 점령해야 합니다." 정일권은 이렇게 워커에게 작전을 요청했고, 워커는 정일권의 속셈을 모른 채 작전을 승인해 주었다. 문제는 하조대의 적군 진지가 38선 이북에 있다는 점이었다. 워커는 자신도 모르는 사이에 38선 이북의 적진을 공격하라는 명령을 공식적으로 내리고 만 것이었다.

작전 승인을 받아든 정일권은 재빨리 9월 30일 제 3사단 23연대의 진지를 직접 찾아가 현장에서 북진을 명령했다. 그리고 마침내 10월 1일, 38선을 앞에 두고 진격을 멈췄던 대한민국 국군은 북을 향해 감격적인 일보를 내딛게 됐다. 우리가 10월 1일을 국군의 날로 정한 것은 바로 이 날을 기념하기 위해서다. 워커 사령관은 나중에 정일권이 꾀를 써서 자신으로 하여금 북진을 명령하게 했다는 걸 알고 격분했지만, 때마침 유엔총회에서 38선 돌파가 승인되는 바람에 이 문제는 유야무야 처리될 수 있었다.

맥아더가 작성해서 미 합참에 제출하고 트루먼 대통령이 승인해 유엔군에 하달한 북진작전 명령의 골격은 이랬다. '미 제 8군을 주공격부대로 하고 미 제 10군단을 부공격부대로 정하여 북진하여 정주—군우리—영원—함흥—흥남을 잇는 선, 일명 맥아더 라인까지 진출한다. 맥아더라인 이북지역에 대한 작전은 한국군이 전담한다.' 유엔에서 북진의 결의에 관한 토론이 진행 중이고, 국군은 38선을 돌파하고 있었을 10월 1일 정오, 맥아더는 북한군 총사령관에게 항복을 요구하는 성명을 방송으로 내보냈다. 북한의 응답은 없었다. 10월 9일, 이번에는 유엔 안전보장이사회의 새로운 결의안에 근거해 맥아더는 다시 한 번 북한의 항복을 요구하는 성명을

서울은 수복의 대상이었지만 평양은 정복의 대상이었다. 적의 수도에 누가 먼저 진입하느냐를 놓고 미군과 한국군 사이에서 경쟁이 이루어졌다. 백선엽은 한국군의 자존심을 위해서 먼저 입성하라는 지시를 받고 미군을 따라잡기 위해 경이로운 속도로 진군했다.

발표했다. 북한의 김일성은 이번에도 응답하지 않았다. 그러자 맥아더는 전군에 전면적인 북진을 명령했다. 6.25 남침전쟁은 이로서 또 하나의 새로운 국면으로 접어들게 됐다.

평양 탈환

북진명령을 하달받은 유엔군과 국군은 평양과 압록강을 향해 빠르게 진격해 들어갔다. 북한군의 저항은 거의 없는 것이나 다름없었다. 도망치기 바빴다. 김일성도 10월 12일 허겁지겁 평양에서 철수해 강계로 도피한 상황이었으니 북진통일이 눈앞에 있는 듯했다. 이승만은 백선엽에게 평양과 압록강 점령의 명예를 미군에게 빼앗기지 말라고 당부했다.

백선엽은 이승만의 지시를 이행하기 위해 가장 선두에 나설 것을 자청했다. 그러자 미군이 만류했다. 미군의 차량 기동을 국군 보병들이 따라오지 못할 거라고 했다. 하지만 백선엽은 고맙지만 그런 걱정은 말고 함께 가게만 해달라고 요청했다. 막상 기동이 시작되자 미군의 우려가 무색하게 백선엽의 부대는 미군의 차량기동과 거의 맞먹는 속도로 북을 향해 달려갔다.

백선엽의 국군 제 1사단은 북진의 실질적인 선봉부대였다. 원래 미 제 8군의 주공으로 평양탈환 임무를 부여받은 미 제 1군단장 프랭크 밀번 장군은 백선엽의 국군 제 1사단에게 후방작전 임무를 맡길 생각이었다. 미 제 1기병사단을 주공, 미 제 24사단을 조공으로 하고 국군 제 1사단이 후방을 맡는다는 것이 밀번 장군이 생각한 북진계획이었던 것이다. 그러나 명령을 받은 백선엽이 밀번 소장에게 당차게 요청했다. "국군과 국민들의 정서를 고려할 때 적의 수도 평양을 공격하는데 대한민국 국군이 빠져서는 안 됩니다. 적의 수도를 탈환할 수 있는 기회를 주십시오." 이에 밀번 장군이 마음을 바꿨다. 백선엽의 요청을 받아들여 국군 제 1사단에게 평양탈환의 조공부대 임무를 맡겼다. 대신 미 제 24사단을 예비부대로 전환시켰다.

문제는 국군 제 1사단의 기동력이었다. 비록 무참하게 조국을 짓밟은 북한 공산군에게 반격을 가하며 북진통일의 선봉에 선다는 패기로 미군의 차량기동에 맞먹는 도보행군 속도를 보여주긴 했지만 한계가 있었다. 국군 제 1사단은 주공인 미 제 1기병사단보다 이틀이나 늦은 10월 11일에야 38선을 돌파할 만큼 진격속도가 쳐졌던 것이다.

군단장에게 간청해 기존의 작전계획까지 변경하면서 평양탈환을 장담한 백선엽의 고심이 깊어졌다. 궁리 끝에 미군 포병사령관에게 도움을 요청했다. 다행히 그의 도움으로 전차를 지원받을 수 있게 됐다. 덕분에 사단의 기동력이 강화됐고 진격에 속도가 붙었다. 사기가 오른 국군 제 1사단은 중서부의 험한 산길을 따라 북상하는 것임에도 경의국도로 진격한 미 제 1기병사단보다 한발 앞서 평양에 접근하게 됐다.

평양탈환작전에서는 아군 내부의 경쟁이 치열했다. 적의 심장부에 가장 먼저 입성하는 영예는 그 어떤 지휘관도 빼앗기고 싶지 않은 법이다. 그 무렵 미군의 여러 군단들 뿐만 아니라 이승만 대통령의 특별명령에 따라 국군 제 2군단의 주력까지도 평양에 근접해 있었다. 따라서 상원과 율리에서 서북방으로 진격해 평양을 동남쪽과 동북쪽에서 공격하려는 국군 제 1사단과, 황주를 점령한 후 북진해 평양을 남쪽에서 공격해 들어가려는 미 제 1기병사단, 또 율리에서 국군 제 1사단 제 15연대를 바짝 뒤쫓아오고 있던 국군 제 7사단 제 8연대, 평양의 동북방 양덕과 성천, 강동으로 진격 방향을 잡은 국군 제 6, 8사단 등이 보이지 않는 각축을 벌이게 되었던 것이다.

그렇게 국군과 유엔군이 대동강변에 도달하자 북한군은 대동강의 다리를 폭파해 시간을 벌고자 했다. 미 제 1기병사단은 부교를 가설하여 도하할 계획이었다. 그러자면 도하장비를 준비하는데 시간을 보낼 수밖에 없었다. 그러나 국군 제 1사단은 백선엽의 지시에 따라 주변 지역을 꼼꼼히 연구한 뒤 마침내 적합한 도하지점을 찾아냈다. 공격만이 남은 것이었다.

드디어 10월 19일 국군 제 1사단의 제 11, 12연대와 미 제 1기병사단의 제 5기병연대가 동평양을 점령했다. 국군 제 1사단 제 15연대와 국군 제 7사단 제 8연대는 본평양(서평양)의 김일성대학과 방송국을 확보했다. 마침내 적의 심장부 평양이 아군의 손에 떨어진 것이었다.

10월 30일 이승만 대통령이 참석한 가운데 평양 입성 환영식이 거행됐

●

압록강에 도달한 유엔군은 마치 통일이 다 이루어진 듯 기쁨을 맛 보았으나, 그것은 잠시였다. 그들이 압록강에 도착했을 때, 이미 한반도에 들어와 있던 중공군은 그들의 후방에 있었다. 압록강이 얼어붙자 그 위로 엄청난 수의 중공군이 계속 한반도로 투입되었다.

다. “이제는 남북한 동포들이 다시는 흩어져서 살지 말자” 이승만이 그렇게 외쳤다. 시민들이 환호성을 질렀다. 이제 남은 것은 압록강까지 진격하는 일뿐이었다. 모두의 가슴 속에 한반도의 완전한 통일에 대한 희망이 뭉게뭉게 솟아오르고 있었다.

새로운 적과 만나다

평양 탈환의 기쁨은 잠시 뒤로 하고, 유엔군과 대한민국 국군은 다시 국토의 완전한 회복을 위해 북진을 계속했다. 압록강에 가장 먼저 도착한 부대는 국군 제 6사단이었다. 이들이 청천강을 넘었을 때 북한군 500여명은 국군이 그토록 빨리 진격해 올 줄은 꿈에도 모른 채 인근 주막에서 밥을 먹고 있었다. 그들 가운데는 북한 사단사령부 소속의 군관이 13명 포함되어 있었다. 불시에 들이닥친 국군에게 이들은 저항 한 번 제대로 못해보고 항복할 수밖에 없었다. 이들을 급습함으로써 아군은 매우 귀중한 전리품을 얻을 수 있었는데, 그것은 바로 북한 전역의 지도였다. 당시 미군은 지도를 충분히 가지고 있었지만 국군은 일선 부대에까지는 상세지도가 충분히 보급되지 않고 있었다. 그렇게 북한 전역의 지도까지 전리품으로 챙기면서 계속 북진을 한 제 6사단 선봉부대는 마침내 1950년 10월 26일 새벽 압록강에 도착했다.

그런데 이날 국군 제 6사단 7연대가 감격에 겨워 압록강 물을 수통에 담을 무렵, 근처에서 벽동을 향해 진격하던 제 6사단 2연대는 동림산 근처에서 불의의 기습을 받고, 정체 불명의 적 부대와 격전을 벌이게 됐다. 제 3대대가 기습을 받고 분산되자 즉시 제 2대대를 투입했지만 적 부대의 공격은 만만치 않았다. 손쉽게 전세를 뒤집을 수 없었다. 이때까지 패주하기에 급급했던 북한군의 반격이라고는 생각할 수 없을 정도로 강력했다.

그러다 이날 제 6사단 2연대는 알아들을 수 없는 말을 하며 기묘한 복장을 한 적군을 한명 생포했다. 그의 말을 알아들을 수 있는 통역을 붙였다. 자신은 중공군이고 10월 19일부터 이곳에 매복하고 있었다고 했다. 제 6사단 2연대 부대 전체가 경악했다. 중공군이 참전한 것이었다. 그러나 놀라고 있을 틈도 없었다. 그날 오후 정체모를 대부대가 제 2연대 뒤의 퇴로에 있던 온정리를 점령해버렸다. 그리고 퇴로를 막은 적들은 아군부대를 향해 집중공격을 개시했다. 제 2연대는 순식간에 무너져버렸다.

아군 부대 중 가장 앞서 가던 제 6사단 예하의 모든 부대들이 거의 동시에 같은 일을 겪었다. 상황이 심상치 않았다. 제 6사단 지휘부는 당황했다. 안일하게 생각할 수 없는 상황이라는 것을 직감했다. 일단 10월 27일 압록강까지 진출한 제 7연대에게 철수명령을 내렸다. 정체 모를 대부대가 퇴로를 막고 있었기 때문에 가장 선봉에 섰던 제 7연대의 안위는 곧바로 풍전등화의 상태가 됐다. 통일을 바로 눈앞에 뒀다고 생각하던 바로 그 시점에서 제 6사단 7연대의 처지는 완전히 뒤바뀌었다. 다시 개전 무렵처럼

'살아남아 후퇴하는 것'이 최우선 목표가 되어버렸던 것이다.

한편, 제 6사단 좌측에서 운산을 공략하고 있던 국군 제 1사단도 10월 25일 11시, 갑자기 나타난 정체불명의 적 부대와 교전을 치렀다. 제 6사단과 마찬가지로 국군 제 1사단도 생포된 포로를 통해 중공군이 개입했다는 사실을 알게 됐다. 사단장 백선엽 준장은 상급자인 밀번 미 제 1군단장에게 사태의 심각성을 즉각 보고했다. 그러나 유엔군 사령부는 이를 심각하게 받아들이지 않았다. 오히려 미 제 10군단이나 제 8군 사령부는 백선엽의 보고에 대해 이렇게 답변했다. "중공군의 조직적인 개입은 있을 수 없다. 생포된 중공군은 아마도 북한군에 편입되어 있던 소수의 중공군이었을 것이다." 오히려 밀번 미 제 1군단장은 뜻하지 않은 중공군의 출현으로 국군 제 1사단이 공세를 늦춘 틈을 타서 11월 2일 미 제 1기병사단에게 국군 제 1사단을 추월해 선두에 서라는 지시를 내렸다. 하지만 그 지시의 결과는 비참하고도 뼈아팠다.

미군의 판단착오

9월 중순의 대반격 이후 미군은 너무나도 빠른 진격 속도에 스스로 도취되어 있었다. 전쟁이 장기화될 수도 있다는 생각은 전혀 하지 못했다. 병사들은 자기들끼리 크리스마스 전에 집에 돌아갈 수 있을 거라는 이야기

●

중공군이 개입한다는 건 이미 북한과 중국, 소련 사이에 약속되어 있던 일이었다. 유엔에서 중국의 개입을 비판하고 철수를 결의하려 했으나 이루어지지 않았다. 소련의 유엔 대사 말리크가 중국 철수 결의를 반대하는 의사 표시를 하고 있다.

를 나누곤 했다. 겨울용 보급품을 요청하기는 커녕, 갖고 있던 보급품까지 되돌려보냈다. 그렇게 미군들은 들떠 있었다. 당연히 적의 반격에 대해서는 심리적으로 아무런 대비가 되어 있지 않았다. 하지만 그러는 동안 전쟁의 상황은 급변하고 있었다.

동부전선에서도 비슷한 일이 벌어졌다. 동부 전선은 미 제 10군단이 담당하고 있었는데, 원산에 상륙한 제 10군단 예하의 미 제 1해병사단은 곧바로 장진호 진격작전에 투입됐다. 명령에 따라 11월 2일 장진호의 초입인 수동 일대로 진격한 미 제 1해병사단은 갑자기 출몰한 대규모의 중공군과 마주하게 됐다. 치열한 근접전투가 벌어졌다. 700여명의 중공군을 사살했지만, 미 제 1해병사단 역시 큰 희생을 치르게 됐다. 게다가 또 하나의 새로운 적이 나타났다. 추위였다. 어느 틈에 날씨는 영하 20도~25도까지 내려가는 혹한기가 되어 있었다.

그럼에도 미 제 1해병사단에게는 계속 진격하라는 명령이 떨어졌다. 이에 미 제 1해병사단의 선봉부대였던 제 7해병연대는 진흥리, 고토리, 하갈우리를 거쳐 11월 24일에 유담리까지 진격했다. 문제는 중공군 몇 개 사단이 장진호 일대에 은밀하게 포위망을 만들고 기다리고 있었다는 점이다. 제 7해병연대는 그 함정 안으로 서서히 빠져들고 있었다.

미군은 중공군이 참전했다는 초기 징후를 전혀 인지하지 못한 것은 아니었다. 미 제 7사단은 11월 2일 풍산까지 진출해 적을 격파했는데, 이때 자신들이 상대한 적은 북한군이 아니라 중공군이었다는 사실을 알게 됐다. 그러나 미군 수뇌부는 좀처럼 상황을 직시하려 하지 않았다. 11월 15일 풍산을 방문한 알몬드 미 제 10군단장은 계속해서 북진을 독촉했던 것이다. 명령대로 미 제 7사단 예하 미 제 17연대는 11월 21일 압록강변의 혜산진을 무혈점령하며 한국과 중국의 국경선에 도착한 두 번째 부대가 됐다. 그들이 압록강에 도착했을 때 압록강 물은 말라서 폭이 불과 2m 정도로 줄어있었다. 그 건너편에는 중공군이 보였다. 그땐 몰랐지만 앞으로 그들이 마주해야 할 강력한 적이었다.

중국의 참전준비

사실 중국은 이미 미 정부의 낙관적인 판단과는 달리 1950년 7월부터 8월 중순까지 린바오(임표)의 지휘에 따라 25만 여명으로 구성된 제 4야전군의 18개 사단을 압록강 북쪽에 대기시켜 놓고 있었다. 한반도와 관련해서 그때까지 변함없는 중국의 입장은 '순망치한'이었다. 입술을 잃으면 이가 시리듯, 북한이 유엔군 등에 의해 점령되면 중국은 적대국들과 국경을 마주할 수밖에 없게 된다. 그러니 북한을 돕는 것은 당연했다. 그러나 그때는 북한군이 신나게 남진하고 있을 때였다. 그랬기 때문에 김일성은 그들이 필요 없었다.

하지만 인천상륙작전 이후 북한이 서울에서 쫓겨나게 된 9월 말이 되자 김일성은 다급해졌다. 김일성과 박헌영은 공동명의로 스탈린에게 긴급지원을 요청했다. 문제는 중국의 태도였다. 중국 수상인 저우언라이는 9월 30일 "중국 가까이에 적대세력이 근접하는 것을 용인하지 않겠다."는 것은 분명히 했지만, 이 말이 직접적인 참전의 의사표시는 아니었다.

다급해진 김일성은 박헌영을 단장으로 하는 대표단을 10월 1일 베이징에 보내 중국의 지원을 요청했다. 스탈린 역시 주중 소련 대사를 통해 파병을 요청했다. 마오쩌둥은 이에 정치국 상임위를 소집해서 파병문제를 토의하도록 했다. 반대의견이 적지 않았다. 결국 결단은 마오쩌둥의 몫이 됐다. 몇몇 참모들의 전쟁불가 입장을 단칼에 자르고 마오쩌둥은 곧바로 파병과 참전을 결정해 버렸다. 북한을 잃으면 중국이 적대국과 직접 마주해야 한다는 '순망치한'론 이외에도 그가 전쟁에 뛰어들어야 할 진짜 이유들이 있었기 때문이었다.

마오쩌둥에게는 한국 전쟁에 개입해야 할 두 가지 진짜 동기가 있었다. 가장 중요한 이유는 참전의 대가로 소련으로부터 군수 산업 기술을 지원받을 수 있다는 점이었다. 그 당시까지 중국군의 주력은 육군이었다. 공군력과 해군력은 매우 미약했다. 자본도 없었고 기술도 턱없이 부족했다. 하지만 거대한 중국대륙을 다스리기 위해서는 공군력과 해군력의 보완이 시급했다. 6.25 남침전쟁에의 참전은 그걸 소련으로부터 받아낼 수 있는 절호의 찬스였다.

또 하나는 국공 내전의 잔재를 털어내는 일이었다. 마오쩌둥의 군대 내에는 장제스 치하에서 공산당과 싸웠던 국민당 출신이 수 만 명 이상 섞여 있었다. 국공 내전 중에는 이들의 항복을 흔쾌히 받아들였다. 그러나 국민당 세력이 대만으로 쫓겨 난 뒤로 이들 국민당 출신의 병사들은 마오쩌둥의 골칫거리가 됐다. 정예병사도 아니었는 데다가 사상적으로도 불순분자나 회색분자에 가까웠다. 6.25 남침전쟁은 그런 골칫거리들을 없애버릴 수 있는 좋은 기회였다.

마오의 머릿속 계산기는 이처럼 이미 결론을 내려놓고 있었다. 이에 마오는 일단 10월 3일 주중 인도 대사에게 "미군이 38선을 넘는 것을 결코 좌시하지 않겠다"고 전했다. 요식적인 명분쌓기에 들어간 것이었다. 10월 8일 마오는 동북변방군을 인민지원군으로 개칭한 뒤 펑떠화이(팽덕화)를 사령관으로 임명했다. 그리고 일주일 뒤, 10월 15일 마오는 펑떠화이에게 압록강을 건너 입북하라고 지시했다. 유엔군의 공식적인 북진개시일보다도 하루가 빨랐다. 중국은 그렇게 이미 전쟁에 개입할 모든 준비를 마쳐놓고 있었다.

마오가 이렇게 빠르게 결단하고 부대 이동을 지시할 수 있었던 건 스탈린의 지원 약속 때문이었다. 물론 순순히, 풍족하게 지원하지는 않았다. 10월 10일 마오는 1개 사단 규모의 공군 지원을 스탈린에게 요청했지만 스탈린의 대답은 단호했다. '소련은 참전할 수 없다.' 대신 10개 사단 규모를 움직일 수 있는 전쟁 물자 지원을 약속했다. 마오는 그와 같은 스탈린의 조치에 실망했다. 참전 여부를 재검토해볼 정도였다. 하지만 결국 지원이 부족해도 참전은 번복하지 않겠다는 결론을 내렸다. 미국의 지원을 받는 대한민국이 한반도 전역을 장악한 채 중국과 국경을 맞대는 일은 상상조차 하고 싶지 않았기 때문이었다.

1950년 10월 19일 마침내 중공군 12개 사단은 압록강을 넘었다. 그리고 그 다음날 지원군 사령부가 설치됐다. 이후 6개 사단이 추가로 압록강을 넘었다. 하지만 유엔군은 공군정찰을 통해서도 이 엄청난 규모의 중공군이 이동한다는 것을 파악하지 못했다. 중공군들은 저녁이 되면 이동을 시작했고 날이 밝으면 숨어서 휴식을 취했기 때문이었다. 그래서 최초로 대한민국 국군과 중공군 사이의 교전이 벌어졌던 10월 26일 경에는 이미 총 26만 여명의 병력이 한반도로 넘어와 있었다. 이들의 개입은 또 한 번 전쟁의 향방을 크게 뒤바꾸고 말았다.

운산의 비극

한반도의 전쟁에 뛰어들면서 원래 중국이 갖고 있던 전략은 청천강 하구와 홍남을 가로지르는 방어선(일명 평양－원산선)을 구축하는 것이었다. 유엔군이 아무리 빠르게 북진한다 해도 평양을 점령한 뒤에는 진격을 멈추고 잠시 정비할 시간을 가질 것이라 예상했기 때문이었다. 그런데 상황은 예상과 달랐다. 유엔군과 국군이 놀라운 속도로 압록강까지 진격해 들어왔던 것이다. 최초 계획을 수정할 수밖에 없었다.

중공군은 재빨리 매복-기습작전으로 전술을 바꿨다. 그러면서 우선 대한민국 국군을 노렸다. 비교적 화력이 떨어지는 국군을 먼저 기습해서 괴멸시킨 뒤 유엔군과 응전하겠다는 작전이었다. 그에 따라 중공군은 10월 25일 경부터 평안북도 운산지역에서 국군을 공격하기 시작했다. 이른바 '항미 원조 전쟁'의 제 1차 공세는 그렇게 시작됐다.

이로 인해 빠른 속도로 진격해 올라가던 국군 최전방부대는 최악의 상황을 맞게 됐다. 압록강가까지 도달한 최전방 부대 제7연대는 후방이 차단되면서 고립되어 버렸다. 그나마 불행 중 다행이었던 것은 국군 제 2군단의 주력이 중공군의 국군섬멸계획을 피할 수 있었다는 점이다. 중공군은 우리 국군을 섬멸하기 위해 매복하고 있었는데, 국군 제 2군단은 최전방 제 7연대를 섬멸하려는 중공군과 뜻하지 않게 곳곳에서 전투를 벌이게 됐다. 결국 알아서 분산, 탈출하라는 상부지시에 따라 국군 제 2군단은 재빨리 퇴각했고 그런 덕에 제 2군단의 주력부대는 보존될 수 있었다.

한편 이처럼 중공군이 참전 초기에는 주로 국군을 상대로 전력을 집중했기 때문에 미군은 중공군의 출현을 진지하게 받아들이지 못했다. 간신히 퇴각한 국군 제 2군단이 대규모 중공군의 출현 사실을 보고했지만 미군은 이를 패배한 군대의 변명 정도로 일축해버렸다. 미군 입장에서는 그런 대규모 중공군이 공중정찰에도 걸리지 않고 한반도에 들어와 있다는 걸 믿을 수 없었던 것이다. 하지만 이로 인해 미군은 더 뼈아픈 패배를 맛

봐야 했다.

앞서 언급했던 것처럼 국군 제 1사단 백선엽의 중공군 출현 보고를 묵살하고 진격을 계속한 미 제 1군단 소속 제 1기병사단은 10월 30일 운산에 도착했다. 그러나 단 하루 만에 적의 강력한 반격에 막혀 퇴각할 수밖에 없었다. 그 무렵 국군 제 2군단으로부터도 중공군의 출몰로 인해 붕괴의 위협이 있다는 보고가 올라왔다. 그제서야 미 제 1군단장은 제 1기병사단에게 진격을 멈추고 청천강 방어선까지 철수하라는 명령을 내렸다. 비로소 대규모 중공군의 개입을 미군이 명확하게 깨달은 것이었다.

하지만 이미 상황은 악화될 만큼 악화되어 있었다. 엄호를 하면서 철수할 수 있는 상황이 아니었다. 미 제 1기병사단의 각 부대들은 서로 긴밀하게 연락을 주고 받을 수 없을 만큼 드문드문 떨어진 채 넓게 포진해 있었다. 그로 인해 각 부대들은 서로 협조할 겨를도 없이 각개 격파를 당하면서 분산 후퇴를 할 수밖에 없었다. 고립된 아군을 구한다는 것은 상상도 할 수 없었다. 결국 운산에서 미 제 1기병사단의 제 8기병연대 3대대는 적진 속에 완전히 고립되어 버렸고, 밀번 군단장은 구출작전을 포기할 수밖에 없었다. 결과는 참담했다. 제 3대대원 800여 명 중 약 530여 명이 전사하거나 포로가 됐다. '운산의 비극'이었다.

인해전술의 공포

이때부터 중공군은 공포의 대상이 되었다. 그들이 사용하는 '인해전술' 역시 공포심을 자극했다. 6.25 남침전쟁에 참전한 중공군들은 보급을 충분히 받지 못했다. 그래서 가장 선봉에 선 군인들이 돌진하다 죽으면 그들이 떨어뜨린 총기를 뒤에 따르던 부대가 주워서 싸우는 경우가 종종 있었다. 게다가 이들은 진격을 할 때면 꽹과리를 치고 나팔을 불며 상대편의 혼을 쏙 빼놓았다. 그러면서 그들은 어디서부턴가 끝없이 나타났다. 중공군을 상대하는 유엔군과 국군에게 그런 모습은 공포를 자아내기 충분했다.

중공군의 병력이 아군보다 압도적으로 많았기 때문만은 아니었다. 다만 아군은 넓게 포진한 채 북상하고 있었던 데 반해, 중공군은 핵심지역에 병력을 집중해서 아군의 일부 병력을 상대로 포위 섬멸전을 펼쳤기 때문이었다. 그래서 중공군의 공격을 당하는 부대 입장에서 보면 끝도 없이 밀려드는 '사람의 바다'와 맞닥뜨리는 절망감이 들었던 것이다.

그렇다고 국군이 속절없이 무너져 내리기만 했던 것은 아니었다. 중공군 투입이 확인되면서 청천강 방어선으로 후퇴할 때 아군 역시 치열한 지연전을 펼쳤다. 특히 예비부대였던 제 7사단의 활약은 눈부셨다. 제 7사단은 국군 제 2군단이 붕괴되며 후퇴하자 청천강 상류지역의 비호산에 긴급히 투입됐다. 거기서 중공군 제 38군을 맞아 치열한 고지 쟁탈전을 벌였는데, 끈질긴 교전 끝에 11월 6일 마침내 중공군을 후퇴시키는 개가를 올렸다. 중공군과의 전투에서 거둔 첫 승리였다.

게다가 제 7사단이 거둔 승리는 자칫 퇴로가 차단되어 괴멸될 수 있었던 제 8군 전체를 구한 결정적인 전투였다. 훗날 밝혀진 것이지만 그 당시 중공군은 딱 몸에 지닐 수 있는 보급품 정도만을 갖고 전투에 투입됐다. 그랬기 때문에 중공군들은 모든 것을 집어삼킬 듯 폭풍같이 몰아치다가도 일주일 정도만 지나면 전투역량이 급속히 떨어졌다. 그때마다 곧바로 보급과 정비를 해야 했다. 비호산 전투에서 제 7사단은 중공군 제 38군을 며칠 동안 묶어둠으로써 중공군이 보급과 정비를 위해 더 이상 공세를 계속할 수 없게 만들었던 것이다. 그 덕분에 아군은 좀 더 안전하게 후퇴할 수 있었고, 청천강 유역의 방어선을 구축할 때쯤에는 중공군의 공세가 비록 일시적이긴 하지만 일순간 사라져 버렸다.

하지만 이 잠시 동안의 소강상태가 또 한 번의 패배를 불러왔다. 유엔군은 잠시 중공군의 공세가 주춤한 기간 동안 부대를 재정비한 뒤 다시 반격에 나서기로 결정했던 것이다. 그리고 11월 24일 아군의 총공세가 시작됐다. 오랜 국공내전을 통해 단련된 중공군 수뇌부는 노련했다. 이들의 전략전술은 유엔군 진격부대의 머리꼭대기에 있었다. 그들은 유엔군이 잠시 재정비를 마친 뒤 반격해 들어올 것을 예측하고 유인작전을 펼쳤다. 유엔군의 공세가 시작되자마자 은밀히 진격해있던 서부 전선의 중공군 18개 사단과 동부전선의 중공군 12개 사단이 아군을 에워쌌다. 이른바 '항미 원조 전쟁' 제 2차 공세의 시작이었다.

야심차게 반격을 시작했던 국군 제 2군단부터 다시 한 번 속절없이 무너졌다. 제 8군 전체가 위기에 처하게 됐다. 이때 제 8군의 붕괴를 막은 것은 터키 부대였다. 야지시 준장이 지휘하는 5천 여 명의 터키 정예부대는 중공군의 남진을 막기 위해 출전해 네 배가 넘는 중공군 병력을 맞아 3일을 막아냈다. 병력의 절반을 희생시키면서도 물러서지 않았다. 그들의 분전 덕에 제 8군은 또 한 번 괴멸을 피하고 후퇴하여 청천강 방어선을 지킬 수 있었다. 맥아더는 총공세의 실패 이후 미 국무부에 이렇게 보고했다. "우리는 전혀 다른 새로운 전쟁에 직면하게 됐다."

그물을 찢은 물고기

중공군에 밀려 아군은 일단 청천강 방어선까지 후퇴했지만, 이것도 계속해서 지켜낼 수 있는 상황은 아니었다. 곧바로 제 8군은 평양-원산 라인까지 물러나야 했다. 물러나는 것조차 쉽지 않았다. 병력이 후퇴한다는 것을 눈치챈 중공군은 재빨리 병력을 기동시켜 후퇴하는 아군을 에워싸고 섬멸작전을 펼쳤기 때문이었다. 군우리-순천 방향으로 철수하던 미 제 2사단이 제물이 됐다. 협곡을 따라 철수하던 미 제 2사단은 협곡 양쪽에 매복해있던 중공군으로부터 불시에 기습을 받았다. 10킬로미터의 협곡을 통과하는 동안 3천 여 명의 사상자가 발생했다. 미 제 2사단은 모든 장비를 버리고 도망칠 수밖에 없었다. 그나마 중공군이 개인 소화기만을 갖고 있었기에 망정이지, 화력이 충분했다면 부대 전체가 몰살을 당할 수도 있었던 끔찍한 순간이었다.

중공군의 포위 섬멸작전은 이토록 무서운 것이었다. 그러나 중공군의 포위 섬멸작전을 뚫어낸 부대도 있었다. 바로 미 제 1해병사단이었다. 인천상륙작전의 주력부대였던 미 제 1해병사단은 최종공세 작전 때 동부전선의 장진호 근처에서 북진 중이었다. 이들의 임무는 북진하면서 서부전선의 제 8군과 연결되는 것이었다. 그런 미 제 1해병사단을 중공군 제 9병단이 포착했다. 중공군 9병단은 순식간에 10배가 넘는 병력으로 미 제 1해병사단을 '그물에 잡힌 물고기'처럼 포위했다. 괴멸은 시간문제인 것처럼 보였다.

그러나 미 제 1해병사단은 '만만한 물고기'가 아니었다. 11월 30일 철수명령이 떨어지자 이들은 중공군 4개 사단 병력의 공세를 물리쳐가며 12월 4일 미리 활주로를 닦아놓은 공군기지로 후퇴했다. 총 8개 사단 병력의 중공군이 포위하고 있었기 때문에 사령부에서는 장비를 포기한 채 병력만 공중수송을 통해 철수하라고 지시했다. 그러나 미 제 1해병사단의 스미스 사단장은 이를 거부했다. '공중으로 철수할 경우, 2개 대대가 잔류해야 합니다. 그들만을 사지에 남겨두고 떠나는 것은 미 제 1해병사단의 치욕입니다.' 스미스 사단장은 부상자만 수송기로 탈출시켰다. 그런 뒤 부대원들을 독려했다. "우리는 철수를 하는 것이 아니다. 후방에 우리의 퇴로를 막고 있는 적을 향해 공격해 들어가는 것이다."

하지만 중공군 입장에서도 '그물 안에 들어온' 미 제 1해병사단의 섬멸은 중요한 일이었다. 미 제 1해병사단은 미군 중에서도 역사와 전통으로 봤을 때 첫손가락에 꼽히는 최고의 정예부대였다. 만약 이들을 괴멸시킨다면 미국 본토는 엄청난 충격에 사로잡힐 게 분명했다. 전쟁의 기세 차원에서도 반드시 섬멸해야 할 부대였다. 그랬기에 중공군 제 9병단은 새로 4개 사단 병력을 투입하며 공세를 강화했던 것이다.

때는 혹한의 겨울이었다. 영하 30도의 뼛속까지 스며드는 추위와 끝을 알 수 없이 덤벼드는 중공군들은 미 제 1해병사단을 지옥으로 몰아넣고 있었다. 그러나 그들이 정예부대 중에서 최정예부대인 것은 분명했다. 미 제 1해병사단은 지옥의 문턱에서 사투를 벌이며 황초령을 넘어 함흥으로, 함흥에서 흥남까지 마침내 철수할 수 있었다. 393명이 전사했고 2,152명이 부상을 당했으며 76명이 실종되는 참혹한 피해를 입긴 했다. 그러나 그들은 대신 자신들을 둘러쌌던 '그물'을 찢어버렸다. 미 제 1해병사단을 포위섬멸하려 했던 중공군 제 9병단은 부대 괴멸에 가까운 엄청난 피해를 입고 말았다. 피해는 치명적이어서 이후 중공군 제 9병단은 더 이상 전투에 투입되지 못한 채 몇 달 동안 부대를 재정비할 수밖에 없었고, 결국 중공군의 '제 3차 공세'에도 투입될 수 없었던 것이다.

흥남철수

미 제 1해병사단이 혁혁한 전공을 올리며 중공군의 포위망을 뚫고 철수했지만, 그 무렵 유엔군은 큰 충격에 사로잡혀 있었다. 아군의 총공세가 실패로 돌아간 데다 그 와중에 제 2사단은 괴멸됐기 때문이었다. 워커사령관은 결국 12월 4일 평양에서 공식적으로 철수하기로 결정했다. 중공군에 대한 정보가 거의 없는 상태에서 아군은 연전연패하고 있었다. 그대로 평양을 고수하는 것은 무리였다. 일단 중공군과의 교전을 피하면서 임진강 라인까지 후퇴한 뒤 전열을 가다듬을 생각이었다. 다행히 제공권은 유엔군이 장악하고 있었다. 때문에 중공군은 폭격이 힘든 밤에만 이동했다. 게다가 중공군은 보급 문제 때문에 오랜 기간 빠르게 기동할 수 없었다. 그로 인해 큰 피해 없이 상당한 거리차를 두고 후퇴할 수 있을 것이었다. 미 제 8군은 평양의 각종 보급품과 시설을 파괴한 뒤 신속하게 철수했다. 그 결과 12월 6일 텅 빈 평양으로 중공군이 무혈입성했을 때, 평양부터 38선까지 약 200킬로미터의 광활한 지역 역시도 '무주공산'이 되어 있었다.

문제는 부대의 후퇴에 따라붙은 피난민들의 행렬이었다. 1945년 북한지역에 소련이 들어오면서부터 공산주의를 몸으로 겪어왔던 북한 사람들은 상당수가 남으로 따라가길 원했다. 살고 있던 땅과 모든 것을 버리고 자유 대한민국의 품으로 가고자 했다. 그만큼 공산치하는 치가 떨리는 경험이었다. 그런 피난민이 수십만이었다. 그들은 대동강을 건너기 위해 파

홍남 부두에 빼곡하게 모인 피난민들과 배에 숨쉴 자리도 없이 올라탄 모습. 한국군의 김백일 장군은 피난민을 버리고 간다면 자신도 가지 않겠다며 미군을 설득했고, 세계사에 유례 없는 인도적인 수송 작전이 막을 열었다.

괴된 철교에 매달렸다. 여인네들은 한 아이는 업고 한 아이는 손을 잡고 머리에 짐을 지고 꽁꽁 얼어붙은 길을 나섰다. 유엔군 상당수는 신속히 철수했지만, 일단 피난민들이 따라붙은 부대는 그들을 그대로 버리고 갈 수 없었다. 기나긴 피난민들의 행렬을 호위해야 했다. 남으로 내려갈수록 점점 피난민들의 규모는 커져갔고 부대의 철수는 힘들어졌다.

육로로 피난민들을 인솔하는 것은 그래도 그나마 나은 경우였다. 미 8군이 평양을 내주고 후퇴하자 홍남 일대에 있던 미 제 10군단과 국군 제 1군단이 고립될 위기에 처하게 됐다. 그들을 내버려둘 수는 없었다. 이에 맥아더는 12월 8일 해상철수 작전을 지시했다. 알몬드 제 10군단장은 이에 중공군의 공격을 막기 위한 방어진지를 설치하며 후퇴작전을 준비했다. 홍남 앞바다에는 항공모함 7척, 전함 1척, 순양함 2척, 로켓포함 3척이 배치됐다. 이때부터 철수작전을 벌이는 홍남으로 중공군이 진격해 들어오는 것을 막기 위한 엄청난 포격이 퍼부어졌다.

해군의 함포사격과 전투기의 공중지원 덕에 중공군이 섣불리 홍남으로 치고 들어올 수는 없었지만 시간이 많지 않았다. 반면 철수해야 할 병력은 엄청난 규모였다. 아군 병력은 약 10만 명, 차량은 약 1만 8천대, 전투물자 3만 5천 톤이었다. 동원된 수송선은 125척이었는데 그것만으로는 턱도 없이 모자라서 대다수의 배들이 2회 이상 운행을 해야 했다. 12월 12일 영웅적인 장진호 전투를 치르며 중공군 제 9병단을 격파한 미 제 1해병사단이 가장 먼저 철수를 시작했다. 높은 전공만큼이나 심각한 타격을 입었기 때문이었다. 한편 홍남 남쪽의 연포 비행장에서도 전격적인 항공 철수 작전이 함께 진행되고 있었다.

문제는 여기서도 피난민들이었다. 중공군이 참전했을 때 아군의 철수와 함께 북한을 떠나 남으로 향한 피난민의 규모는 약 2백만 명이었다. 그 중 홍남부두로도 수십만 명이 몰려들었다. 미군은 대략 수 천 명 정도를 예상했다가 예상 외로 어마어마한 피난민이 몰려들자 당황하며 난색을 표했다. 그들을 데리고 가기 힘들 것 같다는 거였다. 원칙상 미군의 판단은 틀린 게 없었다. 자칫 감정적으로 피난민들을 철수시키다가 어떤 재앙이 닥칠지 몰랐다. 자칫 시간을 지체하다가 중공군이 밀고 들어오면 철수 중이던 병력 상당수가 떼죽음을 당할 수도 있었고, 운송 중에 배가 침몰하면 수천 명이 한꺼번에 물고기 밥이 될 수도 있었다. 그래서 군사작전에서는 철수시 피난민들을 버리고 가는 것은 기본적인 원칙이자 상식이었다.

하지만 국군들이 강하게 밀어붙였다. 단 한명이라도 더 태울 수 있으면 태워야 한다고 미군들에게 호소했고 만나는 관계자들을 설득했다. 결국 철수작전에 투입된 선박들 대부분은 배의 침수위험선을 넘겨 간신히 침몰을 면할 정도까지 피난민들을 태웠다. 최대 수용인원의 세 배를 태운 배도 적지 않았다. 미군과 국군의 혼신을 다한 철수작전은 마침내 병력 10만, 피난민 9만 8천을 무사히 후방으로 수송할 수 있었다. 홍남철수는 이렇듯 눈물과 감동의 철수작전이었다.

그렇게 약 열흘에 걸쳐 철수 및 수송작전이 실시됐고 12월 24일 14시

30분, 마지막으로 남아있던 엄호부대 및 폭파요원들이 해안을 떠났다. 이들이 떠난 뒤 몇 분 후 홍남항에서 커다란 폭발이 일어났다. 전투물자와 항만시설을 공산군이 사용하지 못하도록 폭파시켰던 것이다. 10월 1일 감격의 북진을 시작했던 아군 가운데 마지막 병력이 철수하는 순간이었다. 맥아더는 크리스마스 전까지 전쟁을 끝내고 싶어 했지만 38선을 넘어 북진한 지 불과 85일 만에 전쟁은 다시 원점으로 돌아가고 말았다.

기적의 배

한편 미군과 국군이 혼신을 다해 민간인들까지 피난시킨 홍남철수 작전은 아름다운 이야기 하나를 남겼다. 제 2차 세계대전 당시 건조된 작은 화물선 SS 메러디스 빅토리 호, 바로 이 배에 얽힌 이야기다.

1950년 12월 전쟁물자를 수송하기 위해 부산항으로 들어온 메러디스 빅토리 호는 곧바로 피난민 철수를 돕기 위해 홍남부두로 향했다. 이 배는 정원이 60명이었고, 승무원은 47명이었다. 태울 수 있는 인원은 13명뿐이었다. 그런 메러디스 빅토리 호의 선장 라루에게 당시 미 제 10군단의 민사고문으로 있던 한국인 의사 현봉학이 간청했다. '최대한 많이 태워 주십시오. 부두에 남겨진 사람들은 어찌 될지 모릅니다. 제발 부탁합니다.'

라루가 홍남부두에 도착해보니 피난민 수 만 명이 자유를 찾아 남으로 갈 수 있게 해달라고 울며불며 매달리고 있었다. 빅토리 호의 선장 라루는 독실한 가톨릭 신자였다. 피난민들의 절박한 모습을 본 그가 마침내 결단을 내렸다. "눈에 보이는 모든 사람들을 한 명도 빠짐없이 구출합시다." 라루는 선원들에게 그렇게 말하고는 배에 있는 짐을 모두 다 버리게 했다. 그런 다음 한명씩 한명씩 피난민들을 태웠다. 정원 60명인 배에 그렇게 해서 올라탄 인원은 놀랍게도 1만 4천명이었다. 마치 콩나물 시루처럼 배 전체에 사람이 가득 들어섰다. 간신히 배가 물에 뜰 정도가 됐을 때에야 라루는 출발명령을 내렸다.

배에는 가능한 한 많은 사람을 태우기 위해 먹을 음식도, 마실 물도 싣지 못했다. 화장실에조차 피난민이 들어차 있어서 용변 볼 곳도 없었다. 지독한 추위와 극심한 허기, 코를 파내는 듯한 악취를 참아야 했다. 영어를 할 줄 아는 사람이 없어 선원들과 피난민들 사이에 의사소통을 가능하게 해줄 통역도 없었다. 이런 배가 그 어떤 불미스러운 사건 하나 없이 3일간의 항해 끝에 12월 24일 부산항에 도착했던 건 기적이었다. 아쉽게도 부산항은 이미 피난민과 배로 가득 차 있어서 입항이 거절됐지만 신의 가호를 입은 듯 메러디스 빅토리 호는 거기서 50여 마일을 더 항해해 그 다음날인 크리스마스날 무사히 거제도에 도착했다. 라루 선장이 보기에 숱한 기뢰를 피해, 좌초의 위험을 넘어 1만 4천명의 피난민을 안전하게 철수시킨 건 하나님께서 만든 기적이 분명했다. 게다가 그 발 디딜 틈 없는 배 안에서 5명의 새 생명이 태어났다. 그리고 그 아기들은 거제도에 도착할 때까지 전부 무사했다. '신의 가호'가 없이는 불가능한 일이었다.

라루의 메러디스 빅토리 호, 이 작은 배가 보여준 위대한 인도적 행위는 전 세계를 감동시켰다. 미국 의회는 메러디스 빅토리 호에 '갤런트 상'을 수여했고, 미국 교통부는 '인류 역사상 가장 위대한 구출을 한 기적의 배'로 칭송했다. 대한민국 정부도 라루 선장에게는 을지무공 훈장을 수훈했고, 선원들에게는 대한민국 대통령 표창을 수여했다. 메러디스 빅토리 호는 6.25 남침전쟁이 끝난 후로도 20여 년 가까이 운항하다가 1993년 중국에서 아쉽게도 폐기되었다. 대신 거제도 포로수용소 유적공원에는 그 모형이 세워져 그 배가 이뤄낸 영웅적인 성과를 지금도 기리고 있다. 선장이었던 라루는 전쟁이 끝난 뒤 수도원에 들어가 수도사가 되었다. 마리너스 수사가 된 라루 선장은 이후 뉴 저지주의 아주 작은 '성 바오로 수도원'에서 평생을 보냈다. 같은 베네딕토회에 속한 한국의 왜관수도원은 라루와 한국의 인연을 소중히 여겨, 인원이 부족해 폐쇄 위기에 처한 이 작은 수도원에 지금도 계속 수도사를 파견하고 있다.

워커의 죽음, 그리고 리지웨이의 부임

전쟁 중에는 '메러디스 빅토리 호' 이야기처럼 감동적인 사건들도 일어나지만, 때론 너무나 어처구니 없는 일도 벌어지곤 한다. 6.25 남침전쟁의 영웅 중 하나였던 워커 장군의 죽음이 그런 경우였다. 흥남부두에서 인류 역사상 유례를 찾기 힘든 대탈출의 드라마가 만들어지고 있을 때, 후방에서는 어이없는 사고가 벌어졌다.

제 8군 사령관 워커는 그 당시 일선 부대의 사기가 떨어져 있는 것을 보고 예하 부대를 일일이 찾아다니며 아군을 격려하고 있었다. 크리스마스를 이틀 앞둔 12월 23일 워커는 평소처럼 예하부대를 시찰하며 병사들을 독려한 뒤, 아들 샘 워커 대위를 축하해주기 위해 지프를 타고 부대를 떠났다. 그의 외아들 샘 워커 대위 역시도 6.25 남침전쟁에 참전하고 있었는데, 얼마전 낙동강 방어전에서 세운 공로로 대한민국 정부로부터 은성무공훈장을 수훈했던 것이다. 그런데 워커 장군이 탄 지프차가 도봉동 근처를 지날 때 어이없는 일이 벌어졌다. 남하하던 국군 제 6사단 소속의 트럭 한 대가 워커 장군이 탄 지프차를 덮쳤던 것이다. 지프차에 타고 있던 워커 장군은 현장에서 즉사하고 말았다. 제 2차 세계대전 당시 패튼 장군 휘하에서 기동전의 대가로 이름을 날렸던 맹장 워커, 6.25 남침전쟁에서 낙동강 방어작전을 성공적으로 이끌며 대한민국을 수렁에서 건져낸 방어전의 명장 워커는 그렇게 허무하게 최후를 맞이하고 말았다.

워커의 전사 소식을 들은 맥아더는 장군의 아들 샘 워커 대위를 소환해 그 소식을 알렸다. '아버지가 전사했다. 그의 유해를 알링턴 국립묘지로 모시고 가 안장하라.' 그렇게 지시했다. 하지만 아들 샘 워커 대위는 강직한 군인이었다. 그 자리에서 맥아더의 지시를 거절했다. '저는 후퇴 중인

●

맥아더와 함께 있는 워커(맨 오른쪽)의 모습. 미 국무구가 최악의 경우 한반도를 포기하는 것을 고려하고 있을 때 워커는 "버티거나 죽어라(Stand or Die!)"를 외치며 낙동강 전선을 막아내었다. 제2차 세계대전 당시 기동전의 대가였던 그가 방어전의 대가로 변신한 것이었다. 방어전과 반격에 성공했으나 예상치 못한 중공군의 개입으로 새로운 사태가 벌어졌을 때 그는 명예 회복을 할 시간도 없이 불의의 사고로 안타까운 목숨을 잃었다. 그러나 그의 아들 샘 워커는 훗날 아버지의 뒤를 이은 훌륭한 군인으로서 미 육군 사상 최초의 부자 대장 탄생이라는 자랑스러운 역사를 만들었다.

부대의 일선 보병 중대장입니다. 이런 긴박한 시점에서 중대장이 교체되는 일은 있을 수 없습니다. 유해 운구는 담당자들에게 맡기고 저는 전선으로 돌아가겠습니다.' 그는 군인으로서의 책무를 명예롭게 다하고 싶었던 것이다. 하지만 맥아더는 충성스런 군인이었던 아버지와 그를 쏙 빼닮은 외아들이 같은 전쟁에서 둘 다 전사하게 만들 수는 없다고 생각했다. 맥아더는 샘 워커 대위의 말을 단호하게 잘랐다. "이것은 명령이다." 그리고는 방을 나가 버렸다.

군인이 상급자의 명령을 거역할 수는 없었다. 샘 워커 대위는 맥아더의 명령대로 아버지의 유해를 미국으로 운구해 알링턴 국립묘지에 안장했다. 하지만 그는 장례식이 끝난 뒤 곧바로 한반도로 돌아왔고 전쟁이 끝날 때까지 전선에서 복무했다. 그 아버지의 그 아들이었다. 그는 훗날 베트남 전쟁에도 참전했고 1977년 그때까지 미국 역사상 가장 젊은 나이에 4성 장군이 됐다. 아버지와 아들이 모두 대장 계급에 오른 경우는 워커 부자를 포함해 미국 역사상 단 두 번 밖에 없는 일이었다.

한편 맥아더는 워커 장군의 후임으로 당시 미 육군본부 작전 및 행정 참모부장이었던 리지웨이를 후임으로 지명했다. 맥아더의 선택은 탁월했다. 리지웨이는 제 2차 세계대전 당시 유럽 전선에서 수많은 공을 세운 전형적인 야전 지휘관이었다. 그는 12월 26일 대구에 도착하자마자 임무 수행에 돌입했다. 도착 즉시 부대 현황을 파악한 뒤 곧바로 그는 이승만 대통령을 찾아갔다. "저는 유엔군을 철수시키러 온 사람이 아닙니다. 이곳에 머물며 싸우기 위해 왔습니다." 리지웨이는 그렇게 이승만의 마음을 열고 신뢰를 심었다.

그런 다음 사기가 떨어져 있던 최전방 부대를 직접 순시하며 병사들의 사기를 북돋웠다. 그런 그의 양쪽 가슴에는 항상 두발의 수류탄이 매달려 있었다. 그것은 결전의 의지였고, 그런 리지웨이의 진심은 병사들의 마음에 가 닿았다. 중공군에게 대패해 침체됐던 부대의 분위기는 점차 활기차게 바뀌어가기 시작했다. 대구지역에 내려가 있던 참모들도 다시 전방 지휘소인 서울로 모였다. 중공군의 개입으로 인해 역전된 6.25 남침전쟁의 전황을 다시 한 번 반전시킬 기회는 그렇게 모색되고 있었다.

제9장

1·4 후퇴와 재반격

1950년 12월 : 국민방위군 창설

1950년 12월 22일 : 미국 합참, 한반도 포기 계획 논의

1950년 12월 23일 : 워커 8군사령관 사망, 리지웨이 부임

1950년 12월 31일 : 중공군의 제3차 공세

1951년 1월 4일 : 서울에서 후퇴

1951년 1월 17일 : 최초의 휴전 논의를 중국이 거부

1951년 1월 31일 : 리지웨이, 적극적인 공세 명령

1951년 2월 11일 : 중공군의 제4차 공세와 지평리 전투

1951년 3월 : 반격의 시작

1951년 4월 11일 : 맥아더 원수 해임, 리지웨이 임명, 밴플리트 8군 사령관 부임

1951년 4월 22일 : 중공군 제5차 공세 실패, 전선이 고착됨

1951년 5월 16일 : 중공군 제6차 공세

1.4 후퇴

12월 중순 38선 근처까지 밀려 내려와 방어선을 만들고 있던 아군은 중공군이 제발 38선에서 멈춰주기를 기대했다. 아군이 북진해 올라갈 때 중공군이 요구한 것은 38선 이북으로 올라오지 말라는 것이었다. 그랬기에 중공군 역시 38선 부근에서 멈출지 모른다는 일말의 기대가 있었던 것이다. 꼭 그런 이유에서는 아니었지만 중공군의 펑떠화이도 38선을 2~3월 무렵이나 되어서 점령할 계획이었다. 남진 과정에서 연합사령부를 맡아 북한군도 함께 지휘하게 된 펑떠화이는 이제 실질적인 공산군 사령관이었다. 그런 그의 작전계획은 우선 38선 일대에서 전선을 형성하면서 부대를 재편한 다음에 차근차근 38선을 점령해 나간다는 것이었다.

그러나 전술의 귀재 마오쩌둥의 생각은 달랐다. '현재 한반도에 투입된 중공군에게 2~3개월 정도의 부대재편 시간이 필요한 건 분명하다. 그러나 지금은 때가 아니다. 지금 멈춰서는 안 된다. 유엔군은 지금 속절없이 후퇴하고 있다. 전열을 제대로 가다듬지도 못하고 있다. 바로 지금이 지체 없이 38선을 돌파해야 할 때다.' 마오쩌둥은 이렇게 생각했다. 그래서 일단 곧바로 38선을 돌파하여 서울을 점령한 다음에 부대를 재정비하라는 명령을 내렸다. 이 명령에 따라 12월 31일 모든 전선에서 중공군의 총공세가 시작됐다. 이른바 중공군의 '제 3차 공세'였다. 그리고 진정한 '인해전술'의 시작이었다.

중공군과 북한군의 연합군인 공산군은 반년전 1950년 6월 개전 당시 북한군이 사용했던 전략을 다시 한 번 활용했다. 모든 전선에서 일시에 진군해 들어가는 전략이었다. 이 전략은 무시무시했다. 펑떠화이의 지휘 하에 밀고 내려오는 중공군과 북한군의 수는 놀랍게도 50여 만 명이었다. 그야말로 '사람의 홍수'가 물 밀려들어오듯 덮쳐오는 것이나 다름없었다. 신임 미 제 8군 사령관 리지웨이는 적의 이와 같은 공세가 매우 심각하다고 판단했다. 곧바로 전부대를 한강-양평-홍천선으로 철수시켰다. 하지만 그것만으로는 모자랐다. 때는 겨울이어서 한강이 얼어붙어 있었다. 빙판위를 도보로 건널 수 있었다. 그렇게 되면 한강은 적의 공세를 저지할 장애물로써의 기능을 다할 수 없을 것이 분명했다.

결국 1월 3일 오후 서부전선의 아군들에게 평택—안성선으로까지 더 물러서라는 철수명령이 하달됐다. 그런 다음 1월 4일 아침부터 한강 이북의 모든 부대들이 임시교량을 이용해 차례차례 철수를 시작했다. 이른바

'1.4 후퇴'였다. 그러자 수많은 피난민들이 후퇴하는 아군 병력 뒤로 따라 붙었다. 엎치락 뒤치락 두어번 서울의 점령군이 바뀌는 것을 경험하면서 북한 공산치하의 비인간성을 절실하게 깨닫게 됐기 때문이다. 짧은 시간 공산주의 세상을 겪어내며 그들은 북한에 대한 환상을 깨끗이 내던져 버렸다. 그러니 그들에게는 무슨 수를 쓰든 국군을 따라 피난을 가는 것밖에는 다른 방도가 없었다.

국민방위군 사건

서울에 미련을 두지 않고 37도선까지 후퇴한 아군은 1월 6일 평택-안성 간에 설정된 방어선에서 중공군의 공세에 대비했다. 그러나 예상과는 달리 중공군은 서울에서 추격을 멈추었다. 마오의 지시대로 중공군은 서울을 점령한 후에 부대 정비에 들어갔던 것이다. 하지만 그런 중공군과는 달리 홍천-원주 쪽으로 내려오던 북한군은 멈추지 않고 계속 전진해 들어왔다.

이 지역은 국군 제 8사단과 제 3사단이 막고 있었다. 그 정면으로 북한군 2개 군단이 압박해 들어왔다. 문제는 그런 위기 상황을 맞았을 때 후방에서 암약하던 빨치산 부대가 아군의 배후를 공격해왔다는 점이었다. 북진 당시 후방에 고립된 인민군들을 처리하지 않은 후환이었다. 그들은 이렇게 결정적인 순간에 후방에서 아군을 괴롭히기 위해 산속에 숨어 때를 기다리고 있었던 것이다. 결국 1951년 1월 초 유엔군의 최대 관건은 서부 전선의 후퇴를 지연하는 것보다 우선적으로 원주를 지키는 것이 되고 말았다. 전선은 미군이 투입된 뒤에야 겨우 수습될 수 있었다.

그런데 아군이 37도선에 간신히 방어선을 만들어가고 있을 때, 후방에서는 어처구니 없는 일이 벌어졌다. 이른바 '국민방위군 사건'이 터진 것이었다. 상황은 이랬다. 1.4 후퇴가 시작되기 전 12월 경, 대한민국 정부는 국민총력체제를 구축한다는 명목으로 국민방위군을 창설했다. 중공군이 인해전술로 밀어닥치는 상황에서 많은 병력이 필요했던 것은 분명했다. 또 개전 초에 인민군이 밀고 내려올 때 수많은 젊은이들이 인민군에 강제 징집됐었다. 그런 일을 다시 겪을 수는 없었다. 대한민국 정부는 이에 만 17~40세의 남성을 대상으로 지원병을 모집했다. 그러자 너도 나도 자진 입대하겠다며 몰려들었다. 그 수가 50만 명에 달했다. 거기까지는 좋았다.

문제는 1.4 후퇴 과정에서 이 지원병들을 후방으로 이동시킬 때 발생했다. 국민방위군 간부들의 부패와 무능이 문제였다. 국민방위군 간부들이 가뜩이나 모자란 보급품들을 빼돌려 자기 배를 채우는데 써버렸던 것이다. 그 결과는 참혹했다. 추운 겨울날 이들에게 제대로 된 보급이 이루어지지 못하자 수많은 국민방위군들이 노상에서 굶어죽거나 동사하고 말았다. 약 10만 여명의 애꿎은 목숨이 싸워보지도 못하고 죽어나갔던 것이다.

이 사건으로 국방부 장관이었던 신성모가 물러났다. 그의 사위가 국민방위군 사령관이었기 때문이었다. 또한 이시영 부통령은 이 사건으로 정부에 실망하고 사표를 제출했다. 이승만 정부의 신뢰도가 크게 떨어졌다. 대한민국 건국 과정에서 뛰어난 판단력으로 위기를 돌파하며 건국을 주도했던 정치가 이승만은 이 시기에 들면서 자신의 심복들을 너무 믿다가 그를 지지했던 사람들을 실망시키기 시작했다. 1.4 후퇴 때 북한 체제를 거부하고 피난길에 오른 사람은 100만 명이 넘었다. 그만큼 대한민국 체제는 북한의 공산체제보다 국민들에게 신뢰를 받았다. 그러나 아직 대한민국 역시 갈 길이 멀었다. 국민방위군 사건은 그런 대한민국 체제의 현주소를 극명하게 보여주는 사건이었다.

새로운 전쟁 양상

한편 중공군이 개입하면서 6.25 남침전쟁의 양상도 변화하고 있었다. 1950년 11월 8일에는 압록강 너머 만주 기지에서 발진한 중공군 소속의 MIG-15 전투기가 미군 F-80 전투기를 공격하고 달아나는 사건이 발생했다. 세계 최초의 '제트기 공중전'이었다. 세계 전쟁사에 기록된 이 최초의 제트기 공중전은 아군에게는 충격적인 사건이었다.

6.25 남침전쟁에 미군이 개입한 이후로 해군력과 공군력에 있어서만큼은 유엔군과 국군이 북한을 압도해 오고 있었다. 그런데 중공군 소속의

최신 전투기 MIG-15가 나타났던 것이다. 게다가 미군의 주력 전투기였던 F-80은 몇 차례 교전 결과 MIG-15에 절대적으로 열세라는 것이 드러났다. 그러니 B-29 같은 폭격기는 MIG-15 전투기의 손쉬운 먹이감이 될 게 분명했다.

그런데 MIG-15기의 활동 양상이 묘했다. 미군의 주력 전투기 F-80보다 훨씬 뛰어난 성능을 가지고 있으면서도 MIG-15기는 주로 청천강 이북에서만 출몰했을 뿐, 그 이남으로는 내려오지 않았다. 그 이유는 훗날 밝혀졌다. 그 당시 MIG-15기를 몰았던 조종사들은 중공군 군복을 입고 있었지만 실제로는 소련조종사들이었다. 이들은 소련의 키릴 문자로 적은 중국어 대화내용을 조종간에 붙여두고 어설프게 중국어로 통신을 시도하며 중공군 조종사인 것처럼 위장했다. 이는 소련 당국이 전쟁에 본격적으로 참전하는 것을 극도로 부담스럽게 생각했기 때문이었다. 재미있는 것은 미국 역시 소련조종사들이 전투기를 몰고 교전하고 있다는 사실을 대강 알고 있었다는 점이다. 다만 미국도 소련과의 교전 사실을 정식으로 인정할 경우 소련이 본격적으로 참전할지도 모른다고 생각했기 때문에 모르는 척 했을 뿐이다. 그래서 실제로 소련 비행사가 포로로 붙잡힌 경우도 있었지만, 소련도 미국도 모두 공식적으로는 그런 일은 없었다며 발뺌했던 것이다.

한편 중공군의 참전으로 다시 아군이 38선까지 밀려 내려오게 되자 미국과 영국을 중심으로 한반도에서 철군하는 방안이 본격적으로 거론되기 시작했다. 12월 22일, 미국 합동참모본부는 아찔한 계획을 내부적으로 결정했다. "중국의 의도가 한반도에서 유엔군을 몰아내려는 것이 명백해진다면, 유엔군은 가능한 한 빠른 시간 내에 철수하도록 한다." 좀 더 자세히 살펴보면 이렇다. 중공군이 금강까지 진출하게 되면 한국 국민 일부를 제주도로 소개시킨 뒤 거기서 망명정부를 수립하도록 조치한 다음 유엔군은 한반도에서 완전히 물러난다는 계획이었던 것이다. 사실상 한반도를 포기한다는 뜻이었다. 충격적이고 아찔한 계획이었다. 당시 대다수의 한국인들은 이런 사실이 논의되고 있는지 조차 모르고 있었다.

그걸 막은 사람이 맥아더였다. 맥아더는 그와 같은 철수계획에 대해 강력하게 반발하고 나섰다. 맥아더가 6.25 남침전쟁에서 어떤 '전공'을 거두었는지에 대해서는 여러 연구에 의해 비교적 객관적인 평가가 이루어지고 있다. 그래서 그는 위대한 군인인 동시에 형편없는 군인이기도 했다는 평가를 받는다. 그러나 적어도 대한민국의 입장에서 본다면 맥아더는 가장 위대하고 고마운 미국 군인임에 틀림없다. 그것이 개인적인 명예를 위한 것이었든, 아니면 그의 호전적인 성향 때문이었든, 맥아더는 합참의 철수계획에 대해 물러서지 않고 오히려 더 파격적인 주장을 내세우며 대한민국을 지켜냈기 때문이다. 맥아더는 '중국 해안 봉쇄, 중국 본토에 대한 폭격, 타이완 군의 참전 및 중국 본토 상륙공격' 등을 허용해야 한다는 파격적인 주장을 펼쳤다. 그는 제 2차 세계대전의 영웅이었다. 맥아더에 대한 미국 국민들의 신뢰는 대단했다. 게다가 군부와 정계에는 수많은 지지자들이 있었다. 그런 맥아더가 그토록 강경한 태도로 트루먼 행정부의 계획을 거부하고 나선 것이었다. 그러니 트루먼으로서는 곤혹스러울 수밖에 없었다.

이렇게 맥아더와 트루먼의 대결이 서서히 달아오를 무렵, 참전국들 내에서는 영국의 주도로 '명예로운 휴전'이 본격적으로 논의되기 시작했다. 정치적으로는 '철군'과 '확전'의 중간형태인 셈이었다. 그렇게 논의를 거친 휴전협정은 1.4 후퇴 이후 중국에게 제안되었다. 그러나 1월 17일, 당시 3차례의 공세에서 모두 승리를 거두며 군사적으로 우위에 서 있다고 생각한 중국은 휴전을 단호히 거부했다. 중공군은 3차례의 공세를 승리로 이끌긴 했지만 전력 소모가 상당히 커서 당장 공세를 펼칠 여력은 부족한 상태였다. 그러나 중국은 조금만 더 전쟁을 끌고 가면 승리할 수 있을 거라는 자신감에 가득 차 있었다.

유엔군의 철군계획과 명예로운 휴전에 대한 논의는 대한민국으로서는 새로운 위기 사태였다. 다행인 것은 이런 위기상황에서 아군이 적을 잘 몰랐던 만큼이나 적도 아군을 몰랐다는 점이었다. 당시 유엔군의 생각은 평택—삼척에 형성된 전선으로부터 불과 50킬로미터 떨어진 금강까지 밀려난다면 즉시 철군하겠다는 것이었다. 그런데 중공군은 서울을 점령한 후 공세를 딱 멈춰버렸다. 서울을 점령하면서 부대의 힘이 완전히 소진됐기 때문이었다. 만약 그때 멈추지 않고 마지막 힘을 다해 밀어붙였다면 그걸로 전쟁은 끝났을지도 모른다. 그리고 그렇게 됐다면 지금의 대한민국은 존재하지 않았을 것이다. 그런데 중국은 그런 사실을 전혀 몰랐다. 아군도 중공군을 과대평가해서 피하려고만 하고 있었지만, 중공군 역시도 유엔군이 위기상황에 빠져 그런 마음을 먹고 있는지는 전혀 파악하지 못하고 있었던 것이다. 그 덕에 대한민국이 살아남을 수 있었다.

울프하운드 작전

휴전이 이루어지건 철수가 이루어지건 리지웨이 장군이 할 수 있는 일은 없었다. 그보다는 국지적인 전투에서의 작은 승리를 얻기 위해서라도 최선을 다해 노력하는 것이 더 군인다울 뿐이라 생각했다. 리지웨이는 그냥 가만히 앉아서 철군명령을 기다리지 않았다. 대신 소규모라도 선공을 결심했다. 놀랍게도 그 결정이 천운의 시작이 됐다.

리지웨이는 일단 교전보다 수색정찰 중심의 작전을 펴기로 했다. 그는 1개 전차대대와 포병 및 공병이 배속되어 증편된 제 25사단 27연대에게 '울프하운드(wolfhound)' 작전으로 명명된 수색정찰 작전을 지시했다. 이에 따라 1월 15일 아침 제 27연대 전투단은 항공기의 엄호를 받으면서 평택-오산을 연결하는 1번 국도를 따라 수원 방향으로 수색을 개시했다.

그런데 이 수색정찰 작전에서 제 27연대는 중공군에 관한 놀라운 정보를 수집해왔다. 당시 중공군은 수원에서 이천을 연결하는 지역까지 진출

6.25 남침전쟁은 매 국면마다 전혀 다른 전쟁이었다. 지연전과 방어전, 그리고 반격전 이후 후퇴. 이제는 중공군의 대량 공세를 막아내며 재반격을 해야 할 때였다. 그리고 그 일을 하기에 가장 뛰어난 적임자가 바로 리지웨이였다. 워커의 뒤를 이어 미8군 사령관을 맡은 그는 곧이어 맥아더를 대신해 유엔군 사령관이 되면서 6.25 남침전쟁을 마무리짓는 과업을 끝까지 수행했다.

해 있었는데, 제 27연대는 중공군들의 화력지원과 보급수준이 예상외로 매우 열악하다는 사실을 파악해왔던 것이다. 그 얘기는 가까운 시일 내에 대규모의 공세를 재개할 수 없다는 뜻이었다. 교전에서 승리한 것보다 더 중요한 정보전의 개가였다. 그 당시 철군문제를 검토하기 위해 미 육군참모총장 콜린스 대장이 방한해 있었는데, 그도 울프하운드 작전을 관심 깊게 지켜보고 있었다. 그리고 그 작전결과 파악된 중공군에 관한 정보는 콜린스 대장의 마음을 흔들었다. 그런 콜린스 대장을 리지웨이가 설득했다. "중공군의 규모는 놀랍지만 화력과 보급수준은 매우 낮습니다. 중공군을 군사적으로 응징합시다." 마침내 콜린스 대장이 철군 대신 반격을 결정했다. 훗날 콜린스는 이렇게 회상했다. "철군 문제에 대해 내가 생각을 바꾸게 한 장본인은 바로 리지웨이 장군이었다."

곧바로 유엔군의 재반격, '썬더볼트'로 명명된 작전이 시작됐다. 1951년 1월 25일 오산과 여주를 잇는 라인에 정렬해 있던 미 제 1군단 25사단과 미 제 9군단 1기병사단부터 공격을 개시했다. 중공군 참전 이후 청천강 일대에서 있었던 크리스마스 공세 이후 꼭 두 달 만에 재개된 유엔군의 공세였다.

이 같은 유엔군의 공세는 중공군을 깜짝 놀라게 했다. 그 당시 중공군과 북한군 고위간부들은 차후 작전방향을 논의하면서 잠정적으로 '지난 3차례의 공세로 유엔군은 크게 타격을 입고 전의를 상실했다. 따라서 아마도 한동안 공세로 나오기 힘들 것이다.'라고 결론을 내렸다. 그에 따라 다소 안심하며 차후 작전을 모색하고 있던 중 뜻밖에도 유엔군이 빠르게 반격해오자 공산군 지휘부는 당황하지 않을 수 없었던 것이다.

한편 그런 가운데 리지웨이는 중공군의 공격에서 묘한 점을 포착했다. 리지웨이가 보기에 중공군의 기동은 전술적으로 납득이 가지 않았다. 미군 같으면 전선을 돌파하면 계속해서 적을 밀어붙여 숨쉴 틈을 주지 않는다. 적의 숨통을 끊을 때까지 몰아붙이는 것이 기본이다. 그러나 중공군은 거의 아군의 숨통을 끊을 것 같은 결정적인 순간에 항상 공세를 멈췄다. 한두 번이 아니라 그런 행동은 빈번하게 반복됐다. 생각이 거기까지 미친 리지웨이는 그런 중공군의 공세패턴을 분석하기 시작했다. 묘한 규칙성이 확인됐다. 중공군의 공세는 약 8일이 지나면 이상하다 싶을 만큼 약화됐다. 그런 다음 대략 1개월 정도의 시간이 지난 이후에 그 다음 공세가 시작됐다. 그때 울프하운드 작전으로 중공군의 보급상태를 파악한 정보가 입수되어 올라왔다.

그러자 모든 수수께끼가 풀렸다. '중공군의 보급능력은 형편없이 낙후되어 있다. 게다가 유엔 공군의 후방폭격이 그나마의 보급경로를 더 악화시켰다. 중공군의 세차례 공세가 모두 8일 정도만에 끝나고 한 달여를 지체하는 이유는 바로 보급 때문이었다.' 리지웨이는 이렇게 중공군에 대한 분석을 끝냈고, 곧바로 1월 25일 '썬더볼트 작전'을 펼치며 공세로 전환했던 것이다. 그런 다음 연이어 제 8군 예하의 전부대에게 1월 31일부터 적극적인 공세를 펼치도록 명령을 내렸다. '라운드 업 작전'으로 명명된 반격작전이었다. 1.4 후퇴 후 도망가기에만 급급했던 유엔군이 적군도 예상하지 못했을 만큼 작전방침을 백팔십도 바꿔서 적극공세에 나섰던 배경에는 이와 같은 리지웨이의 분석이 있었다. 또한 리지웨이는 그런 중공군에 대한 분석을 통해 얻은 확고한 자신감과 신념으로 콜린스 대장을 설득해서 한반도로부터의 유엔군 철군을 막을 수 있었다.

중공군의 반격도 만만치는 않았다. 양측의 싸움은 고지전으로 치달으며 더욱 격렬해졌다. 그렇게 되자 결국 리지웨이의 예상대로 전투는 보급에서 결판이 났다. 아군은 50여명의 한국인 노무자가 지게로 고지 위에까지 보급품을 실어날랐다. 반면 중공군은 그들이 보유한 탄약과 보급품을 소모한 뒤에는 더 이상 보급을 받을 길이 없었다. 결국 중공군은 고지를 버리고 달아날 수밖에 없었다. 마침내 아군은 1월 4일 서울을 내주고 한강을 건너 후방으로 후퇴한 지 한 달 여만에 다시 한강 앞에 서게 됐다. 이제 서울 탈환을 결정할 일만 남았다.

지평리 전투

1951년 1월말부터 국군과 유엔군은 연이어 계속된 '썬더볼트 작전'과 '라운드 업 작전'으로 전선을 30~60킬로미터 북상시켰다. 더 고무적인 것은 중공군을 격퇴시킬 수 있다는 자신감을 회복했다는 점이었다. 아군 진영에서 적에 대한 공포가 사라지고 있었다. 그러나 중공군도 가만히 있지만은 않았다. 2월로 접어들자 전선에서는 중공군의 대규모 부대이동이 관측됐다. 부대가 재배치되고 있었다. 무언가 일어날 것 같은 긴장감이 고조됐다.

평떠화이가 중부전선에서 유엔군이 방어하는 지역 중 한곳을 포착하여 섬멸한다는 계획을 세우고 중공군을 재배치시킨 것이었다. 또다시 국군의 방어지역이 타겟이 됐다. 2월 11일 20시 30분, 중공군 9개 사단으로 구성된 제 13병단이 횡성 북방의 삼마치 고개로 돌입해 들어왔다. 물밀듯 밀려드는 중공군 앞에서 방어하던 국군 제 8사단은 급속히 괴멸되기 시작했다. '2월 공세'라 불리는 중공군의 제 4차 공세였다.

결과는 아군의 대참패였다. 국군 제 8사단은 불과 4시간만에 완전히 괴멸되었는데, 다음날 수습된 병력은 장교 263명, 사병 3천여 명에 불과했다. 사망하거나 실종된 인원은 장교 323명, 사병 7,142명이었다. 거의 사단 해체 수준의 엄청난 피해였다. 중공군은 횡성 북방에 압도적으로 우세한 병력을 투입해 공격 하루만에 국군 2개 사단을 격파했던 것이다.

횡성전투가 중공군의 대승으로 끝나면서 양평군 지제면에 속한 조그마한 마을 '지평리'가 전략적인 요충지로 떠올랐다. 미 제 2사단 23연대 전투단이 점령하고 있었던 '지평리'를 지켜내야만 유엔군이 무너지지 않고 반격할 수 있을 것이었다. 반면 중공군도 횡성에서의 승리를 이어가며 한강 이남까지 올라와 있던 서부전선의 유엔군을 퇴각시키기 위해서는 지평리를 반드시 확보해야 했다. 양쪽이 이 '지평리'를 두고 한 치도 물러설 수 없었다. 대혈전이 예고되고 있었다.

중공군은 일단 2월 12일에 지평리 인근의 곡수리를 점령하여 지평리를 완전히 고립시켰다. 그런 다음 2월 13일 어둠이 찾아오자 중공군은 횃불을 밝혀들고 꽹과리와 피리소리를 드높이며 사방에서 포위망을 좁혀왔다. 그리고 마침내 전투가 개시됐다. 백척간두의 위기에서 미 제 2사단 23연대 전체를 구해내고 아군의 전략요충지를 지켜낸 건 23연대에 배속되어 있던 프랑스대대였다. 몽클라르 장군이 이끈 프랑스 대대의 분전은 눈부셨다.

몽클라르는 프랑스의 전설적인 영웅으로 제 2차 세계대전에서 각종 훈장을 수여받고 중장으로 전역한 인물이었다. 그런 그는 6.25 남침전쟁이 벌어지자 "곧 태어날 자식에게 자유를 지키기 위한 최초의 유엔군 일원으로 참전했다는 긍지를 물려주고 싶다."며 만삭의 아내가 만류하는 것을 뿌리치고 참전을 자청했다. 프랑스 정부가 난색을 표했다. 프랑스는 한반도에 대대급 부대를 보내기로 결정했는데, 그 지휘관으로 군단급 지휘관인 중장을 참전시킬 수는 없었기 때문이었다. 그러자 몽클라르는 중령으로 3계급 강등을 자청했다. 더 이상 프랑스 정부도 몽클라르의 참전의지를 막을 수 없었다. 우여곡절 끝에 중장에서 중령으로 자진 강등된 몽클라르가 이끄는 프랑스 대대가 1951년 1월 한국에 투입됐다.

몽클라르의 프랑스 대대가 한반도에 도착하자마자 투입된 지역이 바로

머나먼 곳에 있는 이름없는 작은 나라. 대부분의 유엔 참전국은 한국을 그렇게 알고 있었다. 그렇지만 공산주의의 침략에 맞서 자유를 지키는 전쟁이라고 믿었기에 기꺼이 자원한 사람들이 많았다. 프랑스에서 대 독일 레지스탕스 전쟁을 수행하고 중장에까지 오른 몽클라르는 중령 강등을 자청해 한국을 찾았다. 아이에게 자랑스러운 아버지가 되기 위해, 한국이란 낯선 나라의 자유를 지키기 위해서.

지평리였다. 몽클라르의 전술은 명불허전이었다. 중공군의 꽹과리와 피리 소리에 맞서 확성기를 사용해 굉음을 내 중공군을 깜짝 놀라게 했다. 그렇게 아군의 사기를 드높이는 즉흥적인 작전을 펼치는가 하면, 병력의 수가 4배 이상이 되는 중공군을 20미터 앞에 올 때까지 숨어 기다리고 있다가 총검 돌격전을 펼쳐 상대방의 기를 꺾는 용맹함을 보이기도 했다.

한편 지평리 전투의 지원을 위해 곡수리에서 출발했던 크롬베즈 부대의 활약도 대단했다. 미국 1기병 사단 5기병 연대 3대대를 주축으로 편성된 크롬베즈 특별임무 부대는 중공군에게 포위당한 아군을 돕기 위해 지평리로 급히 투입됐다. 보병 165명으로 이루어진 이 크롬베즈 중대는 곡수리에서부터 중공군을 뚫고 지평리까지 필사적으로 진군했다. 간신히 지평리에 도착했을 땐 탄약이 모두 떨어졌고, 단 26명만 살아남았다. 그러나 그들이 물리친 중공군은 500명이 넘었다. 사기가 떨어진 중공군은 결국 이날 밤 지평리에서 철수하고 말았다.

몽클라르 부대와 크롬베즈 부대의 맹활약 덕분에 지평리 전투는 아군의 승리로 끝이 났다. 아군의 피해에 비해 적군의 피해가 10배 이상 되는 대승이었다. 이 지평리 전투는 여러모로 의미가 큰 싸움이었다. 중공군의 인해전술을 화력으로 격파하여 승리한 유엔군 최초의 방어전투였고, 유엔군이 결정적인 반전을 이루어내게 한 시발점이기도 했다. 무엇보다 지평리 전투는 결과적으로 대한민국을 지켜낸 싸움이었다. 만약 지평리 전투에서 패배했다면 리지웨이 장군이 아무리 미 국무부를 설득하려 애쓴다 하더라도 유엔군은 계획되어 있었던 철수작전을 실시했을 것이기 때문이었다.

반격

유엔군이 지평리에서 승리함으로써 중공군의 제 4차 공세는 아군의 역전승으로 끝났다. 이제 유엔군의 목표는 전선을 한강-양평(지평리)-원주-제천-영월-대관령으로 이어지는 라인까지 끌어올려 구축하는 것이었다. 이에 따라 아군은 곧바로 중공군 개입 이후 2번째 반격작전을 실시했다. 적의 주력을 포위 섬멸하겠다는 목적을 강조하기 위해 '도살작전(Killer Operation)'이라 명명된 이 작전에 따라 아군은 전부대가 동시에 목표한 전선까지 진격해 올라갔다. 그리고 3월 6일 마침내 아군의 모든 부대가 예정된 목표선에 도달했다.

그러자 이번에는 곧바로 '절단작전(Ripper Operation)'이라 명명된 작전이 개시됐다. 서울을 남쪽의 한강과 동쪽의 가평, 춘천에서 포위 압박하는 작전이었다. 이에 따라 3월 7일 제 9군단 예하의 4개 사단이 나란히 용문산에서 홍천으로 이어진 전선으로 공격해 들어갔다. 중공군이 신속하게 퇴각했기에 적의 섬멸까지는 이르지 못했지만 절단작전은 목표대로 서울을 포위하는데 성공했다.

이제 문제는 서울의 탈환이었다. 맥아더는 단박에 서울을 탈환하고 싶어했다. 그게 지난 패배의 악몽을 떨치는 지름길이라고 생각했다. 워싱턴에서 자신에 대해 입방아를 찧고 있는 정객들에게 한방 먹이고 싶기도 했다. 그만큼 맥아더는 정치적 성향이 강했다. 그러나 리지웨이의 생각은 달랐다. 그는 야전에서 뼈가 굵은 군인이었다. 미국 정치가들이 무어라 입방아를 찧는지는 전혀 중요하지 않았다. 오로지 군사적인 목표에 충실해야 한다고 생각하는 장군이었다. 그런 리지웨이가 보기에 서울을 단번에 빼앗는 것은 무리였다. 오히려 차근차근 적을 격멸하면서 밀어붙이면 저절로 탈환될 것이라 생각했다. 그런 생각으로 리지웨이는 묵묵히 인내하며 기회를 기다렸다.

그러자 중부전선에서 입질이 왔다. 국군과 유엔군이 홍천을 공격하던 3월 12일부터 서울에 있던 중공군들이 서울을 포기하고 철수하려는 징후가 포착됐던 것이다. 이에 리지웨이는 3월 15일 미 제 1군단장에게 강을 건너 서울 북쪽의 주요고지들을 점령하라는 명령을 내렸다. 이미 서울을 포기하고 후퇴를 시작하고 있던 중공군이었기에 별다른 반격은 하지 않았다. 마침내 아군은 시가전 한 번 겪지 않고 네 번이나 주인이 바뀐 탓에 '유령의 도시'처럼 되어버린 텅 빈 서울로 들어설 수 있었다.

서울을 탈환한 아군은 3월 27일 수도사단이 남대천을 건너 양양을 점령함으로써 한강하구 서쪽을 제외한 38선 라인 전체에 걸쳐 전선을 형성하게 됐다. 한마디로 또 다시 전쟁 이전의 상태로 돌아간 것이었다. 그러나 미국 정부에게는 더 이상 지난 번 북진 때처럼 강력한 북진 의지는 남아있지 않았다. 미국 정부는 그래서 38선 재돌파에 관한 모든 것을 야전군사령관인 리지웨이 장군에게 일임했다. 당연히 38선 이북을 완전히 회복하겠다는 의미는 아니었다. 단지 현 상태에서 방어에 유리한 위치를 확보하기 위한 제한적인 돌파만 허용하겠다는 뜻이었다.

이런 미국 정부의 뜻을 받아들여 리지웨이는 임진강—연천—화천저수지—양양으로 이어지는 라인에 견고한 방어지대를 설치하기로 결심하고 이를 '캔사스선(Kansas Line)'이라 명명했다. 그런 다음 4월 1일부터 '요철작전(Rugged Operation)'이라 이름을 붙인 작전, 즉 현재의 38선 라인에서 캔사스 라인까지 밀고 올라가 그곳에 강력한 방어지대를 만드는 작전을 실행에 옮겼다. 중공군이 신속하게 물러났기 때문에 처음에는 작전이 순조로웠다. 그러나 부대재정비를 마친 중공군이 도처에서 강력한 저항을 해오면서부터 더 이상의 전진은 쉽지 않았다.

전선의 고착

대한민국 정부 입장에서는 다시 한 번 북으로 진격해 올라가고 싶었다. 유엔군 총사령관 맥아더의 생각도 마찬가지였다. 맥아더는 완승을 원했다. 북한의 도발로 전쟁이 발생했기 때문에 38선에서 전쟁을 멈추는 것은 무의미하다고 생각했다. 압록강까지 진격해 확실하게 북한을 제압하는 것만이 전쟁을 끝내는 방법이라고 믿었다. 이는 맥아더의 일관된 지론이었고, 이승만도 이런 맥아더와 생각이 다르지 않았다.

하지만 당시 상황은 그리 녹녹치 않았다. 참전국들은 전쟁이 더 이상 확대되기를 원하지 않고 있었다. 미국이 특히 그랬다. 미국은 중국이 일단 전쟁에 개입한 이상, 아무리 유엔군이 압록강까지 다시 밀고 올라간다고 해도 전쟁이 거기서 끝나지는 않을 것이라 생각했다. 그러니 북진을 위한 대공세는 자제할 수밖에 없었다. 협상으로 전쟁을 멈추는 것이 가장 현실적인 방법으로 대두되고 있었다.

문제는 '어디서 남북을 분할할 것인가' 였다. 남한을 방어한다는 입장에서 생각해보면 청천강에서 원산을 잇는 선이 제일 좋았다. 이 선은 한반도에서 동서간의 거리가 가장 짧은 선으로 200킬로미터가 채 못 됐다. 종전선으로는 최적이었다. 그러나 이렇게 남북이 나뉠 경우에는 평양이 남한 지역에 위치하게 될 것이었다. 북한과 중국이 절대 수용할 리 없는 분계선일 수밖에 없었다. 그렇다고 다시 38선에서 멈추는 것은 억울한 일이었다. 남침을 당한 대한민국 입장에서 봐도 그렇고 그 우방을 돕기 위해 피를 흘린 연합군 입장에서 볼 때에도, 38선보다는 조금이라도 북쪽으로 올라간 선이어야 했다.

그래서 미국은 일단 어느 선에서 휴전협상을 진행할 것인가는 차치해두고, 먼저 확전을 막기 위한 조치부터 하기로 했다. 3월 20일자로 맥아더에게 훈령이 하달됐다. 직접적으로 적군과 협상하라는 지시는 아니었지만, 내용상으로는 분명히 확전을 금한다는 명령이었다. 하지만 맥아더는 요지부동이었다. 압록강까지 진격해 전쟁을 끝낸다는 자신의 일관된 입장을 굽히지 않았다. 영국을 비롯한 참전국들은 그런 맥아더가 탐탁치 않았다. 미국 트루먼 정부에게 참전국들의 불만이 빗발처럼 쏟아졌다.

트루먼은 결단을 내려야 했다. 더 이상 맥아더라는 독불장군에게 끌려다닐 수는 없었다. 그러자면 맥아더를 끌어내려야 했다. 당시 맥아더는 유엔군 사령관이라는 직위 외에도 주일연합군사령관, 극동미군사령관, 극동미육군사령관의 직위를 보유한 극동지역의 '제왕'같은 존재였다. 그를 그대로 두고 한반도에서의 전쟁을 협상으로 종결지을 방도는 없어 보였다. 결국 1951년 4월 11일 트루먼은 맥아더를 해임했다.

맥아더의 후임으로는 어려운 시기에 제 8군을 잘 이끌어왔던 리지웨이가 임명됐고, 리지웨이가 빠진 제 8군 사령관으로는 밴 플리트가 부임해왔다. 이로서 한반도 전쟁을 수행하던 연합군 사령탑의 성격이 확 바뀌었다. 맥아더가 유엔군사령관으로 있을 때는 공격적인 맥아더를 신중한 제 8군 사령관 리지웨이가 뒷받침하는 지휘체계였다. 그러던 것이 리지웨이가 유엔군 사령관이 되면서 신중한 리지웨이가 공격적인 밴 플리트 제 8군 사령관을 운용하는 지휘체계로 변모한 것이었다.

이렇게 새롭게 변모한 연합군 지휘부가 가장 촉각을 곤두세운 건 '소련의 개입'이었다. 소련이 한반도 전쟁에 개입할 가능성은 크게 세 가지였다. 지상군을 투입하는 전면개입, 해군과 공군만 투입하는 제한개입, 장비와 물자만 지원하는 간접개입 이렇게 세 가지 방식으로 개입할 가능성이 있었다. 그런데 미군이 확보한 정보에 따르면 소련은 그때까지 간접적으로만 개입하고 있었다. 중공군이 전쟁에 뛰어들면서 소련의 물자와 장비 지원규모는 더욱 확대되고 있었지만 그때까지 소련군의 투입은 없었다. 그랬던 소련군이 만약 제한적으로나 전면적으로 개입한다면 전쟁의 국면은 어떻게 달라질지 모를 일이었던 것이다.

제 5차 공세

1951년 4월 중순, 국군과 유엔군의 주력부대들은 38선 북쪽의 임진강-전곡-화천-양양을 잇는 캔사스(Kansas)선까지 진출해 있었다. 미국 정부는 일단 이 선을 유지하면서 휴전을 구상하려고 했다. 하지만 공산군 측은 아직 승리에 대한 미련을 버리지 못하고 있었다. 중공군은 전략 요충지인 철의 삼각지대에 대규모의 병력과 보급품을 집결시킨 뒤 새로운 공세를 준비했던 것이다.

공산군측 최고사령관 펑떠화이는 노동절 전에 서울을 탈취해서 마오쩌둥에게 선물로 바치겠다는 계획을 세웠다. 중공군 27만과 북한군 3만 5천으로 구성된 총 30만 5천명의 대병력을 동원한 인해전술로 서울을 일거에 포위한 뒤 한강 이북에서 유엔군의 주력을 격멸하겠다는 계획이었다. 이 작전에 따라 국군 6사단이 제일 먼저 표적이 됐다.

공산군은 가평에 있던 국군 제 6사단을 때리며 남진을 시작했다. 그런데 막상 교전이 벌어지자 국군 제 6사단은 힘 한번 써보지 못하고 무너져 버렸다. 그럴 만도 했다. 6.25 남침전쟁 초기에 원래부터 제 6사단을 구성하고 있었던 병력은 낙동강까지 밀려가면서 대부분 전사하거나 흩어져버렸다. 이후 징집을 통해 병력을 보충하기는 했지만, 이렇게 보충된 병사들은 체계적인 훈련을 받지 못한 채 북진에 따라나서게 됐다. 제대로 된 전투를 겪어본 적 없이 단지 남에서 북으로 걸어 올라갔다가 중공군에 밀려서 걸어 내려온 것이 고작이었다. 부대의 전투력 측면에서 보면 어느 틈에 최약체 사단이 되어있었던 것이다.

국군 제 6사단이 허물어지며 가평이 적군의 손에 넘어가게 되었을 때 영연방 제 27여단이 투입되어 기적을 만들었다. 캐나다, 호주, 뉴질랜드 병사들로 구성된 영연방 제 27여단은 놀라운 용맹을 발휘해 5배가 넘는 중공군의 집요한 공격을 물리치고 가평을 사수해냈던 것이다. 이로 인해 중공군의 제 5차 공세는 실패로 돌아갔고, 펑떠화이는 4월 26일 마오쩌둥에게 실패를 보고한 뒤 4월 29일 공산군을 다시 방어태세로 전환시켰다.

당시 중공군이 대공세를 빨리 마무리하고 방어태세로 돌아간 건 일종의 학습효과 때문이기도 했다. 중공군 지휘부는 중공군이 너무 빨리 너무 깊이 남하해 들어가면 유엔군이 또다시 후방으로 상륙해 들어올 가능성

중공군은 열악한 장비, 불충분한 보급 상황에서 눈 덮힌 산악지형을 넘어 한반도로 밀려 왔다. 겨울이 오기 전 전쟁이 끝날 것으로 믿었던 유엔군도 상황이 열악해진 건 사실이었지만, 중공군의 상황과 비교할 바는 아니었다. 이들은 전쟁터에 소모되기 위해 던져진 총알받이들이었다. 그러나 마오쩌둥이 스탈린에게 호언장담했듯 '앞으로도 수십만은 더 소모할 수 있'는 중공군을 상대로 더 이상 전쟁을 오래 끄는 건 정말 부담스러운 일이었다.

이 높다고 판단했다. 당시 유엔군은 적 후방으로 대규모 부대를 상륙시킨다는 작전은 아예 생각도 않고 있었다. 그러나 인천상륙작전의 놀라운 성공은 중공군 지휘부에게 그런 심리적 부담감을 안겨주었다. 그 심리적 부담감이 중공군에게는 선불리 남쪽으로 치고 내려오지 못하게 만드는 보이지 않는 장벽의 역할을 했던 것이다.

중공군이 공세를 멈추자 아군은 곧바로 반격을 개시했다. 중공군의 약점이 무엇인지 이미 간파했기 때문이었다. '중공군은 일정기간 대규모 공세를 취한 뒤에는 반드시 부대 재정비와 보급을 위한 시간을 필요로 한다. 그렇게 회복할 시간을 주지 않는 것이 중공군을 물리칠 최선의 방법이다.' 이런 판단에 따라 동부전선의 국군 6개 사단이 5월 7일 미주리 라인(Missouri Line)이라 명명된 춘천-인제-미시령-속초를 잇는 선을 향해 일제히 반격을 시작했다.

결과적으로 중공군의 제 5차 공세는 아군에게 전화위복이 되는 듯했다. 중공군은 꽤 큰 타격을 입었고 전선 자체는 이전보다 오히려 더 위쪽으로 올라가 형성됐기 때문이었다. 그러나 득이 있으면 실도 있는 법이었다. 실패로 막을 내린 제 5차 공세에서 펑떠화이가 이끄는 공산군은 아군 전선에서 결정적인 약점을 발견했기 때문이었다. '남한측 부대의 약점은 국군 사단들이다. 국군 사단들은 대부분 전투력이 크게 떨어져 있다. 개전 초부터 전투에 투입됐기 때문에 쓸만한 전투인력은 대부분 전사했고 새로 투입된 병사들은 전투경험이 거의 없다. 국군 사단을 노려라.' 공산군은 아군 제 6사단을 괴멸시키면서 이런 약점을 발견하게 됐다. 그리고 곧바로 개시된 제 6차 공세에서 그 약점을 집요하게 파고들었다.

치열한 6차 공세와 현리 전투

그 당시 미국이 각종 정보를 수집 분석한 결과, 전선에는 중공군 54만 명, 북한군 20만 명이 배치되어 있었다. 게다가 만주에는 뒤이어 투입할 75만 명의 중공군 예비 병력이 주둔하고 있었다. 마오는 스탈린에게 중공군 30만 명 정도는 '소모'할 수 있다고 호언장담을 했었다. 그리고 그렇게 30만 명을 '소모'하면 미군도 10만 명 정도는 '소모'시킬 수 있을 것이라고 했다. 엄청난 소모전을 계획하고 있었던 것이다.

반면 당시 전선에 아군은 유엔군 27만 명, 국군 23만 명이 배치되어 있었다. 수적으로 엄청난 열세였다. 제 8군 사령관 밴 플리트는 병력수의 열세를 화력으로 만회하기 위해 서부전선에 화력을 집중시켰다. 산악지역이어서 방어가 용이한 동부전선보다는 진격에 유리한 서부전선으로 대규모 병력이 밀고 내려올 것이라 내다봤기 때문이었다.

그러나 중국 지원군 사령관 펑떠화이의 생각은 달랐다. 동부전선을 방어하고 있는 국군사단의 전투력이 형편없이 떨어졌다는 것을 제 5차 공세에서 확인했기 때문이었다. '서부전선을 지키는 연합군, 특히 미군의 화력은 대단하다. 우리가 큰 피해를 입을 우려가 있다. 그 대신 유엔군에 비해 화력에서나 전투력에서나 현저하게 떨어지는 국군사단 방어지역을 타격하자. 그 지역에 커다란 돌파구를 만들면 서부전선을 지키는 연합군도 어쩔 수 없이 뒤로 후퇴할 수밖에 없을 것이다.' 이게 펑떠화이의 복안이었다.

1951년 5월 16일 16시 정각, 중공군의 대대적인 포격이 강원도 인제군 현리에 가해지며 중공군의 제 6차 공세가 시작됐다. 펑떠화이의 예상은 정확했다. 포격에 이어 중공군이 밀고 내려오자 당시 강원도 인제 일대를 방어하던 한국군 제 3군단은 어이없이 허물어져버렸다. 3군단 소속의 제 3사단과 제 9사단은 부대가 완전히 해체될 정도의 피해를 입었다. 당시 3군단장이었던 유재홍과 제 8군사령관 밴 플리트가 무선으로 나눈 대화를 보면 한국군 제 3군단의 괴멸이 어느 수준이었는지를 알 수 있다.

밴 플리트: "유재홍 장군, 당신의 군단은 지금 어디에 있소?"

유재홍: "잘 모르겠습니다."

밴 플리트: "당신의 예하사단은 어디 있습니까?"

유재홍: "잘 모르겠습니다."

밴 플리트: "당신 부대의 모든 포와 수송 장비들은 어떻게 됐소?"

유재홍: "잘 모르겠습니다."

밴 플리트: "모두 상실했다는 뜻이오?"

유재홍: "그런 것 같습니다."

제임스 앨워드 밴 플리트 장군
밴 플리트는 아마도 역대의 주한 미군 사령관 중 한국을 가장 사랑한 이였을 것이다. 그는 이승만 대통령을 깊이 존경했고, 한국과 한국군의 미래를 진심으로 걱정했다. 육군사관학교의 교육과정을 재편하고 장교들의 단기 유학을 추진함으로써 한국군 현대화의 기틀을 세운 한국군의 아버지나 다름없다. 전쟁 이후에는 한미재단을 세워 양국의 관계를 발전시키기 위한 일에 평생을 바쳤다.

밴 플리트: "유장군, 당신의 군단을 해체하겠소. 다른 일자리나 알아보시오!"

이후 밴 플리트는 화가 머리 꼭대기까지 치밀어 즉시 국군 제 3군단을 해체해버렸다. 그리고 그때까지는 형식적으로나마 존재했던 국군의 지휘권을 완전히 박탈해서 유엔군의 단일 지휘체계 안에 포함시켜 버렸다. 밴 플리트가 그런 초강수를 두게 할 만큼 한국군 제 3군단은 힘 한번 못써보고 어이없이 허물어져 버렸던 것이다.

그러나 전투력을 상실한 건 국군만이 아니었다. 제 6차 대공세에서 북한군 역시 제대로 한 것은 하나도 없었다. 무려 9개 사단이라는 압도적인 전력을 동원하고도 단 2개 사단이 방어하던 아군의 우측방어선을 뚫어내지 못할 만큼 북한군 역시 부실해져 있었던 것이다.

국군방어선인 동부전선을 타격한다는 펑떠화이의 전략에 따라 대관령 이북 지역은 완전히 초토화되어 버렸다. 그러나 그럼에도 불구하고 중공군의 6차 공세는 실패로 돌아갔다. 펑떠화이가 두려워했던 미군의 화력 때문이었다. 연합군은 해공군력과 기갑전력, 포병전력을 중공군의 대규모 병력에 집중시키며 반격해 올라갔다. 그 화력 앞에서 중공군 병사들은 추풍낙엽처럼 쓰러져 갔다. 비슷한 화력을 가진 부대들 간의 전투에서는 병력의 수가 승패를 가를 수 있지만 화력이 압도적일 때는 이야기가 달라졌던 것이다. 결국 유엔군은 화력을 내세운 반격을 통해 3월경 휴전선으로 구상하던 캔사스선(임진강-연천-화천호-양양)을 확보하는 것은 물론,

그보다 10~20킬로미터 북상한 와이오밍선까지 진출할 수 있었다.

중공군의 제 6차 공세에서 국군이 체면을 구기긴 했지만, 국군 제 6사단이 그 실추된 명예를 상당부분 회복시켰다. 제 6사단은 용문산에서 벌어진 전투에서 2만 5천여 명의 중공군 제 63군을 격멸시키는 개가를 올렸던 것인데, 이는 6.25 남침전쟁에서 국군과 유엔군을 통틀어 사단급 부대가 단일 전투에서 거둔 최대의 승리였다. 이승만 대통령은 이 승리를 기념해 화천호를 '오랑캐를 물리친 호수'라는 의미의 '파로호(破虜湖)'로 명명했다. 용문산 전투에서 패퇴하던 중공군들이 화천호까지 쫓겨왔는데, 아군의 공격이 거세지자 중공군 수천명이 화천호로 뛰어들었다가 목숨을 잃고 부대가 괴멸되는 지경에 이르렀기 때문이었다. 결국 중공군의 제 6차 공세는 중공군 최대의 패배로 기록될 만큼 엄청난 실패를 남기고 막을 내리게 됐다.

소강 상태로 접어들다

제 6차 공세를 끝으로 중공군의 전력은 더 이상 회복하기 힘들 만큼 약화됐다. 또한 유엔군이 보유한 화력은 중공군의 인해전술로는 도저히 넘어설 수 없는 것으로 판명된 것이나 마찬가지였다. 숱한 사상자를 낸 중공군은 이제 유엔군의 해공군력과 기갑, 포병 화력을 두려워 하게 됐다. 반면 유엔군은 자신감을 확실하게 회복했다. 마음만 먹으면 전세를 1950년 10월 중국이 참전하기 이전의 상황으로 돌릴 수도 있어보였다.

그러나 유엔군은 거기까지였다. 한국 국민과 정부의 간절한 북진의지를 애써 무시하면서 캔사스 라인을 넘어서려 하지 않았다. 대한민국 입장에서는 서운하기 짝이 없는 일이었지만, 유엔군, 특히 미국의 입장에서 보면 당연히 그럴 만했다. 아무리 압도적인 화력을 갖추고 있다 해도 북진할 경우 또다시 막대한 물적, 인적 희생을 감내해야만 했다. 게다가 설령 북진에 성공해 압록강까지 진격한다 해도 그게 전쟁의 끝이 아닐 가능성이 많았다. 자칫 잘못해 압록강을 사이에 두고 중공군과 장기전에 휘말리게 되면 그때는 물러나고 싶어도 물러날 수가 없을 터였다. 행여 중국을 굴복시키기 위해 만주로 진출하고 북경으로 진출한다 해도 전쟁을 종결짓기는 어려울 것이었다. 중국은 거대한 영토를 배경으로 항전을 포기하지 않을 것이 틀림없기 때문이었다. 이런 판단에서 미국은 '불승불패 전략'을 취하기로 했다. 이기지도 않고 지지도 않은 채 전쟁을 끝내겠다는 심산이었던 것이다.

한편 중공군 지휘부도 1951년 5월, 제 6차 공세가 대참패로 끝나자 생각이 많이 바뀌었다. 당시 중공군이 보유하고 있는 재래식 장비와 낙후된 군수지원 체제하에서는 결코 유엔군에게 치명타를 가할 수 없다는 것을 확실히 깨달았던 것이다. 더 이상 한반도의 전쟁에 무한정 자신들의 피를 가져다 바치기에도 곤란한 상황이었다. 제 1차부터 3차까지의 대공세는 성공적이었지만 제 4차부터 6차까지의 공세에서는 엄청난 희생을 치렀다. 새로운 전략이 필요할 때였던 것이다. 중공군은 일단 작전의 방식부터 바꿨다. 대규모 공세는 지양한 채, 자신들의 장기인 야간전투, 근접전투 등의 소규모 전투 중심으로 작전으로 전환했다. 현상 유지 전략이었다.

'불승불패 전략'을 취한 미국과 현상 유지를 위한 소규모 전투 중심으로 작전으로 전환한 중국, 이 둘의 싸움은 이제 참호와 진지를 중심으로 벌이는 국지적인 고지전이 될 수밖에 없었다. 그리고 그와 함께 지루한 휴전협상이 기다리고 있었다. 그렇게 전쟁은 소강상태로 접어들었다.

제10장

휴전을 위한 줄다리기

1951년 6월 13일 : 스탈린, 김일성과 까오강을 불러 휴전 협의

1951년 7월 8일 : 휴전 예비회담이 개성에서 개최

1951년 7월 10일 : 휴전 회담 개시

1951년 7월 26일 : 휴전 의제 5개항 합의

1951년 8월 23일 : 군사분계선 문제로 공산군이 회담 불참 선언

1951년 10월 25일 : 판문점에서 회담 재개

1951년 말 ~: 고지 쟁탈전 격화

1952년 초 : 공산군 포로의 자유 송환 문제가 최대 쟁점이 됨

휴전협정의 시작

6.25 남침전쟁 발발 1년째로 접어든 1951년 6월 중순부터 공산군의 전술은 지구전으로 전환됐다. 스탈린은 1951년 6월 13일부터 14일까지 북한의 김일성과 중국의 부주석 가오강(高崗)을 모스크바로 불러들였다. 휴전문제를 협의하기 위해서였다. 마오는 가오강을 모스크바로 보내기 전에 그에게 전권을 위임했다. 스탈린과 휴전문제를 의논할 때 적극적으로 임하라는 뜻이었다. 그만큼 마오쩌둥은 휴전을 원했던 것이다.

그리고 6월 27일, 당시 소련의 외무차관이었던 그로미코가 자신이 공산군 측을 대표해 휴전회담에 응하겠다는 공식적인 답변을 유엔군 측에 전달했다. 전쟁이 본격적으로 휴전정국에 들어서게 된 거였다. 리지웨이 유엔군사령관에게도 본국으로부터 예비교섭을 하라는 지시가 하달됐다. 이에 리지웨이는 곧바로 밴 플리트 제 8군사령관에게 '현 전선에서 공격을 중지하라'는 긴급명령을 하달했다.

유엔군 측은 6월 30일 라디오 방송을 통해 공산군 측에게 최초 회담일시와 장소를 제안했다. 그런 다음 당시 극동군 해군사령관이었던 조이 해군중장을 수석으로 하는 5명의 대표단을 구성했다. 공산군 측은 7월 1일 북경방송을 통해 이에 응답해 왔다. 김일성과 펑떠화이가 공동명의로 보내온 답변은 이러했다. "회담장소를 개성으로 하자. 7월 10일부터 15일 사이에 회담을 개최하자." 곧바로 회담성사를 위한 연락장교간의 예비회담이 7월 8일 개성에서 개최됐다.

연합군 측이 예비회담 장소를 개성으로 택한 것은 실수였다. 회담성사만을 염두에 두고 중립지역이 아닌 공산군 점령지역인 개성으로 예비회담 장소를 정했던 것인데, 그로 인해 연합군 측 연락장교들은 개성에 도착하자마자 공산군 측이 미리 준비해놓은 각종 심리전에 시달렸던 것이다.

그러나 키니 공군대령을 대표로 하는 유엔군 측 연락장교단도 만만치 않았다. 이들은 전쟁 전에는 여관이었던 회담장에 들어서자마자 공산군 측의 안내도 받지 않고 남쪽을 향하는 좌석에 먼저 착석해버렸다. 그러자 공산군 측이 당황했다. 동양의 관습에 따르면 강화회담장에서 승자가 남쪽을 향하는 좌석에 앉는다. 북쪽을 향하는 좌석에는 패자가 앉게 되는 것이다. 공산군 측은 그런 관습을 교묘히 활용해 선전에 이용하려 했는데 유엔군 측 연락장교단이 허를 찌른 것이었다. 회담장을 중립지역이 아닌 곳으로 정하도록 동의해주었던 실수를 만회하기 위한 일종의 퍼포먼스였던 셈이다. 또한 유엔군 측 연락장교단은 회담장에서 모든 다과를 일언지하에 거절했다. 승자가 패자에게 베푸는 자비의 의미로 해석될 여지가 있었기 때문이었다.

일진일퇴의 신경전과 함께 회담은 시작됐다. 결국 좌석의 안배도, 다과의 제공도 모두 배제되었기에 회담은 완전히 실무적인 형태로 진행됐다. 이 회담 이후로 유엔군과 공산군의 회담에서는 '국제관계에 따른 일체의 외교의례는 불필요하다'는 묵계가 만들어졌다. 이 전통은 현재의 군사정전위원회 회의까지도 이어지고 있다. 이렇게 신경전 가운데 치러진 예비회담 결과, 양측은 다음과 같은 합의에 도달했다. '본회담은 7월 10일 11시에 개성에서 연다. 공산군 측은 본회담시 유엔군 대표단의 통행을 위해 개성 동쪽 10킬로미터 지점인 판문점 전방에서 개성까지의 도로를 개방한다. 회담 대표 5명을 제외한 모든 인원은 백색완장을 두르고 왕래한다.' 이런 합의와 함께 공산군 측은 남일 북한군 총참모장 겸 부수상을 수석으로 하는 5인의 대표명단을 연합군 측에 통보했다. 이제 휴전협상을 위한 양측 대표단이 직접 대면할 일만 남게 된 것이었다.

치열한 신경전

드디어 7월 10일 아침이 밝았다. 유엔군 측 대표단은 우선 헬기와 차량편으로 임진강을 건너 개성에 도착했다. 그런 다음 북한군 측에서 제공한 교통편으로 갈아타고 회담장으로 향했다. 그 와중에도 북한군은 꼼꼼하게 선전전을 준비했다. 유엔군 측 대표단이 탄 차량이 움직이기 시작하자 갑자기 앞에서 안내하는 북한군 장교가 만세를 부르는 시늉을 했다. 나중에 보니 북한군 측은 이를 사진으로 찍어 '항복한 유엔군'이라는 제목으로 기사를 내보내기 위해서 그런 것이었다. 북한군 측의 작태는 여기서 그치지 않았다. 회담장의 모습은 더 가관이었다. 회담장에서 공산군 측의 좌석은 남향으로 배치되어 있었는데 의자가 높았다. 반면 연합군 측의 좌석은 북향이었는데다가 의자도 높이가 낮았다. 그런 회담장에 앉으면 마치 항복하러 온 유엔군 대표들을 승리한 공산군 대표들이 내려다보는 듯한 모습이 연출될 것이었다. 당연히 유엔군 측이 거세게 항의했지만 애당초 중립지역이 아닌 곳에서 회담을 갖기로 허락한 것이 잘못이었다.

이와 함께 또 하나의 웃지 못할 신경전이 벌어졌다. 회담탁자에 앉자마자 유엔군 측은 작은 유엔기 하나를 탁자 위에 올려놓았다. 그런데 공산군 측은 미처 국기를 준비하지 못했다. 부랴부랴 공산군 측은 오후에 유엔군 측보다 10센티미터 정도 높은 북한 국기를 탁자위에 가져다 놓았다. 이후 양측은 깃대 높이기 경쟁에 돌입했다. 한쪽이 조금 더 높은 것을 가져다 놓으면 이번에는 다른 한쪽이 더 높은 것을 가져다 놓는 식이었다. 경쟁은 깃대가 천장에 닿을 만큼 올라갈 때까지 계속되다 양측의 합의하에 자존심 경쟁을 끝내기로 했다. 그만큼 휴전회담은 작은 소품 하나하나마다 신경을 곤두세우는 치열한 또 하나의 전쟁이었다.

당시 유엔군 측 협상단은 대체로 야전 지휘관 출신의 군인들이었다. 반면 공산군 측에서는 정치경험이 있는 장교들을 협상단에 포함시켜 놓았다. 아울러 모든 결정은 막후에서 스탈린이 지휘하고 있었다. 그러니 합의가 원활하게 진행될 리가 없었다. 7월 26일이 되어서야 총 5개항으로 구성된 토의 의제에 대해 겨우 합의할 수 있었다. 제 1의제는 의제 선정과 의사 일정 결정, 제 2의제는 군사분계선 설치, 제 3의제는 정전관련 조항, 제 4의제는 전쟁포로 처리, 제 5의제는 외국군 철수와 한반도 문제의 평화적 해결을 위해 양측 정부에게 권할 권고였다. 제 1의제는 13일 만에 겨우 합의를 봤다. 그러나 제 2의제부터가 문제였다.

군사분계선 설정

제 2의제인 군사분계선에 관해서는 양측이 훨씬 팽팽하게 맞섰다. 공산군 측은 38선을 주장했다. 반면 유엔군 측은 현접촉선보다 더 북쪽으로 군사분계선을 설정해야 한다고 주장했다. 유엔군의 해공군력이 우세하니 그 점을 반영해야 한다는 입장이었던 것이다. 결국 8월 23일 공산군 측이 일방적으로 회담불참을 선언하고 나왔다. 그렇게 개성에서의 회담은 소출없이 끝나버렸다.

유엔군은 곧바로 경기도 파주군 진서면 어용리의 널문리 마을로 회담 장소를 옮겨서 2차 회담을 갖자고 제안했다. 공산군 측은 처음에는 개성에서 다시 회담을 개최하자고 주장했지만 이번에는 유엔군이 완강하게 반대했다. 공산군 측이 점령하고 있는 개성에서의 회담은 여러모로 불리하다고 판단했기 때문이었다. 공산군 측이 계속 개성을 고집한다면 회담을 백지화하는 것도 불사할 태세였다. 공산군 측에서도 휴전협상이 결렬된다면 큰 문제가 아닐 수 없었다. 다급해진 공산군 측은 결국 널문리 마을에서의 회담에 찬성할 수밖에 없었다.

이 '널문리'를 한자로 표기하면 '판문점'이다. 이곳은 남북간 군사 접촉선에 있는 여러 장소 중에서 교통로가 잘 확보되어 있는 중간 지점인 데다, 어느 일방도 사전에 매복하고 있다가 군사적인 위협을 가하기는 힘들다는 지리적인 이유만으로 선정된 곳이었다. 그러나 결국 널문리 마을, 한자로 '판문점'은 분단을 상징하는 역사적인 장소가 되고 말았다.

1951년 10월 25일, 널문리에서 휴전회담이 재개되었다. 개성에서의 휴전회담이 결렬된 지 2개월 만이었다. 급조된 천막에서의 회담이었다. 회담이 열리기 전에 양측은 '현 접촉선을 기준으로 하여 군사분계선을 설정한다'는 큰 틀에는 합의를 해놓고 있었다. 그러나 세부 조정 작업에 들어가자 이견이 커졌다. 유엔군 측의 안은 다음과 같았다. '현재의 접촉선을 기준으로 군사분계선을 설정하되 개성은 남쪽에 포함시킨다. 대신 중부지역의 금성과 동부지역의 고성지역을 북쪽에 내준다.' 이 안에 대해 공산군 측은 매우 신경질적인 반응을 보이며 다음과 같은 안을 제시했다. '서부지역의 옹진과 연안반도를 양보하겠다. 대신 개성은 물론이고 중동부 지역의 요충지인 피의 능선 일대와 펀치볼 지역 일대, 그리고 동해안의 돌출된 지역을 내 놓으라.' 개성은 군사적으로 방어하기에는 적합한 곳이 아니었다. 하지만 개성은 막상 휴전이 된다면 결코 놓치고 싶지 않은 지역이었다.

유엔군 지휘부는 고심을 거듭한 끝에 결국 개성을 양보하기로 결심했다. 개성을 고집하다가는 휴전 회담 자체가 결렬될 수 있을 것 같았다. 그만큼 공산군 측은 개성에 대해 완강하게 나왔던 것이다. 그러나 개성을 유엔군 측이 양보했음에도 난관은 계속됐다. 군사분계선 설정의 기준이 되는 '현 접촉선'에서 '현재'는 어떤 시점을 말하는가에 관한 생각도 양측이 달랐기 때문이었다. 공산군 측은 '협상 당시'를 '현재'로 보자고 주장했다. 그러나 유엔군 측은 휴전을 조인하는 바로 그 시점을 '현재'로 보자고 했다. 휴전을 조인할 때까지 북으로 더 밀고 올라갈 자신이 있었기 때문이었다. 공산군 측은 바로 그 점을 두려워해서 '협상 당시'를 '현재'로 보자고 주장한 거였다. 결국 유엔군은 개성까지는 점령하지 않겠다는 구두약속을 해주면서 회담의 성사를 유도했고, 마침내 11월 23일 군사분계선 설정에 관한 의제는 일단 타결되었다.

NLL의 역사

그런데 이 군사분계선에 관한 회담에서 '해상경계선'에 대해서는 합의된 바가 없었다. 이 당시 유엔군 사령부는 연안수역의 범위를 3해리까지라고 주장한 반면 북한은 12해리를 주장했다. 이런 입장 차이 때문에 당시 회담에서는 명확한 합의 없이 '연해의 섬 및 해면에 관한 통제권'은 전쟁발발 전인 1950년 6월 24일 이전을 기준으로 하되, 서해 5도(백령도, 대청도, 소청도, 연평도, 우도)는 UN군 사령관 관할 아래 둔다는 단서규정만 남겨 두었었다.

그러다가 휴전이 됐다. 정전협정 발효 1개월 뒤인 1953년 8월 30일 마크 웨인 클라크 UN군 총사령관은 정전협정의 취지에 따라 남북간의 군사적 충돌을 억제할 목적으로 NLL을 설정함으로써 '해상경계선' 문제를 정리했다. 그에 따르면 NLL은 동해에서는 군사분계선(MDL)의 연장선인 반면, 서해에서는 38선 이남인 대한민국의 서해 5도와 북한의 황해도 사이에 설정됐다. 해공군력이 우세했던 유엔군이 서해 5도를 확보하고 있는 상황이었기 때문이다. 사실 휴전 당시 북한의 해군은 괴멸상태였고 아군이 마음만 먹으면 북한 서쪽의 거의 모든 섬들을 차지할 수 있는 상황이었다. NLL은 그 상황에서 점령하고 있던 북측 섬들을 상당부분 북한측에 돌려주고 그어진 라인이었다. 그랬기에 북한에서는 NLL수준의 해상경계선도 감지덕지할 수밖에 없었다.

단, 이때 유엔군 사령부는 이 NLL을 해군작전 규칙의 일환으로 대한민국 해군에게만 전달했고 북한에는 공식 통보하지 않았다. 그러나 북한은 이 NLL에 대해 1973년이 될 때까지 20년간 아무런 항의도 내놓지 않았다. 암묵적으로 북한 역시 NLL을 남북한 해상경계선으로 확실히 인지하고 있었다는 얘기다. 국제법상으로도 대한민국이 수십년간 실효 지배해왔기에 문제될 일이 없었다.

그런데 1973년 12월에 개최된 346차 및 347차 군사정전위원회에서 북한이 돌연 태도를 바꿨다. 북한은 황해도와 경기도의 도 경계선 위쪽의 바다는 자신들의 해역이라고 주장했다. 그러면서 서해 5도를 드나드는 남쪽 선박은 북한의 사전허가를 받아야 한다고 주장하고 나선 것이다. 이와 함께 북한은 정전 후 처음으로 20년 만에 NLL에 대한 공식적인 이의를 제기했다. 이에 유엔군 사령부는 북한의 이와 같은 주장은 정전협정 문구와 정신을 위반하는 것이라고 일축했다. '전적으로 용납할 수 없는' 궤변이라는 것이었다. 이후 북한은 잠잠했다. 1991년 채택된 남북기본합의서에서도 11조에 '남과 북의 불가침 경계선과 구역은 1953년 7월 27일자 군사정전에 관한 협정에 규정된 군사분계선과 지금까지 쌍방이 관할해온 구역으로 한다'고 명시함으로써 NLL에 대한 별다른 이의를 제기하지 못했다.

그런데 1999년부터 북한이 다시 NLL을 둘러싸고 문제를 일으켰다. 1999년 6월 11일에 유엔군 군사령부는 북한에 장성급 회담을 제의하면서 보도자료를 통해 "NLL은 46년 동안 남북 사이의 군사적 긴장을 방지하는 효과적인 수단으로, 군사력을 분리하는데 기여해 온 실제적인 경계선으로 사용되어 왔다."고 발표했다. NLL을 기정사실로 다시 한번 확인한 거였다. 그리고 6월 15일 장성급 회담에서는 좀 더 나아가 "NLL은 실질적인 해상분계선이며, 지난 40여년 간 쌍방이 인정하고 지켜온 엄연한 해상경계선으로서 협상의 대상이 아니다."라고 못 박았다. 그러자 북한은 그 당일인 6월 15일에 제 1차 연평해전을 일으키며 서해에 긴장을 고조시켰다. 아울러 같은 해 9월에는 NLL보다 훨씬 남쪽에다 자신들 마음대로 해상 군사분계선을 설정하고 이를 선포해버렸다. 북한은 이후 2002년 월드컵이 열릴 무렵 제 2차 연평해전을 도발하며 다시 한 번 NLL을 분쟁지역화하려 했지만, 대한민국 해군은 이를 피로써 막아냈다. 6명의 전사자와 18명의 부상자가 발생했고 참수리급 고속정 한척이 침몰하는 피해를 입었다. 이후로도 북한은 여차하면 NLL에서 계속 소동을 일으키며 분쟁 구역화하고 있다.

우리는 NLL에 대해 확실히 해둘 필요가 있다. 기억하자. NLL은 북한의 6.25 남침전쟁을 막아내면서 대한민국 국군과 유엔군이 피 흘리며 처절하게 얻어낸 실질적인 해상군사분계선이다. 그리고 정전협정 후 60여 년 동안 NLL이남의 해역을 대한민국이 실효 지배해 왔다. 무엇보다 이를 지켜내기 위해 휴전 후에도 대한민국 해군은 목숨을 바쳐 싸워왔다. 그게 NLL이다. 그런데 이 NLL을 두고 '이는 북방한계선이란 뜻이다. 즉 대한민국의 선박이나 해군이 그 위쪽으로 넘어가지 말라는 뜻이지 남북의 해상분계선은 아니다.'라고 말하는 이들이 있다. 한마디로 답하자. 그건 '말장난'이다. 적어도 6.25 남침전쟁과 제 1, 2차 연평해전을 겪은 대한민국 국민이 할 수 있는 말은 아니다. 또한 NLL은 국제법상으로 '무효'라고 주장하는 사람도 있다. 여기도 한마디로 답하자. 독도문제도 일본이 계속 문제를 일으키면 국제법에 따르자고 주장할 것인가? 도대체 어느 나라 국민이 자국이 실효지배하고 있는 영토와 영해를 내주기 위해 한가하게 국제법을 찾고 뒤적이는지 모르겠다.

우리 대한민국 국민이 NLL을 우습게 보는 순간, 선배들이 피로써 지켜낸 NLL은 소멸된다. 우리가 분명히 알아야 할 것은 NLL 때문에 서해에서 남북한의 충돌이 생기는 것이 아니라는 점이다. 그 반대다. 북한은 지속적으로 서해에서 문제를 일으켜 NLL을 무력화시키려 하고 있기 때문에 늘 긴장이 고조되는 것이다. 그 분쟁이 무섭고 두려워서 평화를 위한다는 명목하에 '남북공동평화수역' 같은 절충안을 남한 정부가 스스로 만들어서 들고 오게 하려는 것, 그게 북한이 서해에서 난동을 부리는 1차 목적임을 잊지 말아야 한다. 그래야 헛똑똑이들과 얼치기 지식인들, 그리고 대한민국 내부의 적들이 쉴 틈 없이 늘어놓는 '말장난'에 속아 넘어가지 않을 수 있다. 물론 북한이 그런 과정을 통해 노리는 2차 목적은 6.25 남침전쟁과 같은 적화통일이란 사실 역시 절대로 잊어서는 안될 것이다.

빼고 빼기는 고지 쟁탈전

대한민국 지도를 펴놓고 남과 북을 가르는 군사분계선을 가만히 보면 서쪽에 비해 동쪽이 북으로 더 올라가 있다. 무슨 까닭이었을까. 이유는 이렇다. 당시 유엔군은 임진강 하구–화천저수지–간성을 잇는 캔사스라인을 내심 휴전선으로 생각하고 있었다. 그리고 그 캔사스라인을 확고하게 방어하기 위해 그보다 10~20킬로미터 북쪽에 와이오밍라인(Wyoming Line)이라 명명한 방어선을 설치해놓고 있었다. 그런데 제 8군 사령관 밴 플리트는 이 와이오밍선의 방어진지를 캔사스선과 동일한 수준으로 단단하게 축성하도록 지시했다. 또 와이오밍선에서 절대로 후퇴하지 말고 적을 격퇴하도록 지시했다. 그 덕분에 현재의 휴전선이 애초 계획했던 화천호에서 속초를 잇는 라인보다 대략 10킬로미터 이상 북쪽으로 올라가 그어지게 됐던 것이다.

그런 한편 휴전 협정의 진행과 더불어 치열한 고지쟁탈전이 전개되었다. 휴전 협상이 뚜렷한 진척을 보이지는 않았지만 양측 모두 판을 깰 생각은 없었다. 그래서 전면공세는 자제하는 상황이었다. 대신 양측 모두 휴전에 유리한 상황을 조성하기 위해 제한적인 공격을 계속했다. 그로 인해 고지쟁탈전이 치열해질 수밖에 없었다. 당시 밴 플리트 장군은 그런 고지쟁탈전 대신 중동부 전선에서 전황을 일거에 반전시킬 수 있는 대규모의 공세작전을 실시하고 싶어했다. 이른바 '맹조의 발톱' 작전이었다. 그러나 리지웨이 유엔군 사령관이 허락하지 않았다. "공산군에게 치명타를 안길 경우, 오히려 휴전회담에는 장애가 될 것이다." 이게 리지웨이의 생각이었다. 그래서 리지웨이는 휴전회담에 영향을 미치지 않을 정도의 작전만을 승인했던 것이다.

현대전의 관점에서 볼 때 당시 휴전선 근방의 고지쟁탈전은 특이한 전투였다. 고지를 점령하고 그 고지를 확보하기 위해 병력을 주둔시키는 건 사실 위험한 전술이기 때문이다. 고지쟁탈전은 현대전에서는 잘 하지 않는다. 왜냐하면 고지에 주둔한 병력은 보급이 끊길 위험이 크고 고립되기 쉽기 때문이다. 그럼에도 남북 양측이 고지전에 주력했던 것은 휴전 협상에서 유리한 위치에 서기 위해서였다. 그런 이유로 우리 국군은 휴전협상이 지루하게 계속됐던 2년의 기간 동안 단 한 뼘의 땅이라도 더 확보하기 위해 치열한 고지전을 펼쳐야만 했던 것이다.

피의 능선부터 백마고지까지

고지전 가운데서도 전투가 가장 치열했던 곳은 강원도 양구 북방의 해안분지였다. 이곳은 사방이 해발 1,200미터 내외의 고지로 둘러싸여 있었다. 운석의 충돌로 만들어진 듯한 특이한 지형의 이 해안분지는 남북으로 7.5킬로미터, 동서로 5.5킬로미터나 된다. 항공기에서 내려다보면 마

이 평화로워 보이는 분지는 그릇 모양을 닮아서 '펀치볼'이란 이름을 받았다. 하지만 이 펀치볼은 술이 아니라 피가 담기는 그릇이었다. 대치 상태에 접어든 이후 가장 치열한 고지 쟁탈전이 이곳에서 벌어졌다. 포격과 폭격으로 인해 고지가 눈에 띌 정도로 깎여 나갔다.

치 거대한 화채그릇처럼 보인다. 그래서 연합군은 이 해안분지를 펀치볼(Punch Bowl)이라고 불렀다. 밴 플리트 제 8군 사령관은 휴전협정에서 유리한 위치에 서려면 일단 이 지역부터 장악해야 한다고 생각했고, 결국 엄청난 소모전 끝에 이 요충지를 손에 넣을 수 있었다. 특히 펀치볼 근방의 고지 중에서 983고지는 '피의 능선'(Bloody ridge line)이라고 불릴 만큼 엄청난 인명피해가 있었던 고지였다.

한편 929고지도 그곳에서 일어난 처절한 전투 때문에 별칭을 얻게 됐다. 당시 카터라는 종군기자가 929고지 일대의 전투를 취재하다 부상병 후송 대기소를 방문하게 됐는데, 거기서 카터는 한 부상병이 가슴이 찢어지는 것 같다고(Heart Break) 고통을 호소하는 모습을 보게 됐다. 그걸 보고 카터는 929고지에 '단장의 능선(Heart Break ridge line)'이라는 별칭을 붙이게 됐다. '피의 능선'이나 '단장의 능선'같은 별칭은 그 이름만으로도 그 당시의 처절한 전투를 떠올리게 한다.

한 가지 기억할만한 것이 있다. 1951년 9월 펀치볼을 공격하던 미 제 1 해병사단은 역사상 처음으로 헬기를 이용해 병력을 기동시켰다. 그리고 그 이후로 헬리콥터는 지상군의 필수장비가 됐다. 역사상 처음으로 제트기간의 공중전이 벌어지기도 했던 6.25 남침전쟁이 제 2차 세계대전 이후 벌어진 최초의 현대전이었다는 점을 다시금 환기시켜주는 대목이다.

그런 가운데 전쟁은 잠시 소강상태로 접어들었다. 1951년 11월 27일에 열린 휴전협상에서 현재 양측이 접촉하고 있는 임진강 어귀에서 고성 남

인민군은 점령지에서 강제로 의용군을 징집했다. 이들은 공산주의자가 아니었으며 남한 사람들이었다. 당연히 포로가 된 이후 북으로의 송환을 거부하고 남한으로 돌아가고 싶어했다. 하지만 북한측은 북으로의 송환을 고집했고 정전 회담은 난항을 겪어야 했다.

방까지 약 237킬로미터의 전선을 잠정적인 군사분계선으로 설정하자고 합의했기 때문이었다. 또한 양측은 이때부터 1개월간 한시적인 정전을 갖자고도 합의했던 터였다. 그러나 이 시기에 대한 유엔군의 생각은 너무 안이했다. 유엔군 측은 가장 큰 걸림돌이라 생각했던 군사분계선 문제가 일단락되었기 때문에 이후 협상은 순조로울 것이라고 판단했다. 그렇지만 1952년에 들어서면서 양측 간에 또다시 이견이 커졌다. 포로 처리에 관한 문제에서 합의점을 찾지 못했던 것이다. 휴전은 요원한 것같이 되어 버렸다. 그렇게 되자 중부지역의 연천—철원 북방에서는 다시 한 번 치열한 고지쟁탈전이 벌어지게 됐다.

사실 395고지가 있던 연천—철원 북방 지역은 한국 어디에서나 볼 수 있는 그런 흔한 야산일 뿐이었다. 그러나 휴전협상이 시작되면서 395고지가 요충지가 되어 버렸다. 철원—평강—김화로 이어지는 철의 삼각지 중에서 서남쪽 철원의 꼭지점을 이루는 곳에 395고지가 놓여있었던 까닭이었다. 그러자 이 지역은 순식간에 핵심전투지역으로 부각됐다. 공산군과 유엔군은 이 395고지를 놓고 무려 10일간 쉬지 않고 전투를 벌였다. 12차례의 쟁탈전이 있었고 고지의 주인도 일곱 번이나 바뀌었다. 그러나 아군은 이 지역을 반드시 지켜내야 한다는 걸 잘 알고 있었다. 특히 대한민국 국군 제 9사단은 불같은 투지를 발휘했다. 병력이 3배나 많았던 중공군을 완전히 격멸했다. 국군 제 9사단도 3,416명의 사상자가 발생했지만 적 8,234명을 사살했고 6,098명에게 부상을 입혔으며 포로를 57명 생포했다. 이로 인해 중공군 제 38군은 완전히 괴멸된 것이나 다름없게 되어버렸다. 이 승리로 국군은 계속해서 철원평야를 아군의 통제하에 두면서 전략적인 작전 주도권을 행사할 수 있었다.

바로 이 승전지가 그 유명한 백마고지다. 전투가 이어지는 동안 중공군은 총 5만 5천발, 아군은 총 21만 9천발 가량의 엄청난 포격을 이 작은 고지에 집중시켰다. 단기간의 지역전투로는 사상 유래를 찾아보기 힘든 경우였다. 전투가 끝난 뒤 395고지 정상은 풀 한 포기 없는 민둥산으로 변했고, 그 모습이 마치 백마가 누워있는 모습처럼 보인다고 하여 '백마고지'라고 불리게 됐다. 그리고 이 고지전을 승리로 이끈 국군 제 9사단은 이후 '백마부대'라는 영광스런 호칭을 갖게 되었다.

송환을 원치 않는 포로

사실 휴전협정에서 군사분계선 문제가 일단락되었을 때, 그 다음 의제인 '포로 송환'은 큰 문제가 되지 않을 것이라 여겨졌었다. 그 이유는 '제네바 협정'이라는 국제적인 룰이 이미 마련되어 있었기 때문이었다. 제네바 협정 제 118조에 '포로는 적극적인 적대행위가 종료된 후 지체 없이 해방, 송환하여야 한다.'고 명확히 규정되어 있었던 것이다. 유엔군은 여기에만 충실히 따르면 된다고 생각했다. 미국정부의 최초 원칙도 '제네바 정신에

거제도 포로수용소의 모습. 이른바 '해방구'를 선언한 좌익 포로들과 송환을 거부하는 자유 포로들 사이에서 유혈사태가 끊이질 않았다. 몇 차례의 폭동을 겨우 진압하고 포로들을 분리 수용하기 전까지 이곳은 폭발 직전의 시한 폭탄 같은 상태로 남아 있었다.

입각해 공산군 측의 포로들을 즉각 송환해주고 유엔군 포로를 조기에 송환받는다.'는 것이었다. 그러나 포로송환 문제는 생각만큼 만만한 것이 아니었다.

아군이 북한군 포로를 심문해보니 많은 북한군들이 실제로는 강제로 징집된 사람들이라는 사실이 드러났다. 특히 전쟁 초기 서울을 점령했던 3개월 동안 강제로 징집된 사람들이 대거 포로로 붙잡혔는데, 그들은 원래 전쟁 전에는 민간인이었다. 문제는 그들 대다수가 북한으로의 송환을 원하지 않는다는 것이었다. 문제는 또 있었다. 중공군 포로 중에는 상당수가 원래 국민당의 군대였던 사람들이었다. 이들은 국공내전 때 공산군의 포로가 되었다가 6.25 남침전쟁이 터지자 한반도로 보내진 경우였다. 이들 중공군 포로들 역시도 중국으로의 송환을 원치 않았다. 대만으로 보내달라고 요구했다. 유엔군 측이 곤란해졌다. 자유를 원하는 포로들을 공산치하인 중국과 북한으로 다시 돌려보낼 수는 없는 일이었다.

고심을 거듭하던 유엔군 측은 '1:1 동수교환'이라는 방법을 고안해냈다. 그 당시 유엔군이 억류하고 있던 공산군 포로는 13만 명 정도였다. 그런 한편 유엔군 측은 공산군 측에 포로로 붙잡혀있는 유엔군의 수를 약 10만 명으로 추산했다. 그렇다면 유엔군 1명당 공산군 1명씩을 맞교환할 경우, 10만 명의 포로만 송환하면 자유를 원하는 '반공포로'들을 3만 명까지는 석방할 수 있다는 계산이 나왔다.

하지만 1951년 12월 18일 양측이 포로명부를 서로 교환했을 때 유엔군 측은 경악할 수밖에 없었다. 공산군 측이 넘겨준 포로명부에는 11,559명 밖에 없었기 때문이었다. 국군 88,000여명과 미군 11,500여명 등 총 10만 여명으로 추산되던 유엔군 측 예상의 1/10 수준이었다. 반면에 공산군 측은 자신들이 추산하기에는 유엔군 측에 188,000여명의 공산군 포로가 있어야 하는데 132,474명 밖에 안 된다고 불만을 늘어놓았다. 유엔군 측이 어이없이 한방 먹은 것이나 다름없었다. 포로 송환 문제에서 공산군 측이 이렇게 꼼수를 쓰고 나오리라고는 전혀 예상하지 못했던 것이다. 무엇을 상상하든 그 이상을 들이대는 공산군 측이었다.

게다가 공산군 측은 '포로는 거주지 기준이 아닌 체포 당시의 부대를 기준으로 해야 한다'고 주장했다. 쉽게 말하면 남한에 살던 사람이 공산군에 끌려가 공산군 부대에 소속되어 있다가 붙잡혔다면 그 사람은 북으로 송환되어야 한다는 말이었다. 공산군 측이 이런 주장을 한다는 것은 자신들이 남한 지역주민 46만 명을 강제로 끌고가 병력과 노무자로 활용했다는 사실을 고백하는 것이나 다름없었다. 후안무치한 주장이었다. 공산군 측이 이렇게 나오자 포로송환 문제는 휴전협정에서 가장 심각한 난제가 되어버리고 말았다.

그로부터 3개월이 지난 1952년 2월로 접어들자 서방측 언론에서는 서서히 여론을 환기하기 시작했다. 요지는 '유엔군의 파병목적을 고려하고, 또한 자유민의 인권 수호를 위하여 유엔의 명예를 걸고 포로들의 완전한 자유송환을 관철해야 한다'는 것이었다. 그러자 미국 정부도 포로의 자유

송환을 주장하기 시작했다. 그건 당연했다. 유엔군이 파병된 건 공산국가의 불법침략에 맞서 자유민주주의를 수호하기 위해서였다. 그런데 '자유민주주의로의 복귀 혹은 귀순'을 원하는 '반공포로'들을 그들이 원하지 않는 공산치하로 다시 돌려보낸다는 것은 있을 수 없는 일이었다.

사실 이 당시 '반공포로' 문제는 오늘날 우리가 생각하는 것보다 훨씬 절박했다. 그 당시 유엔군측에 붙잡힌 포로들 중에서 최인훈의 소설『광장』의 주인공처럼 남쪽도 북쪽도 모두 대안이 아니라고 생각하는 인물은 극히 드물었다. 그것은 소설이 다룰만한 인간의 깊이에 관한 성찰이었지, 현실은 그렇게 한가한 선택의 문제가 아니었다. 이념이나 체제를 고려할 겨를이 없었다. 북한으로의 송환을 거부하는 포로들에게 포로송환 문제는 오로지 '사느냐 죽느냐'라는 생사의 문제였다.

시한폭탄이 된 포로수용소

아군 측에 사로잡힌 북한군 포로는 인천상륙작전으로 반격에 성공한 1950년 9월부터 기하급수적으로 늘어났다. 그러나 북진을 하고 있던 당시에는 곧 통일이 될 거라 생각해서 포로를 체계적으로 관리하지 않았다. 평양과 인천 등지에 임시로 조금씩 분산, 수용했을 뿐이었다. 그러다 중공군이 개입하면서 전쟁의 양태가 바뀌고 전쟁이 장기화될 조짐이 보이자 아군은 사로잡은 포로들을 전선에서 가장 멀리 떨어진 최후방의 부산으로 이송했다. 무려 14만 여명이라는 엄청난 규모의 포로가 부산에 집결하게 됐다.

하지만 부산은 포로를 수용하기에는 바람직하지 않았다. 보급의 거점이기도 했고 피난민들이 가장 많은 곳이기도 했기 때문이었다. 이에 제 8군사령부는 거제도에 새로운 포로수용시설을 만들었다. 그런 다음 순차적으로 포로들을 이송시켰다. 이 때문에 전쟁 전에 12만 명 정도의 원주민이 살고 있었던 거제도는 섬 전체가 북새통이 되어버렸다. 10만의 피난민과 14만의 포로들이 몰려들었으니 그럴 만했다. 식수조차 부족할 지경이었다.

하지만 그보다 더 문제였던 것은 거제도의 포로수용소가 마치 시한폭탄처럼 되어버렸다는 점이었다. 유엔군 측은 거제도 포로수용소에 14만이라는 엄청난 수의 포로들을 몰아넣어놓고는 이들을 제네바 협정에 따라 인도적으로 관리하려 했다. 하지만 공산포로들은 그 틈을 노리고 분란을 획책했던 것이다.

당시 거제도 포로수용소의 포로들은 조속한 송환을 요구하는 '공산포로'들과 송환을 거부하는 '반공포로'들로 나뉘어 있었다. 이들 사이의 충돌은 거의 일상이 되다시피 했다. 1951년 9월 초순에는 수용소 내에서 인민재판이 열려 반공포로 15명이 잔인하게 살해되는 사건이 벌어졌다. 그 당시 북한은 특수요원들을 일부러 포로가 되게 해서 수용소에 잠입시켰다. 수용소에 잠입해 들어온 특수요원들은 곧바로 공산포로들을 조직화해서 반공포로들을 잔인하게 살해하는 등 후방지역에 분란을 일으켰다. 북한은 그런 특수요원들에게 '자유송환'을 저지하라는 지령을 내려 보냈다. 이에 따라 수용소내의 공산포로들은 송환심사 자체를 거부하며 소요를 일으켰다. 이 과정에서 55명의 포로가 사망했고 162명이 부상을 입었다. 소요를 진압하던 미군도 1명이 사망했고 38명이 부상을 입었다.

어이없게도 1952년 5월 6일에는 포로수용소장 도드가 공산포로들에게 인질로 붙잡히는 사태까지 벌어졌다. 미군은 도드의 신병을 인도받기 위해 공산포로들과 협상을 벌여야 했고 합의각서까지 만들어주는 굴욕을 겪었다. 신임 수용소장 콜슨이 울며 겨자먹기로 서명한 각서에는 (1)유엔군이 다수의 포로들을 살상했음을 시인한다 (2) 포로의 송환문제는 판문점 결정에 따른다 (3) 포로들의 강제심사는 없다 (4) 포로의 대표단 조직을 승인한다 등의 내용이 담겨 있었다. 그런데 이 각서는 이후 비밀스런 루트로 판문점에서 협상 중이던 북한측 대표에게 전해져 유엔군 대표단을 곤혹스럽게 만들었다.

결국 신임 유엔군 사령관으로 부임한 클라크 대장은 이 사건에 대한 책임을 물어 콜슨 수용소장을 5월 12일부로 해임했다. 부임한 지 일주일 만이었다. 전임 수용소장인 도드와 일주일만에 해임된 콜슨은 이후 군법회의에 회부되어 대령으로 강등되었다. 1951년 1월에 거제도 포로수용소가 개설된 이래로 그해 9월까지 모두 8명의 수용소장이 교체되었다. 그만큼 거제도의 포로수용소는 폭발직전의 시한폭탄이나 다름없을 정도로 소용돌이치고 있었다.

결국 신임수용소장 보트너 준장이 실력행사에 들어갔다. 보트너 준장은 일단 1952년 6월 1일부터 10일 사이에 수용소 내부로 무장병력을 진주시켰다. 그런 다음 공산포로와 반공포로를 강제적으로 분리 수용한 뒤, 수용소 내에 밀반입되어 있던 수많은 무기들을 모두 수거해버렸다. 그제서야 공산포로들의 해방구 같았던 포로수용소가 간신히 본래의 기능을 되찾을 수 있었다.

제11장

휴전

1952년 : 포로 문제가 1년 가까이 쟁점이 됨

1952년 12월 2일 : 아이젠하워 당선자의 방한

1953년 3월 5일 : 스탈린의 사망

1953년 3월 19일 : 스탈린 후계자들이 전쟁 중지 의사를 표명

1953년 4월 20일 : 부상 포로 교환 시작

1953년 6월 4일 : 송환거부포로 관리 위원회 설치 합의

1953년 6월 18일 : 반공 포로 석방

1953년 7월 27일 : 정전 협정 조인

한국을 방문한 아이젠하워

1952년이 다 지나도록 포로송환문제는 해결되지 못했다. 1952년 12월 13일 국제 적십자사가 6.25 남침전쟁의 종결과 부상당한 포로의 송환을 촉구하는 결의안을 가결했다. 그러나 지루하게 장기화되고 있던 전쟁은 끝날 줄을 몰랐다. 그리고 그 겨울 미국 대통령 선거에서는 공화당의 아이젠하워가 당선됐다. 한반도에서의 전쟁을 조기에 종결시키겠다는 것이 그의 주요 공약이었다. 제 2차 세계대전을 승리로 종결시킨 민주당의 트루먼은 한반도에서의 전쟁을 마무리 짓지 못해 정권을 내줄 수밖에 없었다.

아이젠하워는 대통령 선거에서 승리하자마자 주요 공약이었던 전쟁 종결을 위해 팔을 걷어붙였다. 취임전인 1952년 12월 2일부터 5일 사이에 한국을 전격적으로 방문했다. 그러나 그는 가급적이면 이승만대통령과의 공식적인 환담을 피하려 했다. 전쟁을 일으킨 북한을 응징하고 한반도의

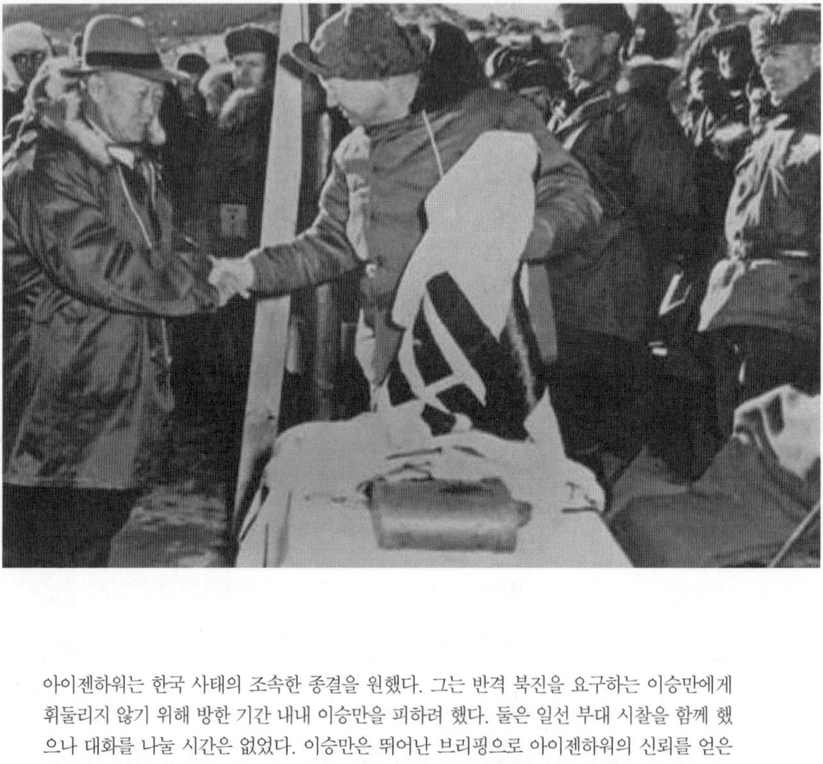

아이젠하워는 한국 사태의 조속한 종결을 원했다. 그는 반격 북진을 요구하는 이승만에게 휘둘리지 않기 위해 방한 기간 내내 이승만을 피하려 했다. 둘은 일선 부대 시찰을 함께 했으나 대화를 나눌 시간은 없었다. 이승만은 뛰어난 브리핑으로 아이젠하워의 신뢰를 얻은 백선엽을 통해 아이젠하워를 설득했고, 귀국 직전 아이젠하워는 이승만과 대담을 나누었다. 이 만남은 몇 년 뒤 한미상호방위조약의 성사로 결실을 맺게 된다.

완전한 통일을 이루자는 이승만대통령의 논리에 휘둘리면 전쟁의 조기 종결이 물 건너 갈 수도 있기 때문이었다. 아이젠하워는 일단 일부러 일정을 빡빡하게 짜서 이승만과의 공식 환담을 피했다. 자신은 대통령이 아니라 대통령 당선자 신분이기 때문에 이번 방문은 비공식적인 방문이라는 자세를 취했다. 아이젠하워는 군 현황에 대한 브리핑을 받고 이승만 대통령과 함께 수도사단의 훈련을 참관한 다음 갑자기 사라졌다. 한국 정부는 아이젠하워 환영대회를 준비하고 있었는데 그는 나타나지 않았다. 어디에 있는지도 알려오지 않았다. 접촉마저 쉽지 않았던 것이다. 결국 미군으로부터 신뢰를 받고 있었던 백선엽이 나섰다. 클라크 대장을 통해 백선엽이 마지막으로 간곡하게 요청해서 아이젠하워와 이승만의 환담이 성사될 수 있었다. 아이젠하워는 미국으로 떠나기 직전인 저녁 6시 무렵에 약속을 잡았다. 그리고 그는 경무대를 방문해서 이승만과 한 시간 가량 환담을 나눈 뒤 곧바로 여의도 비행장으로 향했다.

하지만 아이젠하워는 이 방문을 통해 한국에서의 상황이 그리 쉽지 않다는 사실을 깨달았다. 이승만, 백선엽 등의 강력한 요청을 통해 한국 군대의 증강을 위한 지원이 절실하다는 사실 또한 깨달았다. 그래서 어찌보면 이때 아이젠하워의 한국 방문과 이승만, 백선엽과의 만남은 한미 외교사에서 결정적인 순간이었다고 말할 수 있을 것이다. 훗날 이승만과 한미 방위 조약을 맺은 장본인이 바로 아이젠하워였기 때문이다.

이 방문에 얽힌 의미심장한 일화가 하나 있다. 아이젠하워의 아들 존 아이젠하워 소령이 6.25 남침전쟁에 참전하려 준비할 무렵 아이젠하워가 공화당의 대통령 후보가 됐다. 참전을 열망했던 아들은 아버지가 만류할까봐 안절부절 못했다. 그러나 아이젠하워는 "절대로 포로가 되지 말라."는 단 한 가지 당부를 전하고 아들을 전선으로 떠나보냈다. 그런 뒤 선거가 끝났다. 아이젠하워가 대통령 당선자 신분으로 한국에 오게 됐다. 당시 제 8군 사령관이었던 밴 플리트는 "존 아이젠하워 소령을 전방 대대장에서 후방의 정보참모로 보직 변경하였습니다."라는 보고를 대통령 당선자에게 올렸다. 이 상황은 조금 미묘했다. 6.25 남침전쟁에 조종사로 참전했던 밴 플리트의 아들은 얼마 전 전방에서 실종됐다. 비행기 추락으로 추정됐다. 생사를 알 수 없었다. 그때 밴 플리트는 자신의 아들을 찾기 위해 무리하게 수색작전을 펼치지 말라고 단호하게 지시를 내렸다. 군의 지휘관이라는 공적인 임무를 '아버지와 아들'이라는 사적인 관계보다 더 우선시했기 때문이었다. 그랬던 그가 대통령의 아들을 보호하는 조치를 취했던 것이다. 강직한 밴 플리트가 대통령의 환심을 사기 위해 그랬을 리는 없었다. 무슨 까닭이었을까.

아이젠하워의 대답이 그 의문을 깔끔하게 풀어주었다. "보직 변경은 사령관의 고유권한입니다. 내 아들 존이 어디에 배치되든 나는 상관하지 않습니다. 단지 그가 적군에게 포로로 잡히는 일만 없으면 됩니다." 자신의 아들이 용감하게 싸우다 명예롭게 전사하는 것은 두렵지 않다는 말이었다. 다만 미국 대통령 당선자의 아들이 포로가 되어 미군 전체가 위기에 처하는 일만은 막아야 한다는 뜻이었다. 밴 플리트가 존 아이젠하워를 후방의 정보참모로 배치한 것 역시 대통령 당선자의 아들에게 특혜를 베푼 것이 아니었다. 군의 지휘관으로서 현명한 조치를 취한 것이었을 뿐이었다. 보고하는 밴 플리트도, 보고를 받는 아이젠하워도 그 사실을 잘 알고 있었다. 이심전심이었던 것이다.

훌륭한 군인은 자신이나 자식의 죽음을 두려워하지 않는다. 오직 부대의 패배를 두려워할 뿐이다. 공직에 나서는 사람의 마음가짐 역시 마찬가지다. 나와 내 가족의 안위보다 내가 속한 조직과 사회, 국가의 안위를 먼저 생각해야 한다. 그런 사람이 공직을 맡아야 한다. 아이젠하워와 밴 플리트는 바로 그런 사람들이었다.

이해관계가 엇갈린 공산권의 지도자들

이 무렵 전쟁이 끝나기를 가장 원했던 건 북한이었다. 그토록 전쟁을 벌이고 싶어했고 실제로 전쟁을 일으킨 장본인이기도 했던 김일성이 가장 간절히 휴전을 희망하고 있었다. 그럴 만했다. 휴전협정이 지루하게 계속되는 동안에도 전선에서는 국지적인 분쟁이 지속되고 있었다. 고지들을 뺏고 빼앗기는 일의 반복은 엄청난 소모전이었다. 한편 제공권을 장악한 미군 전폭기들은 휴전협정이 이루어지는 동안에도 북한 전역에 엄청난 폭격을 쏟아 부었다. 전쟁이 끝날 무렵 북한의 주요 산업시설은 그로 인해 6-70% 이상이 파괴되었을 정도였다. 이대로 가다간 북한이 먼지가 될 판이었다. 김일성은 폐허가 된 황무지의 지배자가 되고 싶지는 않았던 것이다.

반면 마오쩌둥은 그리 급하지 않았다. 그는 전쟁에 뛰어들 때부터 이미 이 전쟁은 오래 갈 것이라 예상하고 있었다. 그래서 마오쩌둥은 6.25 남침전쟁에 장제스 치하의 국민당 군대 출신 병사들을 대거 투입했던 것이다. 마오쩌둥 입장에서는 난처한 존재들, 언제 적으로 돌변할 지 모를 믿을 수 없는 병사들, 바로 이들을 마오쩌둥은 6.25 남침전쟁에서 '처분'하다시피 했던 것이다. 잃어도 아깝지 않았다. 오히려 속 시원할 따름이었다. 그리고 그 대가로 얻을 것은 스탈린의 지원이었다.

펑떠화이가 보급을 위해 공격을 멈췄을 때 마오쩌둥이 계속 진군할 것을 독려한 것은 그래서였다. "스탈린으로부터 최대한 원하는 것을 얻을 때까지는 멈출 수 없다." 마오쩌둥은 그렇게 말했다. 또 보급이 부족해 병사들이 굶어죽고 얼어죽는 것을 본 펑떠화이가 베이징으로 달려왔을 때도 마오쩌둥은 오히려 느긋해 했다. "오래갈 전쟁이다. 빨리 이기려고 애쓰지 마라." 게다가 전쟁이 교착상태에 들어갈 때쯤에는 스탈린에게 이렇게 전보를 보냈다. "미군을 최대한 소모시킬 때까지 무한한 인명 자원을 쓰겠다. 십만 명이 죽었지만 십만 명을 더 보충해 삼십만 명의 손실도 감수하겠다. 대신 그만큼의 미군도 소모될 것이다. 그러니 최강의 군대와 군수사업을 구축할 수 있도록 지원해 달라." 정말 몸서리처질 만큼 끔찍한 마오의 속내였다.

물론 이는 스탈린이 원하는 바였다. 소련은 끼어들지 않으면서 중국과 미국을 맞붙게 해 둘의 전력을 최대한 소모시키는 것, 그게 스탈린의 속내였다. 그렇게 되면 미국의 전력은 약화되고 중국은 소련에 더욱 의존하게 될 터였다. 북한? 북한은 그리 중요하지 않았다. 그랬기에 1951년 7월 스탈린도 휴전협정에 찬성한다는 의사표시는 했지만, 실제로는 휴전 협정을 길게 끌고 갈 뿐이었다. 마오 역시 휴전 협정의 조항을 붙들고 늘어지며 시간을 끌고 있었다.

애가 달은 건 김일성이었다. 김일성은 1952년 7월 중국의 마오쩌둥에게 제발 휴전 협정을 받아들이자고 애걸했다. 이 시기 김일성은 아무 실권도 없었다. 펑떠화이에게 모든 작전지휘권을 넘긴 상황이었다. 인민군이 패퇴할 무렵 김일성은 엉겁결에 중국 땅으로 넘어갔는데, 그때 펑떠화이는 찾아온 김일성의 뺨을 갈겼다. 함부로 자신의 작전지역에 허락도 없이 군대를 끌고 들어왔다는 이유에서였다. 그러니 김일성으로서는 애걸할 수밖에 없는 처지였던 것이다.

그러나 아이러니컬하게도 결국 전쟁을 끝내고 휴전에 들어가게 된 건 마오쩌둥과 스탈린 때문이었다. 우선 마오쩌둥의 요구가 시간이 갈수록 더더욱 커졌다. 마오는 스탈린에게 약속했던 지원을 조속히 이행해달라고 요구했다. 마오는 그동안 전쟁에서 엄청난 희생을 감내했기 때문에 그만한 요구는 할 수 있다고 믿었다. 그럴 무렵 아이젠하워가 전쟁의 빠른 종결을 위해 원자폭탄의 사용도 고려할 수 있다는 투의 발언을 했다. 그러자 마오는 곧바로 스탈린에게 원자폭탄을 달라고 요구했다. 애당초 스탈린은 마오의 중국이 정말로 힘 있는 강국이 되는 것을 원치 않았다. 중국에게 원자폭탄을 선사할 생각은 눈꼽만큼도 없었다. 스탈린은 이제 슬슬 전쟁을 끝낼 때가 됐다고 생각했다.

하지만 스탈린이 전쟁을 끝내기 전에 하늘이 스탈린의 목숨을 먼저 거둬갔다. 1953년 3월 5일 스탈린은 모스크바의 별장에서 뇌졸중으로 사망했다. 오른쪽 반신이 마비된 채 사흘을 버티다가 숨을 거두었다. 스탈린이 암살됐다는 소문도 떠돌았다. 2인자였던 베리야에게 독살 당했다는 것이었다. 어쨌든 소련의 정권도 재빠르게 교체됐다. 새 지도부는 스탈린과는 달리 전쟁을 계속할 생각이 없었다. 정권을 인수한 말렌코프 주도의 소련 신정부는 3월 19일, 북한과 중국에 전문을 보내 전쟁을 중지하고자 한다는 확고한 입장을 밝혔다.

소련의 입장이 바뀌자 공산군 측의 대응도 급속도로 바뀌었다. 유엔군 사령관 클라크 대장이 1953년 2월 22일 부상포로의 우선 교환을 제의했을 때만해도 공산군 측은 특별한 반응을 보이지 않았다. 그러나 스탈린이 죽고 나서 소련 신정부의 입장표명이 있고 난 3월 28일, 김일성과 펑더화이는 공동명의로 부상포로를 교환할 준비가 되어있다고 통보해왔다. 그 결과 4월 20일부터 5월 3일까지 판문점을 통해 부상포로들의 교환이 이루어졌다. 유엔군은 6,670명을 공산군 측에 인계했고, 684명을 송환받았다.

송환을 거부하는 반공 포로 중에는 한국인만 있는 게 아니었다. 국민당 출신으로 인민군에 끌려온 중국인들 중 일부는 중국으로의 송환을 거부하고 대만을 선택했다. 남한과 유엔이 주장한 자유 송환의 혜택을 입어 이들은 전쟁이 끝나고 대만으로 보내졌다. 사진은 대만으로 향하는 배 안의 풍경.

유엔군 측은 일관되게 강력한 자유송환원칙을 주장했다. 공산군 측도 결국 동의할 수밖에 없었다. 6월 4일에 스위스, 스웨덴, 폴란드, 체코슬로바키아, 인도 등 5개국 대표를 주축으로 한 '송환거부포로 관리위원회'를 구성하기로 합의했다. 이 위원회에서 송환을 원치 않는 포로들을 심사하고 기타 후속 조치를 취하기로 했다. 이로써 휴전회담의 최대난제였던 포로송환의 문제가 타결되었고, 휴전은 눈앞에 성큼 다가오게 됐다.

그런데 바로 이때 한국정부가 강력히 반발하고 나섰다. 한국 정부는 송환을 원하지 않는 포로들은 즉각 석방하자고 주장해왔는데, 이 의견은 철저히 배제됐기 때문이었다. 한국 정부는 곧바로 휴전회담 대표를 소환시켰고 휴전회담 불참을 선언하고 나섰다.

반공포로 석방

스탈린의 사망 이후 휴전협정은 일사천리로 처리되는 듯했다. 그때 이승만이 브레이크를 걸고 나선 것이었다. 사실 새삼스러운 일은 아니었다. 이승만은 분단을 고착화하는 휴전에 대해 반대한다는 원칙을 일관되게 고수해오고 있었다. 사실 이승만도 포로송환에 대한 협정이 타결되었을 때 휴전은 이미 피할 수 없는 현실이 되었다는 걸 분명히 깨달았다. 그럼에도 휴전을 반대하고 나선 것은 다른 이유가 있었다. '미국이 보다 확고하게 한국을 지원하겠다는 약속을 받아내는 것', 바로 그것이었다. 이를 위해서는 공산주의자들과 쉽사리 타협해서는 안 될 일이었다. 또 어떻게든 전쟁만 끝내면 된다는 미국의 태도에 끌려 다녀서도 안 되는 일이었다. 이승만은 장고 끝에 비상한 결단을 내렸다.

1953년 6월 6일 포로송환 협정 조인 이틀 전, 이승만은 헌병총사령관 원용덕 중장을 경무대로 불러 특명을 내렸다. "반공포로들을 지금 즉시 석방하시오." 이같은 밀명에 따라 원용덕은 포로석방 작전을 치밀하게 세운 뒤 즉각 실행에 나섰다. 6월 18일 24시, 광주, 마산, 부산, 영천, 논산 등의 각 지구 수용소를 경비하던 육군헌병대는 미군들을 따돌리고 수용된 반공포로들을 일제히 석방했다. 수용소 주변에서 사전에 밀명을 받은 행정당국은 석방된 반공포로들을 숨겨주었다. 미군 당국이 이들을 검거해서 재수용할 수 없도록 하기 위해서였다. 국민들도 적극적으로 도왔다. 석방된 반공포로는 약 27,000명 가량이었다. 그리고 6월 19일 06시에 이승만은 중앙방송을 통해 '반공포로 석방에 관한 담화문'을 발표하며 반공포로 석방 사실을 공포했다.

이 사건은 세계를 경악시켰다. 공산군 측은 말할 것도 없고 영국과 미국 등의 동맹국조차 이에 대해 격렬하게 항의했다. 우려를 표시했고 유감을 표명했다. 이승만은 지난 3년의 전쟁기간 동안 거의 잊혀진 존재였다. 북한의 기습남침으로 불의의 일격을 얻어맞아 대한민국은 거의 그로기 상태에까지 갔었다. 그런 마당에 그 수반인 이승만으로서는 미국을 비롯한 연합군의 도움에 기대는 방법 말고는 속수무책일 뿐이었다. 그랬던 이승만이 '반공포로 석방'이라는 묘책으로 휴전 협정 정국의 한 가운데 서게 됐다. 오랜 경험을 바탕으로 한 절묘한 신의 한수였다. 공산군 측은 격분해서 항의하고 나섰지만 휴전협상 자체를 포기할 수는 없었다. 미국 역시 분노했지만 당사자인 한국을 빼고 휴전협상을 진행할 수는 없었다. 공산군 측은 미국이 한국을 제어해주기를 원했다. 미국은 한국을 달랠 수밖에 없었다. 이 모든 것이 고려된 '묘수'가 바로 반공포로 석방이었던 것이다.

이승만과 대한민국이 이를 통해 얻고자 했던 것은 한국군의 전력보강이었고, 미국의 확고한 지원약속이었다. 실제로 한국군의 전력보강은 확실히 시급한 문제였다. 휴전협정이 막바지에 이르고 있었던 1953년 봄, 공산군 측은 대대적으로 전력을 보강해놓고 있었다. 중공군 135만 명과 북한군 45만 명 등 180만 명에 이르는 대병력을 전선에 배치해 놓았던 것이다. 공산군 측도 전쟁을 확전시킬 생각은 없었다. 하지만 제한적인 공세를 취할 때 확실한 우위에 서고자 했던 것이다. 그리고 6월 8일 포로교환에 관한 협정이 타결됨과 동시에 중공군은 한국군 방어지대로 공세를 펼쳐 왔다. 중공군의 제 7차 공세였다.

이런 공산군 측의 움직임은 대한민국 입장에서는 엄청난 위협이었다. 휴전 협정이 거의 마무리 단계에 이르면서 유엔군 측에서는 더 이상 증원을 해주지 않았다. 다행히 백선엽이 아이젠하워를 만나 증원을 요청했을 무렵부터 한국군 역시도 군 재편과 함께 상당한 병력을 보강시켜놓고 있었다. 그 덕에 증편된 한국군은 중공군의 제 7차 공세를 성공적으로 막아내는 동시에 반격에도 성공할 수 있었다. 그 반격의 기세가 너무도 강해서 유엔군 사령부가 더 이상의 진격을 제지했을 정도였다. 결과적으로는 중공군의 제 7차 공세로 인해 빼앗긴 지역을 절반밖에 되찾지 못했지만, 이 마지막 공세에서만 중공군 6만 명 이상을 전사시키는 엄청난 전과를 올렸다. 그러나 이렇게 한번은 승리할 수 있었지만 미군이 빠져나간 뒤에도 공산군의 전력을 막아낼 수 있을지는 의문이었다. 전력 보강을 위한 미국의 약속이 절실한 상황이었다.

휴전협정의 체결

이제 남은 것은 마지막 휴전 절차였다. 포로송환문제도 해결됐고 중공군의 마지막 공세도 실패로 돌아갔다. 휴전협정문에 공산군 측과 유엔군 측이 조인하는 일만 남았다. 그러나 대한민국으로서는 아직 아무것도 끝나지 않았다. 뒷날이 문제였다. 사실 휴전이 될 무렵, 더 이상의 유엔군 증원은 없었다. 미국도 어떻게든 빨리 전쟁을 끝내고 싶어 했다. 병사들은 빨리 본국에 있는 가족들에게 돌아가고자 했다. 그러나 아직 전선에는 180만 명의 공산군 측 병력이 건재한 상태였다. 휴전협정문이라는 종이 한 장만을 믿고 유엔군과 미군을 모두 돌려보낸 다음 무슨 일이 일어날 지 알 수 없었다. 확실한 안전장치가 마련되지 않는다면 제 2의 6.25 남침전쟁이 일어나지 말라는 보장이 없었다. 그리고 또 한 번 전쟁이 일어난다면 대한민국이 지도에서 사라질 가능성이 높았다. 미국을 비롯한 여러 참전국들이 다시 대한민국을 구하러 달려올 것이라는 기대는 할 수 없었다. 이승만은 그걸 내다봤다. 믿을 건 미국밖에 없었다. 한반도에서 발을 빼려는 미국의 뒷다리라도 잡아서 확실한 보장을 받아내야만 했다. 그랬기에 휴전협정서에 도장만 찍으면 되는 상황에서 대한민국 정부는 줄기차게 휴전에 반대했다. '휴전 이후 대한민국의 안위를 보장해 달라. 그렇지 않으면 절대 휴전할 수 없다.' 이승만은 국가의 생존을 건 버티기에 들어갔던 것이다.

결국 미국이 먼저 손을 들었다. 미국 정부는 대통령 특사로 미 국무부 극동담당 차관보 로버트슨을 한국에 파견했다. 그는 이승만을 만나 다음과 같은 조건을 제시했다. '휴전 성립 후에 한미상호방위조약을 체결하겠다. 그리고 장기간에 걸친 경제원조 역시 제공하겠다. 또한 한국군을 20개 사단으로 증편하겠다.' 이승만은 이 조건을 들은 뒤에야 묵시적으로 휴전에 동의했다.

진정으로 역사적인 순간이었다. 이때 약조를 받은 한미상호방위조약으로 대한민국은 생존을 보장받을 수 있었다. 게다가 한미상호방위조약은 훗날 과도한 국방비에 발목 잡히지 않고 경제발전을 위해 전력투구할 수 있는 밑거름이 됐다. 전 세계를 놀라게 한 대한민국의 눈부신 발전의 시작이 바로 이 협약 덕분이었다고 해도 전혀 과언이 아니었다.

이런 우여곡절 끝에 공산군 측과 유엔군 측은 7월 24일로 예정되어 있었던 정전협정의 조인 일자를 7월 27일로 조정했고 당일 22시를 기해 전면 발효시키기로 합의했다. 그리고 마침내 1953년 7월 27일 10시, 유엔군 측의 해리슨 장군과 공산군 측의 남일이 조인 장소에 착석했다. 인사도 없었고 분위기는 냉랭했다. 10시 12분 양측은 준비된 협정서에 묵묵히 조인했다. 그 뒤 해리슨은 헬기를 타고 문산리로 향했고 남일은 지프차를 타고 회담장을 떠났다. 휴전협정이 발효될 때까지는 앞으로 12시간 남짓 남아있었다.

또다시 전선은 불타올랐다. 남은 12시간 동안 상대 진지를 향한 마지막 포격과 폭격이 지독하리만큼 쏟아졌다. 특히 유엔군의 전폭기들은 북한의 비행장, 철로 등을 맹폭했다. 해상에서는 유엔군 해군의 군함들이 지겨울 만큼의 함포사격을 가했다. 이는 미군의 마지막 분풀이나 마찬가지였다. 해리슨 장군은 휴전협정에 조인한 뒤 돌아와 부인 앞에서 분루를 흘렸다. 미국 군대 역사상 최초로 승리하지 못한 전쟁의 마무리를 맡게 된 불명예가 수치스러워서라고 했다. 베트남 전쟁이 미국이 패배한 최초의 전쟁이라고 말들을 하지만, 승리하지 못한 전쟁으로는 6.25 남침전쟁이 먼저였다. 그리고 그날 밤 10시 불을 뿜던 야포들이 일시에 잠잠해졌다. 휴전이 시작된 것이었다.

전쟁은 끝나지 않았다. 잠시 멈춘 상태일 뿐이다. 정전 기간 중 국지적인 전투는 끊이지 않았다. 사진은 2010년 북한의 포격으로 폐허가 된 연평도.

이렇게 해서 1950년 6월 25일 새벽 4시를 기해 시작된 6.25 남침전쟁은 1953년 7월 27일 밤 10시에 끝이 났다. 우리가 알고 있는 상식으로는 그렇다. 하지만 정말 그럴까? 아니다. 전쟁은 끝나지 않았다. 왜냐면 우리는 종전협정을 한 것이 아니라 정전협정을 한 것이기 때문이다. 전쟁은 잠시 멈춘 것이지 끝난 것은 아니었다.

그렇기 때문에 6.25 남침전쟁의 마지막 전투는 1953년 7월의 어느 날 있었던 게 아니다. 2010년 11월 23일 북한이 대연평도를 향해 포격을 가해서 군인과 민간인이 사망한 연평도 포격이 마지막 전투에 해당한다. 이 전투가 '진지 간 포격전'이라면 직접 교전을 벌인 사건으로는 2009년 11월 10일 대청도에서 북한의 해군경비정이 동쪽 NLL을 월선하면서 벌어진 대청해전이 마지막 교전인 셈이다.

6.25 남침전쟁은 아직 끝나지 않았다.

제12장

전쟁이 남긴 것

1950년 6월 27일 : 이승만, 서울을 떠남

1950년 6월 28일 : 한강교 폭파

1950년 6월 말 : 보도연맹 사건

1951년 초 : 국민방위군 사건 및 거창 양민 학살 사건(2월)

1952년 1월 : 부산 정치 파동

1952년 7월 : 발췌 개헌

이승만은 정말 전쟁이 계속되길 원했는가

6.25 남침전쟁에 대해 아직 남은 이야기가 있다. 우선 이승만 대통령은 휴전을 정말 원하지 않았을까? 이 이야기부터 시작하자. 많은 사람들이 이승만에 대해 그런 오해를 했고, 지금도 오해하고 있는 것 같기 때문이다. '이승만은 전쟁이 끝나는 것을 원하지 않았다. 어쩌면 전쟁을 원했는지도 모르겠다. 그에게는 분단을 극복하는 것이 지상과제였기 때문이다. 그랬기 때문에 그토록 많은 인명피해를 낳고 고통만을 안겨준 전쟁일지라도 분단된 채 끝내는 것을 원치 않았던 것이다.' 예나 지금이나 꽤 많은 사람들이 이렇게 생각했던 것 같다.

그랬기에 미국은 전쟁이 시작되기 전에는 북침의 우려가 있다며 이승만에게 무기를 주지 않았다. 또한 전쟁이 끝난 후에도 북침을 통한 전쟁의 재발을 걱정했다. 그런 이유로 아이젠하워는 1953년 가을, 부통령인 닉슨에게 친서 한 장을 주며 한국을 방문하게 했다. 그 친서는 이승만에게 전달됐다. '미국의 동의 없이 북한을 공격해서는 안 된다.' 이런 요지의 경고였다. 닉슨이 이승만에게 확답을 요구했다. 이승만은 노련했다. "그런 일이 생길 것 같으면 아이젠하워에게 미리 알리겠다." 긍정도 부정도 아닌 노회한 대답이었다. 닉슨은 환담이 성과 없이 끝날 것 같은 느낌에 초조해했다. 며칠 후 이승만이 닉슨을 불렀다. 아이젠하워에게 보내는 편지와 함께 닉슨에게 다음과 같은 말을 들려주었다.

"공산주의자들에게 미국이 나 '이승만'을 통제할 수 있다고 생각하게 해서는 안됩니다. 그렇게 생각하게 되는 순간, 미국은 가장 중요한 협상력 하나를 잃게 될 뿐 아니라, 우리 대한민국은 모든 희망을 잃게 됩니다. 내가 모종의 행동을 취할지도 모른다는 두려움이 늘 공산주의자들을 견제하고 있습니다. 우리 서로 솔직하게 이야기해 봅시다. 공산주의자들은 미국이 평화를 갈망한다고 생각합니다. 그리고 미국은 그 평화를 얻기 위해서는 어떤 양보도 할 것이라고 생각합니다. 나는 그런 공산주의자들의 생각이 맞는 것 같아서 걱정입니다. 반면 공산주의자들은 나 '이승만'은 미국과 다르다는 걸 잘 알고 있습니다. 그래서 어떤 돌발 행동을 할 지 예측하기 어렵다고 생각합니다. 나는 공산주의자들이 가진 그런 불안감을 없애줄 필요가 없다고 생각합니다. 귀하가 아이젠하워 대통령께 나의 답신을 전해주시기 바랍니다. 아이젠하워 대통령이 그 편지를 읽어본 뒤에는 파기해주셨으면 합니다."

닉슨은 또한 이승만의 다음과 같은 말도 회고록에 기록해 놓았다. "나 '이승만'이 대한민국은 대한민국 나름대로 단독으로 행동할 것이라고 말하는 것은 모두 미국을 도와주기 위해서입니다. 솔직히 나는 대한민국이 단독으로 행동할 수 없다는 걸 잘 알고 있습니다. 우리는 미국과 함께 움직여야 합니다. 우리가 함께 가면 모든 것을 얻을 것이요, 그렇게 하지 않으면 모든 것을 잃게 될 것입니다."

닉슨이 남긴 회고록을 잘 들여다보면 우리는 이승만 대통령이 반공포로를 석방하고 휴전을 반대한 것이 '방법론적인 것'임을 알게 된다. 미국 대통령과 미국 정부는 세계 각국의 여론과 미국 국내의 여론을 설득하면서 공산군 측과 협상을 진행해야 했다. 비록 6.25 남침전쟁이 자유민주주의를 지켜내기 위한 국제전의 성격을 띠고 있었다고 하지만, 미국 국민들과 세계 각국은 지쳐가고 있었다. 더 이상 일면식도 없는 극동아시아의 작은 한반도에서 벌어지는 전쟁에서 자국의 젊은이들이 목숨을 잃게 하고 싶지 않았다. 전쟁은 지겨울 만큼 길어지고 있었던 것이다. 또한 서유럽 국가들은 미국이 한반도의 전쟁을 더 키우지 않기를 바랐다. 자칫 그런 미국의 조치가 소련을 자극하면 곤란하다고 생각했다. 소련이 서유럽에 어떤 액션을 취해올지 모른다고 생각했던 것이다. 아울러 한반도에 전쟁비용이 투입되면 투입될수록 서유럽 경제부흥에 투여될 비용은 점점 줄어들 것이라고 걱정하고 있었다.

반면 공산군 측은 소련의 스탈린이 내려보내는 단일 지령에 따라 움직였다. 게다가 세계 각국과 미국의 여론이 어떻게 흘러가는지를 충분히 계산하고 협상에 임할 수 있었다. 특히 영국에 심어놓은 소련의 간첩들은 연합군의 전략 하나하나를 소련에 보고했다. 그랬기 때문에 미국이 6.25 남침전쟁을 '제한전'으로 끌고 갈 것이라는 것도 잘 알고 있었다. 그런 상황이었기 때문에 공산군 측이 미국에게 전쟁을 끝내기 위해 많은 것을 양보하도록 협상할 수 있는 여지가 컸다. 이승만은 그 점을 명확히 꿰뚫어보고 있었다. 대한민국이 그런 협상판을 계속 흔들어대지 않으면, 미국 정부는 자국의 여론과 세계 각국의 우려를 의식해 무엇이든 양보할 수밖에 없을 터였다.

닉슨은 이승만과의 환담에서 그런 이승만의 내심을 명확하게 감지했다. 그래서 다음과 같은 기록을 남겼다. "나는 한국인의 용기와 인내심, 그리고 이승만의 힘과 지혜에 깊은 감동을 받고 떠났다. 이승만 대통령은 나에게 공산주의자를 상대할 때에는 항상 '예측불가능성'을 유지하는 것이 중요하다는 통찰력 있는 충고를 해 주었다. 나는 그 충고를 늘 기억했다. 그리고 내가 더 많이 여행하고 더 많이 배워감에 따라 그 충고를 건네준 '노인의 현명함'에 대해 더욱 잘 이해하게 되었다."

정리하자. 이승만은 정말 진심으로 휴전을 반대하고 북침을 주장했던 것이 아니었다. 소련과 중국, 미국 등의 강대국들 사이에서 군사력과 경제력이 너무도 모자란 대한민국이 생존을 도모하기 위해서는 그런 '버티기'가 절실히 필요했기 때문이었다. 다행이었던 것은 이승만의 '현명함'이 당대 최고였다는 점이었다. 소련과 중국의 지도자들은 물론 우방이었던 미국 정부의 수반까지도 놀라워 할 정도의 그 '노회한 정치술' 덕에 대한민국은 벼랑 끝에서도 끝끝내 생존을 도모할 수 있었던 것이다.

6.25 남침전쟁과 이승만의 행적

닉슨의 회고와 휴전 협정시 이승만이 보여주었던 '현명함'에 비추어보면 6.25 남침전쟁 당시 이승만 대통령의 행적은 많은 안타까움을 느끼게 한다. 그토록 명철한 판단력과 과감한 실행력을 보여준 그가, 왜 그토록 많은 비판을 받게 되었던 것일까. 80이 넘는 노령으로 인한 과욕과 혼미 때문이었을지도 모르겠다. 하지만 단편적인 지식만 가지고 과도한 비판을 쏟아 부어서는 곤란하다. 또한 지금 현재를 기준으로 6.25 남침전쟁 당시의 행적을 비난해서도 안 될 것이다. 6.25 남침전쟁 무렵의 대한민국은 이제 갓 걸음마를 시작한 아이나 다름 없었다. 군대조차 제대로 정비되어 있지 않은 상황에서 전시에 국민들을 돌볼 시스템이 잘 갖춰져 있기를 바랄 수는 없었다.

그러니 편견을 버리고 한 가지씩 살펴보도록 하자. 우선 지금도 사람들은 여차하면 이승만이 6.25 남침전쟁 초기 무책임하게 서울을 벗어나 도망친 것을 비난한다. 국민들을 버리고 나라의 대통령이 혼자만 살려고 줄

행랑을 쳤다는 것이다. 게다가 도망치면서 서둘러 한강 철교를 폭파하라고 시켜서 무고한 사람들을 죽거나 다치게 했다는 것이다.

그러나 당시의 회고를 살펴보면 그런 비난은 좀 지나치다. 일단 이승만에게 피난을 강권한 것은 주변 측근들이었다. 전쟁 발발 초기에는 이승만에게 명확한 전장의 정보가 제대로 보고되지 못했다. 그런 상황이었기에 적이 코앞에 들이닥쳤으니 일단 대통령이 몸을 피해야 한다는 측근들의 간청을 듣지 않을 수 없었다. 그대로 있다가 대통령이 포로가 되는 건 최악의 상황이었기 때문이다.

게다가 이승만은 경황없이 기차에 오르긴 했지만, 제대로 상황파악을 한 후에는 열차를 돌려 다시 서울로 가야 한다고 주변사람들을 다그쳤다. “대통령은 최전선에 있어서는 안 됩니다. 대통령의 신변에 문제가 생기면 그것으로 대한민국은 끝입니다. 최대한 안전한 곳에서 전쟁을 지휘해야 합니다.” 측근들은 이런 말로 간신히 이승만을 설득할 수 있었다. 혼자 살기 위해 국민을 져버린 대통령이라는 비난은 지나치다.

한편 한강 철교 폭파도 이승만의 결심과는 무관하게 이루어진 일이었다. 공산군의 압도적인 전차전투력을 일시적으로라도 저지하기 위해서 한강의 교량들을 끊어내는 일은 반드시 필요한 전술이었다. 다만 한강의 교량들을 폭파하는 타이밍이 문제였다. 그러나 그 타이밍은 현장에서 내려진 판단이었고, 그 승인은 육군 조직 내에서 전결로 처리되었다. 이승만이 도망갈 시간을 벌기 위해 국민들이 다리 위에 있건 없건 나 몰라라 하고 폭파를 지시했다는 얘기는 허무맹랑한 뜬소문일 뿐이다.

다만 전장의 정보가 제대로 올라오지 않는 상황에서 대통령으로서 전쟁 초기에 우왕좌왕한 것은 실책이었다. 그로인해 국민들에게 신뢰를 주지 못했기 때문이다. 또한 너무나 압도적인 전력 차이 때문에 섣부르게 망명 정부를 염두에 둔 발언을 한 것도 신중하지 못했던 것 같다. 하지만 이 모든 실수는 전쟁 초기 백척간두의 상황에서 벌어진 일이었다. 필자는 이런 '실수'는 분명히 이승만의 '과'에 해당한다고 생각한다. 그러나 '실수'를 과장하고 왜곡해서 '의도적인 행적'으로 부풀려서는 안 된다. 그런 왜곡에 놀아나서도 안 된다. 전쟁 당시 이승만의 행적을 의도적으로 왜곡하려 하는 행동 뒤에는 대한민국의 정통성을 부정하고 훼손시키려는 목적이 도사리고 있기 때문이다.

전시에 있었던 이승만의 행적 중에서 가장 크게 비판받는 사건이 '보도연맹 사건'이다. 대한민국 정부는 전향한 좌익들을 통합해서 관리하기 위해 '보도연맹'을 조직한 바 있었다. 문제는 전쟁이 발발한 뒤 3일만에 인민군에게 서울을 점령당했을 때, 좌익출신의 보도연맹원들이 앞장서서 인민군에 부역하며 우익색출 및 처단에 뛰어들었다는 것이다. 그들이 그렇게 날뛰었던 이유는 북한 인민군이 내려왔을 때 '전향한 좌익'은 제거대상 1호였기 때문이었다. 그래서 보도연맹 소속의 '전향한 좌익'들은 살아남기 위해 더 극렬하게 북한 인민군의 앞잡이 노릇을 하곤 했다. 이와 같은 보고를 받은 이승만 대통령은 결국 비점령지역의 보도연맹원들을 처형하라는 지시를 내리게 됐다.

국가의 생존이 위급한 상황이었다. 북한 인민군들이 폭풍 같은 속도로 한반도 남쪽을 향해 밀고 내려오고 있었다. 곳곳에 피난 못간 대한민국 국민들이 인민군을 맞게 될 게 불을 보듯 뻔했다. 그런 국민들 옆에 전향한 좌익들을 두고 갈 수는 없었을 것이다. 그들은 자신들이 살아남기 위해 무고한 사람들을 '악질 반동분자'로 지목할 가능성이 매우 높았기 때문이다. 이승만이 보도연맹원들을 처형하라고 지시했던 건 그 같은 사정을 고려한 궁여지책이었던 것이다.

문제는 전쟁 전 보도연맹이 만들어질 때 담당자들이 실적을 위해 무리하게 반강제적으로 '무고한 사람'들을 가입시켰다는 점이었다. 그래서 억울하게 목숨을 잃은 사람들이 다수 생겼다. 담당자들이 보도연맹을 만들 때만 해도, 전쟁이 일어날 것이라고는 예상하지 못했다. 그러나 북한 인민군이 6.25 남침전쟁을 일으킴과 동시에 보도연맹의 명부가 '살생부'가 되어버렸던 것이다. 비극이 아닐 수 없었다.

다만 이로 인해 죽어간 무고한 국민들에 대해서는 국가가 잘못을 인정하고 대통령으로서 사과해야 했다고 생각한다. 그러나 이승만 대통령이 전쟁 이후에도 이 점에 대해 사과하지 않았다. 책임자를 문책하지도 않았다. 필자가 보기에 그것이 이승만의 한계이자 과오였다.

이승만에게는 자기세력에 대한 비판이 곧 이승만 자신에 대한 공격이자 위협이었다. 그래서 어떤 경우에도 자기 세력을 보호해야 한다고 생각했다. 그가 평생을 적과 싸워온 정치인이었기 때문이었다. 이승만은 젊은 시절 무능한 조선의 왕실과 맞섰고 한평생을 일제를 상대로 한 독립운동에 몸 바쳤다. 해방 후에는 소련을 중심으로 한 공산주의 세력과 치열하게 싸우며 대한민국을 건국했다. 그 과정에서 산전수전을 다 겪었다. 무슨 일이 생길 때마다 사람을 내치면 종국에는 주변에 아무도 남지 않을 터였다. 그런 세월을 겪었기 때문에 이승만은 지나치리만큼 자기 사람을 지키려 했다. 그게 이승만 대통령의 과오를 만들고 말았던 것이다.

국민방위군 사건도 그런 맥락에서 생겨난 어이없는 사건이었다. 사실 국민방위군을 모집하려 했던 의도는 지극히 당연한 맥락이었다. 6.25 남침전쟁이 발발했을 때 인민군들은 남으로 진격하면서 수많은 대한민국의 청년들을 강제로 징집했다. 그 수가 수십만이었다. 그냥 두면 남한의 청년들은 모두 인민군에 징집될 터였다. 그 청년들을 제2국민역으로 끌어들여 예비병력을 확보한다는 방안은 필요한 것이었다. 하지만 국민방위군 고위간부들의 부패가 문제였다. 중간에서 그들이 물자와 자금을 착복해버린 채 보급도 없이 국민방위군들을 도보로 이동시켰다. 그로인해 10만 명이 넘는 동사자와 아사자가 발생하고 말았던 것이다.

이 국민방위군 사건이 터졌을 때도 이승만은 관련자를 처벌하지 않았다. 부패가 명확했음에도 그들을 손대지 않았다. 대신 공비들이 저지른 것이라며 버텼다. 거창에서 있었던 양민 학살 사건에 대해서도 마찬가지였다. 당시 이승만의 주변에는 극우세력이 인의 장막을 치고 있었다. 공산주의자들과 싸우며 나라를 만들었던 이승만이 공산주의자들이 일으킨 전쟁을 치르고 있는 와중이었다. 그런 상황에서 공산주의자들과 싸우던 '동지'들을 내칠 수는 없었다. 그래서 그들에 대한 비판적인 정보를 전혀 신뢰하지 않았다. 그 점에 있어서는 맹목적이었다. 그게 안타까운 점이었다.

전쟁 중에 부산에서 있었던 '부산 정치파동'은 어떻게 보아야 할까. 전쟁 직전이었던 1950년 5월 선거에서 야당이 압승을 거뒀었다. 이승만은 국회에서 대통령 재선이 어렵다고 여겨지자 전쟁 중에 직선제 개헌을 추진했다. 하지만 전쟁이 장기전에 들어간 1952년 1월 국회가 직선제 개헌안을 부결시켰다. 그러자 이승만은 국회를 해산시키고 직선제를 반대하는 국회의원들을 프락치 혐의로 구속수사하게 했다. '부산 정치파동'의 전모다. 이해 여름 7월에 이승만은 발췌 개헌을 통해 직선제 개헌안을 통과시켰고 8월에 다시 대통령이 됐다. 이승만은 '내가 아니면 이 나라를 공산주의의 위협에서 지켜낼 수 없다'고 생각했다.

전쟁 중에 있었던 대통령 직선제 개헌과 이승만의 대통령 재임 과정이 민주주의적 절차라는 차원에서 문제가 있었던 것은 분명하다. '나 아니면 안 된다'는 이승만의 독선이 있었던 것 역시 분명하다. 그러나 이를 '장기집권 야욕' 때문이라고 몰고 가서는 곤란하다. 대통령에 재임한 이승만은 노련한 외교술로 휴전 이후 대한민국의 안보를 미국에게 보장 받았다. 세계 각국의 여론과 미국 내 여론을 냉정하게 파악하고 여러 가지 경우의 수를 치밀하게 계산한 뒤 우방국 정상들까지 당혹스럽게 하는 외교술로 거둬낸 성과였다. 그런 일을 그 당시 이승만 이외에 누가 할 수 있었을까. 이승만은 공산군 측에 맞서 대한민국의 안위를 확보해낼 수 있는 사람은 오직 자신밖에 없다고 확신했다. 그리고 그 확신은 결과적으로 옳았다.

6.25 남침전쟁 기간 동안 이승만 대통령은 꽤 많은 실수를 저질렀다. 부득이한 조치였다고는 해도 그로 인해 발생한 무고한 인명 피해에 대해 침묵했다. 관련자를 문책하지 않았고 국민들에게 사과하지 않았다. 그 점은 안타까웠다. 개명한 지식인이었지만 그 역시도 왕조시대의 유산을 버리지 못한 사람이었다. 독선적이고 오만한 성격 때문이었다. 오랜 투쟁 경험 때문이기도 했다. 그게 이승만의 '과'를 만들었다.

그러나 이승만 대통령이 거둔 '공'이 훨씬 더 컸다. 이승만은 전쟁이 본격화되자 한국군의 작전권을 유엔군에 넘겼다. 원칙적으로 한국은 유엔에 가입되어 있지 않았기 때문에 한국군이 유엔군에 편입될 수는 없었다. 그러나 이승만은 떠넘기다시피 한국군의 작전권을 유엔군에게 맡겼다. 바로 이 조치로 인해 유엔군은 손쉽게 이 땅을 버리고 떠날 수 없게 되어버렸다. '발목을 잡혔다'는 표현이 적당했다.

하지만 작전권을 넘겼다고 해서 이승만이 유엔군을 주도하는 미국에 종속적인 태도를 취한 것은 아니었다. 그는 전쟁의 고비고비마다 한국군이 독자적으로 움직이도록 특별지시를 내려 개입했다. 그러니 미국을 적절하게 이용했다고 하는 표현이 맞는 인물이었다. 아이젠하워가 CIA 국장에게 이런 말을 건넬 정도였다. "이승만은 우리의 친구가 아니라 적입니다."

또 이승만은 휴전 협정 기간 동안 정치력을 발휘해 '한미방위협정'을 이끌어냈다. 그로 인해 여전히 공산군 측의 위협이 상존하는 상황에서 제 2의 6.25 남침이 발생할지도 모를 위협을 미리 차단할 수 있었다. 또한 한미방위협정은 지속적으로 한국의 울타리가 되어 주어서, 훗날 국방비 부담을 최소화하며 경제발전을 꾀할 수 있게 했다. 이 두 가지 조치가 있었기에 지금의 대한민국이 있을 수 있었다. 그리고 그 두 가지의 '대담하고 노련한' 조치는 오직 이승만이기에 가능했다. 이승만의 '공'이 그의 '과'를 덮는 이유다.

전쟁은 누구의 책임인가

전쟁을 직접 겪지 않은 세대에게 6.25 남침전쟁에 대해 물어보면 그 대답이 놀랍다. 상당수가 남침인지 북침인지 아니면 남침을 유도한 것인지 명확하게 대답하지 못한다. 전쟁의 성격에 대해서도 북한 김일성 괴뢰정부가 한반도의 적화를 목적으로 대한민국을 침공해 내려온 전쟁이라고 명확하게 대답하지 못한다. 꽤 많은 이들이 6.25 남침전쟁을 '계급해방전쟁' 또는 '민족해방전쟁'이라고 답한다.

소설가 조정래가 써서 국민적인 베스트셀러가 된 『태백산맥』이 그런 시각을 대변한다. 이 소설에서 6.25 전쟁은 '침략전쟁'이 아니라 '인민해방'을 위한 전쟁으로 묘사된다. 소설 속에서 대한민국 정부가 실시한 농지개혁은 아무런 실효성이 없었던 것으로 그려진다. 소작농 출신의 지식인들을 비롯해 대다수의 사람들은 사회주의를 적극적으로 환영했던 것처럼 소설 속에 묘사되어 있다. 자연히 전쟁을 일으킨 북한 괴뢰정권의 부도덕성과 만행 등은 잘 다뤄지지 않는다.

하지만 이것이 진실일까? 이렇게 6.25 남침전쟁에 대한 인식이 혼란스러워진 것은 80년대 독재정권에 항거하던 민주화 운동 시절의 영향 때문이다. 민주화 운동을 주도했던 세력들 중 일부는 독재에 대항하기 위해 방법론적으로 사회주의, 민중주의 사상을 받아들이게 됐다. 그 결과 그 시대의 지배적인 분위기가 투영된 민중적 세계관으로 6.25 남침전쟁 당시를 재단하게 되었던 것이다. 조정래씨의 『태백산맥』이 특히 그러하다. 좋게 말해서 그것은 편향된 이념을 가진 소설가의 소설일 뿐이지, 그 이상도 이하도 아닌 것이다.지금 대한민국 국민들의 6.25 남침전쟁에 대한 위험하리만치 왜곡된 인식은 그렇게 만들어졌다.

그러나 그 당시 전쟁을 직접적으로 경험했던 사람들은 전쟁을 일으킨 장본인이 김일성이라는 사실을 분명히 자각하고 있었다. 그랬기에 반전과 반공을 동일시했다. 이승만 정권과 국군에 대한 실망과 환멸을 가진 이도 물론 있었다. 하지만 그렇다고 그들이 전쟁의 책임까지 대한민국 정부와 국군에게 돌리지는 않았다. 전쟁을 겪은 대부분의 사람들은 전쟁을 일으킨 전범 김일성과 북한 공산당 세력에 대해 분노를 표출했다. 반공 이데올로기가 자연스럽게 국가의 이념으로 자리잡게 된 계기가 다름 아닌 6.25 남침전쟁이었던 것이다.

엄청난 인명피해와 재산손실, 그리고 산술적으로 표현할 수 없는 전쟁의 참상을 떠올릴 때마다 전쟁의 '원흉'에 대해 다시 한 번 책임을 묻지 않을 수 없다. 전쟁기간 동안 전사하거나 부상당한 국군과 유엔군은 77만 여명이었으며, 화력의 열세를 인해전술로 메웠던 중공군 및 북한 인민군의 피해는 약 2백만 명으로 추산된다. 더 안타까운 것은 민간인들이 전쟁의 틈바구니에서 엄청나게 죽었다는 점이다. 남한은 100만 명, 북한은 150만 명, 도합 250만 명 이상의 인명피해가 발생했다. 전쟁 전 남북한 총인구가 2,500만 명이었으니 전인구의 10%가 전쟁통에 목숨을 잃었던 것이다.

이와 함께 30만 명 가량의 전쟁미망인, 10만 명 가량의 전쟁고아가 발생했다. 그야말로 사회적 기반을 뿌리부터 뒤흔드는 수준의 재앙이었다. 당시 피난민의 규모는 대략 100~150만 명 정도로 추산된다. 그와 함께 전국토는 잿더미가 됐다. 모든 것을 '무'에서 다시 시작해야 할 정도로 철저하게 망가져 버렸다.

6.25 남침전쟁은 절대로 다시 일어나서는 안 될 민족 최대의 비극이었다. 이 비극이 다시 일어나지 않기 위해서는 우리 국민 모두가 역사를 바로 알아야 한다. 6.25 남침전쟁에 대해 피상적인 한 두 마디의 지식만을

가지고 '계급해방전쟁'이니 '민족해방전쟁' 운운한다면 제 2의 6.25 전쟁이 일어나지 말라는 법이 없다.

이 책에서 필자는 '한국전쟁'이라는 용어대신 시종일관 '6.25 남침전쟁'이라는 용어를 썼다. 적어도 6.25 남침전쟁은 북한 김일성 괴뢰집단이 한반도를 적화통일시키기 위해 중국과 소련의 힘을 빌어 대한민국을 무력으로 짓밟은 천인공노할 전쟁이라는 사실만이라도 이 용어를 통해 독자들에게 각인시키고 싶었기 때문이다. 그래야 언젠가 북한의 체제가 무너졌을 때 전쟁의 전범들에게 그에 합당한 죄를 물을 수 있을 것이다. 그리고 그래야 전쟁으로 죽어간 영혼들에게 부끄럽지 않을 것이기 때문이다.

참전국들의 명암,
그리고 전쟁으로 이익을 본 나라들

6.25 남침전쟁은 무려 30여개 국이 직간접적으로 참여한 거대한 국제전이었다. 미국은 무려 500억 달러가 넘는 전비를 투입했고 약 180만 명의 병력을 참전시켰다. 인명피해도 대략 14만 명에 달한다. 미국이 이와 같은 희생을 치르면서까지 6.25 남침전쟁에 참전했던 이유는 '아시아에서 미국을 시험해보기 위해 일으킨 공산주의의 도전'을 초장에 물리쳐야 한다는 전략적 시각 때문이었다. 때문에 미국은 전쟁 발발 즉시 적극적으로

뛰어들었다. 하지만 그럼에도 불구하고 6.25 남침전쟁은 미국이 승패를 확실하게 결정짓지 못한 최초의 전쟁이 되었다. 그래서 미국 정부와 군부, 참전했던 군인, 그리고 미국인 모두가 기억하고 싶어하지 않는 전쟁이 되었다. '잊혀진 전쟁'이 되어버린 것이다.

전쟁에 끼어들었던 소련과 중국도 전쟁의 승리자는 아니었다. 휴전이 되고 나서 북한에 대한 소련의 영향력은 대폭 줄어들었다. 김일성은 스탈린이 약속했다. 스탈린은 약속했던 무기와 물자를 제때에 건네주지 않았다. 그 때문에 이길 수 있는 전쟁에서 졌다고 생각했다. 그런 스탈린에 대한 원한이 생겼다. 김일성은 수십 년 뒤에도 여차하면 스탈린 때문에 6.25 남침전쟁에서 승리하지 못했다고 공공연하게 떠벌이고 다녔다. 그래서 김일성은 전쟁 이후 중국과 소련 사이를 오가며 이익을 취하는 실리 노선을 택했다. 소련만을 믿을 수는 없었기 때문이었다.

6.25 남침전쟁에서 소련의 스탈린은 원하는 것을 얻었다고 볼 수도 있다. 비록 전쟁으로 인해 북한에 대한 영향력은 줄어들었지만, 대신 전쟁은 아시아에서 미국의 자원을 엄청나게 소모시켰다. 또 미국과 중국이 맞붙게 됨으로써 둘 사이가 크게 벌어졌다. 국공내전에서 마오의 공산군이 승리한 직후 미국은 중국과 손을 잡을 생각도 있었다. 그건 마오 역시 마찬가지였다. 그러나 6.25 남침전쟁은 그런 가능성을 날려버렸다.

하지만 소련으로서는 정작 중요한 중국을 잃고 말았다. 스탈린은 생전에 마오쩌둥의 야심을 불편해했고 견제하려고 했다. 그러나 그 뜻을 이루지 못한 채 사망했다. 반면 마오는 전쟁 이후 반대파를 숙청한 뒤에 반소 독자 노선을 분명히 했다. 1960년대 들어서 중소이념분쟁으로 공산권이 분열된 것은 분명 6.25 남침전쟁의 결과였다.

중국도 전쟁으로 얻은 것은 없었다. 중국은 중일전쟁과 국공내전을 거치며 건국된 지 얼마 되지 않은 시점에 참전한 터였다. 국력을 키워도 시원찮을 마당에 중국은 6.25 남침전쟁에 너무 많은 국력을 소모하고 말았다. 경제 재건은 늦어졌고 많은 서방국가들과 적대적인 관계를 맺고 말았다. 그로인해 이후 20여 년 동안 유엔에 가입할 수 없었을 만큼 국제적으로 고립되어 버렸다. 중국이 6.25 남침전쟁에서 가장 많은 인명피해를 보며 얻어낸 수확은 고작 북한 정도였다. 1958년에 중공군은 북한에서 모두 철수했지만 전쟁 이후 중국은 북한에서 소련의 위상을 대신할 만큼 영향력을 넓혔던 것이다. 아주 작은 대가였지만 중국이 얻은 수확이라면 수확일 것이다.

이처럼 남북한은 말할 것도 없고 전쟁에 참여한 미국과 소련, 중국 모두 전쟁으로 얻은 것은 없었다. 있더라도 아주 작았다. 반면 전쟁에 직접 끼어들지 않았던 나라들 가운데는 적잖은 이익을 챙긴 곳이 여럿 있었다.

잘 알려져 있지는 않지만 대만은 6.25 남침전쟁의 가장 큰 수혜국 중 하나였다. 대만의 장제스는 6.25 남침전쟁으로 천금 같은 시간을 벌었다. 사실 6.25가 터지지 않았다면 중국은 대만을 침공했을 것이다. 당시 미국은 장제스 정부를 더 이상 신뢰하지 않고 있었다. 오히려 본토의 중국과 관계

개선을 생각하고 있었다. 애치슨 선언은 그런 미국의 의사를 간접적으로 중국의 마오에게 건넨 것이나 다름 없었다. 그랬기 때문에 만약 중국이 대만과 분쟁을 일으켜도 중국이 그 대가로 미국과의 관계개선을 약속하기만 한다면 미국이 개입하지 않을 가능성이 높았다. 한마디로 대만은 '바람 앞의 촛불' 같은 상황이었다. 그런데 6.25 남침전쟁이 터졌다. 미국은 이른바 공산주의의 '도미노 현상'을 막기 위해 곧바로 제 7함대를 동원해 대만해협을 봉쇄했다. 미국의 이와 같은 전략적 조치 덕분에 대만은 중국의 위협에서 한숨 돌릴 수 있게 됐고 경제적으로 일어설 수 있는 기반을 마련하게 됐다.

물론 6.25 남침전쟁으로 가장 큰 이득을 본 나라는 일본이었다. 미국은 원래 제 2차 세계대전 직후 전범국인 일본을 '목가적인 농업국가'로 만들 생각이었다. 그래서 다시는 전쟁을 일으킬 수 없는 나라로 주저앉히려 했었다. 하지만 그 무렵 소련이 한반도 전체를 공산화하려 했고 중국의 장제스가 본토를 잃었다. 상황이 급변하자 미국의 대일정책 역시 극적으로 돌아섰다. 소련을 견제할 파트너로 중국 대신 일본을 선택하게 된 거였다. 그렇게 해서 독일과는 달리 분단을 면하게 된 것만도 일본에게는 행운이었다.

그런데 거기다 한반도에서의 전쟁은 일본을 전쟁의 후방기지 겸 병참기지로 변모시켰다. 일본은 이 기회를 딛고 '전쟁특수'를 통해 경제대국으로 성장할 발판을 마련하게 됐다. 당시 수상이었던 요시다는 이를 두고 얄밉게도 '천우신조'라는 말로 6.25 남침전쟁을 표현할 정도였다.

전쟁이 대한민국에 남긴 역설적인 순기능

카르타고를 완전히 지도에서 지운 포에니 전쟁과 같은 '말살전'이 아니라면, 전쟁은 장기적인 차원에서 변화의 계기가 된다. 6.25 남침전쟁도 그랬다. 전쟁은 한국인들을 극적으로 변화시켰다. 전쟁으로 인해 대한민국은 봉건적 사회 관계가 완전히 해체되는 계기를 맞게 됐다. 전쟁 이전에 이승만이 전격적으로 실시한 농지개혁으로 지주제도의 근간은 상당부분 해체됐다. 그러나 오랜 기간 형성된 사람들의 심성은 쉽게 바뀌는 게 아니었다. 사람들의 마음속에는 여전히 신분제가 살아 있었다. 그러나 그걸 전쟁이 바꾸어 놓았다. 전쟁은 한국인들을 극한적인 상황으로 몰고 갔다. 생존이 최고의 가치가 됐다. 그 앞에서 기존 봉건적 가치의 구속력은 약화될 수밖에 없었다. 왕과 양반, 상민, 천민 등의 신분제적 굴레는 완전히 사라져버렸다. 근대적인 민주주의가 뿌리내리기에 좋은 토양이 마련되었던 것이다.

또한 그 전까지 한국인들은 자본주의라는 낯선 제도에 익숙해질 시간이 별로 없었다. 그러나 전쟁은 한국인들에게 자본주의와 급속도로 친숙해지게 만들었다. 살아남아야 한다는 생존 본능은 지체 없이 자본주의적인 삶을 생래적인 것처럼 체화하게 만들었던 것이다. 19세기 조선을 찾았던 많은 외국인들은 조선 사람들의 삶을 나태해보일 정도로 여유롭다고 묘사했다. 하지만 그런 조선 사람들의 심성은 전쟁과 함께 사라졌다고 해도 과언이 아니었다. 그 대신 조급하다고 느낄 만큼 열정적이고 진취적인 심성이 그 빈자리를 채웠다. 이와 같은 역동성은 잠시 잠복기를 거친 뒤 산업화 시기에 폭발했다. 그리고 '한강의 기적'이라 불리우는 고도성장으로 꽃을 피웠다.

한편 전쟁은 미국을 대한민국의 가장 가까운 나라로 만들었다. 구한말 미국이 한국의 가장 가까운 나라가 될 것이라 예측한 사람은 아마 단 한명도 없었을 것이다. 그러나 6.25 남침전쟁 이후 미국은 한국의 가장 중요한 우방이 되었다. 뿐만 아니라 미국은 한국인들에게 하나의 모델이 되었다. 일본어로 일기를 쓰던 시인 김수영이 잡지『보그』와『인카운터』를 보며 시를 쓰게 된 것은 상징적인 장면이었다. 그 동안 일본이라는 렌즈를 통해 바다 밖 세상을 보던 한국인들은 이제 미국이라는 또 하나의 렌즈를 갖게 된 것이었다.

낡은 중국의 천하사상이라는 굴레를 벗어나게 되었을 때 식민지의 지식인들 중에 상당수는 서구와 어깨를 나란히 하는 일본을 동경했다. 일본처럼 부강한 나라를 만들려다가 대동아 공영권이라는 늪에 빠져들기도 했다. 그러다 일본이 패망했다. 일본 대신 이번에는 미국의 번영과 풍요가 동경의 대상이 되었다. 이념으로 인해 생겨난 전쟁을 겪고 공허해진 한국인들의 마음속에 더 이상 반제 반봉건이라는 낡은 사회주의의 이상이 자리잡을 수는 없었다. 대신 그 자리를 미국적인 가치가 대신하기 시작했다. 반공주의, 자본주의, 기독교, 물질주의라는 이질적인 가치들이 '미국'

이라는 동경의 대상을 통해 한국인에게 흘러들어왔다.

한 개인에게나 한 국가에게나 '모델'이란 중요한 것이었다. 폐허에서 다시 일어서는 우리 국민들에게 그 당시 가장 풍요로웠던 나라 미국이 '모델'이 될 수 있었던 것은 다행스런 일이었다. 그 풍요를 가능하게 했던 자유민주주의와 자본주의적 시장경제를 적극적으로 배우게 됐기 때문이었다. 그리고 그 결과 세계에서 가장 못사는 나라였던 대한민국이 비약적으로 날아오르게 되었기 때문이다.

6.25 남침전쟁은 대한민국을 잿더미로 만들고 씻을 수 없는 상처를 남겼지만, 대신 그 자리에 작은 희망의 씨앗도 함께 남겼던 것이다.

제13장

부패공화국

1953년 7월 : 정전 협정 조인

1953년 10월 1일 : 한미상호방위조약 체결

1954년 11월 28일 : 사사오입 개헌 사건

1956년 : 제3대 정부통령 선거

1957년 3월 : 가짜 이강석 사건

1958년 2월 : 조봉암 기소 (1959년 7월 31일 교수형)

1950년대: 가난의 시대

세계적으로 1950년대는 냉전이 시작된 시기였다. 자유진영과 공산진영 사이의 경쟁과 긴장이 이 시기부터 시작됐다. 이와 동시에 1950년대는 부흥의 희망이 피어난 시대이기도 했다. 특히 미국의 1950년대는 안전과 번영의 시대였다. 미국 대륙의 엄청난 내수소비가 경제적인 발전을 이끌었다. 중산층이 사회의 대다수를 차지하게 되었고 이들은 물질적으로 풍족한 생활을 누리기 시작했다. 자동차와 가전제품들이 미국 전역에 널리 보급되었다. 록큰롤의 황제 엘비스 프레슬리는 이 풍요의 시대를 상징하는 대표적인 아이콘이었다. 미국에서 넘쳐흐른 풍요는 마셜플랜을 통해 유럽으로 흘러들었다. 미국의 자금이 유럽의 전후 복구를 위해 투자되었던 것이다. 그 덕에 유럽도 점차 전쟁의 상처에서 벗어나기 시작했다. 북한조차도 중국과 소련의 지원 아래 연평균 5퍼센트 이상의 성장률을 달성하며 전후 재건에 박차를 가하고 있었다. 1950년대는 이런 시대였다.

하지만 휴전선 아래의 상황은 조금 달랐다. 대한민국은 세계적인 전쟁 복구의 대열에 동참하지 못하고 있었다. 전쟁 직후 대한민국의 1인당 국민소득은 65달러 정도였다. 세계 최빈국 수준이었다. 일제 치하 때도 그토록 가난해본 적은 없었다. 1910년 대한제국이 강제로 합병당할 무렵의 소득 수준이었다. 무려 40여년을 후퇴한 셈이었다. 한마디로 대한민국의 1950년대는 '가난의 시대'였다.

애초부터 남한은 북한지역에 비해 산업시설이 부족했다. 그런데 그나마 부족한 산업시설의 40퍼센트가 전쟁을 통해 파괴됐다. 전쟁은 끝났지만 물건을 만들어낼 공장이 없었다. 수출은 고사하고 이 땅에서 쓸 물건조차 없었다. 정부도 가난하기 짝이 없었다. 나라 살림의 절반은 미국의 경제 원조 덕에 돌아갔다. 당시 한국이 미국으로부터 받은 원조는 세계 최대 규모였다.

미국의 시인 엘리어트는 「황무지」라는 시에서 '4월은 가장 잔인한 달'이라 노래했다. 겨우내 얼어붙고 마른 땅이 봄을 맞아 새싹을 틔워내는 4월을 역설적으로 가장 잔인하다고 표현했던 것이다. 그런데 1950년대의 한국인들에겐 5월이 가장 잔인한 달이었다. 왜냐하면 바로 그때 먹을 게 똑 떨어지기 때문이었다. 지난해 가을에 수확한 쌀은 다 떨어졌는데, 그나마 입에 풀칠할 보리는 아직 여물지 않은 5월을 사람들은 '보릿고개'라고 불렀다. 조선시대부터 보릿고개라는 말은 있었지만 1950년대의 보릿고개

1960년대까지도 재래 시장은 거의 달라지지 않은 모습이었다. 전후 복구에 힘써야 했던 1950년대는 모두가 가난했다. 미국의 원조에 의해서 겨우 유지가 되는 세계 최빈국 중 하나가 바로 대한민국의 현실이었다. 하지만 그 잿더미 위에서도 한국인들의 발전 욕구는 사라지지 않았다.

는 지독했다. 굶어죽는 사람이 숱하게 나왔다.

그러니 음식을 가려먹는다는 건 있을 수도 없는 일이었다. 먹다 버린 음식 쓰레기도 마다할 상황이 아니었다. 우리가 이름으로만 전해들어온 '꿀꿀이죽'이 그런 음식이었다. 피난 시기 미군들이 먹다 버린 케첩과 콩, 옥수수, 빵, 소세지, 햄, 버거패티 등 잡다한 재료를 커다란 솥이나 드럼통에 넣고 팔팔 끓인 음식이었다. 그걸 길거리에서 한 그릇씩 팔았다. 간혹 그 안에서 미군이 피우다 버린 담배꽁초가 나오기도 했다. 그래도 꽁초를 건져내고 계속 먹었다. 어쩌다 스테이크 건더기라도 건지면 횡재한 거였다. 그런 시절이었다. 이 꿀꿀이죽의 개량된 형태가 우리가 요즘도 종종 즐겨 먹는 '부대찌개'다. 길을 가다보면 종종 '원조 부대찌개'라는 간판을 볼 수 있는데, 진짜 '원조'는 앞서 말했듯 먹을 게 못된다.

이처럼 먹거리가 부족하면 가장 위험한 건 아이들이었다. 그 당시 한국 아동들의 영양상태는 엉망이었다. 요즘 간혹 텔레비전에 소개되는 아프리카의 기아 아동만큼이나 굶주려 바짝 말라있었다. 대신 기생충 때문에 헛배가 불러 배만 볼록했다. 미국은 그런 한국 아동들의 영양상태를 긴급하게 개선하기 위해 분유를 대량으로 제공했다. 학교에서 그렇게 원조 받은 분유를 나눠줬다. 끓여서 우유로 만들어 먹이기도 했지만 가루 형태로 배급을 하기도 했다. 막상 받아는 왔는데 분유를 어떻게 타먹는지 모르는 집도 많았다. 그런 집에서는 다 된 밥 위에 분유를 한 덩어리 올려서 쪄먹었다. 이렇게 쪄진 분유는 증기를 흡수해 돌처럼 딱딱하게 굳었다. 아이들은 그걸 핥으며 허기를 달랬다. 하지만 우리 한국인들 가운데는 우유의 유당성분을 흡수하지 못하는 체질들이 많았다. 그래서 가족 모두가 하루 종일 설사를 하는 일도 그 당시에는 비일비재했다.

먹는 게 가장 문제이긴 했지만, 그 밖에도 모든 물자가 부족했다. 전기도 부족했고 물도 부족했다. 상수도가 설비된 곳은 매우 드물었다. 우물이나 공동 수도에서 줄을 서서 물을 받아 날라야 했다. 그마저도 부족해 '물차'가 다니며 물을 공급하기도 했다. 그런 상황이었으니 샤워나 목욕은 꿈도 꿀 수 없는 사치였다. 설거지와 빨래, 목욕 등을 모두 개천에서 해결해야 했다. 그 당시 크고 작은 하천들은 싱크대이자 세탁소였고, 목욕탕이자 화장실이었던 셈이다. 1950년대의 삶은 그랬다.

폐허 속의 희망

제 2차 세계대전 이후 생겨난 신생 독립국들은 대부분 선진국들의 원조에 의존해야 할 만큼 가난하고 헐벗었다. 그리고 그 대부분의 국가들은 독재와 정치적 혼란, 만연한 부패에 시달렸다. 한국이라고 예외일 수는 없었다. 절대적인 빈곤과 원조경제가 결합되면 부패가 필히 뒤따르게 된다. 원조경제는 권력의 축을 따라 원조 받은 재화를 분배하게 되어 있었다. 그리고 원조는 늘 부족하기 마련이었다. 이런 상황이 닥치면 사람들은 어떻게든 권력에 빌붙어 혜택을 얻으려 했다. 그건 본능이었다. 게다가 가난이나 빈곤은 사람들의 윤리감각을 무디게 했다. 그래서 한번 시작된 부패의 고리를 끊기가 더욱 어려워졌다. 나라 살림을 운영하는 정부도 가난했다. 그래서 공무원에게 먹고 살 만한 최저생계비만큼의 월급도 줄 수 없었다. 그건 딴 주머니를 차라는 말이나 다름없었다. 정부가 공무원들을 부패의 나락으로 등 떠미는 거나 다름없었다.

그러니 지금의 눈으로 이 당시의 부패상에 대한 회고를 읽으면 '이게 나라냐'며 개탄하기 쉽다. 하지만 100여개가 넘는 당시 신생독립국 중에서 '나라꼴'을 갖춘 나라는 한 곳도 없었다. 그 중 대한민국만 예외였길 바라는 것은 과도한 기대다. 지금도 우리 국민들은 제 1공화국을 '부패공화국'이라며 아무런 애정 없이 너무도 쉽게 말해버린다. 하지만 이 시절을 조금만이라도 마음으로 느낀다면 분노보다 안타까움이 앞서게 된다. 그 당시 신생독립국 대부분은 '신생부패국'이었다. 그렇게 될 수밖에 없는 구조였다. 결국 그 만연한 부패의 고리를 끊어낼 수 있는 건 성숙하고 주인의식을 가진 시민들의 힘뿐인데, 그 어떤 신생독립국도 그런 시민 사회를 건국초기부터 만들 수는 없었다. 물론 한국도 마찬가지였다.

만연한 부패가 당연하다거나 아무 문제도 아니라는 말을 하려는 게 아니다. 부패를 두둔하기 위해 끔찍한 가난과 신생독립국들의 부패에 대해 늘어놓은 게 아니다. 마치 나는 아무 상관없는 일인 것처럼 '이게 나라냐'라며 덮어놓고 개탄하지 말자는 거다. 마치 유행처럼, 그 시절 부패에 대해 침을 튀기며 욕해야만 양심적이고 지적인 사람인 양 생각하지 말자는 거다. 그토록 엉망진창 망가진 폐허 위에서 우리 선배 세대들은 어떻게 한 줄기 희망을 붙잡고 씨앗을 심고 싹을 틔워 이제는 세계가 부러워하는 나라의 기반을 다졌는지를 좀 더 애정 어린 시선으로 보자는 얘기다. 그게 그 험난한 시절을 살아내며 후손에게 '대한민국'을 남겨준 선배세대들에 대한 예의일 것이다.

미국의 지식인 엘리트 육성과 이승만 정부의 보통교육 강화

'시린 이'는 무시할 수도 없지만 뽑아버릴 수도 없다. 그렇다고 쉽게 치료가 되는 것도 아니다. 전쟁이 끝난 뒤의 한국은 미국에게 있어 그런 '시린 이'와 같았다. 한마디로 한국은 미국에게 골치 아픈 존재였다. 6.25 남침전쟁에서 미국은 승리하지 못했다. 한반도의 절반인 북한을 공산주의 체제로 남겨둘 수밖에 없었다. 이제 미국으로서는 대한민국이 민주주의 국가, 자본주의 국가로 성공적으로 발돋움할 수 있게 최선을 다해 돕는 길밖에 없었다.

그에 따라 미국은 나름대로 대한민국의 미래에 대한 청사진을 그렸다. 우선 일본을 공업국가로 발전시키고 한국 경제를 그 밑에 종속시킨다는 그림을 그렸다. 그래서 미국은 이승만 정부에게 필요한 생필품 등은 일본에서 사서 쓰라고 했다. 하지만 이승만은 이를 일언지하에 거부했다. 미국은 한일관계에 대해 너무 몰랐다. 일본 식민지 지배의 상처는 전혀 아물지 않았다. 그런 마당에 일본 물건을 사서 쓰라는 권유는 결코 받아들여질 수 없었다. 게다가 이승만은 미국이 시키는 대로 일본 물건을 사서 쓰다 보면 한국 경제가 일본에 종속될 것이라는 걸 꿰뚫어 보고 있었다. 그렇게 되면 한국이 잘살게 될 기회는 영원히 오지 않을 것이었다. 그래서 이승만은 더더욱 미국의 권유를 받아들일 수 없었다.

또 한 가지 문제가 미국을 골치 아프게 했다. 미국은 대한민국을 민주주의 국가로 만들고 싶었다. 그러나 미국이 보기에 이승만은 기대만큼 민주적인 지도자가 아니었다. 물론 이승만만큼 대한민국을 공산주의로부터 지켜내기에 적합한 인물은 없었다. 하지만 미국이 보기에 이승만 정부의 독재와 부패는 심각하게 우려스러웠다. 그래서 미국은 이승만을 제거할까도 진지하게 고려했다. 그러나 아무리 궁리해보아도 역시 이승만을 대체할 만한 인물이 없다는 결론이 나왔다.

결국 미국정부는 단기간에 대한민국을 바꾸는 대신, 중장기적인 전략을 쓰기로 했다. 원래 부패한 권력은 깨어있는 시민들에 의해 견제되어야 한다. 그래야 바로잡을 수 있다. 하지만 그 당시 대한민국에 그런 시민세력은 존재하지 않았다. 또한 그같은 시민세력을 단기간에 육성할 수 있을 것 같지도 않았다. 그래서 미국은 대한민국에 이승만 정부를 비판하고 견제할 수 있는 엘리트 집단을 양성하기로 했다. 그게 가장 효과적인 대안이 될 것이기 때문이었다.

이런 생각으로 미국은 1950년대 중반부터 대한민국의 정치가, 행정관료, 대학교수, 언론인 등 사회의 지도층 인사들에게 다양한 미국 연수의 기회를 제공하기 시작했다. 또 지식인 사회를 이끌고 나가며 영향력을 발휘할 미디어와 언론인 모임 등에 각종 지원을 아끼지 않았다. 그로 인해 1950~1960년대 한국 사회에 큰 영향력을 발휘했던 장준하의 『사상계』나 「경향신문」 등의 유력한 언론이 창간되고 유지될 수 있었다.

미국의 이와 같은 엘리트 육성책은 묘하게도 이승만 정부의 교육정책이 지향하는 방향과 잘 맞았다. 이승만 정부의 중요한 정책 중 하나가 바로 보통교육을 강화하는 것이었다. 이승만 정부는 다른 무엇보다도 국민학교(초등학교)를 집중적으로 육성했다. 그 덕에 기성세대와는 달리 문맹을 벗어나 서구적인 민주주의의 기초소양을 교육받은 세대가 자라날 수 있었다. 결국 1960년대에 중고등학생이 된 바로 그 새로운 세대는 미국의 중장기 '대항마 양성' 전략을 통해 육성된 지식인 엘리트 그룹들과 함께 대한민국의 역사를 바꾸는 주역이 되었다.

부패와 헌신

전쟁 이후의 이승만 정부는 독재와 부패, 정치 공작으로 얼룩진 정권이었다. 하지만 다행스럽게도 행정능력과 식견을 갖춘 능력 있고 성실한 엘리트 관료집단을 포함하고 있었다. 미국의 후원으로 선진문물을 배우고 돌아온 엘리트 관료 집단들은 이승만 정부에서 중심적인 역할을 담당했다. 특히 이 시기 부흥부(기획처가 1955년 부흥부로 바뀌었다)에는 여러 엘리트 관료들이 모여 있었다. 바로 이들에게 신생 대한민국의 산업과 경제를 키워 나가야 할 중책이 맡겨졌다. 그들이 어떻게 일을 해나갔는지를 살펴보면 이승만 정부의 복잡하고 모순된 성격이 잘 드러난다.

이승만은 1957년 어느 날 신임 부흥부 장관이 된 송인상을 불렀다. 송인상은 서울 상대 출신의 엘리트 관료였다. "경제에 관한 전권을 당신에게 맡기겠소." 이승만은 그에게 이렇게 말했다. 대신 딱 세 가지만 자신이 챙기겠다고 했다. 환율과 대일무역, 그리고 미국 정부와의 교섭이었다. 그 당시 이승만은 미국으로부터 최대한의 이익을 얻어내는 동시에 일본에 경제적으로 종속되는 것을 막는 것이 경제에 있어서 최우선 과제라고 생각했다. 그러기 위해서는 '세 가지'를 자신이 쥐고 흔들 수 있어야 한다고 믿었다. 그러니 경제에 관한 전권을 맡긴다면서도 정작 중요한 건 본인이 다 쥐고 있겠다는 말이나 다름없었다.

사실 이승만은 환율이나 대일무역문제에 있어서는 매우 강경한 입장을 취했다. 일례로 이런 일이 있었다. 1958년 일본에서 재일교포를 북한에 보낸 사건이 있었다. 이른바 '재일교포 북송사태'였다. 이승만은 화가 머리 꼭대기까지 났다. 항의와 분노의 표시로 농수산물의 일본수출을 전면 중단하라고 지시해버렸다. 그러자 항구에서 난리가 났다. 그대로 두면 수출하려던 농수산물들이 모두 썩어버릴 거라는 거였다. 경제관료들이 이승만을 설득하고 나섰다. 연일 계속되는 회의에서 관료들은 수출을 재개해야 한다고 목소리를 높였다. 하지만 이승만은 요지부동이었다. 절대로 안 된다고 고함을 지르고는 회의를 마쳐버렸다. 그런데 회의 끝에 낙담해 있던 송인상에게 대통령 비서실에서 찾아왔다. 이승만의 메시지를 송인상에게 전했다. '장관 뜻대로 하시오.' 대통령이 농수산물의 대일본수출을 재개하라고 허락한 거였다. 이승만은 명분을 위해 현실을 내팽개치는 대통령은 아니었다. 다만 명분을 위해 잠시 악역을 맡았을 뿐이었다.

대미협상에 있어서도 이승만은 이런 방식을 활용했다. 앞에서 말했듯이 미국은 공산품을 일본에서 수입해 쓰라고 줄기차게 권하고 있었다. 그러나 이승만은 대한민국의 공업국가화를 원했다. 당연히 의견 차이가 심했다. 이런 상황이었기 때문에 미국과의 줄다리기는 매우 중요했다. 이승만은 그런 미국과의 협상을 유리하게 끌고 가기 위해 늘 악역을 맡았다. 이승만은 미국과의 협상이 필요할 때면 언제나 공개적으로 무리한 요구를 내세웠다. 그러고 나면 실무를 맡았던 경제관료들이 적당한 선에서 미국측과 타협했다. 미국으로부터 공장과 발전소 등을 짓기 위해 설비투자를 받거나 공산품을 만들어내기 위한 기술지원도 그런 방식으로 받아낸 것이었다.

이처럼 이 당시 경제관료들은 여러 악조건 속에서 일해야 했다. 지금 시각으로 보면 정말 '못해먹을' 일이었다. 미국과의 관계 속에서 대한민국에게 필요한 것을 얻어내는 일도 쉬운 일이 아니었지만 더 큰 애로가 있었다. 정치문제였다. 이승만은 경제에 대한 전권을 관료들에게 준다고 하면서도, 다른 한편에서는 자유당이 불법적으로 선거자금을 경제부처에 요구하는 것을 허락했다. 경제관료들은 그런 모순 속에서 길을 찾아야 했다. 자유당 정권의 부패에도 적절하게 협조해야 했고 미국의 요구에도 적당히 따라야 했다. 그러면서도 대한민국의 실익을 챙겨야 했다.

필자는 그들이 헌신적인 관료들이었다고 믿는다. 전쟁이 끝난 1950년대는 혼자 고고하게 살 수 있는 시대가 아니었다. 부패 속에서 헌신의 길을 찾아야 하는 때였다. 당시의 엘리트 관료들은 주어진 환경 속에서 최선을 다했다. 그래서 송인상은 직접 라디오에 나가 국민들에게 경제에 대해 열정적으로 설명하기도 했다. 또 물건을 만들 기술과 의지를 가진 사람이면 누구든 지원해 줄 테니 당장 정부를 찾아오라고 공개모집을 하기도 했다. 그들은 그렇게 몸부림치며 해방 이후 시계 하나 못 만들던 기술후진국 수준을 벗어나기 위해 애쓰고 있었다.

자유당 정권과 이기붕

전후의 1950년대를 다시 정리해보자. 그 시기 대한민국은 보통교육의 강화와 엘리트 지식인들의 미국 연수 등을 통해 시민사회의 기반이 조금씩 만들어지고 있었다. 또 한반도를 일본경제에 종속시키려는 미국의 의도에 저항하면서 조금씩 산업의 기초를 만들던 시대였다. 하지만 정권의 타락과 부패가 그와 같은 노력의 발목을 잡고 있었던 시기이기도 했다.

자유당 정권의 타락과 부패는 우선 이승만의 고령과 노욕에 기인했다. 이승만은 한국 전쟁을 마무리하면서 탁월한 정치적 감각을 선보이며 대한민국에 '안보'라는 든든한 선물을 선사했다. 하지만 이승만의 역할은 거기까지였다. 거기서 권좌를 내놓아야 했다. 만약 그랬다면 이승만은 전 세계에서 가장 존경받는 건국대통령이 되었을지도 모른다.

하지만 이승만은 나이가 들어 노쇠해졌음에도 권력에 대한 욕심을 버리지 못했다. 자연히 그런 그의 주위에 부패한 측근들이 '인의 장막'을 쳤다. 이승만의 판단력이 점점 흐려질 수밖에 없었다. 6.25 남침전쟁 때는 위기를 극복해야 한다는 대의를 내세워 권력을 자신에게 집중시킬 수 있었다. 그러나 전후는 달랐다. 권력을 계속 유지하는 것이 점점 더 어려워졌다. 게다가 대한민국은 아직 민주주의에 대한 훈련이 되어있지 않았다. 선거는 늘 과열됐고 혼탁했다. 각종 선거부정이 만연했다. 야당이 선거를 통해 정권교체를 할 수 있을 것 같지도 않았다. 선거는 이승만에게 위협이 되지 못했다. 오히려 이승만은 자신의 자리를 위협할 수 있는 사람이 주변에 있다고 생각했다. 그래서 2인자가 성장하는 것을 원하지 않았다. 대신 주변에 측근들을 둘러 세웠다. '인의 장막'은 그렇게 둘러쳐졌던 것이다.

사실 당시 야당이라고 해서 여당과 노선이 크게 다른 것도 아니었다. 6.25 남침전쟁을 겪은 것이 불과 얼마 전이었다. 대한민국의 국가 정통성과 체제는 자유민주주의와 시장경제체제였다. 북의 공산주의세력은 그 정통성과 체제를 부정하는 세력이었다. 바로 그들과 치른 전쟁이 6.25였다. 대한민국은 이 전쟁경험을 공유하고 있었다. 때문에 대한민국 내에서 강력한 비판세력이 탄생하는 것은 한동안 어려울 터였다. 결국 정치지도자들의 노선은 크게 볼 때 동일했다. 비슷한 사람들이 의회에서 당을 나누어 경쟁하는 것에 불과했다.

그랬기에 이승만 지지세력들이 떨어져 나가 야당 쪽에 서는 일도 비일비재했다. 대표적인 사례가 이범석이 이끌던 족청계의 경우였다. 원래 이범석의 족청계열은 국회 안팎에서 이승만의 강력한 지지세력이었다. 이범석(1900-1972)은 임시정부의 광복군을 이끌던 장군 출신의 독립운동가였다. 그는 강력한 반공주의노선을 견지했다. 김구의 남북협상론에 반대했고 이승만의 단정수립에 동참했다. 이범석은 그 공을 인정받아 건국정부의 국무총리 및 국방부 장관을 역임했다. 대한민국 초대 정부의 중심적인 인물이었다.

이범석은 독립운동가 출신이었지만 반민특위가 강력히 추진하려 했던 반민족행위자에 대한 조사와 처벌을 반대한 인물이기도 했다. 그때 그가 취한 논리는 그의 현실주의자적 면모를 잘 보여준다. 이범석의 생각은 이랬다. '한국은 스스로의 힘으로 독립한 것이 아니다. 연합군의 승리로 해방을 맞았고 미군정에게 권력을 이양 받아 정부를 수립했다. 이 과정에서 처벌받아야 할 반민족행위자들은 대부분 군정에 협력했다. 그로 인해 처벌하기 어려운 대상들이 되어 버렸다. 반민특위의 활동 역시 효과를 거의 기대할 수 없을 것이다. 게다가 이제 간신히 나라를 찾은 시점에서 반민족행위자를 색출, 단죄하는 일은 불필요한 갈등을 불러올 수 있다. 성급히 일을 진행하다 씻지 못할 과오를 범할 수도 있다. 무엇보다도 지금 현재 가장 중요한 민족의 단결을 해칠 우려가 크다.' 이승만의 생각과 다를 바 없었다. 그랬기에 이범석은 1951년 자유당 창당의 주역이 됐고 이승만 정권의 강화에 여러모로 기여하게 됐다. 부산정치파동이 있었을 때는 내무부 장관으로서 국회의원들을 압박하는 역할을 했다. 국회의원들이 정쟁에 몰두하느라 국민의 이익을 외면한다는 게 그의 논리였다. 이범석은 그렇게 이승만 노선의 강력한 지지자였던 것이다.

그러나 6.25 남침전쟁이 끝난 뒤 이범석은 이승만에게 불편한 존재가 됐다. 이범석의 파워가 이승만을 능가한다는 소문이 세간에 무성하게 퍼졌던 까닭이었다. 게다가 이승만 뿐만 아니라 미국 역시도 이범석을 원하지 않았다. 미국은 부산정치파동 등 이승만의 비민주적인 행위를 달가워하지 않았다. 그러나 대안이 없었다. 한동안은 이승만 체제를 유지하기로 했다. 대신 이승만 주변의 과격한 인물들을 쳐내기로 했다. 그 1순위가 이범석이었다. 미국이 보기에는 강력한 카리스마와 패기를 가진 이범석이 군부까지 장악하게 된다면 매우 곤란해질 것이라 생각했다. 또 미국은 일단 이범석이 군부를 장악하게 되면 그를 견제하는 것은 불가능할 것이라 생각했다. 그래서 미국은 이범석을 테러정치의 주동자로 지목해서 정계에서 축출시키려 했다. 2인자를 원하지 않았던 이승만이 미국의 그런 속내를 읽고 반색했다. 그 기회에 이범석과 족청계를 완전히 제거하기로 결심했다. 1953년, 결국 이승만은 이범석을 자유당에서 영구 제명해버렸다.

한편 그 과정에서 이기붕이 제 2의 실권자로 떠오르게 됐다. 이기붕(1896-1960)은 미국 유학파 출신이었다. 일제 식민지 말기에는 사업을 하고 있었다. 독립운동을 한 적은 없었다. 하지만 창씨 개명을 거부하고 도피하는 등 일제에는 비협조적이었다. 반체제 인사에 속했다. 그런 이기붕은 어린 시절 고학할 무렵에 잠깐 이승만과 만난 적이 있었다. 그 인연으로 이승만은 미군정에서 통역관을 하고 있던 이기붕을 비서로 발탁했다. 이기붕의 아내 박 마리아가 프란체스카 여사의 측근이 되면서 이승만과 이기붕의 친분은 더욱 각별해졌다. 점차 이기붕은 비서 역할에 머물지 않고 자유당 창당에 참여하며 정치 일선에 나서게 됐다. 이승만이 측근들에게 둘러싸여 판단력이 흐려지면 흐려질수록, 이기붕의 권력이 커졌다. 그러다 이범석이 제거됐다. 이기붕의 앞을 막을 인물은 이제 없었다. 그렇게 이기붕은 제 1공화국의 실질적인 권력자가 되었다.

이기붕은 강력한 카리스마를 지닌 권력지향형 인간은 아니었다. 다만 귀가 얇아 주변 사람들의 말에 쉽게 휘둘리는 인간이었다. 그런 이기붕 옆에 불행히도 아내 박 마리아가 있었다. 박 마리아는 남편과 달리 권력욕이 컸다. 그녀가 끊임없이 이기붕에게 속닥였다. 그 결과 이기붕 자신도 눈과 귀를 막고 곧 탐욕스럽고 부도덕한 측근들에게 둘러싸이게 됐다. 그리고 결국 이기붕은 부패한 이승만 정권의 숨통을 이어가기 위해 온갖 비열한 수단을 자행하는 사령탑 역할을 하게 되어 버렸다.

장기집권을 향하여

노령의 이승만은 장기집권을 원했다. 전쟁 이후 첫번째 대통령 선거는 1956년에 치러질 예정이었다. 하지만 이승만에게는 1954년에 있는 제 3대 총선이 대통령 선거나 마찬가지였다. 왜냐하면 당시 헌법은 대통령의 2차 중임까지만 허용하고 있었기 때문이었다. 이승만이 3번째 대통령 후보로 출마하기 위해서는 개헌이 필요했던 것이다. 그 당시 이승만은 아마도 대통령직을 넘겨줄 사람이 없다고 믿었던 것 같다. 평생을 바쳐 세우고 지켜낸 대한민국을 맡을 사람은 본인 밖에 없다고 생각했을 것이다. 국민들도 그렇게 생각한다고 믿었다.

이런 일화가 있다. 그가 세 번째 대통령 출마를 앞두고 잠시 정치 일선에서 물러날 뜻을 내비쳤던 적이 있었다. 그때 그의 앞에 10만 통이 넘는 편지가 쌓였다. '국부 이승만 대통령의 정치은퇴를 반대한다'는 국민들의 편지였다. 이승만은 감동했다. '10만이 넘는 국민들이, 아니 온 국민이 이 이승만이를 원하고 있구나…' 이승만은 그 편지를 철석 같이 믿었다. 그 편지 한 통 한 통에는 국민들의 진심이 담겨있다고 확신했다. 하지만 그 10만 통의 편지는 자유당의 측근들이 사람들을 동원해서 만들어진 것이었다. 이승만은 그걸 알아채지 못했다. 노령으로 판단력이 흐려져 있었다. 장기집권에 대한 노욕도 그의 총기를 앗아갔다.

게다가 그동안 이승만이 거둔 성과가 너무나 컸다. 그래서 이승만은 자기가 무엇을 하든 옳고, 국민들은 따라 올 것이라 믿었다. 사실 경영학의 오래된 가르침 중에는 이런 말이 있다. '어떤 리더건 가장 조심해야 할 것은 다름 아닌 과거의 성과다.' 그 성과를 창출해낸 경험이 늘 리더의 발목을 잡기 때문이다. 리더의 판단을 흐리게 하고 나 아니면 안 된다는 자만심을 낳기 때문이다. 그리고 그 자만심이 입에 꿀을 바른 아첨꾼들을 불러모은다. 강직한 부하는 쫓아내게 된다. 조선의 실패한 왕들이 대체로 그와 같은 길을 걸었다. 이승만은 어느새 자신도 모르게 청년시절 그토록 혐오하던 조선의 왕들을 닮아가고 있었다.

결국 이승만은 자신의 대통령 3선이 가능하도록 헌법을 고치겠다고 마음을 먹었다. 그러자면 1954년의 총선에서 압승을 거둬야 했다. 당연한 결과로 선거부정이 판을 치게 됐다. 개헌을 지지하는 충성파들만 자유당 후보로 입후보할 수 있었다. 경찰과 동원된 우익청년들이 극성을 부렸다. 도시에서는 개헌 반대의 입장을 가진 후보의 후보등록을 방해했다. 시골에서는 노골적으로 야당 지지세력을 빨갱이로 몰아붙였다. 경찰의 곤봉이 당락을 결정할 정도라고 해서 '곤봉선거'라는 이름이 붙을 정도였다. 진보적인 인사로 건국정부에 발탁되어 국회부의장까지 역임했던 조봉암은 아예 후보등록도 하지 못했다. 선관위에서 이런저런 핑계로 선거등록 절차에 대해 시비를 거는 바람에 후보등록 마감시간을 넘겨버렸기 때문이었다.

이승만은 마침내 종신집권을 위해 "초대에 한해서는 중임을 철폐한다"는 개헌안을 1954년 9월 국회에 제출했다. 하지만 국민들의 여론은 그다지 좋지 않았다. 부패에는 신물이 났고 자유당 정권에는 기대할 만한 게 없는 것처럼 느껴졌다. 무언가 바뀌어야 한다는 분위기가 만연해 있었다. 변화에 대한 열망이 솔솔 솟아오르고 있었던 것이다.

그런 변화에 대한 열망을 잠재우려는 부패한 기득권은 흔히 변화의 움직임에 '개혁'이 아닌 '혼란'의 이미지를 덧씌우려 하는 법이다. 섣부른 변화는 혼란을 불러일으킨다는 불안감을 심어주려 한다. 그러면 대중은 움츠러들기 때문이다. 자유당 정권도 그런 차원에서 '색깔논쟁'을 선택했다. 당시 세간에는 국회의장인 신익희가 납북된 조소앙과 뉴델리에서 만나 남북협상을 추진하기로 밀담을 나누었다는 루머가 떠돌았다. 사실무근이었다. 야당세력이 북한과 내통하고 있다는 음모론을 공안정국이 퍼뜨린 거였다. 야당이 정권을 잡으면 빨갱이 세상이 온다는 불안을 대중들에게 심기 위해서였다. 그렇게 해서 국민들이 결국 보수적인 성향의 투표를 하도록 만들려는 의도였다. 한국 정치판을 오랫동안 괴롭힌 '빨갱이' 논리가 전면에 등장하는 순간이었다. 이후 선거 판세를 바꾸기 위해 각종 음모와 폭로를 동원하는 것이 한국 정치의 고질적인 관행이 되어 버렸다.

수학이 정권을 구하다

이런 상황에서 이승만 대통령의 3선을 위한 개헌 찬반 투표가 국회에서 시행됐다. 개헌을 하려면 국회의원 203명 중에서 2/3가 찬성해야 했다. 135.33명이 찬성을 해야 하니 실제로는 136표를 얻어야 했다. 그런데 실제로 개표를 해보니 135명이 찬성표를 던졌다. 1표가 모자랐다. 이와 관련해서 전해지는 일화가 재미있다. 원래는 136표가 나와야 했는데 글자를 모르는 까막눈 여당 국회의원 한명이 표를 잘못 던졌다는 거였다. 개헌에 대한 가부를 결정하는 투표였기에 투표용지에는 '可'(가)와 '否'(부) 라고만 적혀 있었다. 주위에서는 그 여당의원에게 '可'의 네모(실제로는 '입구'자)만 보고 찍으라고 했다. 그런데 이 까막눈 의원이 투표지를 받아놓고 보니 '可'에도 네모(口)가 있지만 '否'에도 네모(口)가 있는 게 아닌가. 그래서 그는 네모가 밖으로 나와 있는 '부'에 도장을 찍었다는 것이었다. 믿거나 말거나 수준의 이야기다. 하지만 당시 국회의원의 수준이 그 정도였다는 조롱 섞인 이야기이기도 했다. 어쨌든 이 날 표결의 사회를 맡은 최순주 국회부의장은 개헌안이 1표차로 부결되었다고 선언했다. 이승만의 장기 집권의 꿈이 물거품이 되는 순간이었다.

그런데 해괴한 일이 일어났다. 개헌안이 부결된 다음날인 11월 28일 일요일, 이날 자유당이 긴급 의원총회를 소집했던 거였다. 이른바 '이승만 구하기' 의원총회였다. 그리고 총회에서 주요 논제가 된 내용은 황당하게도 '수학'이었다. 내용은 이러했다. '대한민국 전체 국회의원의 수는 203명이다. 개헌안이 가결되려면 그 중 2/3의 동의를 얻어야 한다. 계산해보면 135.33.... 명의 동의가 필요하다. 여기서부터 수학이 중요해진다. 반올림은 '4사 5입'을 한다. 소숫점 아래가 0.5미만이면 반올림할 때 버리는 것이 맞다. 그렇다면 개헌안 가결의 정족수는 136명이 아니라 135명이라는 얘기가 된다. 전일 부결된 개헌안은 따라서 가결된 것이다.' 자유당 수뇌부는 이런 논리를 이승만에게 보고하며 개헌안이 통과된 것으로 처리하기로 결정했다. 이른바 '4사5입 개헌'이다. 자유당 수뇌부는 '4사5입 개헌안 가결'의 논리를 정당화하기 위해 서울대학의 수학교수 최윤식 등을 동원하기까지 했다.

모든 준비가 끝나자 몇 시간 후 정부는 공보처장 갈홍기의 이름으로 특별성명을 내보냈다. '어제 표결에 부쳐진 개헌안 투표 결과는 부결된 것이 아니라 가결된 것이다. 개헌안이 가결되기 위한 정족수는 135명이어도 무방하기 때문이다.' 이런 내용이었다. 자유당 의원총회도 성명을 발표했다. '어제 최 부의장이 본회의에서 개헌안 투표가 부결임을 선포한 것은 착오였다. 의사과장이 잘못된 산출방법을 보고했기 때문이다. 재적의원 203명의 2/3는 정확하게 135.33...이다. 사람을 소숫점 이하로 나눌 수는 없으니, 4사5입의 수학적 원리를 따르는 게 맞다. 그럴 경우 가장 근사치의 정수는 135명이다. 그러니 개헌안은 가결된 것이다.' 이런 내용이었다. 야당인 민주당이 극렬하게 반대했다. 여론도 끓어올랐다. 그렇지만 4사5입이라는 초헌법적인 유권해석으로 가결된 개헌안은 그대로 강행되게 됐다.

이승만은 이렇게 개정된 헌법에 근거해 1956년 제 3대 정·부통령 선거에 출마했다. 민주당에서는 대통령 후보로 신익희, 부통령 후보로 장면이 출마했다. 야당의 구호는 '못 살겠다 갈아보자'였다. 이에 대해 여당인 자유당의 구호는 '갈아봤자 별 수 없다'와 '구관이 명관이다'였다.

이승만에 대한 국민적 지지도는 여전히 높은 편이긴 했다. 비록 6.25 남침전쟁 때 이승만과 자유당이 이런 저런 실정을 저질렀지만, 그래도 국민들은 전쟁이 끝날 무렵까지도 이승만을 국부로서 존경하며 신뢰했다. 그러나 문제는 전쟁이 끝난 뒤로도 경제 상황이 나아지지 않는다는 점이었다. 게다가 자유당의 부정부패는 날이 갈수록 심각해졌다. 국민들 사이에서 정권교체에 대한 열망이 모락모락 피어올랐다. 그대로 대통령선거가 진행된다면 이승만이 패배할 가능성이 높아지고 있었다. 반면 민주당 후보 신익희의 인기는 하늘을 찌르고 있었다. 한강 근처에서 집회를 열면 수

많은 인파가 한강 백사장을 가득 메울 정도였다.

그런데 무슨 하늘의 장난인지 갑자기 신익희가 쓰러졌다. 호남지방에서 유세를 펼치기 위해 5월 5일 전북 이리로 향하는 새벽기차 안에서였다. 뇌일혈이었다. 측근들이 인공호흡을 시도하며 의사를 찾았다. 그러나 기차 안에는 의사가 없었다. 쓰러진 지 40여분이 넘어서야 신익희가 탄 열차는 이리역에 도착했다. 급히 병원으로 호송됐지만 신익희는 이미 숨을 거둔 상태였다. 허망한 죽음이었다.

신익희가 사망하면서 대통령선거는 이승만의 3선으로 끝이 났다. 신익희가 가장 강력한 경쟁자였던 만큼 그 경쟁자가 사라지자 대안이 없었던 것이다. 죽은 신익희에게 표를 던져 무효표가 된 표만도 165만 표나 됐다. 전체 투표자수의 20퍼센트나 될 정도였다. 이승만 정권을 교체하려는 열망은 신익희에 대한 추모열기로 옮아갔다. 그의 유해가 서울에 도착했을 때 일부 시민들은 그의 유해와 함께 대통령 관저인 경무대로 돌진하려 했다. 그로 인해 경찰과의 충돌이 빚어지기도 했다. 이승만과 자유당 정권에 대한 실망감과 반감을 표현할 방법은 그때까지만 해도 그 정도 뿐이었던 것이다.

조봉암을 죽이다

사람들이 신익희의 죽음을 그토록 열렬하게 추모한 이유는 이승만 정권에 대한 실망감과 반감이 그만큼 컸기 때문이었다. 그러나 자유당 정권은 그런 사실을 아직도 깨닫지 못하고 있었다. 오히려 대통령 선거에서 200만 표를 얻으며 약진한 제3의 후보 조봉암을 견제하며 정권 유지에 혈안이 됐다.

우선 자유당 정권은 1958년 국회의원 선거에서 자유당이 참패하자 국가보안법을 개정해 더욱 강력하게 만들었다. 야당 국회의원들을 국회 무술경위들을 동원해 끌어낸 뒤 날치기로 통과시킨 결과였다. 이 국가 보안법을 통해 언론을 규제하고 야당을 탄압할 수 있게 되자, 자유당 정권은 우선 정부에 비판적인 신문들부터 폐간시켰다. 그리고 이른바 '진보당 사건'을 일으켰다.

진보당은 1956년 11월에 결성된 정당이었다. 당수는 조봉암으로 1952년 대선에서 약 79만표, 1956년 대선에서는 216만표를 얻었다. 신익희가 뇌일혈로 갑작스레 명을 달리한 뒤로 이승만의 유일한 정치적 적수나 다름 없었다. 자유당 입장에서는 눈에 가시일 수밖에 없었다. 1958년 1월 자유당 정권은 검찰을 통해 진보당 간부들을 대거 국가보안법 위반 혐의로 검거했다. 조봉암은 간부들이 모두 붙잡혀가자 자진 출두했다가 본인도 구속됐다. 수사를 마친 검찰은 다음 달인 2월 중순, 조봉암을 간첩죄로 기소했다.

그 당시 남한에서 북한이 보낸 간첩들이 활발하게 활동하고 있었던 건 사실이었다. 그리고 그런 간첩들로부터 흘러나온 활동자금이 진보당으로 흘러들어가지 않았다고 장담할 수도 없었다. 그러나 당시 조봉암이 간첩을 통해 북의 지령을 받고 활동했다는 물증은 전혀 없었다. 또 조봉암이 북의 자금인 것을 알고 돈을 받았다는 증거 또한 전혀 없었다. 재판에서도 검찰은 이 점을 제대로 입증하지 못했다. 그랬기에 제 1심의 형량은 징역 5년에 불과했던 것이다.

하지만 1959년 2월 7일에 열린 선고공판의 최종판결은 사람들을 놀라게 했다. 이 최종판결에서 재판부는 돌연 조봉암에게 사형을 선고했던 것이다. 진보당의 강령인 '평화통일안'이 북한의 이념에 동조한 것이라는 게 이유였다. 재심청구는 받아들여지지 않았다. 그리고 5개월 뒤인 7월 31일 조봉암의 교수형을 집행해버렸다. 증거가 불충분한 데도 적과 내통했다는 혐의만으로 사형이 집행된 것이었다. 정적을 제거하기 위해서라는 느낌을 지울 수 없는 일이었다.

조봉암은 죽기 전에 다음과 같은 유언을 남겼다. "이 박사는 소수가 잘 살기 위한 정치를 했고 나와 나의 동지들은 국민대다수를 고루 잘 살게 하기 위한 민주주의 투쟁을 했다. 나는 이박사와 싸우다 졌으니 승자로부터 패자가 이렇게 죽음을 당하는 것은 흔히 있을 수 있는 일이다. 다만 내 죽음이 헛되지 않고 이 나라의 민주 발전에 도움이 되길 바랄 뿐이다."

토지 개혁의 1등 공신이자 이승만에 대항하는 진보 세력의 희망이었던 조봉암은 간첩 협의를 받고 사형에 처해졌다. 조봉암에게 북한의 간첩 세력이 접촉한 것은 사실이지만, 조봉암이 북한에 동조하여 좌익 혁명을 기도한 것은 아니었다. 평화 통일 정책을 빼놓으면 그의 진보당은 사회주의 정당이라고 보긴 어려운 개혁 정당의 강령을 갖고 있었다.

사실 조봉암 제거는 모두 경무대의 지시에 의해 진행됐다. 이승만에 대한 반대여론이 점점 커지는 것과 비례해서 조봉암의 인기가 높아지고 있었다. 이승만의 집권 연장을 위해서 조봉암은 제거되어야만 했던 것이다. 이승만이 처음부터 지시를 내렸는지 여부는 확실하지 않다. 그러나 그가 조봉암 사건에 적극적으로 관여한 것만은 분명해 보인다. 특히 1심 재판에서 조봉암에게 5년형이 내려지자 이승만이 매우 불만스러워 했다고 한다. 결국 1심을 담당했던 재판관 중 일부는 훗날 재임용에서 탈락했다.

한참 시간이 흐른 2011년, 52년 만에 조봉암은 무죄판결을 받았다. 사법절차에 문제가 있었던 오심이었다는 판결이었다. 그러나 조봉암의 간첩활동 여부는 여전히 논란 속에 있다. 북한의 애국열사릉에 가면 지금도 조봉암의 가묘가 갖춰져 있다. 1982년 북한에서 발간된 책자 『주체의 기치 아래 나아가는 남조선 인민들의 투쟁』에는 조봉암의 편지가 수록되어 있다. 김일성으로부터 정치자금을 지원받은 뒤 충성을 다짐하며 써 보낸 편지다. 판단하기 애매하다. 진짜일 수도 있고 북한이 대남 공작용으로 날조한 것일 수도 있다.

그럼에도 불구하고 조봉암을 사형시킨 것은 사법적으로 무리한 행태였다. 또한 아무리 간첩 혐의가 있다해도 정적을 살해한 것은 비열한 짓이었다. 그렇게 이승만의 자유당 정권은 점점 더 헤어 나오기 어려운 나락으로 떨어지고 있었다.

자유당의 독주와 부정부패

1950년대 후반, 당시 주한 미국 대사 다울링은 미국무부에 다음과 같이 보고했다. '대한민국의 영부인 프란체스카 여사가 비서실과 협력해 대통령을 불쾌하게 할 만한 정보를 모두 차단하고 있다.' 상황이 이렇게 돌아가자 이승만이 알지 못하거나 통제하지 못하는 일들이 점점 더 늘어갔다. 심지어 장관들조차 이승만을 만나기가 쉽지 않았다.

점점 이승만 정권은 중앙의 제 1인자가 허수아비가 된 절대 권력체계가 되어 갔다. 이런 권력체계는 원래 조금 묘하게 돌아간다. 제 1인자는 현재 상황이 어떻게 돌아가는지를 잘 모른다. 반면 나머지 사람들은 그 제 1인자를 위해 움직인다. 그러다보니 무책임한 상태가 되기 쉽다. 모든 게 자신을 위해 한 일이 아니라 제 1인자를 위해 한 일이 되기 때문이다. 이런 '무책임의 체계' 속에서 권력은 광란의 질주를 하게 된다. 제어장치가 사라지기 때문이다.

'가짜 이강석 사건'은 그렇게 무책임의 체계에 빠져버린 절대 권력이 어느 정도까지 부패할 수 있는지를 잘 보여주는 사건이었다. 이강석은 원래 자유당 부통령 이기붕의 아들이었다. 그러다 1957년 3월 26일 이승만의 83세 생일 때 이승만의 양자로 입적되었다. 대한민국 대통령의 아들이 된 것이었다.

그런데 그로부터 얼마 뒤 경주 경찰서에 한 청년이 찾아왔다. '아버지의 명을 받고 경주지방 수행상황을 살피러 왔다'고 했다. 자신이 이강석이라고 소개했다. 난리가 났다. 당시 경주 경찰서 서장은 군수, 시장과 함께 '대통령 각하의 아드님께서 여기까지 와주셔서 소인 한평생의 영광입니다.'라며 극진한 환대를 베풀었다. 자신을 이강석이라 소개한 청년은 그렇게 정성어린 대접을 받았다. 경호차까지 제공받아 경주를 관광한 뒤 영천으로 떠났다. 영천 경찰서에서도 당연히 극진한 대접이 이어졌다.

그러다 당시 경북도지사였던 이근직에 의해 그 청년이 가짜 이강석이라는 게 밝혀졌다. 3일만이었다. 이근직의 아들이 진짜 이강석과 안면이 있었기 때문이었다. 검찰과 경찰은 철저하게 '보안'을 지켜가면서 이 사건을 묻어버리고자 했다. 자신들의 치부였기 때문이었다. 그러나 매일신문 기자가 이 가짜 이강석 사건을 들춰내어 특종 보도를 했다. 그로 인해 이 사건이 세상에 알려질 수 있었다.

이강석을 사칭했던 청년의 본명은 '강성병'이었다. 그는 고등학교를 졸업한 뒤 집을 나와 여기저기 떠돌아다니며 살았다. 그런데 사람들로부터 종종 '이승만 대통령의 양아들인 이강석과 닮았다'는 얘기를 자주 듣게 됐다. 그러던 어느 날 서울에서 묘한 장면을 목격하게 됐다. "언젠가 서울에서 이강석이 헌병의 빰을 치고 행패를 부리는 걸 봤어요. 그런데 아무 일도 없더군요. 누구도 뭐라고 하는 사람이 없었어요. 잡아가지도 않고요. 모두 절절 매기만 했죠. 그래서 한번 흉내 내 본 겁니다. 권력이 이렇게 좋은 건 줄 비로소 알게 됐네요."

이 '가짜 이강석' 사건은 당시 이강석의 권력이 얼마나 막강했는지를 보여준다. 또한 그 당시는 제도적인 법치가 아니라 권력자와의 관계에 의해 권력이 배분되는 인치의 시대였다는 것도 잘 보여준다.

사실 자유당만 그렇게 부패한 게 아니었다. 심하게 말하면 사회 전체가 그랬다. 대한민국은 모든 면에서 아직 기틀이 잡히지 않은 나라였다. 불과 몇 년 전에 겪은 전쟁의 극한 체험은 사람들을 기회주의적으로 만들었다. 생존을 위해서는 어쩔 수 없었다. 일거리는 없고 먹을 것은 부족했다. 경제 전체는 미국의 지원과 배급에 의존할 수밖에 없었다. '먹을 것'을 얻으려면 어떤 방식으로건 권력과 친해져야만 했다. 그러다보니 행정기관, 군대 등 국민을 위해 봉사해야 하는 기관에 힘이 몰렸다. 권력이 만들어지자 곧 부패해버렸다. 그렇게 부패한 사회를 움직이는 힘은 '빽'이었고, '빽'을 만드는 기술은 '사바사바'였다. 그 시절 대한민국에서는 오직 '빽'과 '사바사바'만이 배고픔을 덜어주고 부를 가져다줄 수 있었던 것이다.

제14장

3.15 부정선거와 4.19 혁명

1960년 2월 25일 : 조병옥 급서

1960년 2월 28일 : 대구 학생 시위

1960년 3월 15일 : 제4대 정부통령 선거, 마산 시위 발생

1960년 3월 23일 : 내무부장관 최인규 해임

1960년 4월 11일 : 김주열의 시신이 발견

1960년 4월 18일 : 고려대 학생 피습 사건

1960년 4월 19일 : 시위가 일반 시민들까지 확산됨

1960년 4월 25일 : 교수 시국 선언

1960년 4월 26일 : 이승만 하야 성명 발표

1960년 5월 29일 : 이승만 도미

부정선거 준비

부탄이라는 나라가 있다. 인도와 티베트 지방 사이에 끼어있는 나라다. 이 나라는 오래도록 1907년에 세워진 절대왕조가 지배했다. 제국주의 시대에는 영국령 자치국으로 존속했는데 이때도 국왕이 다스렸다. 그런데 특이하게도 이 부탄이라는 나라에서는 1949년 독립하고 나서 국왕이 먼저 나서서 민주주의의 도입을 주장했는데 이를 오히려 국민들이 거부하는 일이 벌어졌다. 2008년에 와서야 총선을 통해 하원을 구성하고 입헌군주제를 도입했다. 군주의 오랜 설득을 국민들이 어쩔 수 없이 받아들인 결과였다. 부탄의 국왕과 그 측근들은 정치적으로 민주주의의 도입이 반드시 필요하다고 생각했지만, 국민들의 의식이 한동안 따라주지 못했기 때문이었다. 정치는 국민의식이 따라줄 때라야 발전할 수 있는 법이다.

제 1공화국의 정치도 그런 측면에서 이해해야 하는 부분이 분명히 있다. 자유당 정권 시절, 지금으로서는 상상도 할 수 없는 부정부패가 판을 쳤다. 불법선거도 비일비재하게 이루어졌다. 그러나 이를 관료들과 정치인들이 부패했기 때문이라고만 말할 수는 없다. 흔히 맑은 물에서는 고기가 살 수 없다고 하는데, 심하게 더러운 물에서도 고기는 살 수 없다. 1950년대의 대한민국에서 깨끗하고 유능한 정부를 기대하는 것은 어쩌면 과도한 일이었다. 모두가 아직 준비가 덜 되어 있었다. 국민들도 아직은 민주주의에 대한 훈련이 제대로 되어 있지 않았다.

그러나 그렇게 본다 해도 제 1공화국 말기의 선거부정은 도를 넘은 것이었다. 자유당은 정권의 존속을 위해 발악이나 다름없는 짓들을 하고 있었다. 이기붕을 비롯한 자유당 정권의 수뇌부들은 정권을 잡기 위해서라면 수단과 방법을 가리지 않았다. 1956년에 있었던 선거에서 장면이 부통령이 되었을 때는 장면을 암살하려 했다. 또 1959년에는 이승만의 유일한 대항마라고 생각된 조봉암을 간첩혐의로 사형시켜 버렸다. 그 정도였다.

그러니 1960년 제 4대 대통령 선거를 앞두고도 자유당은 애초부터 권력을 넘겨줄 생각이 없었다. 권력을 빼앗길 걱정조차 하지 않았다. 오히려 자유당이 걱정한 것은 이승만 대통령의 '나이'였다. 1875년생인 이승만은 1960년 이미 85세의 고령이었다. 지금처럼 평균연령이 높을 때가 아니었다. 언제 쓰러져 명을 달리할지 모르는 나이였다. 그랬기에 부통령 선거가 대통령 선거만큼이나 중요했다. 혹시라도 이대통령이 재위 도중 사망한다면 부통령이 권력을 승계하도록 되어 있었기 때문이었다. 자유당에서는 자연스럽게 2인자 자리를 차지한 만송 이기붕을 부통령 후보로 밀었다. 그리고 당연하게도 이승만은 이기붕을 낙점했다.

부통령 후보가 된 이기붕이 이후 선거 준비를 총괄했다. 이기붕은 주로 내무부를 활용했다. 내무부 장관 최인규(1919-1961)는 1960년에 치를 선거를 위해 뽑아 넣은 인물이나 다름없었다. 그는 기업 출신으로 건국정부에서 공사의 임원으로 특채되었었다. 그 뒤 교통부 장관을 거쳐 1959년 3월 내무부 장관으로 임명됐다.

최인규는 취임하자마자부터 전국의 시장, 군수, 경찰 간부들을 번갈아 내무부로 불러들였다. 미리 선거계획을 교육시키기 위해서였다. 공무원 조직과 경찰 조직은 기대에 부응하듯 일사불란하게 선거에 임했다. 지금까지 몇 번의 선거를 치르며 선거부정에는 잘 단련되어 있었기 때문이었다. 자유당 정권의 손발이나 다름없었다. 이런 마당이었으니 자유당 정권이 마음먹고 총력전을 펼치면 선거에서 질 까닭이 없었다.

민주당의 대항마 조병옥

이처럼 도무지 이길 수 없을 것 같은 대통령 선거에 출마한 야당 후보는 바로 조병옥이었다. 그가 처음부터 야당 출신이었던 건 아니다. 조병옥은 독립운동가 출신으로 한민당 창당에 관여했던 인물이었다. 미군정 하에서는 군정청 경무국장으로서 좌익을 강력하게 탄압하는 등 철저하게 반공 우익 노선을 걸어왔다. 미군정의 경무국장을 맡을 때는 미군정과 우파 세력 사이에서 그 관계를 조율하는 역할을 했다. 이때부터 조병옥은 한민당이나 김구의 한독당 대신 이승만을 지지했다. 이승만의 노선과 생각이 같았기 때문이었다. 당연히 새 정부에도 적극적으로 참여했다. 그는 이승만과 마찬가지로 좌익이라면 치를 떨었다. 그만큼 자기 신념에 투철했고 강단도 센 인물이었다. 그는 이승만 앞에서도 스스럼없이 행동했다. 이승만은 담배연기를 지독하게 싫어해서 다른 사람들은 이승만 앞에서 담배를 꺼내 물지도 못했다. 하지만 조병옥만은 예외였다. 그는 이승만 앞에서도 다리를 꼬고 담배를 폈다. 그 성질을 아는 이승만도 조병옥에게만큼은 싫은 소리를 하지 않았다고 한다.

그런 조병옥이 이승만과 결별한 건 6.25 남침전쟁을 겪으면서였다. 조병옥은 6.25 때 북한 인민군의 공습으로 인해 혼란에 휩싸일 뻔한 대구를 잘 지켜냈다. 뛰어난 리더십으로 시민들을 독려하고 안정시켜 대구가 무질서상태로 빠져드는 것을 막아냈던 것이다. 그런데 이승만 정권은 어이없게도 국민방위군 사건 같은 실정을 행하며 국민들을 실망시켰다. 이때부터 조병옥은 조금씩 정권에 대해 비판적인 태도를 갖게 됐다. 이승만이 반공포로를 석방했을 때는 이에 대해 공개적으로 비판하고 나섰다. 극우집단이 조병옥에게 보복테러를 저지르기까지 할 정도였다.

결국 전쟁이 끝난 후 1954년 조병옥은 이승만 정권과 완전히 결별했다.

대신 범야권의 신당 창당에 뛰어들었다. 1955년 통합 야당인 민주당 창당의 주역이 됨으로써 조병옥은 야당 정치인으로 거듭났다. 그렇다고 성향이 바뀐 건 아니었다. 좌익 경력을 가진 조봉암의 민주당 입당을 강력히 반대해 무산시켜 버릴 정도로 조병옥은 여전히 반공 우익 성향의 정치인이었다.

사실 1955년에 만들어진 민주당은 처음부터 당내갈등이 심각했다. 1949년에 창당된 민주국민당은 한민당과 한국독립당(신익희 계열), 그리고 대한국민당(안창호 계열)이 합쳐진 것이었다. 그 민주국민당이 1955년에 있었던 4사5입 개헌을 계기로 자유당 탈당파와 안창호계의 흥사단 세력을 받아들여 확대, 재창당한 게 바로 민주당이었다. 여러 세력들이 이합집산을 하며 만들어지다보니 당연히 내부에서 주도권 다툼이 심각할 수밖에 없었다.

민주당 내부에서는 기존의 민주국민당 계열을 '구파'라고 불렀고, 새롭게 참여한 세력들을 '신파'라고 불렀다. 물론 계속해서 주도권을 잡은 세력은 구파 계열이었다. 1956년 대선에서 대통령 후보로 나섰던 신익희가 구파였다. 신익희가 죽은 뒤 민주당의 지도자가 된 조병옥 역시 구파였다. 그러나 1960년 대선을 앞두고 대선후보를 선출하는 당내 경쟁은 박빙의 승부였다. 조병옥은 신파의 장면과 당내 경선을 벌였는데 불과 3표 차이로 민주당의 대선후보가 됐다. 경선에서 패한 장면은 부통령 후보가 됐다.

조병옥의 급서

한편 1959년 내내 내무부 장관 최인규 등은 광범위하고 구체적으로 부정선거를 준비하고 있었다. 우선 엄청난 규모의 선거자금을 마련했다. 그리고 그 자금은 주로 경찰과 공무원들에게 뿌려졌다. 공정해야 할 공무원 행정조직은 자유당의 선거조직이나 다름없게 되었다. 또 경찰은 그 공무원들을 감독하는 역할을 맡았다. 불법선거 운동을 감시해야 하는 경찰에게 부정선거운동을 독려하는 임무가 맡겨진 셈이었다. 공식적인 행정조직 이외에 정치깡패를 동원하는 데도 막대한 돈이 투입됐다.

그런 가운데 혁신세력을 비롯한 군소정당의 선거등록은 자유당 정권에 의해 아예 원천봉쇄 당했다. 진보당의 조봉암이 지난 선거에서 무척 선전했기 때문이었다. 자유당 정권으로서는 그런 전철을 또 밟을 수는 없었다. 중도 사회주의 계열의 민주사회당은 우파 노동운동가 출신의 초대 사회부 장관인 전진한을 대통령 후보로 내세웠다. 그러나 서류가 미비하다는 이유로 등록을 거부당했다. 결국 후보등록을 포기할 수밖에 없었다.

진보당은 다른 재야 세력과 손을 잡고 반독재민주연맹을 출범시켰다. 대통령 후보는 장택상이었다. 장택상은 한민당 창당 주역 중 하나였고 미군정 시기 수도경찰청장직을 역임했었다. 정부 출범시에는 초대 외무부 장관을 맡았다. 그런 만큼 그는 철저하게 반공노선을 지켰고 이승만 정권에서 국무총리까지 지냈다. 그러다 자유당이 독재로 흘러가면서 노선을 바꾸었다. 호헌동지회에 참여했고 조봉암과도 교류하기 시작했다. 그렇게 정치적 행보의 폭을 넓히다가 결국 반독재민주연맹의 대선후보까지 맡게 된 거였다. 그러나 그 역시도 결국 후보로 등록하지 못했다. 반독재민주연맹이 선거위원회로 가져가던 입후보 서류를 갑자기 나타난 괴한들에게 강탈당했기 때문이었다.

여당의 방해공작에도 불구하고 민주당의 대선 준비는 비교적 잘 진행됐다. 단지 조병옥의 건강이 문제였다. 조병옥은 후보 등록을 한 후 지병인 위장병이 심해졌다. 1월 중순에 치료를 위해 미국으로 건너가야만 했다. 그 때문에 2월 초부터 시작된 선거 운동에는 참여할 수 없었다. 선거는 3월 15일 바로 코앞이었다. 하지만 조병옥이 선거운동을 뛰지 못해도 민주당의 인기는 뜨거웠다. 조병옥이 수술을 마치고 복귀하기만 하면 아무 문제가 없을 듯 보였다.

하지만 2월 25일 뜻하지 않은 일이 벌어졌다. 조병옥이 돌연 숨을 거두었던 것이다. 급작스런 심장마비였다. 수술과 회복 과정이 모두 원활했기에 병원 측에서도 매우 당황스러워 했다. 그러나 아마도 선거를 며칠 앞둔 국민들이 더 당혹스러웠을 것이다. 갑자기 믿었던 대통령 후보가 사라졌으니 말이다. 이제 1956년 선거에 이어 이번 대선에서도 이승만을 대적할 인물은 없을 것이었다.

물론 조병옥이 살아서 선거를 치르더라도 이승만이 당선되었을 가능성이 높았다. 자유당에게는 필승의 선거전략이 있었기 때문이었다. 이른바

'4할 사전투표'와 '공개투표'였다. 물론 말도 안 되는 부정선기 전략이었다. '4할 사전투표'란 자연기권자, 무효표, 조작을 통해 투표를 하지 못하게 될 기권자, 매수된 기권자, 전출자, 투표를 하지 못할 노쇠자 등 전 유권자 가운데 4할의 표를 미리 투표함에 넣어둔다는 전략이었다. 그 표들이 모두 자유당 후보 지지표라는 것은 새삼 말할 필요도 없을 것이다.

'공개투표'는 말 그대로 공개적으로 투표를 하게 만든다는 전략이었다. 이를 위해 유권자를 3인조로 편성한 뒤 자유당 당원과 경찰관, 공무원 등을 조장으로 만들기로 했다. 그들의 '감시'하에 투표를 하게 되면 자유당 후보 지지표를 더욱 늘릴 수 있을 것이었다.

이와 더불어 야당인 민주당을 매수하려는 전략도 준비되어 있었고, 투표장에서 자유당 지지 분위기를 연출하려는 시나리오도 작성되어 있었다. 치밀하고 꼼꼼하게 부정선거가 기획되고 있었던 것이다.

자유당 정권이 민주당의 선거운동을 방해하는 방법도 가지가지였다. 전국 주요도시에서는 장면 후보의 포스터가 찢겨나갔다. 민주당이 선거유세를 벌이기로 한 인천공원에서는 갑자기 토목공사가 행해졌다. 선거운동원들에게는 자유당 정권의 비호를 받은 정치깡패들의 테러가 너무도 공공연하게 일어났다. "백주대낮의 테러는 테러가 아니다." 참다못한 민주당이 항의하자 최인규 내무부장관이 이 같은 '명언(?)'을 남길 정도였다.

대구의 학생들이 들고일어나다

이처럼 공공연한 부정선거운동 및 선거운동방해가 행해지고 있었으니 여기저기서 불만이 나오지 않을 리 없었다. 대구에서 부정 선거에 대한 불만이 가장 먼저 터져 나왔다. 학생들이 들고일어났다.

1960년 2월 27일 토요일은 대구에서 자유당의 유세가 있는 날이었다. 이에 자유당은 행정당국이 통제할 수 있는 모든 영업장소에 휴업 명령을 내렸다. 자유당 유세에 사람들을 최대한 동원하기 위해서였다. 이발소와 목욕탕, 그리고 수많은 음식점들이 그날 하루 문을 닫을 수밖에 없었다. 그 다음날인 일요일은 민주당의 유세가 있는 날이었다. 그러자 이번에는 정반대의 일이 벌어졌다. 일요일임에도 각 학교에서 학생들을 등교시켰던 것이다. 그 이유가 가관이었다. 경북고는 학기말 시험을 앞당겨 일요일에 치른다고 했다. 경북사대부고는 임시수업을 하기로 했다. 대구상고는 졸업생 송별회, 대구여고는 무용발표회를 핑계로 학생들을 등교시켰다. 대구고의 핑계가 압권이었다. 식량난 해결을 위해 전교생이 토끼사냥을 하기로 했다는 것이었다. 당시 학생들에게 투표권은 없었지만 민주당 유세에는 학생들이 많이 참여하곤 했다. 그걸 막기 위한 행정당국의 압력이 작용한 결과였다. 그러나 이런 방해공작에도 불구하고 2월 28일 민주당의 대구 유세장에는 20만 명 가까운 인파가 군집했다. 대구의 총 유권자 수가 당시 29만 명이었으니 2/3가 모인 셈이었다.

당시 학생강제 등교령은 이미 2월 25일에 내려져 있었다. 이에 대구 시내 각 학교의 학생대표들이 2월 27일 비밀리에 모였다. 이대우 경북고 학생위원회 부위원장, 손진홍 대구고 학생회장, 장주효 대구고 학생부회장 등 대구시내 공립고등학교 학생회 간부 7, 8명이 주동이 됐다. 그 모임에서 다음날인 2월 28일 대구의 모든 고등학교 학생들이 뛰쳐나와 항의시위를 벌이자고 결의했다.

2월 28일 오전, 학생들은 학생 강제 등교령대로 일단 학교에 등교했다. 먼저 학교에 집결한 다음 일시에 시내로 진출한다는 계획이었기 때문이었다. 이를 위해 각 학교 학생회 간부들은 자전거를 이용해 연락을 주고받으며 시간을 맞췄다. 하지만 모든 학교의 학생들이 일시에 시내로 진출하게 시간을 맞추는 것은 쉽지 않았다. 그러자 시내와 가까운 경북고 학생들이 먼저 뛰쳐나왔다. 곧바로 대구고 1,2학년들이 합류했다. 당시 대구고는 신설학교여서 1,2학년 뿐이었다. 이들은 "학교를 정치도구화하지 마라"는 구호를 외치며 거리로 몰려나왔다. 시민들은 박수를 치며 그들을 격려했다. 하지만 학생들은 거리에서 구호를 외치는 것 이외에는 별다른 과격한 행동을 하지 않았다. 경찰도 어린 학생들을 무리하게 진압하지는 않았다. 결국 저녁 7시가 넘어서 대구 학생들의 시위는 경찰에 의해 해산됐다. 이른바 2.28 학생 시위였다.

이런 일이 비단 대구에서만 일어난 것은 아니었다. 대구처럼 조직적인 시위는 아니었지만 전주, 광주 등에서도 학생들이 움직였다. 민주당 유세장에 이 지역 학생들이 나타나 학교에서 선생님들이 학생들을 유세장에 가지 못하게 했다는 사실을 폭로했다.

3월 3일에는 한 양심적인 경찰관이 민주당 측에 경찰측 비밀 자료를 넘겼다. 그 자료의 내용은 놀라웠다. 이른바 경찰의 '9할 5분 득표 전략'이 적혀 있었다. 쉽게 말해 경찰표의 95퍼센트를 득표하기 위한 전략이었다. 사전투표, 공개투표, 투표용지 및 투표함 바꿔치기 등의 전략이 빼곡하게 적혀 있었다.

하지만 이런 시위와 폭로에도 불구하고 자유당은 철면피처럼 뻔뻔하기 짝이 없었다. 시민들이 뒤에서 정부와 여당을 욕하기는 했지만 조직적인 행동을 취하지는 않았기 때문이었다. 일반시민뿐만 아니라 대학생들도 조용했다. 선거 기간 동안 항의 시위를 주도하고 거리로 나선 건 오히려 투표권도 없는 고교생들뿐이었다.

3월 5일 서울운동장에서 열린 장면의 정견발표회에서도 고교생들이 앞장섰다. 그들은 천여 명의 청중들을 이끌고 '부정선거 배격하자' 등의 구호를 외치며 광화문까지 가두 행진을 벌였다. 대전에서도 고교생 천 여 명이 시내 곳곳에서 시위를 벌였다. 부산, 수원, 충주, 청주에서도 연달아 고교생 시위가 이어졌다. 어린 고등학생들은 학교에서 배운 대로 민주주의를 지키기 위해 행동에 나선 것이었다.

선거 당일의 풍경

산발적인 항의 시위에도 불구하고 자유당의 부정선거는 예정대로 착착 진행되었다. 민주당의 대선후보 조병옥이 급서한 뒤로 대통령 선거는 안심해도 좋을 상황이었다. 그래서 자유당과 정부는 부통령 선거에 더 많은 힘을 쏟았다. 내무부 장관 최인규는 3월 15일에 벌어진 선거를 거의 쿠데타 준비하듯 했다. 치밀하게 계획했고 몇 번이고 책임자들에게 선거당일 시나리오를 확인시켰다.

마침내 3월 15일 투표가 시작됐다. 투표는 '예행연습'한 대로 진행됐다. 자유당 당원들은 기표소에까지 들어가 투표를 감시했다. 자유선거, 비밀선거라는 민주주의 원칙이 무색해지는 순간이었다. 적어도 이때만큼은 흑백투표함에 공개투표하는 북한의 공산주의체제와 다를 바 없었다. 다른 게 있다면 투표장 밖에서는 금품 제공과 협박이 난무했다는 점이었다.

한쪽에서 이처럼 투표에 영향을 주려는 작전이 시행되는 가운데, 다른 한쪽에서는 직접 표를 조작하는 방법도 시행됐다. 수십 장의 투표 용지를 들고 투표소로 들어가려는 사람이 야당측 선거 관리인에게 적발되기도 했다. 투표장마다 이렇게 부정선거를 강행하려는 여당측과 그것을 막으려는 야당측 사이의 몸싸움이 벌어졌다.

그러다 결국 마산시에서는 대규모 충돌이 벌어지고 말았다. 마산시의 민주당 간부들은 경찰의 제지를 뚫고 투표소 안으로 들어가는 데 성공했다. 그러자 그들 앞에 말도 안되는 부정선거의 현장이 펼쳐졌다. 가만히 있을 수 없었다. 마산시 당 간부들은 곧바로 선거 무효를 외치며 시위를 벌였다. 학생들과 시민들이 동참했다. 시위대가 수 천 명 규모로 불어났다. 경찰이 민주당 간부들을 연행했다. 시위대는 더 늘어났다. 만여 명에 육박했다. 그러자 경찰이 당황했다. 총을 발포하며 시위대에 맞섰다. 시위대는 경찰의 총격을 피해가며 자유당사, 파출소, 서울신문지국 등을 습격했다. 모두 부정선거에 앞장선 기관들이었다. 이날 경찰의 발포로 7명이 사망하고 870여 명이 부상을 당했다.

마산만이 아니었다. 전라도 광주에서도 대규모 시위가 벌어졌다. 부정선거에 항의하는 시민을 정치깡패가 무자비하게 때린 것이 시발점이었다. 시민 천여 명이 금남로에 모였다. 모두 한 목소리로 부정선거를 규탄했다. 경상남도 진주에서도 민주당 주도로 대규모 시위가 열렸다. 대한민국 곳곳에서 부정선거를 규탄하는 시위가 일어났다. 그러자 서울에서 민주당은 선거당일 오후 4시 30분 투표가 불법이자 무효임을 선언했다.

너무 지나친 성공

하지만 자유당은 아랑곳하지 않았다. 계획한 부정선거 전략을 철저하게 밀고 나갔다. 자유당의 부정선거 전략은 너무나 철저했던 나머지 이승만과 이기붕의 득표수가 전체 유권자 수를 넘어서 버렸다. 100% 투표, 100% 지지라는 공산전체주의 국가의 투표를 뛰어넘는 놀라운 성과(?)였다. 이 상황을 보고 받은 상부에서는 결국 득표율을 하향 조정하라는 지령을 급히 내려 보내는 코미디를 벌일 수밖에 없었다. 하여튼 이런 '조정'을 거쳐 최종적으로 이승만이 얻은 득표율은 88.7%, 이기붕의 득표율은 79%로 '결정' 됐다.

선거는 계획대로 끝났다. 이제 마산에서 벌어진 유혈 사태의 수습만이 남았다. 하지만 이에 대해 이기붕은 "총은 쏘라고 준 것 아닙니까?" 이렇게 대꾸했다. 자유당 정권이 이 사태를 어떻게 생각하는지가 여실히 드러나는 발언이었다. 물론 자유당은 이 사태를 어떻게 수습해야 할 지 계획이 서 있었다. 그 방법은 이미 10여 년 전에 활용한 적이 있던 방법이었다. 일말의 진실이 없지는 않지만, 그렇기에 종종 실상과 관계없이 자유당 정권의 존속을 위해 필요할 때는 언제든 꺼내들 수 있는 카드, 바로 '용공 사건' 전략이었다.

선거 이틀 뒤 치안국장 이강학은 다음과 같이 발표했다. '마산 소요 사건은 공산당의 전형적인 수법에 의해 행해졌다는 증거가 있다. 배후에 공산당 개입 여부를 조사 중이다.' 곧바로 경찰은 마산의 민주당 간부들을 고문하기 시작했다. 배후에 남로당이 있다고 실토하라는 거였다. 그런 한편 사망자의 주머니에는 '인민공화국 만세'라고 씌어진 전단을 몰래 집어넣었다. 그리고 그 사실을 언론에 흘렸다. 하지만 여론은 자유당이 원하는 쪽으로 조작되지 않았다. 검찰도 조작된 증거를 받아들이지 않았다. 결국 경찰의 주장은 사실무근이라는 것이 밝혀졌다.

자유당은 늘 하던 대로 했지만 결과는 예전 같지 않았다. 사태가 진정될 기미가 보이지 않았다. 책임을 질 사람이 필요했다. 결국 3월 23일 내무부장관 최인규가 해임됐다. 28일에는 이강학이 해임됐다. 이렇게 두 명이 해임되자 사태는 대충 진정되는 듯 보였다. 물론 부정선거에 대한 불만이 일시에 가라앉지는 않았다. 하지만 마산사건을 대강 마무리하자 더 이상의 충돌이나 시위는 벌어지지 않았다. 일은 그렇게 정리되는 듯 보였다. 민주당은 여전히 선거결과에 대해 승복하지 않고 있긴 했다. 그러나 유야무야 상황은 진정됐다. 이승만 대통령은 유임될 것이었고 얼마 안 있어 다음 임기가 시작될 것이었다. 세상은 다시 자유당 정권 하에서 썩어 들어갈 것 같았다. 적어도 한 장의 사진이 세상을 뒤바꾸기 전까지는 그랬다.

한 장의 사진이 역사를 바꾸다

4월 11일, 대한민국의 역사를 바꾸어 놓은 사건이 터졌다. 이날 정오경 마산 앞바다에서 눈에 최루탄이 박힌 10대 소년의 시체가 떠올랐던 것이다. 이 학생의 이름은 김주열, 전라도 남원 출신으로 마산으로 유학 온 마산상고 1학년 학생이었다. 김주열은 3월 15일 시위에 참가했다가 실종되었었

눈에 최루탄이 박힌 채 바다에 떠오른 김주열의 시신은 대한민국의 역사를 바꾸어 놓았다. 부산일보 기자였던 허종이 첩보를 받고 달려가 찍은 몇 장의 사진은 하루만에 전국에 퍼져 분노를 폭발시켰다.

다. 그러다 거의 한 달 만에 시체로 발견된 것이었다. 시위 진압의 과정에서 숨진 김주열의 시체는 마산 서장의 명령으로 경비 주임이 바다에 던져 은폐하려고 했었다. 그런데 바다가 그 시체를 뭍으로 돌려보낸 것이었다.

마침 부산일보 마산 주재 기자였던 허종이 근처에 있었다. 가깝게 지내던 경찰이 그에게 슬쩍 '첩보'를 제공했다. 허 기자는 황급하게 현장으로 달려갔다. 현장에서는 아직 시신을 인양도 하지 못하고 있었다. 그는 항상 들고 다니던 카메라로 시신이 바다에 떠 빙빙 돌고 있는 모습부터 찍었다. 경찰이 배를 타고 다가가 시신을 건져냈다. 허종은 그 모습도 사진에 담았다.

경찰은 은밀하게 김주열의 시신을 병원으로 옮겼다. 하지만 이미 소문은 쫙 퍼져나갔다. 시민 수백 명이 병원으로 몰려와 주변에서 산발적인 시위를 벌였다. 허종 기자는 단골 사진집에 가 서둘러 사진을 현상했다. 사진이 나오자마자 그는 그것을 부산일보 데스크에게 급히 보냈다. 속달을 받아본 부산일보 편집국에서는 난리가 났다. 무엇보다 논란이 된 것은 참혹한 사진을 그대로 신문에 게재해도 좋은지 여부였다. 진실을 위해 그대로 게재하자는 사람이 있었다. 그런가 하면 그래도 참혹한 상태의 시신 사진을 신문에 곧바로 실을 수는 없다는 사람도 있었다. 데스크는 결론을 내리지 못했다.

결국 결단은 부산일보 사장인 김지태의 몫으로 넘어갔다. 그는 훗날 박정희 정부에 의해 부산일보 지분과 자신이 세운 장학 재단을 빼앗기는 비운을 겪게 될 인물이었다. 김지태 사장은 진실 보도에 자신과 회사의 운명을 걸기로 결심했다. 그리고는 무슨 일이 있더라도 사진을 실으라는 지시를 데스크에 내렸다.

다음날 아침 조간인 부산일보에 두 장의 사진이 실렸다. 사진이 실린 신문이 배포되자 부산 지역이 들끓었다. 서울의 전국 일간지가 이 사진을 가져다 석간에 게재했다. 이제 전국이 들끓을 차례였다. 그렇게 해서 부산일보의 허종 기자가 찍은 김주열의 시신 사진은 하루만에 전 국민에게 전달되었다.

처참한 김주열의 모습에 가장 먼저 마산 시민들의 분노가 폭발했다. 3만 여명의 시위대가 시청, 경찰서, 파출소를 습격했다. 자유당과 관련 있는 행정 기관이나 개인의 집까지도 습격 대상이었다. 시위대는 15만 명까지 불어났다. 경찰도 군대도 이를 막을 수 없었다. 시위대의 구호는 부정선거 규탄에서 이승만 정부 규탄으로 바뀌고 있었다. 시위는 다음날, 그 다음날까지 계속되었다. 그때까지도 자유당 정권은 정신을 차리지 못했다. 그 시위마저도 공산주의자들이 배후에서 조종한 것이라고 주장했다. 성난 민심이 이를 받아들일 리가 없었다.

준비되지 않은 항의

3.15 부정선거를 규탄하는 시위는 자유당 정권이 최인규 등을 해임함으로써 일단 급한 불은 끈 셈이었다. 확 불타오를 것처럼 보였던 항의 시위는 더 이상 크게 번지지 않았던 것이다. 그렇다고 시위가 완전히 잦아든 것은 아니었다. 지방에서, 그리고 고교생들에 의해서 시작된 항의 시위는 작은 규모였지만 꾸준히 지속되고 있었다. 그렇다 하더라도 사실상 선거 후 정국은 점차 안정 국면에 접어들고 있었다.

이 기간 동안 서울은 상대적으로 조용했다. 대학생들은 특히 더 조용했다. 4월 4일에 가서야 전북대생 300여 명이 대학생들 중에서는 처음으로 항의 시위에 나섰을 뿐이었다. 그러나 그 이후에도 다른 대학생들은 조용했다. 시위나 별다른 행동은 없었다.

당시 한국인들은 무기력하고 냉소적인 순응주의에 젖어 있었다. 오랜 식민지 지배, 그리고 미군정을 거치면서 냉소와 순응에 익숙해질 수밖에 없었다. 그러다 6.25 남침전쟁을 겪게 됐다. 그러면서 한국인들은 정치적으로 더욱 무기력해졌다. 전후 1950년대의 대중문화는 카바레의 춤바람으로 상징된다. 그 나름의 활력이 느껴지는 것처럼 보인다. 하지만 이는 현실도피적인 활력이었을 뿐이다. 현실참여적인 역동성은 아니었다. 자유당의 부패가 만연할 수 있었던 것은 바로 이러한 정치적 무기력 덕분이었다.

그 무기력을 깰 수 있는 힘은 청춘의 무모함에서만 나올 수 있었다. 하지만 그 주체가 대학생들은 아니었다. 1960년 당시 대학생들은 선택된 엘리트였다. 그들은 대중과 유리된 엘리트에 지나지 않았다. 서구에 대한 동경과 출세주의에 사로 잡혀 있었다. 오히려 이들이 결여한 열정과 충동은 더 어린 세대, 고교생들에게 아직 남아 있었다. 그 고등학생들의 시위가 4.19 혁명의 시발점이 된 이유가 거기에 있었다. 그들은 학교에서 가르치는 대로 민주적 선거를 해야 한다고 믿었다. 그들은 그렇게 믿을 수 있는 순진함을 갖고 있었다. 그랬기에 고교생들은 그렇지 않은 부당함에 대해 '항의'할 수 있었다. 그러나 그들은 아직 어렸기에 혁명 이후의 사회를 그려낼 비전을 갖고 있지는 못했다. 그러니까 누구도 '거대한 변화'를 꿈꾸거나 상상하고 있지 못했다.

김주열의 참혹한 모습이 보도된 이후 마산에서 시위가 시작되었지만 다른 지역에서는 이에 상응하는 움직임을 보이지 않았다. 그때 서울에서 고려대 학생들이 가장 먼저 움직였다. 당시 고려대 학생위원장은 이기택이었다. 그는 4.19 직후 정치에 뛰어들게 되고 이후 영욕의 세월을 헤쳐나가게 되지만, 당시만 해도 자신의 운명에 대해 전혀 상상도 하지 못하고 있었을 것이다. 그때 이기택이 기획했던 건 그저 선언문을 낭독하고 평화로운 시위를 벌이는 것이었다.

4월 18일 고려대에서는 신입생 환영회가 있었다. 3천여 명의 학생들이 모였다. 그때 이기택을 중심으로 한 고려대 학생회는 기습적으로 4.18 선언문을 낭독했다. 그들이 외친 구호는 순진하고 원론적인 내용이었다. '기성세대는 각성하라, 마산사건의 책임자를 즉시 처벌하라, 우리는 행동성 없는 지식인을 배격한다, 경찰의 학원출입을 엄금한다, 오늘의 평화적 시위를 방해 말라.' 이렇게 다섯 가지 소박한 구호가 전부였다.

12시 50분 선언문을 낭독한 고려대 학생들은 30분 뒤 교문을 나섰다. 태평로에 있던 국회의사당을 향해 시위 행진을 시작했다. 경찰이 급히 개입했다. 90여 명의 학생들이 연행됐고 시위대는 흩어졌다. 흩어진 학생들 중 천여 명은 지도부의 지시에 따라 오후 2시 20분 경 국회의사당 앞에서 재집결했다. 이들은 경찰의 학원 출입 중지, 연행된 학생들의 석방, 선거 재실시를 주장하며 시위를 벌였다. 국회의사당 앞에서의 무력 충돌은 없었다. 그때 경찰 대신 그들 앞에 고려대 총장 유진오가 나타났다.

경성 제대 법학부 출신으로 일제 강점기에 문인으로도 유명했던 유진오는 제헌의회에 참여해 건국헌법의 기초를 닦은 인물이었다. 그러나 그는 건국정부에는 참여하지 않고 야당 의원으로 활동하다가 학교로 돌아갔다. 그는 고려대 법정대학장을 거쳐 전쟁 중인 1952년 총장에 취임해 1960년 당시까지 계속 총장직을 맡고 있었다. 굳이 따지면 야당 성향인 유진오였다. 하지만 그는 학생들에게 "자네들의 용기는 칭찬할 만하다. 그러나 여러 시간 치안을 방해하고 있으니 이제 평화적으로 해산하라. 연행된 학생들은 곧 풀려날 것이다." 그렇게 권유했다. 이미 유진오는 경

머리에 붕대를 감은 학생들이 거리를 행진하고 있다. 정치 깡패들에 의한 고려대생 습격 사건은 부정선거 규탄 시위가 이승만 정권 퇴진으로 불타오르게 만든 결정적인 계기였다.

찰로부터 연행자들은 석방할 것이라는 약속을 받아놓은 상태였다. 하지만 학생들은 그것만으로 만족할 수 없었다. "내무장관 나와서 답변하라!", "연행학우 석방만이 우리의 요구가 아니다!"

하지만 최인규의 해임 이후 내무장관이 된 홍진기는 학생들 앞에 나서지 않았다. 오후 6시에 연행한 학생들을 석방하라고 지시했을 뿐이었다. 그는 유진오처럼 경성제대 법학과를 졸업하고 일제 말기에 판사로 임용되어 건국 정부에까지 참여한 인물이었다. 그는 법무부 소속 공무원으로 일하다 1958년 법무부 장관이 되었다. 조봉암의 고발과 처형은 그의 지휘 아래 일어난 일이었다. 내무장관 홍진기의 머릿속에는 학생들의 요구와는 전혀 다른 해결책이 모색되고 있었다.

어두워질 무렵이 되자 시위를 하던 학생들 사이에서 구호가 잦아들었다. 결국 현장에 달려온 고대 출신 선배 국회의원인 이철승 의원과 유진오 총장, 그리고 연행된 학생들을 대신해 새로 뽑힌 대표단의 설득으로 6시 반 경 시위대는 해산되었다.

아마 그대로 학생들이 평화롭게 귀교했다면 역사는 크게 달라졌을 것이다. 일주일 전 보도된 김주열 군의 사진이 전국을 뜨겁게 달구긴 했지만 정권을 뒤바꿀 만한 움직임은 아니었다. 마산을 제외하면 각 지역에서 시위에 나선 것은 고교생들이 대부분이었다. 이제 비로소 대학생이 시위 대열에 참여했을 뿐이었다. 1987년의 6월처럼 시민의 호응이나 참여가 뜨거운 것도 아니었다. 그리고 그때까지도 정권 자체에 대한 규탄이나 이승만에 대한 하야 요구의 목소리는 드높지 않았다.

깡패들이 역사를 바꾸다

정말로 나라 전체를 발칵 뒤집은 사건은 시위가 끝날 무렵 발생했다. 7시 20분 경 귀교하던 데모대가 청계천 4가에 이르렀을 때였다. 갑자기 골목에서 괴한 100여 명이 쇠망치, 손도끼, 각목, 쇠파이프 등의 각종 흉기를 들고 나타나 학생들을 덮쳤다. 갑작스런 기습이었다. 괴한들이 인정사정없이 흉기를 휘두르는 통에 순식간에 학생 수십 명이 바닥에 뒹굴었다. 피가 튀고 비명이 난무했다. 그런 유혈 폭력은 몇 분 동안 계속됐다. 학생들이 간신히 진영을 갖추고 저항할 태세를 취하자 괴한들은 순식간에 어둑어둑한 골목으로 도망쳐 달아났다.

이들은 정치깡패 유지광이 지휘하는 '반공청년당' 소속 깡패들이었다. 학생들이 더욱 분노한 건 경찰들 때문이었다. 귀가하는 학생들 옆에는 경찰들이 있었다. 그들은 학생들이 해산하는지를 확인하기 위해 감시하고 있었다. 그런 경찰들에게 학생들은 깡패들을 잡으라고 소리쳤지만 경찰들은 사이렌만 울리며 현장을 겉돌 뿐이었다.

그러자 학생들은 이미 도망친 깡패들을 뒤쫓는 건 포기하고 경찰들을 붙잡았다. 경찰차를 포위하고 간부의 멱살을 잡으며 격렬하게 항의했다. 하지만 경찰들은 묵묵부답일 뿐이었다. 학생들은 달리 방도가 없었다. 큰 부상을 입은 학생들은 병원으로 보내졌고, 경미한 부상자들은 절뚝거리거나 비틀거리면서 집으로 향해야만 했다.

하지만 다음날 상황이 달라졌다. 깡패들의 고려대 학생 습격 사건이 조간신문 1면에 올랐던 것이다. 신문을 펼쳐 본 사람들은 그 사건기사로 인해 엄청난 충격을 받았다. 그 당시 대학생들은 한 가족의 '희망'이었다. 1950년대 궁핍하고 암담한 현실 속에서 각 가정의 희망은 오직 '많이 배운' 대학생 자식들에게 있었다. 소를 팔아 대학에 보낸다고 해서 '우골탑'이란 말이 나온 것도 이때였다. 또한 그 당시 대학생들은 '최고의 인재'로 간주되었다. 사람들은 대학생들을 '국가의 기둥'이라 여겼다. 사회 전체가 소중하게 보살펴야 할 '귀한 인재'들이라 생각했다. 그래서 비록 내 집에 대학생 자식이 없더라도, 사람들은 대학생들을 우리 모두의 자식들처럼 여겼다. 그런 소중한 인재들이 정치깡패들로부터 두들겨 맞았다는 것이다. 시민들은 더 이상 참을 수 없었다. 마치 제 자식이 얻어맞은 것처럼 분을 삭이지 못했다. 저마다의 입에서 '도를 넘었다', '더는 못 참겠다'는 말들이 터져 나왔다.

4.19의 아침

4월 19일의 아침은 그렇게 뜨거운 분노로 시작됐다. 지난 밤 다친 고대생들은 상처에 붕대를 감고 친구의 부축을 받으며 학교로 나왔다. 피로가 가득해 보이긴 했지만 그들의 눈에는 절망 대신 분노와 결의가 담겨 있었다. 하나둘씩 모일 때마다 분노와 성토의 목소리가 커졌다.

격분한 것은 대학생들만이 아니었다. 형과 누나, 오빠와 언니가 다쳤다는 소식에 거리로 먼저 나선 것은 고등학생, 중학생들이었다. 고려대 근처의 대광고 학생들이 시위에 나섰다가 경찰에 쫓겨 고려대로 도망쳐왔다. 그 모습을 보자 고려대생들이 폭발했다. 다시 거리 시위에 나설 채비를 갖췄다. 유진오 총장이 부리나케 나와 학생들을 만류했다. 그러나 소용없었다. 학생들은 더 이상 그 어떤 약속도 믿지 못했다. 학생들이 유진오 총장은 아랑곳하지 않고 단상에 올라 자유 발언을 했다. "우리는 학생이지만 탄식하는 민족을 보고만 있을 수는 없다. 참다운 민주주의는 죽어가고 있다!" 단상에서 이어지는 발언들은 학생들의 가슴에 불을 질렀다. 너나 할 것 없이 정문으로 달려나갔다. 어제 다친 학생들도 주저하지 않았다. 정문에는 무장경찰과 소방대가 대기하고 있었지만 그들의 거센 기세를 제지할 수는 없었다.

거리에 나선 학생들은 어젯밤처럼 외롭지 않았다. 오후 1시가 될 때까지 서울 시내 곳곳으로 뛰쳐나온 시위 군중의 수는 10만 명을 넘어섰다. 대부분이 학생들이었다. 거리의 차량들은 시위대를 위해 길을 비켜주었다. 10만 명이 넘는 시위대가 종로에서 을지로를 거쳐 의사당으로, 경무대로 거침없이 나아갔다.

시위대가 경무대로 향하는 길에 이르자 경찰이 막아섰다. 홍진기 내무장관이 강경한 대응을 지시했다. 경찰은 시위대의 경무대 접근을 막기 위해 총을 쏘기 시작했다. 순식간에 20여 명이 사망하고 170여 명이 부상을 입는 유혈 사태가 벌어졌다. 그러나 시위대는 물러서지 않았다. 길가에서 소극적으로 박수만 치며 응원하던 시민들이 격분하여 아스팔트 위로 뛰어나왔다.

시위대는 순식간에 20만 명으로 불어났다. 경찰력만으로 이를 막는 것은 불가능했다. 결국 오후 3시 서울 일대에 계엄령이 선포되었다. 시위는 서울에서만 일어난 것이 아니었다. 결국 오후 5시 계엄령은 부산, 대구, 광주, 대전 등 주요 대도시로 확대되었다. 오후 7시부터 새벽 5시까지 통행이 금지됐다. 군도 투입되었다. 그러나 시위대는 거리에서 물러서지 않았다. 곳곳에서 육박전이 벌어졌다. 전국에서 시위대와 경찰의 충돌로 100여 명 이상이 사망하고 500명 이상이 부상을 입었다. 사상자들이 들것에 실려 나와도 시위대는 도망치지 않았다. 군이 본격적으로 투입되어서야 겨우 시위대를 해산할 수 있었다.

예측 못한 전개

상황이 이렇게 되자 본국에 상황을 보고하며 사태를 주시하던 주한 미국

대사 월터 매카나기가 급히 이승만을 찾았다. 미국 정부는 사태를 더 이상 방관할 수 없다고 생각했다. 직접 개입을 결심한 것이었다. 매카나기는 이승만에게 이 사태를 불러온 근본적인 원인을 해결해야 한다고 말했다. 선거 부정에 대해 책임질 것을 요구했다. 하지만 이승만은 그에 대해 듣거나 아는 바가 없다고 답했다. 선거 부정은 일어나지 않았다고 대답했다. 매카나기 대사는 미국의 원조가 근본적으로 재검토될 수 있다고 이승만을 압박했다.

다음날 20일 아침 서울은 잠시 잠잠해졌다. 계엄령이 내려지자 군이 서울 거리 곳곳을 장악했기 때문이었다. 하지만 지방은 달랐다. 학생들의 시위가 계속 됐다. 이승만이 사태수습에 나섰다. 국무위원 및 자유당 당무위원 전원의 사표를 받았다. 하지만 이승만과 자유당 정부는 사태의 심각성을 제대로 모르는 것 같았다. 자유당은 언론에 데모대의 폭력 때문에 경찰이 부득이 발포할 수밖에 없었다고 발표했다. 시민들의 분노에 기름을 부은 격이었다. 다시 시위가 격화되려는 기미가 보였다.

매카나기 대사가 그 다음날인 4월 21일 다시 이승만을 찾았다. 이승만이 사태의 심각성을 제대로 인식하고 있지 못한다는 판단이 들었기 때문이었다. 이승만은 이번 사태가 대중들의 불만이 터져나온 것이 아니라고 했다. 장면 부통령과 그를 통해 천주교의 영향력을 확대하려는 노기남 주교의 공작이라고 주장했다. 이승만은 매카나기에게 오히려 워싱턴이 지금 사태를 잘못 파악하고 있다고 역설했다. 그러자 매카나기는 이렇게 답했다. "미국은 이번 시위는 민중들의 분노가 반영된 것이라 믿는다." 그러면서 부정선거 철저 조사 및 관련자 제거를 이승만에게 요구했다. 이때만 하더라도 매카나기는 대놓고 이승만에게 하야를 종용하지는 않았다. 다만 보다 더 심각하게 상황을 받아들이기를 촉구했을 뿐이었다.

이승만에게 직접적인 압력을 가한 것은 부통령 장면이었다. 그가 보기에 이승만 정부는 일단 계엄령을 내려놓고 미국과 타협한 뒤 적당한 선에서 사태를 수습하려 하고 있었다. 하지만 장면은 이제 이승만의 결단이 필요한 시점이라 생각했다. 4월 23일 장면은 부통령직을 사임하며 이승만의 하야를 촉구했다.

장면이 사임 의사를 밝혔을 때 주위에선 만류하는 사람들이 많았다. 이승만이 하야하면 부통령으로서 권력을 이양받아 사태를 수습해야 하는데 무책임하게 지금 떠나면 안 된다는 것이었다. 하지만 장면의 생각은 달랐다. 그는 자신이 권력을 물려받는다는 것을 우려해 이승만이 하야를 하지 않을 수 있다고 판단했다. 미리 자리를 물러나는 것이 오히려 이승만의 자발적인 하야를 유도하는 방법이라고 생각했다.

상황이 이렇게 흘러가자 이기붕이 성명을 발표했다. 그런데 그의 성명서 내용이 기묘했다. '부통령 당선 사퇴를 고려하겠다'는 게 요지였다. 그의 이런 애매한 기회주의적인 발언은 시민들을 짜증나게 만들었다. 시민들은 '고려'가 무슨 말이냐며 즉각적인 사퇴를 요구했다. 그러자 이승만도 자유당 총재직 사퇴를 발표했다. 이제 국무에만 전념하겠다는 것이었다.

대신 대대적인 개각을 통해 인적 쇄신을 하겠다고 했다. 선거와 강경 진압의 진상을 밝히고 책임을 묻겠다는 것이었다.

이승만은 외무장관에 허정, 내무장관에 이호, 법무장관에 권승열 등을 새롭게 임명했다. 그는 이기붕과 자유당에게 모든 책임을 넘길 생각이었다. 이때만 해도 이승만은 대통령직에서 물러날 생각이 없었다. 이날 4.19 시위 관련 연행자 1천여 명은 대부분 석방되었다. 다음날 이기붕은 모든 공직에서 사퇴했다. 이승만은 그 정도 수준에서 사태가 마무리되기를 원했다.

하지만 때는 이미 너무 늦었다. 김주열 군의 시신이 발견된 직후에 이런 조치를 취했어야 했다. 그랬다면 아마도 이승만 정부가 몇 년은 더 유지될 수 있었을지도 모른다. 하지만 4월 18일 저녁과 4월 19일 사이에 모든 게 달라져 버렸다. 이제 그냥 덮어버리기에는 종기가 너무 곪아 버렸다. 상처를 째고 고름을 긁어내는 수밖에 없었다. 그리고 긁어내야 할 고름은 바로 이승만 자신이었다.

4월 25일 야당 의원들은 자유당 의원들을 압박해 비상계엄 해제를 결의했다. 이어서 이승만 하야 권고안을 국회에 제출했다. 이미 자유당 정권은 끝난 것이나 마찬가지였다. 대법원장은 4.19 시위가 순수한 운동이라며 지지 발언을 했다. 계엄사령관 송요찬마저 희생자는 나라의 보배라고 공언했다. 사법부와 군이 이렇게 나온다는 것은 이미 정치적으로 해결 가능한 수준이 아니라는 뜻이었다.

사태의 마침표를 찍은 것은 교수들의 '시국 선언'이었다. 4월 25일 서울 지역 27개 대학 258명의 교수들이 서울대학교 교수회관에 모여 14개항의 시국 선언문을 발표했다. 이들은 대통령과 여야 국회의원, 대법관 등은 3.15 부정선거와 4.19 사태의 책임을 지고 물러나라고 요구했다. 그와 동시에 재선거를 실시하라고 요구했다. 이들은 시국 선언문을 발표하고 나서 국회의사당까지 행진한 후 해산했다. 교수들의 시국 선언은 단순한 경고의 의미가 아니었다. 이미 어린 학생들이 시작하고 일반 시민들이 합세해 진행한 사건이 마무리되고 있다는 것을 뜻했다.

이승만의 하야

교수 시국 선언은 '이제 자유당 정권은 끝났다'는 걸 의미했다. 시민들에게 남은 것은 이승만의 하야 선언을 기다리는 일 뿐이었다. 승리를 확인하는 것만 남았다. 시국 선언 다음날인 4월 26일, 아침부터 시위 군중들이 거리로 쏟아져 나왔다. 오전 10시 경에 시위대 10만여 명이 경무대로 향했다. 4월 19일의 경찰 발포로 학우(전한승)를 잃은 수송초등학교 학생들도 "총부리를 대지 말라"는 플래카드를 들고 나섰다. 더 이상 계엄군은 시위대를 진압할 의사가 없었다.

매카나기와 미 CIA 책임자 피어 드 실바가 국방장관 김정렬에게 전화를 걸었다. 이승만을 만나도록 종용했다. 하야 의사를 확인하려는 것이었다. 김정렬이 이승만을 찾아가서 "국민의 뜻이라면 대통령직을 사임할 수 있다."는 내용의 대국민발표문을 승인받았다. 김정렬은 곧바로 이 사실을 매카나기에게 알렸다. 연락을 받자마자 매카나기는 유엔군사령관 매그루더와 함께 경무대를 찾았다. 그러는 동안 이승만의 하야 성명서가 방송국에 전달됐다. 그리고 오전 10시 30분, 라디오에서 이승만의 대국민 성명이 흘러나왔다.

하루 전날까지 대통령직에 대한 욕심을 버리지 못했던 이승만은 무엇 때문에 마음을 바꾸고 하야를 결심하게 되었을까. 여기에 대해서는 여러 증언이 있다. 그를 마지막까지 옆에서 지켜보았던 국방장관 김정렬에 따르면, 하야는 전적으로 이승만 자신의 결단이었다. 그날 아침 김정렬은 이승만에게 '아침부터 시위대가 시청과 경무대로 몰려든다'는 보고를 올렸다. 그러자 이승만은 "오늘은 한 사람도 다치게 해서는 안 되네. 어떻게 하면 좋겠나?"라고 물었다. 그리고는 "내가 그만 두면 한 사람도 안 다치겠지?"라고 재차 물었다. 그리고는 곧바로 비서관을 불러 하야 성명서를 구술했다는 것이다.

그러나 계엄사령관 송요찬의 주선으로 이승만을 만난 학생 대표들은 자신들이 이승만에게 하야를 건의했다고 기억한다. 이승만은 학생들이 당돌하게 하야를 요구하자 처음에는 조금 당황했지만 "국민이 원한다면 물러나야지."라고 곧바로 수긍했다는 것이다. 당시 학생 대표 중 한 명은 이승만이 하야를 결심한 후 학생들을 다음과 같이 칭찬했다고 회고했다. "젊은이들이 이런 일을 하지 않으면 누가 하겠는가? 나도 젊었을 때는 나라를 위해 목숨을 바치겠다는 각오로 많은 일을 했었지."

매카나기가 이승만을 만난 것은 바로 그 직후의 일이었다. 매카나기는 이승만을 만나 대국민 발표문에는 하야하겠다는 뜻이 불명확하게 표현됐다는 의견을 전했다. 이승만은 그 의견을 받아들여 성명서의 내용을 더 다듬은 뒤 4월 27일 새로운 대국민 성명서를 발표했다. 그런 다음 이승만은 곧바로 국회에 사임서를 제출하고 경무대를 떠날 준비를 시작했다. 이승만 대통령의 하야 성명이 전해지자 일부 시민들은 환호성을 지르며 파고다 공원으로 달려가 이승만 동상을 끌어 내렸다. 시인 김수영이 쓴 대로 '그놈의 사진을 떼어서 밑닦개로 쓰자'는 심정이었을 것이다.

이승만의 하야 성명이 발표되자 일부 대학생 대표들은 이제 민권이 승리했으니 질서를 지키자는 시위를 하기도 했다. 이승만의 하야로 '이제 다 끝났다'는 느낌을 받았던 때문일 것이다. 하지만 그 이후로도 시민과 경찰이 충돌해 유혈 사태가 벌어지기도 했다. 일부 시민들은 매카나기가 경무대를 나올 때 '미국 만세', '매카나기 만세'를 외치기도 했다. 이승만의 하야가 미국 대사 매카나기의 압력과 설득에 의해 이루어졌다고 생각해서였다. 그리고 그날 밤 이미 습격당한 바 있는 이기붕의 집이 시민들의 손에 부서졌다. 이기붕은 이승만의 하야 소식을 전해 듣고 일찌감치 일가족과 함께 피신한 상태였다.

다음날 이승만은 경무대를 떠났다. 이승만이 경무대를 떠난다는 소식이 전해지자 경무대 입구부터 이화장이 있는 광화문까지 이승만을 배웅 나온 시민들로 인산인해를 이루었다. 바로 어제까지 이승만을 독재자라고 규탄하던 시민들이 떠나는 그에게 박수를 치러 나온 것이었다. 이승만이 하야하면서 4.19 혁명은 일단락 됐지만, 4.19 혁명의 목표가 이승만의 하야는 아니었다는 것을 보여주는 장면이었다. 부정선거, 정부의 부패, 경제 불황, 경찰의 폭력에 대한 시민들의 분노는 컸다. 그러나 그 분노가 이승만 개인을 향한 것은 아니었다.

이승만은 차안에서 시민들의 환호에 간간히 답하며 그렇게 이화장으로 향했다.

이승만의 마지막 도미

이기붕 일가는 4월 28일 새벽 경무대 별관에 있던 제36호 관사에서 온가족이 함께 숨진 채로 발견됐다. 이들은 4월 25일 경기도 포천에 있는 6군단으로 피신했다가 그날 밤 경무대별관으로 옮겨왔다. 이기붕과 그의 아내 박마리아, 차남 이강욱이 먼저 수면제를 먹었고, 장남 이강석은 그들이

이승만이 경무대를 나와 이화장으로 향하는 길에 많은 시민들이 나와 손을 흔들었다. 이승만은 "이화장으로 놀러오세요!"라고 밝게 인사를 했다. 일부의 시민들은 이승만이 물러난 뒤에 그를 처벌해야 한다고 주장하기도 했지만, 이승만 개인을 향한 국민 정서는 대체로 우호적이었다.

죽은 뒤 권총으로 확인사살을 하고 자신도 목숨을 끊었다. 매카나기가 이날 오전 국방장관 김정렬에게 전화를 걸어 이기붕 일가의 망명을 주선해 주겠다고 했지만, 그 때는 이미 모든 상황이 끝나 있었다.

이승만이 제출한 사임서는 즉각 수리됐다. 그리고 외무장관이자 수석 국무위원이었던 허정(1896-1988)이 대통령 대행을 맡아 과도정부가 구성되었다. 허정은 3.1 운동 이후 임시정부에 참여한 뒤 이승만 밑에서 구미위원회 활동을 했던 독립운동가 출신이었다. 이후 한민당 창당에 참여한 뒤 건국 정부에서 교통부 장관직을 맡았다. 정부 관료와 야인 생활을 오가다 야권을 통합한 민주당의 최고위원이 됐고 이후 4.19의 수습을 위해 외무장관으로 발탁된 뒤 대통령 대행까지 맡게 되었다.

허정 과도정부의 목표는 과도기를 빨리 종식시키는 것이었다. 가장 먼저 해야할 일은 개헌이었다. 야당은 그간 내각 책임제가 도입되어야 한다고 계속 주장해 오고 있었다. 이를 위해서 즉각 개헌안의 논의에 들어갔다. 하지만 아직 정국은 불안정했다. 이승만은 하야했지만 아직도 국회에는 이승만을 지지하는 자유당 세력이 많이 남아있었다. 이승만의 영향력을 완전히 제거하는 것이 필요했다.

그동안 이승만은 이화장에서 평화롭게 지내고 있었다. 종종 담 너머로 시민들에게 "놀러들 오시오."라며 안부 인사를 건넸다. 시민들은 그런 그를 보면 인사를 하거나 박수를 쳤다. 대만의 장제스를 비롯해 그와 친분이 있는 각국의 지도자들이 그에게 위로와 격려의 메세지를 보내오기도 했다. 그럴 때면 이승만은 주변사람들에게 자신은 위로편지를 받을 이유가 없다고 말했다. 불의를 보고 방관하지 않는 학생들과 국민들이 있으니 자신이야말로 행복한 사람이라는 것이었다.

그러나 역사는 그를 행복한 늙은이로 조용히 사라지게 내버려두지 않았다. 대통령직에서 물러났다 하더라도 이승만은 이승만이었다. 그는 여전히 많은 숭배자들을 거느린, 영향력이 강한 거물이었다. 다시 폭풍의 핵이 될 가능성이 너무 높았다. 허정은 결국 정국의 안정을 위해 미국 대사관과 협의해 이승만의 출국을 추진하기로 했다. 허정이 이승만에게 잠시 정국이 안정될 때까지 자리를 피해달라고 요청했다. 이승만은 몇 주 정도의 외유를 나갔다 오는 거라고 생각했다. 흔쾌히 받아들였다.

5월 29일 새벽 외무부 차관인 이수영이 이화장으로 와서 이승만 부부를 차에 태우고 김포공항으로 갔다. 허정은 직접 김포공항으로 나가 이승만을 배웅했다. "나 하와이에서 잠시 쉬고 아이크(아이젠하워)가 오기 전에 돌아오겠소." 이승만이 허정에게 그렇게 말을 건넸다. 허정이 답했다. "염려마시고 푹 쉬고 오십시오."

이때만 해도 이승만이나 허정 모두 이것이 마지막 대화가 될 것이라고는 생각지 못했다. 아이젠하워의 방한은 불과 20여일 뒤인 6월 19일로 예정되어 있었다. 이승만도, 허정도 그만큼 있다가 돌아오면 될 줄로 믿었다.

4.19는 그렇게 이승만의 하야와 출국으로 마무리됐다. 누구도 주도하지 않았던 정치혁명이 마무리되는 순간이었다. 고교생이 시작하고 미국

이 마무리 지었지만, 대학생들이 가장 큰 공을 담당했던 4.19 혁명이었다. 이제 그 열매를 정치인들이 가져갈 차례였다.

제15장

민주당 정권의 탄생

1960년 1월 ~ 5월 : 콜론 보고서 『사상계』 연재

1960년 6월 15일 : 내각제 헌법 국회 통과

1960년 6월 19일 : 아이젠하워 방한

1960년 7월 29일 : 총선, 민주당 압승

1960년 8월 : 대통령 윤보선 선출(12일), 총리 장면 임명 (19일)

1960년 11월 28일 : 국토 건설 사업 발표

1961년 2월 : 한미경제협정 체결

1961년 5월 13일 : '남북학생회담 환영 및 통일궐기 대회'

허정 과도 정부와 민주당 정권

이승만의 출국을 놓고 정치권에서는 설왕설래가 있었다. 민주당에서는 끝까지 책임을 추궁해야 할 사람을 도피시켰다며 허정을 성토했다. 반대로 이승만 지지 세력은 이승만을 몰래 추방했다며 불만을 표시했다. 하지만 허정은 국무회의에서 이승만과의 사적인 관계도 있고, 기타 여러 가지 사리를 따져보았을 때도 그렇게 하는 것이 최선이라 생각했다고 답했다. 그에 대해서는 자신이 책임을 지겠다고도 했다. 허정은 국회에 나가서도 같은 취지의 발언을 했다. 허정에게 이승만과의 관계는 도의와 의리의 문제였던 것이다.

이승만의 출국을 놓고 잠시 논란이 벌어지기는 했지만, 새로운 정부를 구성하기 위한 일정은 차근차근 진행되었다. 6월 15일 내각제 개헌안이 국회를 통과했다. 대통령제가 독재로 귀결되었다는 판단 아래 야당이 오래전부터 주장해 오던 의원내각제로 정치 체제를 바꾼 것이었다. 하지만 내각제는 의회 정치가 발달된 곳에서만 안정적으로 작동할 수 있는 정치 체제였다. 잘 작동할 수 있을지는 미지수였다.

처음부터 해프닝이 벌어졌다. 새로운 헌법에 따르면 민의원 의장인 곽상훈이 대통령 권한을 대행하게 되어 있었다. 그런데 곽상훈이 이를 거부하고 의장직을 사임해 버렸던 것이다. 사소한 일이었지만 개정된 헌법이 처음부터 삐걱거렸던 것이다. 어쩔 수 없이 국무총리인 허정이 계속해서 대통령 권한 대행을 맡았다. 이 개헌으로 인해 4대 국회는 6월 24일 폐회됐다. 그리고 각 당은 곧바로 7월 29일로 예정되어 있는 제 5대 총선준비에 들어갔다. 4.19 이후 새로운 정치가 본격적으로 시작되는 것이었다.

국회 폐회 직전인 6월 19일 미국대통령 아이젠하워가 방한했다. 한국을 방문한 첫번째 미국 대통령이었다. 물론 아이젠하워는 6.25 남침전쟁 중이던 1952년에도 한국에 온 적이 있었다. 하지만 그때는 대통령 당선자 신분이었다. 원래 아이젠하워는 일본을 방문한 뒤 한국에 오려고 했었다. 그러나 일본은 한창 반미 좌익 운동이 뜨거울 때였다. 안전을 위해 일본 방문을 취소했다. 덕분에 예정보다 며칠 앞당겨 한국에 도착하게 됐다. 그가 방한했다는 소식이 알려지자 거리에는 수십만 명의 인파가 몰려 나와 "아이크"(그의 별칭)를 환호하며 그를 환영했다. 뜨거운 관심이었다.

아이젠하워는 이승만 정권이 실각한 이후에도 여전히 한미 안보 공조는 굳건하다는 것을 대외적으로 과시하기 위한 목적으로 방한한 것이었

일본의 반미 감정으로 인해 한국으로 방향을 튼 아이젠하워는 기대 못한 환영을 받았다. 미국이 도와줘서 4.19가 쉽게 성공했다는 국민 정서 때문이었다. 미국 정부는 장면을 아이젠하워 옆에 앉힘으로써 협조적인 정부가 들어서길 기대했다.

다. 아울러 한국의 미래에 미국이 보다 큰 영향력을 행사하기 위한 것이기도 했다. 미국은 4.19 이후의 한국 상황에 대해 관심이 많았다. 미국이 원한 것은 일단 혁명적 사태가 일어나지 않는 것이었다. 미국은 이미 허정에게 쿠바의 카스트로와 같은 급진적이고 과격한 과거사 처리를 원하지 않는다는 뜻을 전한 바 있었다. 이는 보수적이고 신중한 허정의 성향과도 맞아 떨어졌다. 민주당 정부가 들어서기 전 자유당의 부정부패에 대한 수사와 사법 처리가 미온적으로 끝난 이유가 여기에 있었다.

아울러 미국은 친미 성향이 강한 정권이 들어서기를 원했다. 그래서 미국이 이승만 이후의 파트너로 점찍은 이는 장면이었다. 장면(1899-1966)은 초대 주미대사 출신으로 미국은 그에 대한 신뢰가 깊었다. 미국은 이미 이전에도 이승만을 강제로 하야시키고 장면을 그 후계자로 삼으려는 계획을 세운 적이 있었다. 그래서 미국 정부는 미국 대사로 하여금 민주당과 자주 접촉하도록 지시했고, 6월 20일 아이젠하워가 국회를 방문했을 때는 장면을 아이젠하워 옆에 앉혔다. 미국이 장면을 지지하고 있다는 사실을 확실하게 한국인들에게 각인시키고자 했던 것이다.

7월 29일 총선은 예상대로 민주당의 압승이었다. 민의원과 참의원 양원제를 기반으로 한 의원내각제 정부에서 민의원 중 4분의 3 이상, 참의원 중 과반수를 획득함으로써 민주당은 4.19로 인한 정권교체의 열매를 독식했다. 하지만 자유당의 관권 선거가 사라진 곳에 대신 들어온 것은 민주당의 금권 선거였다. 결과적으로보면 4.19를 통해 민주주의가 승리한 것은 아니었다. 그저 이승만과 자유당이 사라졌을 뿐이었다.

민주당 내부의 갈등

민주당은 원래 성향 자체는 대체로 보수적이었다. 조봉암을 영입하려다 실패했던 것만 봐도 그들의 보수적인 성향을 금방 깨닫게 된다. 민주당의 정신적 대부였던 김성수는 민주당을 창당할 때부터 조봉암을 끌어들이고 싶어했다. 그러자 민주당에 참여했던 세력 중 대다수가 조봉암의 사상적 전력을 문제 삼으며 조봉암의 영입에 반대하고 나섰다. 그러다 병석에 누워있던 김성수가 사망하자 조봉암은 곧바로 배제되고 말았다. 한 마디로 민주당은 혁신파를 포용할 수 있을 정도로 진보적이지는 않았다. 오히려 민주당은 이념적으로 자유당에 훨씬 가까운 계보라고 할 수 있었다.

게다가 민주당은 태생부터 한계를 갖고 있었다. 한민당과 이를 계승한 민국당 출신의 이른바 '구파'와 자유당 탈당파 및 흥사단 출신의 '신파'는 민주당 창당 초기부터 갈등을 빚곤 했다. 단순히 반이승만 세력이라는 이유로 같은 정당에 몸담고 있을 뿐, 신구파의 갈등은 서로 다른 정당 사이에서의 갈등보다 훨씬 더 심했다. 7월 29일 선거에서도 신구파가 조율에 실패해서 각각 독자후보를 내고 경쟁한 선거구가 무려 81개나 됐다. 그쯤 되면 같은 정당이라고 부를 수도 없었다. 민주당 신구파 사이의 갈등은 이념

●

대통령 윤보선과 총리 장면. 전후 복구기를 지나 발전에 대한 국민의 욕구가 커진 시기였다. 장면은 비교적 선진적인 인식의 소유자였으나 현실 정치에서의 역량이 미약했다. 이들은 새로운 시대를 향한 열망에 부응하지 못하고 권력 투쟁에 더 열을 올림으로써 제2공화국을 끝내 지켜내지 못했다.

적인 것도 아니었다. 단지 자리 배분을 놓고 벌이는 정파간의 갈등이었다.

신구파의 본격적인 갈등은 국회가 열리기 전부터 시작되었다. 민주당의 신파와 구파는 당선자 대회를 각각 따로 열었고, 각기 세를 불리기 위해 초선 의원과 무소속 의원의 영입 경쟁에 열을 올렸다. 심지어 이들을 납치하다시피 하며 머릿수를 불리는 추태까지 보였다. 이러한 갈등은 8월 8일 국회 개원 후 본격화되었다. 수적으로는 구파가 우세였다. 정치적인 역량은 신파쪽이 더 우세했다. 신파는 장면이라는 대표적인 지도자를 중심으로 뭉쳐 있던 반면 구파는 윤보선, 유진산, 김도연 등이 이끄는 여러 파벌로 나뉘어져 있었기 때문이다.

국회 의장단과 대통령, 그리고 국무총리의 선임 과정에서 이들 사이의 한 판 승부가 벌어졌다. 구파는 자리 나눠먹기를 위해 대통령 윤보선, 국무총리 김도연 카드를 내세웠다. 독식하겠다는 심보였다. 이를 받아들일 수 없던 신파는 대통령 윤보선, 국무총리 장면 카드를 내세웠다. 결과적으로 김도연은 찬성 111표, 반대 112표, 무효 1표로 부결되었고 장면은 117표 찬성, 107표 반대, 무효 1표로 인준에 성공하였다. 무소속을 배제하고 정당정부를 세우겠다는 김도연에 비해 무소속을 포함해서 정부를 구성하겠다는 장면에게 무소속 의원들의 표심이 기울었던 탓이었다.

이렇게 해서 대한민국에서는 대통령 윤보선과 국무총리 장면의 새로운 정부가 출범하게 되었다. 윤보선(1897-1990)은 충남 아산의 부유한 양반가 출신으로 일찍이 독립운동에 뛰어들었다가 영국 유학을 다녀와 해방 직후 정치에 투신한 인물이었다. 구한말의 교육자 겸 사상가로 유명한 윤치호가 그의 당숙이었다. 그는 두루 무난한 인물이라는 평가를 받으며 민주당 구파의 지도자가 되었다. 하지만 권위적이고 자존심이 무척 강한 인물이기도 했다. 이에 반해 장면은 독실한 천주교 신자였고 교육자나 성직자에 어울리는 겸손하고 착한 인품을 지닌 인물이었다. 하지만 정치가로서는 우유부단하고 나약했다. 그의 정계 진출조차도 천주교의 대표적인 지도자였던 노기남이 천주교를 대표하는 인물이 정계에 있어야 한다는 생각으로 그를 설득하고 독려해서 이루어진 것이었다. 시작이 그러해서였는지 그는 늘 과단성이 부족했고 미국과 천주교단에 대한 의존도가 매우 컸다. 또 일제 말기에 친일 행위를 했다는 의혹에도 늘 시달리고 있었다.

이 어울리지 않는 두 인물을 주축으로 출범한 제2공화국의 정부는 내각을 구성할 때부터 삐걱거렸다. 장면은 구파와 회동을 가졌을 때 신구파를 고루 등용하겠다고 약속했었다. 그러나 우유부단했던 장면은 신파 인물들의 요구를 거절하지 못했고, 결국 새 정부는 신파 일색으로 구성되고 말았다.(신파 10명, 구파 1명, 원외 인사 2명). 내각 구성이 이렇게 되다보니 정부가 출범할 때부터 구파는 장면과 신파에 대해 믿을 수 없다는 냉담한 태도를 보일 수밖에 없었다. 정부의 내각 발표 직후인 8월 26일, 국회에서는 장면의 내각 구성에 대해 다투다가 신구파 사이의 난투극까지 벌어졌다. 제 2공화국의 미래를 보는 듯한 상징적인 출발이었다.

반면 그런 와중에 윤보선은 8월 29일 '휴가 겸 민정시찰'을 떠나기로 했다. 윤보선은 휴가를 떠나면서 마치 당연한 일인 듯 장면 총리와 각료들에게 배웅을 나오라고 시켰다. 장면 내각은 서울역에 모여 휴가 떠나는 대통령 부부를 환송해야만 했다. 대통령을 직위가 아니라 '웃어른'으로 모시고 있는 듯했다. 총리와 각료들조차 의원내각제의 원리를 제대로 이해하지 못하고 있었다는 것을 여실히 보여주는 일화다.

민주당의 권력 투쟁

8월 31일, 새 정부가 출범한 지 얼마 지나지 않았지만 민주당 구파는 '구파 동지회'라는 이름으로 독자적인 교섭단체를 등록했다. 원내 총무와 부총무를 따로 둔 실질적인 분당이었다. 그러자 장면은 장관 자리를 5개 내주겠다며 다시 이들을 끌어들이려 했다. 민주당 구파는 못 믿겠다며 냉랭하게 반응했다. 그러자 9월 7일에 신파 출신의 장관들이 사표를 제출했다. 그리고 이틀 뒤 구파는 조건부로 입각을 받아들였다. 구파는 이번 입각은 단순히 '파견'일 뿐이라고 했다. 구파 지도부가 '소환'하면 입각한 장관들은 언제든지 그만두게 될 것이라는 단서를 달았다.

이렇게 해서 내각이 출범한지 20일만에 첫 개각이 단행되었다. 하지만 여전히 구파는 별 볼 일 없는 자리를 생색내기용으로 주었다며 불만을 털어 놓았다. 구파가 막후에서 장면에게 특정한 자리에 특정한 사람을 내정해 달라고 제안했었는데 그게 무시됐기 때문이었다.

이런 자리다툼은 민주당 정권이 들어서면서 이미 예정된 것이었다. 민주당은 '이승만 독재 반대'와 '의원내각제' 말고는 별다른 정치적 이념을 갖고 있지 않았다. 그들은 단지 '반대'를 위해 뭉친 야당일 뿐이었다. 정치적 색깔이나 성향은 자유당과 별반 다를 게 없었다. 자유당 못지않게 보수적인 지향을 갖고 있었다. 그랬기 때문에 민주당이 막상 정권을 잡았을 때는 '인물의 교체' 말고는 할 일이 아무 것도 없었다.

이승만 정권이 몰락한 덕에 자연스럽게 거대 여당이 되어버린 민주당 내의 갈등은 정강이나 이념의 문제 때문이 아니었다. 갈등은 단지 자리다툼 때문에 일어났다. 구파나 신파나 편만 갈려 있었지 정치적으로는 아무런 차별점이 없었다. 하지만 윤보선이나 장면 둘 다 이런 문제를 해결할 역량을 갖고 있지 못했다. 장면은 여전히 구파를 배제하고 신파만을 등용하는 행태를 보였을 뿐이고, 윤보선은 그런 장면의 정책을 비판하는 성명만을 계속 발표할 뿐이었다.

결국 11월이 되자 구파는 새로운 당을 만들어 분당을 공식화했다. '신민당'이라는 이름을 내걸었다. 구파 중에서 분당에 찬성하지 않는 '합작파'는 민주당에 잔류했다. 결국 민주당 126명, 신민당 65명, 민정구락부 34명, 무소속 8명으로 의회가 재편되었다. 신파 중심의 민주당이 다수당이 되긴 했지만 정국은 안정을 찾지 못했다. 이후에도 장면 정부는 끊임없이 개각을 단행했다. 장관 평균 임기가 2개월 밖에 안됐다. 불안정한 정권의 전형이었다.

새로운 정치에 대한 기대와 요구

민주당이 국민들의 열망에 부응하지 못한 것은 사실이었다. 그렇다고 국민들의 요구가 혁신적이거나 진보적인 것이었다고 보기도 어려웠다. 허정 과도 정부 하에서 치러진 7.29 총선에서 진보적인 성향의 후보들은 거의 전멸하다시피 했다. 이런 선거결과는 국민들이 4.19라는 정치적 혁명으로 자유당 정권을 무너뜨리긴 했지만, 그렇다고 반공주의와 보수주의라는 대한민국의 정치적 지향 자체를 거부한 것은 아니었다는 것을 뜻했다. 국민들이 간절히 원했던 것은 다른 데 있었다. 새로 들어선 정부가 다른 무엇보다도 먼저 부패를 척결하고 경제를 발전시켜주기를 바랬다.

사실 북한은 4.19 혁명이 일어났을 때 이를 '인민 봉기'라 부르며 큰 기대를 걸었다. 곧장 남한의 진보혁신세력이 정권을 잡을 것이라 믿었다. 그렇게 되면 북한이 펼치는 자주 평화 통일 공세에 금방 호응해올 것이라 기대했던 것이다. 하지만 총선에서 진보 혁신 세력이 몰락함에 따라 기대는 실망으로 바뀌었다. 북한도 전략을 바꾸지 않을 수 없었다.

8월 14일 김일성은 해방 15주년을 맞아 대한민국 정부에 '자유로운 북남 총선거'를 받아들이기 어렵다면 과도적인 대책으로 '남북연방제'를 실시하면 어떻겠냐고 제안했다. 그가 말한 연방제는 '남북조선의 현 정치제도를 당분간 그대로 두고 독자적인 활동을 보존하면서 두 정부 대표들로 최고민족위원회를 조직해 경제 문화 발전을 통일적으로 조절하자'는 것이었다. 이에 대해 장면 정부는 곧바로 외무장관 명의의 반박 성명을 발표했다. '북한이 내놓은 새로운 제안은 기존의 북한 입장을 이름만 살짝 바꾼 것에 지나지 않는다, 이는 국제 사회의 인정을 받기 위한 명분 쌓기에 불과하며 대한민국를 교란시키려는 의도가 다분히 깔려있다.' 이런 비판이었다.

기성 정치권이나 국민 대다수는 이렇게 보수적인 태도를 갖고 있었다. 하지만 정치적으로 몰락한 혁신 계열은 이후 더욱 과격해졌다. 특히 정치적 책임을 질 필요가 없는 학생 세력들은 이상주의적인 주장을 내세웠다. 그들은 외세의 개입이 없는 중립적인 무혈 통일을 주장했다. 또한 공산당도 자유롭게 참여하는 남북 총선거를 실시해서 통일을 이루자는 통일 운동의 기치를 높이 세웠다. 사실 7월 총선거 당시에만 하더라도 평화통일이나 남북문제는 주요 의제가 아니었다. 그러나 학생들이 통일 문제를 들고 나오자 혁신 세력이 가담하기 시작했다.

9월 고려대에서 열린 전국대학생시국토론회에서는 중립화통일운동을 주장하는 세력이 등장했다. 또 11월 서울대에서는 민족통일연맹이 발기해 통일을 위한 우리 정부의 실질적인 움직임을 촉구했다. 그러나 장면 정부는 '오스트리아식의 중립화 통일'에 대해서 반대한다는 견해를 분명히 밝혔다. 이와 함께 국가보안법은 계속 유지하겠다고 못 박았다. 또 국회에서는 대한민국 헌법 아래서 자유 선거로 통일 정부를 세운다는 이승만 정부의 통일안을 재결의했다.

그럼에도 정치권에서 떨어져 나간 혁신계 인사들은 통일론을 화두로 학생 세력들을 규합해 나갔다. 그리고 결국 다음해인 1961년 2월 민족자주통일협의회(민자통)을 결성했다. 민자통은 외세를 배격하고 민족 자주에 입각한 남북협상을 선호하는 단체였다. 학생들이 주장한 중립화통일과는 약간 견해가 달랐다. 하지만 6.25 남침전쟁이 끝난 지 10년도 되지 않은 시점이었다. 평화통일 운동이 대중적인 지지를 얻기는 힘들 수밖에 없었다. 결국 학생세력과 혁신세력의 통일운동은 급진적인 정치 운동으로 전개될 수밖에 없었다.

장면 정부의 군 정책

뭐니 뭐니 해도 장면 정부에게 가장 시급하게 요구되었던 것은 경제 부흥이었다. 일찍이 미국은 비민주적인 이승만 정부를 압박하고자 지속적으로 경제 원조를 줄여 나갔다. 이것이 1950년대 말 한국 경제가 어려워진 결정적인 이유였다. 장면 정부가 이를 해결하고자 내세운 정책이 바로 '감군 정책'이었다. 국방비를 줄여 경제를 살리겠다는 것이었다. 당시 국방비는 국가 예산의 40%를 차지하고 있었다. 장면은 국방비가 전체 국가 예산의 20% 수준에 이를 때까지 병력을 감축해서 경제분야에 쓸 수 있는 예산을 확보하려고 했던 것이다. 그런 맥락에서 '10만 감군' 정책이 발의되었다.

문제는 이런 중요한 정책을 내세우면서도 군부는 물론이고 미국과 전혀 사전 협의을 하지 않았다는 것이다. 군부와 미국은 모두 이 정책에 대해 강하게 반발하고 나섰다. 미국 정부는 공식적으로 반대 입장을 밝혔고, 장면이 임명한 육군참모총장도 취임 인사에서 이 정책을 반대한다고 밝혔다. 결국 석 달도 지나지 않아 국방장관은 "한국군 병력은 60만 명을 유지한다."고 발표함으로써 감군정책은 사실상 폐지되었다. 아무런 준비가 되어 있지 않았던 장면 정부의 무능함을 보여주는 대표적인 사건이었다.

감군정책을 둘러싼 이와 같은 해프닝은 장면 정부의 무능함과 함께 민주당 정권의 인물들이 어떤 속성을 가졌는지를 잘 보여준다. 민주당 정권의 사람들은 기본적으로 자유당 정권의 인사들과 크게 다르지 않았다. 그들 대부분은 부유한 가문 출신으로 유학을 다녀온 엘리트들이었으며, 자신들이 한국 사회에서 가장 선진적인 집단이라는 자부심이 강했다. 이들은 자신들의 이너 서클에 속하는 사람들이 아니면 기본적으로 무시하는 성향이 강했다. 평생을 양반 가문이라는 자부심을 버리지 않았던 윤보선은 물론이고 장면도 그런 점에서는 크게 다르지 않았다.

1950년대 한국 사회에서 가난한 집안 출신으로 사회의 엘리트가 되는 길은 원천적으로 거의 막혀 있었다. 대학의 숫자도 적었지만 서민 가정에서는 대학 학비를 댈 수가 없었다. 따라서 빈곤한 계층에서 사회의 엘리트가 될 수 있는 유일한 방법은 바로 사관학교에 들어가서 장교가 되는 것이었다. 사관학교 출신들은 미군 장교들과의 교류를 통해서 서구 문물을 보다 쉽게 받아들일 수 있었다. 젊은 청년 집단이었기에 열정도 넘쳤다. 사관학교 출신들은 건국 정부 출범 당시 군부를 장악하고 있던 장교 집단과는 성격을 달리 하는 신흥 엘리트 집단이었다. 그러나 자부심 강한 민주당 정권의 인사들은 기존의 장성들뿐 아니라 이 새로운 청년 장교 집단도 무시하고 있었다.

미국의 전후 원조가 상당 부분 군사 분야에 집중되었다는 것, 전쟁을 거치면서 국방을 위해 군부의 세력이 비대해졌다는 것 등을 생각하면 새로 출범한 정부 입장에서 군부의 통제는 매우 중요한 문제이긴 했다. 6.25 남침전쟁 시기 미국이 이승만 정권의 실각을 노릴 때 군부에서도 쿠데타 모의가 있었다. 이때 군부는 쿠데타를 위해 야당과 접촉을 시도했는데, 당시 야당의 대표적 지도자였던 신익희는 군부의 제안을 일언지하에 거절했다. '이승만 대통령이니까 지금 군부를 통제할 수 있는 거다. 그런 군부와 손을 잡고 쿠데타를 하면 누가 군부를 통제할 것인가' 신익희는 그렇게 생각하며 섣부른 행동을 삼갔던 것이다. 그러나 민주당 정권 인사들은 선배인 신익희만큼의 통찰력도 갖고 있지 못했다.

군 정책의 부재는 결국 '정군 사건'으로 이어졌다. 당시 육사 출신 청년 장교들은 불만이 많았다. 앞선 선배들은 건군과정과 전쟁기간 동안 모두 젊은 나이에 쉽게 별을 달았던 반면, 갑자기 자신들의 경우에는 인사 적체가 심각했기 때문이었다. 게다가 고위 장성들의 군내 비리 문제도 심각했다. 이에 청년 장교 집단은 새롭게 출범한 정부가 비리를 저지르고 파벌 투쟁을 일삼는 고위 장성들을 상대로 '정군'을 단행해주기를 원했다. 그래서 김종필과 김형욱 등 육사 8기생 중령 11명은 국방 장관을 만나 면담을 요청했다. 하지만 장관 자리가 공석이었다. 민주당 내 신구파 갈등을 봉합하기 위해 장면은 구파에게 국방장관직을 내주기로 함에 따라서 신파 출신의 국방장관이 사표를 내고 물러난 상태였던 것이다. 허탕을 치고 뜻을 이루지 못한 이 젊은 장교들은 그날 저녁 식사를 하는 자리에서 훗날 이 나라의 역사를 바꿀 '중대 결의'를 하게 된다.

원래 정군 자체는 민주당의 공약이었다. 그러나 군 내부의 반발과 미국의 반대에 부딪치자 민주당 정권은 정군을 시작하기도 전에 포기해 버렸다. 그때는 아무도 이것이 어떤 결과를 가져올 지 예측하지 못했다. 하지만 군을 통제하지 못하게 됨으로써 민주당 정권은 스스로의 몰락을 가져올 시한폭탄을 키우기 시작한 꼴이 되어버렸다.

콜론 보고서

장면 정부가 왜 이렇게 군문제에 대해 무능했는지는 사실 이해하기 어렵다. 왜냐하면 미국은 이미 오래전부터 군부 쿠데타 가능성을 제기해놓고 있었기 때문이다. 1959년 미 상원 외교분과위에 콜론연구소는 「미국의 대아시아 정책」이라는 한국 정책 관련 보고서를 올렸다. 이른바 콜론 보고서다. 그 보고서 안에 한국내 군부 쿠데타의 가능성이 분명하게 언급되어 있었다.

콜론 보고서에는 대강 이런 내용이 적혀 있었다. '한국 경제는 미국의 원조 덕에 겨우 버티고 있지만 매우 위험한 상태다. 그런 경제 상황 때문에 한국의 교육받은 젊은 계층은 자신의 재능과 능력을 발휘할 곳을 찾지 못하고 있다. 그럴 경우 그들은 지식 프롤레타리아트로 전락할 위험성이 크다. 무엇보다 위험한 존재는 특권을 누리는 부패한 관리와 정치가들에게 분노를 품게 된, 하층민 출신의 유능한 청년 장교들이다. 이들에 의해서 쿠데타가 일어날 가능성이 상당히 높다'.

이와 같은 내용이 담긴 콜론 보고서는 1960년 1월부터 5월까지 잡지 『사상계』에 분할 연재되었다. 광복군 출신으로 김구의 비서를 지냈던 정치인 장준하가 1953년 창간한 『사상계』는 당시 큰 영향을 끼치던 종합 교양지였다. 청년 장교들은 이 콜론 보고서를 읽고 자극받아 강한 정치적 열정을 드러내기 시작했다. 군인들은 드러내놓고 '나라가 어지러운데 군인들이 방관만 할 수 없다'는 이야기를 서슴치 않고 나누었다.

그런데 이러한 군부의 동향을 정치권에서 전혀 모를 수는 없었다. 하지만 장면 정부는 군의 동향을 체크하지도 않았고 쿠데타 발발 가능성을 억제하기 위한 그 어떤 조치도 취하지 않았다. 군에는 미국 군대에서 합리적인 조직의 원리와 선진 문물을 배우고 돌아온 수천 명의 단기 유학생들이 넘쳐나고 있었다. 반면 그들은 심각한 인사 적체에 시달리고 있었다. 육사 1기생과 8기생의 나이는 겨우 2~3세 차이였다. 하지만 계급은 크게 차이가 났다. 육사 8기생은 중령급이고 육사 1기생은 중장급 이상이었다. 기형적인 구조였다. 하지만 민주당의 '문관 엘리트' 집단은 이 젊고 똑똑한 군부 엘리트 집단의 불만을 경시했다. 너무도 오만했던 것이다.

데모공화국

군 일각에서는 이렇게 불만이 쌓여갔지만, 그 와중에도 민주당 정부는 무능한 행보를 계속하고 있었다. 3.15 부정 선거 관련자, 4.19 때 발포 책임자, 자유당 정권의 정치 깡패 등에 대한 사법 처리가 10월에 있었다. 법원 판결이 너무 미약하다는 불만이 터져 나왔다. 국민들도 4.19 사태의 처리 결과를 보고 분통을 터뜨렸다. 전국에서 규탄 데모가 일어났다. 여기에 4.19와 함께 유례 없는 자유를 만끽하던 언론도 가세했다. 민주당 정부를 향해 신랄한 기사를 퍼부어댔다. 그러자 대통령 윤보선은 이 '위기'를 넘기기 위해 더욱 준엄한 처벌을 할 수 있는 법률을 제정해야 한다는 서한을 양 국회의장에게 보내었다. 물론 이것은 헌법이 정한 소급 입법 금지 원칙에 위배되는 것이었다. 하지만 4.19 혁명 세력들은 더 강력한 조치를 요구하고 있었다. 수천 명의 시민들과 학생들이 '특별법을 제정해 원흉을 처단하라'는 플래카드를 들고 시위를 계속했다. 이들 중 일부는 국회에 난입하기까지 했다.

민의를 따르려면 위헌적인 소급 입법을 해야 했다. 헌법을 지키려면 미온적인 처벌을 그대로 둘 수밖에 없었다. 전반적인 사회 분위기는 개헌을 요구하고 있었다. 하지만 헌법을 개정하고 특별법을 제정하기에는 시간이 부족했다. 그래서는 성난 민심을 달랠 수가 없을 듯했다. 그러자 장면 정부는 서둘러 석방된 사람을 다시 체포하고 기존 재판을 무기한 연기하는 등 불법적이고 변칙적인 방법을 동원했다. 장면은 개인적으로는 재판의 형량이 너무 가볍다는 것은 인정하지만 소급 입법에는 반대한다는 입장이었다. 그러나 성난 여론 앞에서는 어쩔 수 없었다. 민주당 정부는 대세를 따라가고 있었다. 결국 국회에서는 재빠르게 소급입법을 금지하는 헌법 제23조를 개정하는 개헌안이 발의됐다. 토의도 없이 곧바로 기명표결에 붙여졌다. 압도적인 찬성으로 개헌안이 통과되었고, 이에 기반해 4대 특별법이 제정되었다. 민주당은 결국 헌정 질서 자체를 스스로 부정하는 변칙적인 방법을 동원하는 악수를 두어버린 꼴이 되었다.

게다가 그 과정에서 사람들은 데모의 '맛'을 보게 됐다. 정권을 무너뜨리고 판결을 번복하게 하는 데모의 힘을 알게 된 대중들은 그 이후부터 여차하면 데모에 나서게 됐다. 세력을 동원하여 힘을 과시하는 데모라는 수단이 일상화되어 버렸던 것이다. 사람들은 이제 무슨 일만 생기면 모든 문제를 직접 국회의사당으로 들고 갔다. 그리고 그 앞에서 플래카드를 들고 구호를 외쳤다. 대한민국은 '데모 공화국'이 되어가고 있었다.

법보다 힘이 우선인 세상

장면 정부가 실패한 원인은 정권의 기반이 되는 두 기관을 방치해버린 데 있었다. 군부는 오만하게 무시했고 경찰은 철저하게 숙청해버렸다. 경찰은 자유당 정권 당시 권력의 충견으로 악명이 높았다. 그러나 치안과 안보는 권력의 기둥이다. 그렇기 때문에 어떤 정권이든 군과 경찰을 잘 정비해서 운용해야 한다. 그런데 장면 정부는 전체 경찰의 80퍼센트에 해당하는 인력의 보직을 바꾸어 버렸다. 이로 인해 경찰 조직은 곧바로 마비상태에 빠졌고 수사와 정보 수집 업무가 휘청거리는 사태가 벌어졌다. 경찰들은 근무 태만으로 이에 대응했다. 그러자 장면 내각은 경찰 조직과 정면으로 대립하며 경고를 남발했다. 그러면서 장면 정권은 경찰조직과 유리되어 버렸다. '자유당'과의 차별화에 너무 집착한 결과였다. 자유당 정권의 충견이었다는 이유로 경찰 조직을 뒤흔들려다가 치안과 사회 안정을 유지할 수단 자체를 내다버리는 무리수를 두었던 것이다. 그로 인해 '민주화'라는 미명하에 벌어지는 사회 혼란은 더 이상 막을 길이 없어지고 말았다.

교육받은 엘리트 집단은 원래 사회에 대해 이런 저런 요구가 많은 법이다. 엘리트 집단은 늘 사회 대중 전체보다 한발짝씩 더 앞서 나가기 때문이다. 4.19가 가져다 준 '자유'는 그 엘리트 집단들이 자신들의 사회에 대한 요구를 더 강력하게, 더 과격하게 내세울 수 있게 해주었다. 대학교들은 이러한 '민주화'의 진통을 가장 크게 겪은 집단이었다. 4.19 이후 어용교수 퇴진 등을 요구하며 학원민주화 운동에 나섰던 학생 운동 세력은 곧이어 국민 계몽 운동으로 나아갔다. '대중과 유리된 상아탑에만 칩거하지 않고 직접 나서서 명실상부 국가의 간성으로, 민족의 선봉으로 궐기'하자는 것이었다. 농촌 계몽, 국민 신생활 장려, 외래상품 배격, 선거 계몽 등 다양한 운동이 결의되었다.

이 국민 계몽 운동은 양담배 회수, 커피 안 마시기, 불건전한 유흥업소 퇴치, 관용차 부정사용 적발, 가짜 번호판 차량 적발 등 다양한 방향으로 발전했는데, 문제는 조급한 학생들의 계몽 운동은 초법적인 불법 운동이 되기 일쑤였다는 점이었다. 마음이 너무 앞섰던 학생들은 상인들이 팔던 양담배를 빼앗아 불태우기도 했고, 지나가던 차를 세우고 제 맘대로 관용차 승차 단속을 하기도 했다. 의도와는 달리 대학생들의 계몽운동은 그렇게 기존의 법질서를 깡그리 무시한 불법행위가 되곤 했던 것이다. 당연히 현실을 무시한 이와 같은 엘리트주의적 발상은 대중들에게 먹혀들 리가 없었다.

일선 초중고등학교에서의 움직임도 활발했다. 무엇보다 논란이 된 것은 교원노조 운동이었다. 학생들의 궐기를 구경만 했을 뿐 자신들은 아무것도 기여하지 못했다는 자책감이 교사들로 하여금 더욱 더 교원노조 운동에 열심히 뛰어들게 했다. 하지만 오랜 기간 정권과 결탁해 비대해지고 부패한 조직을 단번에 일소하려는 시도는 늘 벽에 부딪치기 쉬운 법이다. 교육계의 혼란을 우려한 민주당 정권은 교사들의 열망에도 불구하고 교원노조 불허 방침을 택했고, 그로 인한 갈등은 제2공화국 내내 지속되었다.

4.19를 맞아 갑작스럽게 출구가 열린 '자유에 대한 욕구'로 인해 혼란스런 상황과 직면했던 건 언론 분야도 마찬가지였다. 4.19 직후 언론사는 10배 가까이 급증했다. 그렇게 늘어난 언론사들은 각종 '묻지마 폭로물'로 대중들의 값싼 인기를 얻으려 했다. 그와 동시에 사이비 기자들이 취재를 빙자해 이런 저런 악행을 저지르면서 언론계의 혼란은 더욱 가중되었다. 그 당시에는 월급 대신 취재원들의 뇌물로 먹고 사는 기자들도 많았다. 언론의 수준이나 독자들의 수준이나 매한가지였다. 신문에 실린 기사나 연재 소설이 자기 마음에 들지 않으면 독자들은 곧바로 언론사로 달려가 마구잡이로 항위 시위를 했던 것이다. 자유에 대한 욕구가 너무 지나치게 분출된 시대였던 것이다.

제2공화국의 정책

출범 당시 장면 정부는 '경제 제일주의'를 부르짖었다. 그 첫 야심찬 기획이 1960년 11월 28일 발표된 '국토건설사업'이었다. 댐, 발전소, 도로 등을 건설하는 대규모 공공사업이었다. 이 사업을 위해 정부에서는 국토건설사업 요원을 공채로 뽑았는데, 바로 이들이 한국의 공무원 공채 1기가 됐다. 선발된 사람들은 한 달 여 동안 단기 교육을 받은 뒤 1961년 3.1절을 맞아 작업복에 삽 한 자루씩을 멘 복장으로 서울 시가를 행진했다. 그리고는 현장에 투입되었다.

장면 정부는 경제 개발 계획도 세웠다. 그 초안은 원래 이승만 정부 시절, 미국이 권하던 것이었다. 그러다 정권이 교체되면서 장면 정부로 공이 넘어간 것이었다. 장면은 그 초안을 바탕으로 미국의 권고를 받아들여 계획을 다시 짰다. 그러나 그 계획이 시행되기 전에 장면 정권 역시 무너지고 말았다. 그래서 장면 정부의 경제 개발 계획 역시도 한참동안 책상 서랍 속에 잠들어 있어야 했다.

장면 정부는 해야 할 일도 많았던 만큼 계획도 많이 세웠다. 하지만 실행할 능력이 부족했다. 실행 능력이 없어 유야무야됐던 대표적인 케이스가 바로 한일 국교 정상화 문제였다. 미국은 한국의 경제가 살아나기 위해서는 일본 중심의 경제권에 편입되는 길밖에 없다고 생각했다. 그래서 장면 정부에게 한일 국교 정상화를 강력하게 요구했다. 문제는 국민의 강력한 반일감정이었다. 장면 정부는 한일 국교 정상화를 위해서도 역시 계획을 세우긴 했다. 하지만 미국은 장면이 국민을 설득할 수 있을지에 대해서는 의구심을 갖고 있었다. 미국과 일본 모두 한일 관계 개선을 목말라 했지만 문제는 한국에 있었던 것이다.

후진국이 경제 발전을 하기 위해서는 기존의 국제 경제 질서에 어떻게 편입되어 들어가는가가 가장 중요했다. 당시 후진국이 경제 발전을 할 수 있는 방법은 한가지였다. 국제적인 분업질서에 편입하는 길밖에 없었다. 선진국들은 대체로 인건비가 높기 때문에 노동집약적인 산업은 인건비가 싼 후진국에 하청을 주게 된다. 아시아에서 미국이 그 파트너로 생각했던 나라가 일본이었다. 그렇기 때문에 미국이 생각할 때 아시아 경제 질서의 핵심은 일본이었다. 그러자면 한국이 일본과의 교역을 활성화해야 했다. 일본 역시 그 무렵 한국 경제를 필요로 하고 있었다.

다만 한국이 경제 발전을 위해 과거 식민지 지배의 앙금을 극복할 수 있을지가 문제였다. 이승만은 강력한 반일 정서를 갖고 있었기 때문에 미국의 요구를 강하게 묵살하곤 했다. 정권이 바뀌면서 미국은 장면 정부에게도 동일한 요구를 했지만, 그러면서도 장면 정부가 문제를 해결할 수 있을 것이라고 기대하지는 않았다. 국민들을 설득해낼 실행력이 너무도 부족해보였기 때문이었다. 그리고 미국의 판단은 정확했다.

기본적으로 어느 정권이건 이전의 정권이 물려준 난제들은 풀기 어려운 법이다. 풀기 어렵기 때문에 이전 정권들도 덮어둔 것이어서 그렇다.

장면 정부가 마주한 난제들은 더더욱 노회한 국정 운영 능력을 필요로 했다. 4.19로 인해 터져 나온 국민들의 엄청난 기대가 폭발하고 있었기 때문이었다. 하지만 장면 정부는 무능했다. 대통령 윤보선과 총리 장면은 거국적인 타협과 협상 대신 공개적으로 서로를 비난하며 갈등을 심화시키기만 했다. 장면 정부는 민주당 구파와 신파의 대립, 이후에는 신민당(구파)과 민주당(신파)의 대립으로 툭하면 개각을 단행했다. 다수당이 된 여당 민주당도 내부의 노장파와 소장파의 대립으로 걸핏하면 해결해야 할 문제들을 뒤로 미루기 일쑤였다. 더더군다나 민주당 역시 자유당 못지않게 부정축재로부터도 자유롭지 못했다. 그래서 여론에 떠밀려 부정축재자 처벌법을 만들긴 했지만 제대로 시행할 수도 없었다. 그로 인해 정국의 혼란과 함께 난제들은 더욱 악화될 뿐이었다.

4.19 그 후 1년

민주당 정권은 실리와 명분 중 어느 것 하나 제대로 잡지 못했다. 한미경제협정을 둘러싼 일련의 사태들을 보면 이 점이 명확하게 드러난다.

1961년 2월 한미경제협정이 체결됐다. 사실 협정이라고는 했지만 실제는 미국의 일방적인 통고였다. 그러자 대학생과 지식인들이 중심이 되어 한미경제협정 반대 투쟁을 시작했다. 민주당은 이 반대운동을 '북한 괴뢰의 지령에 의한 것'이라며 탄압했다. 자유당 시절의 해묵은 해법으로 돌아간 것이었다. 대중의 반대가 거세지자 장면 정권은 '집회와 시위에 관한 법률' 및 '반공을 위한 특별법'을 적극 추진했다. 시민들의 힘에 의해 탄생한 정권이 시민들의 정치적 자유를 억누름으로써 대중의 정치 세력화를 막고 정권의 공고화를 꾀한 것이었다.

물론 그 당시까지도 해방 이후부터 계속되어온 이념으로 인한 내전 상황이 완전히 종식된 것은 아니었다. 그런 만큼 북의 존재 역시 강력한 위협이었다. 1960년 12월 16일, 여수·순천 지역 교사와 학생들 53명이 목포-제주간 여객선을 납치한 뒤 군인 6명을 살해하고 집단 월북을 기도한 사건이 있기도 했다. 그러나 국민을 설득해야 할 사안에 대해서 반공을 빌미로 반대를 억누르려는 발상은, 4.19 직후의 국민 정서로서는 받아들이기 어려운 것이었다. 그리고 그러한 조치는 다시 정책적인 문제를 좌우 이념의 대립이라는 정치적 문제로 바꾸어 버릴 위험이 있었다.

실제로 이후 대한민국 곳곳에서는 평화 통일을 주장하는 시위와 반공 궐기 대회가 뒤섞여 개최됐다. 그와 함께 반공법에 대한 찬성과 반대로 국론이 분열되는 혼란이 이어졌다. 1961년 봄이 되면서 급기야 유혈 시위까지 벌어졌다. "반공법이 싫으면 반공법 없는 나라로 가라."는 구호와 "미군 철수, 김일성 만세"를 외치는 목소리가 동시에 거리에서 뒤섞였다. 그런 혼란 속에서 장면 정부에 대한 불만은 점점 더 커져갔다.

1961년 4월이 되자 4.19 혁명 이후의 지난 1년에 대한 평가가 여기저기서 튀어나왔다. 승리에 대한 자축은 없었다. 서울대 학생들은 시국 선언문에서 이렇게 진단했다. "특권과 단독 정부 사욕 위에 세워진 이승만 체제를 무너뜨리려고 달려나갔던 우리들에게 지난 1년은 이승만적 반민족적 체제가 그 모습을 달리했을 뿐 본질은 그대로 지속되었던, 혹은 더욱 더 나빠지기만 했던 한 해였다."

그러나 이렇게 주장하는 학생들의 태도는 1년 전과는 많이 달라진 것이었다. 소박하게 자유민주주의를 주장했던 학생들이 그 대신 '반봉건, 반외압세력, 반매판자본 위에 세워지는 민족혁명'을 주장하고 있었기 때문이었다.

한편 고려대 학생들은 장면 정부와 이를 비판하는 혁신세력 모두를 비판하기도 했다. '통일을 기피하고 민족분열을 연장하는 집권자나 집정욕에만 급급하여 무모한 통일론으로 사회의 혼란만을 자초하는 혁신세력' 양쪽 모두 문제라는 것이었다.

1년 전과 달라진 점은 이념적인 대립이 드러나고 있었다는 점이었다. 쟁점은 통일 문제였다. 혁신계 인사들이 발족한 민족자주통일중앙협의회(민자통)나 서울대 학생이 주축이 된 민족통일전국학생연맹은 남북대화를 주장하며 '남북학생회담 환영 통일궐기대회'(5월 13일)를 열었는데, 이때 "가자 북으로 오라 남으로"라는 구호가 등장했다. 이들은 판문점에서 남북학생회담을 열고 한반도의 영구중립화를 위한 국민투표를 하자고 주장했다. 매우 급진적인 주장이었다.

하지만 이에 대해서는 진보진영 내부에서도 무책임한 주장이라는 비판이 컸다. 중립통일안을 찬성하지 않는 자는 반동분자이며 민족반역자라고 성토하는 급진적인 주장은 진보진영 내부에서도 자성의 대상이었던 것이다. 이런 낭만적인 통일 지상주의는 국민의 여론이라기보다는 무책임한 모험주의에 가까웠기 때문이었다. 그런데 이런 무책임한 주장은 제2공화국 당시 시위에서 나타나던 일반적인 특징이기도 했다.

장면은 훗날 "국민이 열망하던 자유를 한 번 주어보자는 것이 민주당 정부의 이념이었다."고 변명했다. 집시법과 반공법을 준비한 정권이었다는 걸 고려하면 궁색한 변명이다. 그저 무능한 정부였을 뿐이다. 장면의 이런 무능력한 방임은 사회 혼란만을 가중시켰다. 제 2공화국의 대한민국은 '데모로 해가 뜨고 데모로 해가 지는' 나라였다.

결국 장면 정부는 국민들의 기대에 부응하는 모습과 희망을 보여주지 못했다. 나라 만들기의 과제와 위기는 여전히 대한민국 앞에 놓여 있었다. 하지만 그 과제를 수행해내고 위기를 돌파할 수 있는 세력은 정치가도, 학생도, 관료도 아니었다. 더 혁신적이면서도 실행력 있는 세력이 요구되었다. 그 요구에 부응해 역사의 전면으로 튀어나올 집단은 누구였으며 어떻게 그 과제를 수행했을까. 그것이 다음 책의 주제다.

참고문헌

6.25 남침전쟁이 끝난 후 50년이 지난 뒤, 미국에서 가장 뛰어난 기자 한 명이 이 '잊혀진 전쟁'을 재조명하고자 했다. 전투가 벌어지는 현장과 정책이 결정되는 후방을 넘나들며 역사를 생생하게 그려내는 동시에, 냉정하면서도 객관적인 자세로 6.25 남침전쟁의 감추어진 역사를 파악하려고 했다.

데이비드 핼버스탬, 『콜디스트 윈터』 (살림, 2009)

전쟁을 겪은 사람들의 생생한 증언은 더없이 소중하다. 여러 종류의 책이 나와 있지만, 그 중에서 한국군의 영웅 백선엽의 회고록을 빼놓을 수 없다.

백선엽, 『군과 나』 (시대정신, 2009)

각종 희귀사진과 함께 각계각층의 저명인사 및 작가들의 전쟁 회고담을 모은 모음집 역시 6.25 남침전쟁을 조명하는 소중한 자료가 된다.

김원일 외, 『(나를 울린) 한국전쟁 100장면: 내가 겪은 6.25 전쟁』 (눈빛, 2006)

공식적인 6.25 남침전쟁의 전쟁사는 1960~70년대 국방부에서 펴낸 11권짜리 『한국전쟁사』로 정리되었다. 이후 공산권 국가들의 비밀문서가 해제되고 새로운 자료들이 발굴됨에 따라 국방부 군사편찬위원회에서는 2004~2013년에 걸쳐 새롭게 『6.25 전쟁사』를 다시 펴냈다. 이 자료는 온라인으로 공개되어 있다.

국방부 군사편찬위원회 편, 『6.25 전쟁사』 전 11권 (국방부 군사편찬연구소, 2004-2013)

미국의 대외 정책에 대해 비판적인 관점에서 쓴 브루스 커밍스의 『한국 전쟁의 기원』은 더 이상 읽거나 언급할 가치가 없다. 이 책의 영향을 받아 쓰인 책들도 마찬가지다. 최근에는 과거의 편향에서 벗어나 균형 잡힌 관점을 추구하는 저술들이 많이 나오고 있다. 충분히 만족스럽지는 않지만, 대중적이면서도 간결한 책으로는 다음과 같은 책이 있다.

박태균, 『한국전쟁』 (책과함께, 2005)

1948년 건국부터 6.25 남침전쟁 발발까지의 시기를 중심으로, 소군정과 미군정의 38도선 정책, 미·소 양군의 철군 이후 38도선에서의 남북의 충돌, 북한의 전쟁 준비 과정 등을 치밀하게 다룬 최근의 역작도 6.25 남침전쟁 연구에 있어 대한민국 학계가 성취한 수준을 보여준다.

정병준, 『한국전쟁 - 38선 충돌과 전쟁의 형성』 (돌베개, 2006)

6.25 남침전쟁에서 스탈린과 마오쩌둥이 담당한 역할과 그들의 의도 등에 대해서 중국의 연구자가 쓴 저술이 최근 출간되었다. 핼버스탬의 『콜디스트 윈터』의 관점과 비교해 보면 흥미롭다.

션즈화, 『마오쩌둥, 스탈린과 조선전쟁』(선인, 2010)
션즈화, 『조선전쟁의 재탐구』 (선인, 2014)

우리는 대한민국이 사라질 뻔한 위기의 순간, 대한민국을 돕기 위해 뛰어든 고마운 이들을 잊어서는 안 된다. 6.25 남침전쟁의 역사를 돌아볼 때, 고마운 우방을 먼저 기억하고 그들에 대해 감사하는 마음을 가져야 하는 것은, 대한민국 국민으로서 지극히 당연한 일이다. 대한민국 곳곳에는 그 당시 이름조차 생소했던 대한민국이라는 나라를 위해 싸우다 죽어간 이들을 기리기 위한 참전 기념비들이 세워져 있다. 전국에 흩어진 참전

기념비를 찾아다니며 21개국 용사들이 남긴 이야기들을 기록한 책이 있다.

김동현, 『고마운 나라, 고마운 사람들』 (조갑제닷컴, 2010)

참전을 결정한 미국 대통령 트루먼, 그리고 군을 지휘한 장군들에 대해서도 읽어볼 만한 단행본들이 있다. 이런 책들이 비교적 최근에 나왔다는 것, 그리고 저자들이 공통적으로 이들에 대해 고마움을 강조하며 이들을 잊은 우리국민들이 반성해야한다는 지적을 책에 담고 있는 것에는 이유가 있을 것이다.

조갑제, 『트루먼 이야기』 (조갑제닷컴, 2010)
이상돈, 『미 해병대 한국을 구하다』 (기파랑, 2013)
복거일, 『리지웨이 대한민국을 구한 지휘관』 (백년동안, 2014)
폴 브레임, 『위대한 장군 밴 플리트』 (육군본부, 2001)

6.25 남침전쟁 시기의 미국 정부나 한국 정부에 대해 비판적인 연구들이 주를 이루고 있는 게 학계의 현실이다. 안타깝게도 대한민국의 관점에서 6.25 남침전쟁의 역사를 연구하고 알리려는 저자나 책은 그리 많지 않다. 그런 의미에서 전쟁사를 전공한 연구자가 일관되게 대한민국의 관점에서 6.25 남침전쟁을 다룬 다음과 같은 저작들은 주목할 만하다.

남정옥, 『이승만 대통령과 6.25 전쟁』 (이담Books, 2010)
남정옥, 『(6.25 전쟁) 이것만은 알아야 한다』 (삼우사, 2010)

반공과 애국, 국가수호를 기치로 전쟁에 적극적으로 뛰어들었던 사람들은 6.25 남침전쟁을 어떻게 겪어냈을까. 사실 전쟁에 대해 비판적인 시각을 갖는다는 것은 한 발 물러설 여유가 있을 때나 가능한 법이다. 하지만 남침전쟁이라는 극단적인 상황 앞에서 죽음을 각오하고 체제를 수호하기로 결심했던 일군의 사람들에게 그런 질문은 사치에 가깝다. 여기 국가유공자가 아니라 마치 역사의 범죄자처럼 취급받으며 잊혀져간 사람들의 이야기가 있다.

손진, 『서북청년회가 겪은 건국과 6.25』(건국이념보급회 출판부, 2014)
이창건, 『KLO의 한국전 비사』 (지성사, 2005)

6.25 남침전쟁은 대한민국 국민들에게 어떤 상처를 남겼는가 하는 질문은 아마 앞으로도 계속 던져질 것이다. 다음의 두 권은 6.25 남침전쟁이라는 가혹한 상황 속에서 드러난 한국인과 한국 사회의 맨 얼굴을 보게 해준다는 점에서 참고할 만하다.

박찬승, 『마을로 간 한국전쟁』 (돌베개, 2010)
김동춘, 『전쟁과 사회』 (돌베개, 2000)

젊은 대한민국사: 위기

펴낸날 **초판 1쇄 2015년 5월 16일**

지은이 **김원**
펴낸이 **김광숙**
펴낸곳 **백년동안**
출판등록 **2014년 3월 25일 제406-2014-000031호**

주소 **경기도 파주시 광인사길 30**
전화 **031-941-8988**
팩스 **070-8884-8988**
이메일 **on100years@gmail.com**

ISBN 979-11-86061-23-7 04300

이 도서의 국립중앙도서관 출판시도서목록(CIP)은 서지정보유통지원시스템 홈페이지(http://seoji.nl.go.kr)와 국가자료공동목록시스템(http://www.nl.go.kr/kolisnet)에서 이용하실 수 있습니다.(CIP제어번호: CIP2015014100)

책임편집 **홍훈표**